Leonie Herwartz-Emden · Verena Schurt · Wiebke Waburg

Aufwachsen in heterogenen Sozialisationskontexten

Kinder, Kindheiten, Kindheitsforschung
Band 5

Herausgegeben von
Sabine Andresen
Isabell Diehm
Christine Hunner-Kreisel
Klaus Peter Treumann

Die aktuellen Entwicklungen in der Kinder- und Kindheitsforschung sind ungeheuer vielfältig und innovativ. Hier schließt die Buchreihe an, um dem Wissenszuwachs sowie den teilweise kontroversen Ansichten und Diskussionen einen angemessenen Publikationsort zu geben. Ausgehend vom Zentrum für Kindheits- und Jugendforschung an der Fakultät für Erziehungswissenschaft der Universität Bielefeld werden sowohl die aktuelle Kinderforschung mit ihrem stärkeren Akzent auf Perspektiven und Äußerungsformen der Kinder selbst als auch die neuere Kindheitsforschung und ihr Anliegen, historische, soziale und politische Bedingungen des Aufwachsens von Kindern zu beschreiben wie auch Theorien zu Kindheit zu analysieren und zu rekonstruieren, ein breit gefächertes Publikationsforum finden.

Die beteiligten Wissenschaftlerinnen und Wissenschaftler im Zentrum sind mit unterschiedlichen Schwerpunkten in der Kinder- und Kindheitsforschung verankert und tragen zur aktuellen Entwicklung bei. Insofern versteht sich die Reihe auch als ein neues wissenschaftlich anregendes Kommunikationsnetzwerk im nationalen, aber auch im internationalen Zusammenhang. Letzterer wird durch eine größere Forschungsinitiative über Kinder und ihre Vorstellungen vom guten Leben aufgebaut. Daran sind sowohl die Reihenherausgeberinnen und -herausgeber als auch die Vorstandsmitglieder des Zentrums maßgeblich beteiligt.

Entlang der beiden Forschungsperspektiven – Kinder- und Kindheitsforschung – geht es den Herausgeberinnen und dem Herausgeber der Reihe ‚Kinder, Kindheiten, Kinderforschung' darum, aussagekräftigen und innovativen theoretischen, historischen wie empirischen Zugängen aus Sozial- und Erziehungswissenschaften zur Veröffentlichung zu verhelfen. Dabei sollen sich die herausgegebenen Arbeiten durch teildisziplinäre, interdisziplinäre, internationale oder international vergleichende Schwerpunktsetzungen auszeichnen.

Leonie Herwartz-Emden
Verena Schurt · Wiebke Waburg

Aufwachsen in heterogenen Sozialisationskontexten

Zur Bedeutung einer geschlechtergerechten interkulturellen Pädagogik

VS VERLAG

Bibliografische Information der Deutschen Nationalbibliothek
Die Deutsche Nationalbibliothek verzeichnet diese Publikation in der
Deutschen Nationalbibliografie; detaillierte bibliografische Daten sind im Internet über
<http://dnb.d-nb.de> abrufbar.

1. Auflage 2010

Alle Rechte vorbehalten
© VS Verlag für Sozialwissenschaften | Springer Fachmedien Wiesbaden GmbH 2010

Lektorat: Stefanie Laux

VS Verlag für Sozialwissenschaften ist eine Marke von Springer Fachmedien.
Springer Fachmedien ist Teil der Fachverlagsgruppe Springer Science+Business Media.
www.vs-verlag.de

Umschlaggestaltung: KünkelLopka Medienentwicklung, Heidelberg
Druck und buchbinderische Verarbeitung: Ten Brink, Meppel
Gedruckt auf säurefreiem und chlorfrei gebleichtem Papier
Printed in the Netherlands

ISBN 978-3-531-17196-8

Inhaltsverzeichnis

Vorwort

Die vorliegende Monographie, vormals als eine Expertise unter dem Titel „Interkulturelle und geschlechtergerechte Pädagogik für Kinder im Alter von 6 bis 16 Jahren" von der Enquêtekommission „Chancen für Kinder" im Landtag Nordrhein-Westfalens in Auftrag gegeben, versammelt in einer auf die gesamte Bundesrepublik ausgeweiteten und vollständig überarbeiteten Fassung aktuelle empirische Befunde und theoretische Ansätze zu den Sozialisationsbedingungen von Kindern und Jugendlichen in und aus Einwandererfamilien. Die Autorinnen fokussieren vor dem Hintergrund der Einwanderungssituation in der Bundesrepublik Deutschland die zentralen Sozialisationsinstanzen ,Familie' und ,Schule' entlang der Strukturkategorien Geschlecht, Ethnizität und soziale Herkunft. Anhand der breiten und umfassenden Rezeption nationaler wie internationaler empirischer Studien zum Aufwachsen in ethnisch pluralen Einwanderungsgesellschaften gelingt eine dichte Zusammenschau der Kontexte des Aufwachsens und der Sozialisation von Kindern aus Einwandererfamilien.

Eine Intention der Autorinnen ist es, einen Beitrag zur hinreichenden empirischen Untermauerung der Konzeptualisierung interkultureller Pädagogik zu leisten. Denn bis heute können deren zentrale Prämissen und Implikationen – wie seit langem immer wieder moniert – nicht als empirisch fundiert gelten.

Dabei lassen sich der methodologische Kulturalismus und die methodologische Defizitorientierung, welche die Ansätze interkultureller Pädagogik in aller Regel und seit jeher kennzeichnen, durch empirische Befunde wie etwa die protektive Funktion der Migrantenfamilie, entkräften. Mit dieser Analyse leisten die Autorinnen mithin einen wesentlichen Beitrag zur nachholenden empirischen Fundierung interkultureller Pädagogik, die in vielerlei Hinsicht eine empirisch gesättigte Revision des Althergebrachten nach sich zieht. Darüber hinaus vermögen die Ausführungen jene theoretische Verschränkung der Differenzmerkmale Ethnizität und Geschlecht, die unter dem Stichwort Intersektionalität in letzter Zeit häufig reklamiert wird, empirisch einzuholen.

Die hiesige Kindheitsforschung ist mit der vorliegenden Publikation in der bundesrepublikanischen Einwanderungsgesellschaft angekommen. Für diesen längst fälligen wissenschaftlichen Schritt sind wir den Autorinnen sehr dankbar.

Für die Herausgeberinnen und den Herausgeber

Bielefeld, im Mai 2010   Isabell Diehm

Einleitung

I. Einleitendes zum Buch

Die vorliegende Monographie nähert sich dem Thema ‚Heterogenität in den Sozialisationskontexten von Kindern und Jugendlichen' mit einem breiten, empirisch fundierten Zugang. Heranwachsende, so der Ausgangspunkt, können nicht losgelöst von ihrem sozio-kulturellen Umfeld, insbesondere den familiären und schulischen Kontexten, in denen sie sich bewegen, gesehen werden. Aufbauend auf einer detaillierten und thematisch fokussierten Darstellung aktueller Daten werden die Kontexte Familie und Schule in verschiedenen Dimensionen vorgestellt, wobei wir uns dem Phänomen der Heterogenität vornehmlich anhand der Lebenswirklichkeit eingewanderter Familien[1] und deren Nachkommen annähern. Deutschland ist ein Einwanderungsland und der bundesdeutsche Alltag zeichnet sich durch eine multikulturelle Lebenswirklichkeit aus. Im Bildungssystem aller Bundesländer haben wir es vom Vorschulbereich über die Sekundarstufe(n) hin zu den Einrichtungen der beruflichen Bildung mit einem zunehmend heterogenen und multilingualen Klientel zu tun. Die ausbleibende Bildungsbeteiligung von jungen Menschen aus Familien mit Migrationshintergrund verschärft soziale Ungleichheiten in einem Maße, das für eine demokratische Gesellschaft untragbar ist, und sich letztendlich – auch in Bezug auf pädagogische Kontexte – die Herausforderung einer nachzuholenden Integration stellt (Bade, 2007a & b).

Einleitend ist auf die Problematik der Begriffe Heterogenität, Diversität und Vielfalt hinzuweisen, die gegenwärtig in erziehungswissenschaftlichen Veröffentlichungen geradezu inflationär gebraucht werden. Die Thematik wird durch die oft wenig differenzierte Anwendung dieser Begrifflichkeiten insofern verflacht, als die auf in diesem Zusammenhang häufig rekurrierten Kategorien Geschlecht, Ethnizität und soziale Herkunft strukturbildend sind. Sie haben in einer

---

[1] Die Begriffe Einwanderer(familien), Migranten(familien), Personen mit Migrationshintergrund oder Zuwanderer(familien) werden im folgenden Text synonym gebraucht, da es unserer Auffassung nach nicht mehr sinnvoll ist, zwischen Migrant(inn)en und Einwanderern/Einwanderinnen zu unterscheiden, denn Zugewanderte (vor allem der jüngeren Generation) haben mittlerweile die Möglichkeit, die deutsche Staatsbürgerschaft dauerhaft zu übernehmen und nutzen diese zum Teil auch. Der Terminus Migrationshintergrund lässt die Tatsache einer dauerhaften Niederlassung eher offen oder verschleiert diese.

Gesellschaft die Zuweisung von Partizipationschancen zur Folge und liegen
somit nicht mit weiteren Differenzkategorien, wie Alter, Körper, Religion und
Sexualität, auf einer Ebene. Kontext- und situationsbezogen beeinflussen letztere
allerdings ebenfalls die gesellschaftliche Teilhabe und Chancengleichheit. Unse-
re Darstellung ist ausgerichtet an den für die gesellschaftliche Positionierung von
Individuen entscheidenden Kategorien Geschlecht und Ethnizität bzw. kulturelle
Herkunft, teils in Verknüpfung, teils in Überschneidung mit sozialer Lage oder
Schichtzugehörigkeit und dem Lebensalter. Kinder und Jugendliche, Eltern und
Peers sowie vor allem die in den Feldern des Bildungssystems relevanten Akteurinnen und Akteure sind nicht nur als Mädchen und Jungen, (junge) Frauen und
Männer, Mütter und Väter, Lehrerinnen und Lehrer, sondern auch in Verbindung
mit herkunftsbezogenen Aspekten, ihrer Sprache, Kultur und möglichen Wanderungserfahrungen sowie den sozioökonomischen Bedingungen in den Blick zu
nehmen.

Gliederungsgesichtspunkte für den Band stellen die für das Aufwachsen
von Kindern und Jugendlichen wesentlichen Sozialisationskontexte ‚Familie‘
und ‚Schule‘ dar, deren Präsentation in ‚Basiskapiteln‘ als Referenzpunkte für
die Aufarbeitung von Ansätzen dient, die für eine geschlechtergerechte interkulturelle Pädagogik weiterführend sind. Ihren Ursprung hat dieser Aufbau in der
Forschungsferne vieler in der Pädagogik entwickelter Ansätze zur pädagogischen
‚Beschäftigung‘ mit Heterogenität. Unsere kritische Aufarbeitung der Geschichte
der interkulturellen Pädagogik zeigt ein großes Manko auf – weder die Ergebnisse empirischer Forschung noch die gesellschaftstheoretisch bezogenen Ansätze
der (internationalen) Migrationsforschung wurden zur Kenntnis genommen. So
blieb diese Pädagogik in ihren Anfängen weit von den Erfahrungen und Entwicklungen entfernt, die klassische Einwanderungsländer gemacht hatten. In
Deutschland ursprünglich in den Feldern der Sozialen Arbeit entstanden und
damit praxisorientiert verankert, sah sich diese interkulturelle Pädagogik überdies mit einer Klientel konfrontiert, die häufig durch das Bildungssystem enttäuscht worden war und durch alle weiteren ‚sozialen Löcher‘ zu fallen drohte.
Diese ersten Ansätze beinhalteten eine Defizitorientierung, da der Normalfall der
gelungenen Integration von zugewanderten Kindern und Jugendlichen nicht zum
Gegenstand wurde. Im Weiteren war hier ein Gedankengut präsent, das unhinterfragt hinsichtlich der Geschlechterfrage das westliche Emanzipationsmodell zum
geltenden Maßstab erklärte und alle anderen Formen von Frauenemanzipation
als rückständig deklarierte. Von einem solchen Ethnozentrismus sind auch feministische Forscherinnen und Sozialarbeiterinnen nicht unberührt geblieben (siehe
ausführlicher dazu Walgenbach, 2007; Winker & Degele, 2009).

Zusammengefasst besteht unsere Zielsetzung darin, vom gegenwärtigen Erkenntnisstand zu den Sozialisationskontexten Familie und Schule ausgehend eine

auf Heterogenität ausgerichtete Pädagogik in ihrer empirischen Differenzierung vorzustellen und die zugehörigen Theoretisierungen zu erläutern. Auch das, was heute unter intersektioneller Perspektive verstanden wird, ist forschungsmethodisch zu diskutieren, denn an diesem aktuell sehr breit bedienten Diskussionsstrang wird deutlich, dass Theorien *nicht* ohne Bezug zur Forschung relevant werden und *nicht* ohne die Frage der empirischen Umsetzung zu reflektieren sind. Bei der Untersuchung von Heterogenität, Diversität und Vielfalt und den im Bild der ‚intersection' implizierten Überkreuzungen von Differenzlinien sowie deren Interdependenz ist immer wieder neu zu bestimmen, welche Kategorien zu berücksichtigen sind. Insofern schlagen wir auch in diesem Punkt unter der Perspektive der Heterogenität einen Bogen zwischen Pädagogik und Sozialisationsforschung.

Im ersten Kapitel ‚*Kinder und Jugendliche im Sozialisationskontext Familie*' werden verschiedene theoretische Zugänge aus der Geschichte der wissenschaftlichen Beschäftigung mit Einwandererfamilien in Deutschland zum Ausgangspunkt genommen, um eine dem heutigen Erkenntnisstand angemessene Sicht vorzustellen. Migrantenfamilien wirken weitgehend protektiv hinsichtlich der durch Bildungsbenachteiligung, Arbeitslosigkeit und Armut gegebenen Deprivation (z.b. Nauck, 2006). Dies ist eine Erkenntnis empirischer Studien, die der defizitaufsuchenden Forschung in der Vergangenheit entgegensteht, in der die Sozialisation in Einwandererfamilien als eher ungünstig angesehen wurde. Eine Anstrengung des vorliegenden Bandes besteht darin, die deutschsprachige Forschung über einzelne Migrant(inn)engruppen in den wesentlichen Zügen und Erkenntnissen auszuwerten und eine auf Forschungsergebnisse unterschiedlicher Disziplinen gerichtete und zugleich (kultur-)vergleichende Perspektive auf die Themenfelder einzunehmen. Der differenzierte Blick richtet sich dabei herkunfts- und geschlechterbezogen auf die verschiedenen Altersgruppen – auf Mütter und Väter ebenso wie auf Kinder und Jugendliche, Mädchen und Jungen, junge Frauen und junge Männer. Vorwegzunehmen ist, dass ein Forschungsdesiderat in Bezug auf Migrantenfamilien und die Lebenswirklichkeit ihrer Mitglieder in den verschiedenen Altersphasen besteht.

Das zweite Kapitel ‚*Kinder und Jugendliche im Sozialisationskontext Schule*' widmet sich dem Bildungssystem, da ein großer Teil der in Deutschland lebenden Bevölkerung aus Einwandererfamilien zur Klientel dieses institutionalisierten pädagogischen Kontextes gehört. Das vor allem seit der Veröffentlichung der PISA-Ergebnisse im deutschsprachigen Raum ins öffentliche und wissenschaftliche Bewusstsein gerückte Interesse am schlechten schulischen Abschneiden junger Migrant(inn)en hat zu einer verschärften Sicht auf die Problematik und deren Ursachen geführt. Im Zusammenhang mit aktuellen Daten und Forschungsergebnissen wird die Situation von Schülerinnen und Schülern aus Familien mit Migrationshintergrund zunächst entlang zentraler Eckpunkte dargestellt – der Bildungsbeteiligung, den erworbenen Schulabschlüssen sowie den meist in international angelegten Studien erfassten Leistungen und Kompetenzen. Dem Bereich Heterogenität und Mehrsprachigkeit, dem Verlauf von Schulkarrieren sowie der Zusammenstellung von Erklärungsansätzen insbesondere für Unterschiede zwischen autochthonen und allochthonen Schüler(inne)n mit Fokus auf das unseres Erachtens besonders aufschlussreiche Phänomen der sog. Stereotypen-Bedrohung wenden wir uns in eigenen Unterpunkten zu.

Die wissenschaftliche Beschäftigung mit Heterogenität, Diversität und Interkulturalität in der Pädagogik steht in einer engen Verbindung mit der Geschichte der Disziplin und ihrer Ausrichtung an einer Praxis, die Professionalität und Handlungskompetenz verlangt und gleichzeitig ausbildet, die aber im theoretischen Denken und in den wissenschaftlichen Forschungen so (noch) nicht vorzufinden sind. Vor diesem Hintergrund gehen wir im dritten Kapitel *‚Pädagogische Antworten auf Heterogenität. Geschlechtergerechte interkulturelle Pädagogik'* zunächst auf theoretische Zugänge zur Verknüpfung unterschiedlicher Ungleichheitsdimensionen bzw. Differenzkategorien ein, die für die Beachtung von Heterogenität (immer unter besonderer Berücksichtigung der Kategorien Geschlecht und Ethnizität) in pädagogischen Ansätzen und Handlungsfeldern grundlegend sind. Dabei setzen wir uns u.a. mit dem bereits angesprochenen Intersektionalitätsansatz auseinander, der sich gegenwärtig in der deutschsprachigen erziehungswissenschaftlichen Forschung großer Beliebtheit erfreut. Anschließend wird die Entwicklung der interkulturellen Pädagogik in Deutschland nachgezeichnet. Schwerpunkt der Darstellung bildet die Auseinandersetzung mit der Frage, was interkulturelle Kompetenz ausmacht. Auf diesen Ausführungen aufbauend entfalten wir Potenziale und Ansätze von geschlechtergerechter interkultureller Pädagogik.

Im abschließenden Fazit erfolgt der Brückenschlag zwischen den Sozialisationskontexten Familie und Schule sowie den pädagogischen Antworten auf die diese kennzeichnende Heterogenität. Diskutiert wird, wie Bedarf und ‚Markt' für geschlechtergerechte interkulturelle Pädagogik einzuschätzen sind.

II. Einleitendes zur Bevölkerung mit Migrationshintergrund

Bevor in den einzelnen Kapiteln des Buches die Sozialisationskontexte ‚Schule' und ‚Familie' sowie der Umgang mit Heterogenität zum Gegenstand werden, befassen wir uns im zweiten Teil der Einleitung mit der Lebenssituation von Einwohner(inne)n der Bundesrepublik. Die kulturelle Herkunft als eine der wesentlichen Heterogenitätsdimensionen wird bei einer großen Gruppe der in

Deutschland lebenden Bevölkerung meist an ihrem Migrationshintergrund festgemacht, der bei der jüngeren Generation wiederum oftmals im Kontext von
Bildungs(miss)erfolg zur Diskussionen steht. Unerlässlich ist es in diesem Zusammenhang, einen Blick auf die Datenlage zu werfen, mit dem Ziel, die ‚Bevölkerung mit Migrationshintergrund' in zentralen Merkmalen zu beschreiben.
Einleitend nehmen wir Begriffsbestimmungen vor.

Definitorische Abgrenzung, Erhebungsformen und Datenquellen

Migrant(inn)en, Zugewanderte, Einwanderinnen und Einwanderer, Asylbewer-
ber/innen, Eingebürgerte, (Spät-)Aussiedler/innen, Ausländerinnen und Ausländer – diese wie weitere vielfältige Bezeichnungen adressieren prinzipiell einen
ganz bestimmten Personenkreis, wenngleich sie zum Teil nicht einheitlich verwendet werden und oft auf unterschiedliche Konzeptionen des zugrunde liegen-
den Phänomens abzielen: die Migration. Mit dem Terminus wird grundsätzlich
der Wanderungsprozess betitelt, der mit der räumlichen Verlagerung des Lebens-
mittelpunktes einer oder mehrerer Personen innerhalb eines Landes (Binnenmig-
ration) oder über Staatsgrenzen hinweg (Außenwanderung) einhergeht (Oltmer,
2010; BAMF, 2010) und in Bezug auf die zweitgenannte Form eine spezifische
Gruppe in Deutschland markiert: Die Bevölkerung mit Migrationshintergrund.[2]
Doch wer ist nun letztlich gemeint?

Folgt man der Definition des Statistischen Bundesamtes (2010b, S. 6), auf
der unter anderem die repräsentativen Erhebungen des Mikrozensus hinsichtlich
des Migrationsstatus basieren, so zählen zu den Personen mit Migrationshintergrund *„alle nach 1949 auf das heutige Gebiet der Bundesrepublik Deutschland
Zugewanderten, sowie alle in Deutschland geborenen Ausländer[innen] und alle
in Deutschland als Deutsche Geborenen mit zumindest einem zugewanderten
oder als Ausländer[innen] in Deutschland geborenen Elternteil"* (Hervorhebung
im Original). Das in dieser Festlegung breit definierte Kriterium ‚Migrationshintergrund' umfasst damit im Unterschied zu anderen Begriffsbestimmungen, die
meist auf die Nationalität (deutsch vs. nicht-deutsch) oder die Staatsangehörigkeit (amerikanisch, finnisch, polnisch, türkisch etc.) rekurrieren, zum einen auch
diejenigen Personengruppen, die durch Einbürgerung bzw. einbürgerungsgleiche

---

2   Aus Gründen der Lesbarkeit werden die Begriffe ‚Migrant(inn)en', ‚Personen mit Migrations-
     hintergrund', allochthone Bevölkerung (in Abgrenzung zur autochthonen) und ‚Personen mit
     Zuwanderungsgeschichte' synonym für die Mitglieder der ‚Bevölkerung mit Migrationshinter-
     grund', ‚Einwanderungsbevölkerung' oder auch ‚Zuwandererbevölkerung' verwendet. Einge-
     schlossen sind damit ggf. auch diejenigen Personen, die nicht selbst in die Bundesrepublik zu-
     gewandert sind und dementsprechend über keine eigene Migrations- bzw. Wanderungserfah-
     rung verfügen.

Maßnahmen (wie im Falle einer [Spät-]Aussiedlung) über die deutsche Staatsangehörigkeit verfügen. Zum anderen finden die Nachkommen von Migrant(inn)en ohne eigene Wanderungserfahrungen ebenfalls Berücksichtigung. Der Status leitet sich hier aus den Eigenschaften der Eltern respektive eines Elternteils ab. Insofern können auch Deutsche, die in Deutschland auf die Welt gekommen sind, als Kinder von Eingebürgerten, (Spät-)Aussiedler(inne)n[3] mit deutscher Staatsangehörigkeit ohne Einbürgerung oder ausländischer Eltern (sog. ius-soli-Kinder')[4] einen (ggf. einseitigen)[5] Migrationshintergrund haben (Rühl, 2009).

Wird die Bevölkerung nach dem jeweiligen Migrationsstatus differenziert, der sich nach Merkmalen wie Zuzug, Einbürgerung und Staatsangehörigkeit bestimmt, sind zu den Personen mit Migrationshintergrund einerseits solche zu rechnen, die über eine Wanderungserfahrung verfügen. Sie werden im Mikrozensus als ‚Zugewanderte' (Ausländer/innen oder Deutsche) erfasst. Die Gruppe der deutschen Einwanderer und Einwanderinnen erfährt mit der Einteilung in Eingebürgerte und Personen ohne Einbürgerung (seit 2007 [Spät-]Aussiedler/innen) eine weitere Konkretisierung. Anderseits wird der Bevölkerungsteil ohne eigene Migrationserfahrung (d.h. die nicht selbst Zugewanderten) ausgewiesen, und zwar ebenfalls in der Untergliederung Ausländer/innen (die hier in der zweiten bzw. dritten Generation leben) und Deutsche, wobei Letztgenannte wiederum in die Subgruppen der Eingebürgerten und Deutschen mit mindestens einem als Ausländer/in in Deutschland geborenen oder zugewanderten Elternteil aufgeteilt werden (Statistisches Bundesamt, 2009b).

Der Wechsel hinsichtlich der Erhebungsformen und der damit verbundene Wandel von einem Ausländer- zu einem Migrationskonzept (Herwartz-Emden,

---

3   Die (Spät-)Aussiedler/innen sind – maßgeblich in den Jahren nach 1988 – aus ehemals deutschen bzw. vorwiegend von Deutschen besiedelten Gebieten nach Deutschland gekommen, insbesondere aus den Nachfolgestaaten der ehemaligen Sowjetunion (2,3 Millionen), Polen (1,4 Millionen) und Rumänien (430.000) (BAMF, 2007; BMI, 2007). Ende der 1980er bzw. Anfang der 1990er Jahre erreichte der Zuzug dieser Gruppe Spitzenwerte. Der Höchststand betrug 1990 397.073 eingereiste Aussiedler/innen. In den vergangenen Jahren ist die Einwanderung in die Bundesrepublik allerdings stark rückläufig und nimmt kontinuierlich ab: Im Jahr 2000 sanken die Zuzüge erstmals wieder unter die Marke von 100.000, im Bezugsjahr 2008 wanderten nur noch 4.362 Personen ein (BAMF, 2007 & 2010).

4   Mit diesem Terminus werden die Kinder von zwei ausländischen Personen bezeichnet, welche die Mindestaufenthaltszeiten für das Optionsmodell erfüllen. Neben der elterlichen Staatsbürgerschaft enthält das neugeborene Kind zugleich die deutsche Staatsbürgerschaft. Nach der Volljährigkeit muss es sich innerhalb eines Zeitraums von fünf Jahren für eine endgültige Staatsangehörigkeit entscheiden (Statistisches Bundesamt, 2009c). In die Bevölkerungsstatistik gehen sie als Deutsche ein (Rühl, 2009).

5   Das heißt, ein Elternteil (deutsche/r Zuwanderer/Zuwanderin ohne Einbürgerung, eingebürgerte oder ausländische Person) hat einen Migrationshintergrund, während der zweite Elternteil entweder unbekannt (bspw. bei Alleinerziehenden) oder Deutsche/r ohne Migrationshintergrund ist (Statistisches Bundesamt, 2010b).

2003b) entschärft die Problematik, die aus einer alleinigen Fokussierung auf die Nationalität resultiert: Mittels der Differenzierung von Deutschen und Ausländer(inne)n entlang der Staatsangehörigkeit lassen sich kaum Aussagen über den Sachverhalt der Einwanderung treffen. In beiden Gruppen befinden sich Personen sowohl mit als auch ohne Migrationshintergrund, was jedoch nicht erkennbar ist. Aufgrund dessen werden einerseits Integrationsprobleme gegebenenfalls unterschätzt, denn Ausländer/innen stellen nur einen Teil der gesamten Zuwandererbevölkerung. Andererseits kann es zu deren Überbewertung kommen, wenn erfolgreiche Migrant(inn)en in den Statistiken als Deutsche 'auftauchen' (Herwartz-Emden, 2005). Mit Bernhard Santel (o.J.) ist davon auszugehen, dass sich bei einer entsprechend spezifizierten Erfassung verschiedene berufs- und auf den sozioökonomischen Status bezogene Indikatoren (schulische Situation, Stellung im Berufsleben, Einkommen, Erwerbslosigkeit etc.) weniger ungünstig gestalten. So erwerben insbesondere jene Zugewanderten einen deutschen Pass, deren sozioökonomische Lage günstiger ist. Damit verbleibt „in der Ausländerstatistik ein Personenkreis mit eher ungünstigen Charakteristika" (S. 1), was zu einem 'paradoxen Effekt' führt: Der statistische Abstand zwischen der ausländischen und der deutschen Bevölkerung verringert sich nicht durch die faktischen Integrationserfolge von eingewanderten Personen, sondern wird vielmehr aufgrund des Einbezugs von erfolgreichen Zuwanderern in die Gruppe der Deutschen vergrößert (ebd.).

Vor diesem Hintergrund liegt eine Schwierigkeit der Ausführungen des vorliegenden Buches (und vieler anderer Publikationen) darin, dass sich die Angaben bestimmter Studien und Untersuchungen nur auf die Staatsangehörigkeit, jedoch nicht auf den Migrationshintergrund (in Form der breiten Definition des Statistischen Bundesamtes) beziehen. Deswegen wird ein erheblicher Teil der Kinder und Jugendlichen, Schülerinnen und Schüler aus zugewanderten Familien (wie Aussiedler/innen und Eingebürgerte) häufig nicht erfasst. Teilweise erfolgt die Operationalisierung des Migrationshintergrundes uneinheitlich, was zu Problemen bei der Interpretation und beim Vergleich von Forschungsergebnissen führt.

Datenlage – Bevölkerungsstand und Migrationsgeschehen

Doch nun mehr über die Bevölkerung mit Migrationshintergrund und den darin enthaltenen Teil der Personen mit einer ausländischen Staatsangehörigkeit in Deutschland. Von welcher Größenordnung ist zu sprechen, wie setzt sie sich jeweils zusammen und welche Gruppen lassen sich identifizieren? Wo liegen

Unterschiede im Vergleich mit einheimischen Deutschen und wie sind diese ausgeprägt?

Unter Rückgriff auf die Daten des Mikrozensus 2008 (Statistisches Bundesamt, 2010b) wird in Deutschland für rund 15,6 Millionen der insgesamt 82,1 Millionen amtlich gemeldeten Einwohner/innen bzw. 19% der Gesamtbevölkerung ein Migrationshintergrund angegeben. Dabei handelt es sich um 8,3 Millionen Personen mit einer deutschen (10,1%) und 7,3 Millionen mit einer ausländischen Staatsangehörigkeit (8,9%). Im Vorjahr 2007 belief sich der Gesamtanteil auf 18,7% (bzw. 15,4 Mio. von 82,3 Mio.), im Jahr 2006 auf 18,4% (bzw. 15,1 Mio. von 82,4 Mio.) und im Jahr 2005 auf 18,3% (bzw. 15,1 Mio. von 82,5 Mio.). Bezogen auf den Zeitraum von 2005 bis 2008 entspricht dies in absoluten Zahlen einem – durch Geburten und Zuzug bedingten – Anstieg von rund 500.000 Migrant(inn)en (bzw. 3,4%), während für die Gesamtpopulation ein Rückgang von 330.000 Menschen (resp. 0,4%) und für die Gruppe der Deutschen ohne Zuwanderungsgeschichte von mehr als einer halben Million Personen (bzw. 0,8%) zu konstatieren ist.

Der stärkste Zuwachs von 2005 bis 2008 ist mit 285.000 Personen bei Einwohner(inne)n mit Migrationshintergrund, aber ohne eigene diesbezügliche Erfahrung zu verzeichnen, d.h. bei den im Inland geborenen Nachkommen von Einwanderern und Einwanderinnen (Statistisches Bundesamt, 2010b). In dieser Untergruppe haben sowohl die Anzahl als auch der Anteil von Deutschen sichtlich zugenommen (um 375.000 Menschen bzw. 12,9%), die der Ausländer/innen jedoch gleichzeitig etwas abgenommen (um 88.000 Menschen bzw. 5,0%). Für den in den letzten Jahren zu beobachtenden Anstieg der Einwandererbevölkerung insgesamt sind also vorrangig die hier geborenen Migrant(inn)en mit deutscher Staatsangehörigkeit verantwortlich (ebd.; BAMF, 2010; z.T. eigene Berechnungen). Im Ganzen sind etwa zwei Drittel aller Personen mit Migrationshintergrund selbst gewanderte Migrant(inn)en der ersten Generation, wohingegen circa ein Drittel aufgrund der Geburt im Inland zur zweiten respektive dritten Generation zählt.

Allerdings sollen diese Daten nicht den Blick darauf verstellen, dass seit Mitte der 1990er Jahre in den Zuwanderungszahlen eine tendenziell rückläufige Entwicklung zu verzeichnen ist (BAMF, 2010). Nach einem Höchststand 1990 (1,5 Millionen Zuzüge) hat sich das Migrationsgeschehen zu Beginn des 21. Jahrhunderts auf einem relativ niedrigen Niveau bei etwa 700.000 Zuzügen eingependelt (ebd.). Der vormals stärkere Zuwanderungstrend in die Bundesrepublik resultierte v.a. aus einigen politischen Ereignissen der 1990er Jahre, insbesondere der Öffnung des ‚Eisernen Vorhangs‘ und einer damit verbundenen vereinfachten Ausreise aus osteuropäischen Ländern sowie der Bürgerkriegssituation im ehemaligen Jugoslawien (Oltmer, 2010). Der Rückgang der Zuwanderung hing u.a. mit einer grundlegenden Änderung des Grundrechts auf Asyl im Jahr 1993 und der Verabschiedung des Zuwanderungsgesetzes 2005 zusammen, in deren Folge Aufnahme- und Asylbewerberzahlen gesenkt werden konnten (Bade & Oltmer, 2007; BAMF, 2010). Die Anzahl an Fortzügen aus Deutschland blieb in den vergangenen Jahren verhältnismäßig konstant und liegt seit 1999 unter 0,7 Millionen. Werden die Zu- und Fortzüge einander bilanzierend gegenüber gestellt, ergibt sich 2008 erstmals seit knapp 25 Jahren ein negatives Gesamtwanderungssaldo (BAMF, 2010).

In Bezug auf die regionale Verteilung der Personen mit Migrationshintergrund lässt sich festhalten, dass diese zum überwiegenden Teil im früheren Bundesgebiet respektive in Berlin leben (14,9 Mio. bzw. 96,0%), was für einheimisch Deutsche in geringerem Ausmaß gilt (54 Mio. bzw. 81,3%). In den neuen Ländern wohnen 4,0% der Einwandererbevölkerung und 18,7% der Menschen ohne Zuwanderungsgeschichte. Unterschiede bestehen ebenso zwischen einzelnen Bundesländern, beispielsweise weisen in Schleswig-Holstein 12,8% der Bevölkerung einen Migrationshintergrund auf, in Nordrhein-Westfalen dagegen 23,3%. Insbesondere in Ballungsgebieten und Großstädten leben viele Migrantinnen und Migranten (z.B. in Berlin: 24,0% und in Hamburg: 26,3%) (Statistisches Bundesamt, 2010b).

Hinsichtlich der Herkunftsregionen hat Europa für die Zuwanderung nach Deutschland quantitativ betrachtet eine besondere Bedeutung: Es stellt über die Hälfte (54,4%) der 15,6 Millionen eingewanderten Personen und deren Nachkommen. Knapp 10% stammen aus Asien, Australien und Ozeanien sowie jeweils rund 3,0% aus Afrika (3,1%) und Amerika (2,8%). In etwa 31% der Fälle fehlten die Angaben oder sie waren unzutreffend. Lenkt man den Blick auf den europäischen Kontinent, sind die Herkunftsländer zum einen unter den 26 Mitgliedstaaten[6] der Europäischen Union und zum anderen im sog. ‚sonstigen Europa' zu verorten – aus erstgenannten sind 34,6% und aus letztgenanntem 44,1% der in Deutschland lebenden Migrant(inn)en oder deren Vorfahren eingereist (Statistisches Bundesamt, 2010b; eigene Berechnungen).

In eine Rangfolge gebracht, wird die Liste der bedeutsamsten Herkunftsländer aus dem europäischen Raum von der Türkei mit mehr als 2,5 Millionen Menschen beziehungsweise mit einem Anteil von 23,4% an der Einwandererbevölkerung angeführt; darauf folgen mit einem relativ deutlichem Abstand Italien mit 776.000 Personen (bzw. 7,2%), Polen mit 687.000 Personen (6,4%), die

---

6   Deutschland wird entsprechend der von uns verfolgten Perspektive nicht eingerechnet, da wir
     quasi aus deutscher Perspektive berichten.

Russische Föderation mit 519.000 Personen (4,8%), Serbien und Montenegro[7] mit 445.000 Personen (4,1%), Griechenland mit 380.000 Personen (3,5%), Kroatien mit 375.000 Personen (knapp 3,5%), Bosnien und Herzegowina mit 275.000 Personen (2,6%), Rumänien mit 214.000 Personen (2,0%) sowie die Ukraine mit 204.000 Personen (1,9%). Als das einzige wichtige nicht-europäische Herkunftsland gilt Kasachstan mit 165.000 zugewanderten Personen, die etwa 1,5% der Einwandererbevölkerung stellen (Statistisches Bundesamt, 2010b; eigene Berechnungen). In der Bevölkerungsgruppe der 2,3 Millionen (Spät-)Ausgesiedelten, die sich nach ihrer Herkunft unterscheiden lassen, sind die am häufigsten vertretenen Länder die Russische Föderation (681.000), Polen (568.000), Kasachstan (412.000) und Rumänien (210.000) (Statistisches Bundesamt, 2010a).

Dabei zeigt sich, dass vor allem die Migrant(inn)en aus den ehemaligen Anwerbestaaten Griechenland, Italien und der Türkei[8] überproportional häufig keine eigenen Wanderungserfahrungen gemacht haben, sondern im Inland geboren wurden, was zum Teil bereits für deren Eltern gilt. Migrant(inn)en aus diesen Ländern sind als Gastarbeitergeneration vor allem in den 1960er Jahren bis 1973 eingewandert und haben durch Familiennachzug und -gründung bereits mehrfach Kinder bzw. Enkel bekommen. Dagegen zählen gegenwärtig noch verhältnismäßig wenige Personen mit einem kasachischen, polnischen, rumänischen oder russischen Hintergrund zur zweiten oder dritten Zuwanderergeneration (BAMF, 2010), da diese verstärkt seit Ende der 1980er und Beginn der 1990er Jahre eingewandert sind (Bade & Oltmer, 2007).

Was die Geschlechtsstruktur der Einwandererbevölkerung im Ganzen anbelangt, fällt der Prozentsatz an männlichen Personen mit 50,4% ein wenig größer aus als der an weiblichen Personen mit 49,6%. Dies gilt ebenfalls und etwas auffälliger für die Subgruppe der Zugewanderten ohne eigene Migrationserfahrung (52,7% Männer; 47,3% Frauen). In der Gesamtpopulation Deutschlands (49,0% Männer zu 51,0% Frauen), unter den Einwohner(inne)n ohne Migrationshintergrund (48,6% Männer zu 51,4% Frauen) und den selbst zugezogenen Migrant(inn)en (49,4% Männer zu 50,6% Frauen) ist das Verhältnis jeweils umgekehrt (Statistisches Bundesamt, 2010b; eigene Berechnungen). Analog dazu ergibt sich, je nachdem, welche Herkunftsländer bzw. -regionen fokussiert werden, ebenfalls eine unterschiedliche Verteilung der Geschlechter: Überproportionale Anteile an Männern sind bei Personen afrikanischer (59,5%), italienischer (58,5%) und griechischer Herkunft (55,5%) sowie bei jenen aus dem Nahen und Mittleren Osten (55,9%) zu registrieren, während in der Einwanderungspopulati-

---

7 Das Statistische Bundesamt (2010b) weist in der aktuellen Publikation, auf die wir uns beziehen, die Angaben für die Migrant(inn)en aus Serbien und Montenegro zumeist gemeinsam aus, auch wenn es sich seit Mitte 2006 um zwei eigenständige Staaten handelt.
8 Dazu zählen daneben das ehemalige Jugoslawien, Spanien, Portugal, Tunesien und Marokko.

on mit einem polnischen (56,2%), russischen (56,1%), ukrainischen (55,9%) oder rumänischen (55,6%) Hintergrund die Frauen prozentual dominieren (ebd.; eigene Berechnungen).

Betrachtet man die Altersstruktur der Bevölkerung im Bezugsjahr 2008, verteilt sich die Einwandererpopulation gegenüber der Gruppe der einheimisch Deutschen stärker auf die unteren Jahrgänge: Personen mit Zuwanderungsgeschichte sind im Durchschnitt weitaus jünger (34,4 Jahre) als jene ohne dieses Merkmal (45,3 Jahre). Von allen Kindern im Vorschulalter (0 bis 5 Jahre) weisen 34,4% einen Migrationshintergrund auf. In der Altersgruppe der 5- bis 10-Jährigen sind es 31,2%, bei den 10- bis 15-Jährigen 28,6% und von den 15- bis 20-Jährigen 25,0%. Das heißt, in der Gesamtbevölkerung im Alter von bis zu 20 Jahren stammt insgesamt fast ein Drittel (29,4%) aus Zuwandererfamilien. Somit befindet sich ein relativ großer Anteil der Migrant(inn)en in einem Lebensalter, in dem er zur Klientel des (vor-)schulischen Bildungsbereiches zu rechnen ist.[9] Diese Tatsache bildet einen wesentlichen Ausgangspunkt für die weitere Auseinandersetzung sowohl mit den Sozialisationskontexten ‚Familie' und ‚Schule' als auch hinsichtlich der pädagogischen Antworten auf die Heterogenität in diesen.

III. Einleitendes zur Entstehung des Buches und Dank

Der vorliegende Text entstand ursprünglich als eine Expertise im Auftrag der im Landtag von Nordrhein-Westfalen eingerichteten Enquêtekommission „Chancen für Kinder" mit dem Titel „Interkulturelle und geschlechtergerechte Pädagogik für Kinder im Alter von 6 bis 16 Jahren" (Herwartz-Emden, Schurt, Waburg & Ruhland, 2008), die im Internet abrufbar ist. Für die Veröffentlichung wurde das Manuskript an bestimmten Punkten gestrafft, an anderen ausgebaut und vor allem aktualisiert. Die auf Nordrhein-Westfalen ausgerichteten Ausführungen haben wir durch einen Bezug auf Gesamtdeutschland ersetzt und auf die im Rahmen der NRW-Expertise erarbeitete Übersicht zu Modellprojekten geschlechtergerechter und interkultureller Pädagogik zugunsten neuer Schwerpunkte verzichtet.

---

9   Diese Tendenz ist vor allem durch die im Verhältnis sehr junge Subgruppe derjenigen bedingt, die bereits in Deutschland geboren wurden und nicht selbst gewandert sind (durchschnittliches Alter 14,7 Jahre), während die Migrant(inn)en mit eigener Zuwanderungserfahrung sichtlich älter sind (Durchschnittsalter 43,6 Jahre). Mit im Schnitt 37,9 Jahren liegen die Ausländer/innen quasi dazwischen (Statistisches Bundesamt, 2009a & 2010b).

Seit ihrem Erscheinen wurde unsere Expertise breit rezipiert und ebenfalls in die Enquêtekommission „Integration und Migration in Rheinland-Pfalz"[10] eingebracht. Wir danken Prof. Dr. Franz Hamburger (Johannes Gutenberg Universität Mainz) für seine Initiative in der Kommission. Gerade das entgegengebrachte Interesse und positive Feedback der Fachöffentlichkeit gaben den Anstoß für die Überarbeitung des Textes und Veröffentlichung in Buchform. Unser Dank gilt insbesondere Prof. Dr. Isabell Diehm (Universität Bielefeld), die die Expertise in ihre mit Prof. Dr. Sabine Andresen, Prof. Klaus Peter Treumann und Dr. Christine Hunner-Kreisel (alle Universität Bielefeld) im VS Verlag für Sozialwissenschaften herausgegebene Reihe ‚Kinder, Kindheiten, Kindheitsforschung' aufgenommen hat.

Ein Buchprojekt, das einen solch weit gefassten thematischen Rahmen berücksichtigt wie das vorliegende, kann nicht ohne die Gespräche und Unterstützung, kurz: das ‚Mitdenken' eines Teams gelingen, von Kolleg(inn)en über studentische Hilfskräfte bis zum Sekretariat. Bei allen Beteiligten möchten wir uns an dieser Stelle herzlich bedanken. Insbesondere zu erwähnen sind aus der Arbeitsgruppe des Fachgebietes Pädagogik der Kindheit und Jugend an der Universität Augsburg Dipl. Päd. Cornelia Braun und Dipl. Päd. Volker Mehringer, die für die Darstellung der ‚Kinderstudien' im Kapitel ‚Familie' verantwortlich sind, sowie Dr. Daniel Paasch, Dr. Josef Strasser und Dr. Mandy Ruhland[11]. Als studentische Hilfskräfte standen uns zur Seite: Matthias Hummel und Stefanie Baumann – wir danken diesen beiden ganz besonders für die exzellente Redaktionsarbeit und ihren unermüdlichen Einsatz –, Julia Franken, Melina Sachon und Pia Stadler. Ein großes Dankeschön geht ebenfalls an Anja Erdl, Geschäftsstelle des ZdFL, für ihre Hilfe in organisatorischen und sprachlichen Belangen.

Leonie Herwartz-Emden
Verena Schurt
Wiebke Waburg

Augsburg, im Mai 2010

---

10   Eingebracht am 14.11.2008 unter der Drucksachennummer EK 15/2 – 22.
11   Mandy Ruhland war an der ursprünglichen Erstellung des Manuskripts für die Enquête-
     kommission beteiligt.

1 Kinder und Jugendliche im Sozialisationskontext Familie

Weit mehr als vier Millionen Kinder in Deutschland lebten im Jahr 2008 in einer Familie, in der mindestens ein Elternteil einen Migrationshintergrund aufwies (Statistisches Bundesamt, 2010b; vgl. ausführlicher dazu 1.1.1). Will man diese Familien beschreiben, die gut ein Viertel aller Eltern-Kind-Gemeinschaften im Bundesgebiet ausmachen, stellt sich zunächst die Frage, welche Kriterien dazu geeignet sind. Die Familien unterscheiden sich nach ihren Migrationserfahrungen, der nationalen und ethnischen Zusammensetzung bzw. ihrer kulturellen Herkunft, ihren Ressourcen und Motivationen sowie schließlich ihrem aufenthaltsrechtlichen Status und dem Ausmaß ihrer sozialen Integration, ihrer Platzierung in den gesellschaftlichen Strukturen.

Ein großer Teil der Kinder und Jugendlichen mit Migrationshintergrund sind die Nachfahren von Arbeitsmigrant(inn)en. Ihre Familien kamen nach Deutschland, um für sich und ihre Kinder günstigere Lebensumstände zu ermöglichen. Unter dem Einfluss des positiven Wirtschaftswachstums in Deutschland fand die Anwerbung von Arbeitskräften vor allem in Südeuropa und der Türkei statt. Es dominierte die maskuline Migration, in einzelnen Industriebereichen wurden jedoch favorisiert Frauen angeworben. Die wirtschaftliche Rezession, bedingt durch die sog. Ölpreiskrise 1973, führte zum Anwerbestopp, in deren Folge sich die Bleibeabsichten der Migrant(inn)en verfestigten. Es ergab sich eine Konsolidierungsphase durch die Familienzusammenführung im Aufnahmeland Deutschland, die von 1973 bis 1989 reichte. Ausgelöst durch den Mauerfall und den Wandel der politischen Systeme der Ostblockstaaten sowie die sich zuspitzende Situation im ehemaligen Jugoslawien kam es in den darauffolgenden beiden Jahrzehnten zu einem basalen Wandel der deutschen und europäischen Migrationsverhältnisse. Die Entstehung einer neuen Einwanderungssituation spiegelte sich in steigenden Aussiedler- und Asylbewerberzahlen wider; zudem wanderten sog. jüdische Kontingentflüchtlinge aus den Nachfolgestaaten der ehemaligen Sowjetunion vermehrt zu. Allerdings ist seit dem Jahr 2000 wegen der Kontingentierung auf 100.000 zuwandernde Aussiedler/innen pro Jahr die

Reduzierung der staatlichen Einbürgerungshilfen[12] sowie der Verabschiedung des ‚Kriegsfolgenbereinigungsgesetzes'[13] (1993) ein deutlicher Rückgang der Aussiedlerzuwanderung zu verzeichnen. Auch der Zuzug von Jüdinnen und Juden ging seit dem Inkrafttreten des Zuwanderungsgesetzes 2005 stark zurück, da nunmehr für die Bewilligung des Aufnahmeantrags neben der jüdischen Herkunft auch Kenntnisse der deutschen Sprache, die Option zur Sicherung des eigenen Lebensunterhalts und die Möglichkeit einer Aufnahme in einer jüdischen Gemeinschaft nachgewiesen werden muss (Bade & Oltmer, 2007; Oltmer, 2010).

In der Mehrheit der Fälle kamen und kommen zugewanderte Familien (wie weltweit bei Migrationsbewegungen) aus ärmeren Ländern, um in Deutschland ihre persönlichen Lebensumstände zu verbessern. Ihre Ressourcen waren oder sind auf allen Ebenen oft geringfügig. Umso bedeutsamer ist der soziale und ökonomische Hintergrund der Familien für ihre Akkulturationsleistungen. Diese Gruppen haben für sich und ihre Kinder gänzlich andere Leistungen zu erbringen als hochqualifizierte Arbeitskräfte mit hervorragendem sozialem Hintergrund. Von ihnen werden spezifische Anstrengungen erwartet, zugleich unterstellt man ihnen besondere Anpassungs- und Akkulturationsprobleme (Zick, 2010). Die Sichtweise der Akkulturationsforschung ist vor diesem Hintergrund vor allem durch eine Problem- und Konfliktsicht geprägt (ebd.). Wie wir im Folgenden an Studien zu Einwandererfamilien zeigen, trifft dies auch für die deutschsprachige Forschung zu. Es werden Schwierigkeiten von Personen und Gruppen bei der Aneignung ihrer neuen kulturellen Umwelt sowie interkulturelle Konflikte analysiert, jedoch weniger persönliche Erfolge, gesellschaftliche Vorteile und positive Entwicklungen aufgrund von Wanderungsprozessen (ebd.).

Ein großer Teil der vorliegenden Untersuchungen, die sich explizit mit dem Kontext Familie vor dem Hintergrund von Migration und Multikulturalität auseinandersetzen, verfolgt das Ziel, Differenzen und Gemeinsamkeiten in den alltäglichen Lebenswelten zwischen Familien mit und ohne Migrationshintergrund herauszustellen, die u.a. als Erklärungsansätze für die Verteilung verschie-

---

12 Bis in die 1990er Jahre konnten Aussiedler/innen vielfältige integrationsfördernde Maßnahmen im Bereich der beruflichen Qualifizierung nutzen, woraus eine im Vergleich zu anderen Migrant(inn)en wesentlich günstigere Ausgangslage resultierte (Herwartz-Emden & Westphal, 1997). Allerdings veränderte sich die Zusammensetzung dieser Gruppe zunehmend – ein steigender Anteil beherrschte die deutsche Sprache nicht ausreichend und verfügte ebenso wenig über Facharbeiterqualifikationen, die auf dem Arbeitsmarkt gesucht waren. Und mit dem „Wegfall weitreichender staatlicher Integrationsförderung zeigten sich erhebliche Schwierigkeiten der sozialen und beruflichen Integration der Aussiedlerinnen, insbesondere auch der Aussiedlerjugendlichen" (Westphal, 2006a, S. 4).

13 In diesem Gesetz wurde die Anerkennung als (Spät-)Aussiedler/in auf die bis 31.12.1992 Geborenen beschränkt (Oltmer, 2010).

dener ‚Outcomevariablen‘, wie beispielsweise der Kompetenzentwicklung oder dem Schulerfolg der Kinder und Jugendlichen, herangezogen werden können (Busse & Helsper, 2007; Ditton, Krüsken & Schauenberg, 2005; Geißler, 2007). Die dabei näher untersuchten familiären Aspekte und Merkmale lassen sich auf zwei inhaltlich-heuristischen Dimensionen anordnen – den Status- und Struktur-variablen sowie den Prozessvariablen (Baumert, Watermann & Schümer, 2003; Helmke & Weinert, 1997). Zu der erstgenannten Dimension zählen indirekt wirkende, strukturelle Variablen wie die Familienform oder der sozioökonomi-sche Status der Familie. Die zweite Dimension umfasst Variablen, die direkt beeinflussende und beeinflussbare Prozesse innerhalb der Familie abbilden, zum Beispiel das konkrete elterliche Unterstützungsverhalten. In die nachfolgenden Ausführungen, in denen wir die auffindbaren aktuellen Daten, Forschungsergeb-nisse und Analysen zu Familien mit Migrationshintergrund präsentieren, fließen beide Dimensionen ein. Der Fokus liegt zunächst auf einem Überblick über die Datenlage, der sich vor allem an ausgewählten Status- und Strukturvariablen orientiert. Anschließend werden Einwandererfamilien unter der Fragestellung, wie sich familiäre Hintergründe, Entwicklungs- und Sozialisationsbedingungen für die verschiedenen Lebensalter darstellen, in den Blick genommen.[14] Relevan-te Prozessvariablen legen wir im Zusammenhang mit den genannten Themenbe-reichen in den Ausführungen zur Sozialisation und Sozialisationsforschung dar.

1.1 Datenlage zu Einwandererfamilien

Dass die Diskussion um interkulturelle Thematiken, Herausforderungen und Problemstellungen in den letzten Jahren deutlich zugenommen hat, spiegelt sich in einigen amtlichen Statistiken, wie beispielsweise im Mikrozensus, wider, in denen nach dem Migrationshintergrund und nicht mehr nur entlang der Nationa-lität differenziert wird. Es zeigt sich in aktuelleren Veröffentlichungen zum Thema ‚Familie‘, die außer einheimischen nun auch Einwandererfamilien (zu-mindest kurze) Textpassagen oder Abschnitte widmen (z.B. Statistisches Bun-desamt, 2009c; Weinmann, 2009). Gestiegenes Interesse an ‚herkunftsbezoge-nen‘ Fragestellungen verdeutlichen daneben einige neuere Studien, die Kinder selbst in den Blick nehmen und den familiären Migrationshintergrund erfassen –

---

14 Wir differenzieren in der Darstellung, wo es möglich ist, nach Herkunftsgruppen, wobei zum Teil vorrangig auf die beiden größten in Deutschland lebenden Einwanderergruppierungen, den aus der Türkei stammenden Migrant(inn)en und den Aussiedler(inne)n, eingegangen wird. Ge-rade diese Gruppen fanden in empirischen Untersuchungen der letzten Jahre im Vergleich zu anderen Herkunftsgruppen besondere Berücksichtigung (so bspw. im DJI-Kinderpanel oder der FAFRA-Untersuchung).

angefangen vom Kinderpanel des DJI (bspw. Alt & Quellenberg, 2005), über die 1. World Vision Kinderstudie „Kinder in Deutschland 2007" (Hurrelmann & Andresen, 2007), bis hin zu der Untersuchung zur Gesundheit von Kindern und Jugendlichen in Deutschland (KIGGS) (z.b. Thyen, 2007) und dem LBS-Kinderbarometer Deutschland (bspw. LBS-Initiative Junge Familie, 2007).[15]

Wir greifen einen Teil dieser Publikationen heraus und stellen Daten vor, die sich auf besonders relevante familiäre Status- und Strukturvariablen konzentrieren, das heißt Familienformen und Kinderzahl, (Aus-)Bildungsniveau und Erwerbsbeteiligung in der Elterngeneration sowie soziale Herkunft der Kinder. Quellen sind einerseits amtliche Statistiken (v.a. der Mikrozensus) und Veröffentlichungen, die auf Basis repräsentativer Erhebungen aktuelle Zahlen liefern. Sie bilden einen eher groben Rahmen für die Beschreibung der Einwandererfamilien anhand ausgewählter Merkmale, lassen aber kaum spezifische Aussagen über die Situation *in* den Familien zu. Insofern greifen wir andererseits auf die ‚Kinderstudien' zurück, die zwar älteren Datums sind, zum Teil auf nicht-repräsentativen Stichproben beruhen und auf bestimmte Alterskohorten fokussieren, sich jedoch explizit mit dem Aufwachsen in verschiedenen lebensweltlichen Kontexten auseinander setzen und somit einen tieferen Einblick gewähren.

1.1.1 Familienformen, Kinderzahl und Armutsgefährdung

Der Mikrozensus 2008 belegt, dass knapp 2,4 Millionen und damit etwa 28% der rund 8,6 Millionen in Deutschland lebenden Familien mit minderjährigen Kindern einen Migrationshintergrund aufweisen und über 30% aller Heranwachsenden im Alter von bis zu 17 Jahren in diesen Einwandererfamilien aufwachsen (Statistisches Bundesamt, 2010b & 2009d). Mit der Merkmalskombination ‚Familie' und ‚Migration' werden diejenigen Eltern-Kind-Gemeinschaften erfasst, in deren Haushalt wenigstens ein noch nicht volljähriges Kind mit mindestens einem Elternteil zusammenlebt, der eine ausländische Staatsbürgerschaft besitzt oder die deutsche Staatsangehörigkeit durch Einbürgerung (respektive einbürgerungsgleiche Maßnahmen wie im Falle einer Spätaussiedelung) erhalten hat (Weinmann, 2009).

Bei einer vergleichenden Betrachtung, die auf einer Sonderauswertung des Mikrozensus 2007[16] basiert, ist zunächst die unterschiedliche Verteilung auf die verschiedenen *Formen der Ausgestaltung des Zusammenlebens* bemerkenswert

---

15 Siehe zu den Kinderstudien die Darstellung in den Punkten 1.1.3 und 1.9.
16 Wir greifen auf diese Quelle zurück, da bis zum gegenwärtigen Zeitpunkt keine entsprechende Auswertung der Bevölkerung nach Familienformen für den Mikrozensus 2008 vorliegt. Es ist jedoch davon auszugehen, dass sich die angegebenen Werte nur geringfügig verändert haben.

(siehe Tabelle 1): Deutschlandweit ist in Zuwandererfamilien die ‚traditionelle'
Konstellation im Sinne von Ehepaaren mit Kindern (noch) weiter verbreitet als
in einheimisch deutschen Familien. Bei den sog. ‚alternativen' Lebensformen
lässt sich eine umgekehrte Tendenz feststellen – in über 20% der Familien ohne
sowie knapp 13% der Familien mit Migrationshintergrund ist ein Elternteil al-
leinerziehend; zudem sind nichteheliche Partnerschaften mit Kind(ern) stärker
vertreten als bei den Gewanderten (Statistisches Bundesamt, 2008).

Tabelle 1: Formen des Zusammenlebens und Anzahl der Kinder nach Migrationsstatus (Statistisches Bundesamt, 2008)

	Alle Familien*	Familien mit MH*	Familien ohne MH*
Ehepaare mit Kindern	73,8	82,5	70,6
Nichteheliche Lebensgemeinschaften mit Kindern	7,9	4,7	9,1
Alleinerziehende	18,3	12,8	20,4

*   Alle Angaben in %.

Unterschiede existieren auch in Bezug auf die Anzahl der Kinder. In sog. Ein-
Kind-Familien lebten 48% der Familien mit und 54% ohne Migrationshintergrund, zwei minderjährige Kinder hatten 36% der Einwandererfamilien und 37%
der einheimischen Familien, auf drei (oder mehr) Kinder kamen 16% der gewanderten und 9% der nicht-gewanderten Familien (Weinmann, 2009). Im Schnitt
haben – mit Blick auf den Mikrozensus 2008 – Familien ohne Migrationshintergrund 1,6 Kinder, aus den EU-26 Ländern (hier bezogen auf Griechenland, Itali-
en, Polen und Rumänien) ebenfalls 1,6 Kinder und aus den sonstigen europäischen Ländern (Bosnien und Herzegowina, Kroatien, Russische Föderation,
Serbien und Montenegro, Türkei, Ukraine) 1,9 Kinder. Dabei liegen türkisch-
bzw. serbisch-montenegrinischstämmige Lebensgemeinschaften mit 2,0 Kindern
über und jene bosnisch-herzogowinischer, kroatischer bzw. ukrainischer Herkunft mit 1,6, 1,7 bzw. 1,4 Kindern unter dem Wert dieser Gruppe. Lenkt man
den Blick auf Aussiedlerfamilien, so haben diese durchschnittlich 1,6 Kinder.
Die gemittelte Kinderzahl beträgt in Familien aus Afrika respektive Asien, Australien und Ozeanien 1,9 sowie aus Amerika 1,7 (ebd.; Statistisches Bundesamt,
2010b).

Bei der Kinderzahl ist zu beachten, dass diese in Einwandererfamilien – ähnlich wie in der einheimischen Bevölkerung – sinkt; allerdings ist Kinderlosigkeit in Familien mit Zuwanderungsgeschichte weniger verbreitet als unter deutschen Paaren. Wie die Ergebnisse einer Sonderauswertung des Mikrozensus 2008 auf der Basis von Alterskohorten (Statistisches Bundesamt, 2009c) zeigen, sind Frauen mit eigener Migrationserfahrung,[17] deren Anteil an den 16- bis 75-jährigen Frauen rund 15% beträgt, seltener kinderlos (12%) als jene ohne diesen Hintergrund: Von allen in den Jahren 1933 bis 1992 geborenen Müttern sind 17% zugewandert, in den Jahrgängen 1974 bis 1983 sogar 30%. Dabei fallen vor allem Frauen türkischer Herkunft auf, die deutlich seltener keine Kinder haben als der Durchschnitt der Einwanderinnen. Dies gilt insbesondere für die älteren Kohorten (1933-1983), in denen ihr Prozentsatz an Kinderlosen weniger als die Hälfte ausmacht (8% zu 18%), während die Differenz in der jüngsten Frauenkohorte (1984-1992) geringer ist (76% zu 86%). Auch hinsichtlich der Anzahl an Kindern sind Unterschiede zu konstatieren. Über die einzelnen Jahrgänge hinweg haben in Deutschland geborene Mütter öfter nur ein Kind, aber weniger häufig drei und noch seltener mindestens vier Kinder als Frauen mit eigener Migrationserfahrung. Und hier sind es wiederum die Mütter mit türkischem Hintergrund, die im Vergleich zu der gesamten Gruppe an Zuwanderinnen besonders oft vier oder mehr Kinder haben, wenngleich auch unter ihnen dieser Anteil (wie insgesamt) abnimmt (ebd.).

Wie sich die familiäre Situation in den Herkunftsgruppen aus Perspektive der Kinder[18] genauer gestaltet, zeigen die folgenden Daten: 72,2% der einheimischen Heranwachsenden und 80,1% der jungen Aussiedler(innen) sowie 79,0% der griechisch-, 81,1% der italienisch- und sogar 82,2% der türkischstämmigen Kinder leben bei verheirateten Paaren. In nichtehelichen Lebensgemeinschaften wachsen von allen jungen Menschen aus türkischen Familien 1,4% und von jenen aus Aussiedlerfamilien 1,5% auf; von den Kindern griechischer Herkunft sind es 5,0%, von jenen italienischer Herkunft etwas über 6% und von jenen ohne Migrationshintergrund knapp 7%. Bei einem alleinerziehenden Elternteil leben 13,1% der Heranwachsenden mit einem italienischen, 16,0% mit einem griechischen und 16,6% mit einem türkischen Hintergrund sowie 18,4% der Aussiedler- und 20,5% der deutschen Kinder (Statistisches Bundesamt, 2010b).

Insofern ist die ‚klassische' Form des Zusammenlebens für den weit überwiegenden Teil der Heranwachsenden unabhängig von ihrer Herkunft alltägliche

---

17   Wir beziehen uns hier auf Frauen mit eigener Migrationserfahrung, da die Gruppe der als Nachkommen von Migrant(inn)en in Deutschland geborenen Frauen relativ klein ausfällt und sich zudem aus überwiegend jungen Frauen zusammensetzt (Statistisches Bundesamt, 2009c).

18   Die Prozentzahlen weichen von den eingangs dargestellten Anteilen ab, da wir uns hier nicht auf die Familien, sondern auf die in diesen aufwachsende Kinder konzentrieren.

Realität; und zwar insbesondere für die Kinder in türkischstämmigen Familien. Ein nur sehr geringer Prozentsatz von ihnen wächst in einer Lebensgemeinschaft auf. Eine ähnliche, aber stärkere Tendenz ist für die anderen Gruppen zu beobachten, vor allem für Kinder ohne Migrationshintergrund, bei welchen der Anteil derjenigen, die bei nichtverheirateten Paaren leben, mehr als viermal so hoch liegt. Diese sind es auch, von denen im Verhältnis betrachtet die meisten mit einem alleinerziehenden Elternteil zusammenwohnen – und zwar in etwa ein Fünftel. Der niedrigste Prozentsatz an Kindern in sog. ‚Ein-Eltern-Familien' findet sich in Familien italienischer Herkunft.

Die Kinderzahl lässt sich aus dem Mikrozensus nicht eindeutig ableiten; hier ist der Rückgriff auf die Ergebnisse der Kinderstudien ergiebiger. Dem DJI-Kinderpanel[19] zufolge (Alt & Holzmüller, 2006), das allerdings u.a. auf einem weiter zurückliegenden Erhebungszeitraum und einer anderen (z.t. nicht repräsentativen) Stichprobe basiert, zeigen sich teilweise deutlichere Differenzen als bei den Familienformen: Während sich die Anteile bei zwei im Haushalt wohnenden Kindern kaum unterscheiden, wachsen von den Kindern mit Migrationshintergrund etwas weniger in sog. Ein-Kind-Familien und tendenziell mehr in Familien mit drei (oder mehr) Kindern auf. Eine verhältnismäßig hohe durchschnittliche Anzahl an Kindern ist dabei für türkischstämmige Mütter bzw. Familien zu registrieren (ebd.).

Wir halten es für aufschlussreich, abschließend noch einen Blick auf den Grad der Armutsgefährdung zu werfen. Im Mikrozensus wird – dem Konzept der ‚relativen Armut' folgend – die ‚Armutsschwelle' im Sinne des Geldbetrages, der arme/armutsgefährdete Personen oder auch Haushalte von nicht armen/armutsgefährdeten unterscheidet, an dem Einkommen aller Einwohner/innen festgemacht. Vor dem Hintergrund, dass diese vereinfacht formuliert in Abhängigkeit von dem Einkommensdurchschnitt definiert wird, gelten Men-

---

19 Das DJI-Kinderpanel (Alt, 2005a & b) basiert in der Hauptuntersuchung auf einem Datensatz vom Herbst 2002. Es wurden insgesamt 2.190 Mütter befragt, die etwa zur Hälfte Kinder zwischen fünf und sechs Jahren und zur anderen Hälfte Kinder zwischen acht und neun Jahren hatten. Die ältere Kindergruppe wurde zusätzlich selbst interviewt. Die Befragung der Kinder fand in drei Erhebungswellen statt; die der Eltern wurde zu jedem Zeitpunkt durchgeführt, die der jüngeren Kinder erstmals in der dritten Welle. Die Grundgesamtheit der Zusatzerhebung (Alt, 2006a) stellte die ältere Kohorte (achtjährige Kinder) der ersten Welle des Kinderpanels dar. Es wurden jeweils 250 aus der ehemaligen Sowjetunion stammende Kinder und ihre Eltern, sowie 250 Kinder, die die türkische Staatsbürgerschaft als 1. oder 2. Staatsbürgerschaft besitzen, zusammen mit ihren Eltern interviewt. Während die türkischen Familien per Einwohnermeldeamtsstichprobe gezogen wurden, ermittelte man die Familien aus der ehemaligen Sowjetunion per Schneeballverfahren. Die Befragung erfolgte weitgehend analog zum Kinderpanel, d.h. die 8- bis 9-jährigen Kinder und ihre Mütter wurden mündlich, die Väter schriftlich befragt. Neben den ins Russische bzw. Türkische übersetzten Fragebögen und Listenheften kamen auch deutschsprachige Fragebögen zum Einsatz, falls dies gewünscht wurde.

schen oder Haushalte mit einem Einkommen unter 882 Euro als armutsgefährdet. Wie die Daten zeigen, sind von den autochthonen Familien mit minderjährigen Kindern 15,6% dem Risiko der Armutsgefährdung ausgesetzt, während der Anteil bei allochthonen Familien mit 35,5% mehr als doppelt so hoch ist. Zwischen den Herkunftsgruppen finden sich dabei relativ große Unterschiede: Der Prozentsatz armutsgefährdeter Lebensformen liegt in italienischstämmigen Familien bei 22,8%, in Familien mit einem Aussiedlungshintergrund bei 25,9%, in Familien aus Italien bei 27,2% und in Familien türkischer Herkunft bei 40,2%. Das heißt, der Grad der Armutsgefährdung ist in Migrantenfamilien gegenüber den deutschen Familien deutlich ausgeprägter (Statistisches Bundesamt, 2010b).

Festzuhalten ist, dass sich beim Vergleich der Konstellationen von Einwanderer- und einheimischen Familien Gemeinsamkeiten und Unterschiede ergeben. Insgesamt betrachtet wachsen zwar sowohl die meisten Kinder mit als auch ohne Migrationshintergrund in einer Kernfamilie mit beiden leiblichen Elternteilen auf, jedoch ist ein nicht unerheblicher Teil der Familien mit Migrationshintergrund offensichtlich in finanzieller Hinsicht weniger gut ausgestattet und zählt zu den armutsgefährdeten Lebensformen (ebd.).

1.1.2   (Aus-)Bildungsniveau und Erwerbstätigkeit in der Elterngenerationen

Dass Migration kein einheitlicher sozialer Sachverhalt ist, wird in erster Linie mit Blick auf den Bildungsstand offenkundig – je nachdem, welche kulturelle Herkunftsidentität eine Person besitzt, aus welcher Schicht sie stammt, welches Geschlecht sie hat und in welchem Alter sie sich befindet, ob sie als Quereinsteiger/in oder als Angehörige/r der zweiten Generation in das Bildungssystem eintritt, sind die Teilhabechancen und Abschlüsse unterschiedlich verteilt.

Um zunächst nähere Aussagen über das (Aus-)Bildungsniveau der Elterngeneration in Einwandererfamilien in Deutschland zu treffen, gehen wir angesichts der relativ eingeschränkten Datenlage zweischrittig vor – das heißt, wir beziehen uns zum einen auf die jeweils höchsten allgemeinen Schul- und Berufsabschlüsse, die Personen mit Migrationshintergrund vorrangig im Alter von 25 bis 65 Jahren (im Sinne der Altersgruppe, die als Eltern minderjähriger Kinder in Frage kommt) erreicht haben, zum anderen wiederum hauptsächlich auf die interessierenden Gruppen und setzen beides zu den entsprechenden Daten aus der einheimisch deutschen Bevölkerung ins Verhältnis. Zu bedenken ist jedoch, dass keine Aussagen darüber getroffen werden können, inwieweit die Bildungsabschlüsse der Migrant(inn)en im In- oder aber im Ausland erworben wurden (vgl. dazu auch Siegert, 2008 & 2009). Im Anschluss wenden wir uns dem Feld der Erwerbsarbeit zu.

1.1.2.1 Schulbildung

Laut Mikrozensus 2008 (Statistisches Bundesamt, 2010b) verfügen von den 44,8 Millionen Einwohner(inne)n Deutschlands im Alter von 25 bis 65 Jahren 96,2% über einen und 3,8% über keinen Schulabschluss.[20] In der Gruppe der über 8,4 Millionen Personen mit Migrationshintergrund sind 13,3% ohne eine abgeschlossene schulische Bildung; in dem entsprechenden einheimisch deutschen Bevölkerungsteil liegt der Prozentsatz bei 1,5%. Das heißt, im Vergleich zu allen 25-65-Jährigen und denjenigen ohne (eigene/familiäre) Zuwanderungsgeschichte kann ein ganz offenkundig größerer Teil der Migrant(inn)en – weit mehr als jede/r Zehnte – keine erfolgreich beendete Schulausbildung vorweisen. Wird die Wanderungserfahrung beachtet, ist die Tendenz noch deutlicher: 14,2% selbst Zugezogenen gegenüber 5,7% der im Inland geborenen Migrantinnen und Migranten fehlt ein schulischer Abschluss. Eine Ausnahme bilden die (Spät-)Aussiedler/innen, die sich im Mittelfeld positionieren (ebd.; eigene Berechnungen). Richtet sich das Augenmerk auf das Geschlecht, verfügen 12,1% aller männlichen und 14,7% aller weiblichen Einwanderer nicht über eine abgeschlossene Ausbildung, wohingegen dies bei den Personen ohne Zuwanderungsgeschichte 1,7% aller Männer und 1,4% aller Frauen sind.

Differenziert nach den (ehemaligen/derzeitigen) Staatsangehörigkeiten, die im Mikrozensus allerdings keine altersgruppenspezifische Untergliederung erfahren, hat ein verhältnismäßig großer Teil der türkischstämmigen Migrant(inn)en (23,8%), vor allem Frauen, und der Personen mit einem griechischen (16,3%) oder italienischen Hintergrund (14,0%) keinen Schulabschluss. Hier liegen die jeweiligen Anteile sogar über dem durchschnittlichen Wert aller Zugewanderten (10,4%). Demgegenüber finden sich in den Gruppen aus Rumänien und Polen vergleichsweise niedrige Prozentsätze an Personen ohne schulischen Abschluss (ca. 3%). Die (Spät-)Aussiedler/innen sind auf einer Zwischenposition zu verorten – von den männlichen Ausgesiedelten besitzen 6,2% keinen Schulabschluss, von den weiblichen Ausgesiedelten sind es 7,7% (ebd.; eigene Berechnungen). Es kann jedoch davon ausgegangen werden, dass im Unterschied zu der hier betrachteten Gesamtgruppe bei den jüngeren Migrant(inn)en ein ‚besseres' Abschneiden im Sinne weniger fehlender Abschlüsse zu beobachten ist (vgl. dazu auch Siegert, 2008).

Was das Niveau der vorhandenen Schulabschlüsse betrifft, zeigen sich ebenfalls Unterschiede – wobei wir uns auf alle Einwohner/innen mit einem schulischen Abschluss im Alter von 25 bis 65 Jahren beziehen (vgl. Tabelle 2): Im Vergleich zu Deutschen verfügen mehr Migrant(inn)en über einen Haupt-

---

20 Hier und im Folgenden werden diejenigen, die sich noch in der Ausbildung befinden, aus den Berechnungen ausgeschlossen.

schulabschluss, weniger über einen Realschulabschluss oder die Fachhochschulreife sowie wiederum mehr über das Abitur. Die (in der Übersicht nicht dargestellten) Personen ohne eigene Migrationserfahrung haben seltener keinen Abschluss und häufiger eine Haupt-/Realschule besucht als jene mit, von denen allerdings mehr die Fachhochschulreife und das Abitur erworben haben. Prinzipiell nimmt in allen Gruppen mit steigendem Alter die Anzahl an Hauptschulabschlüssen zu, die an Realschulabschlüssen und der (Fach-)Hochschulreife ab (Siegert, 2008).

Tabelle 2:   Schulische Abschlüsse der Bevölkerung im Alter von 25-65 Jahren nach Migrationsstatus und Geschlecht (Statistisches Bundesamt, 2010b; z.T. eigene Berechnungen)

Schulabschluss	Gesamtgruppe*		Frauen*		Männer*	
	Mit MH	Ohne MH	Mit MH	Ohne MH	Mit MH	Ohne MH
Hauptschulabschluss	41,4	32,4	38,8	30,7	44,4	34,0
Realschulabschluss**	24,3	36,9	26,2	41,1	22,5	32,3
Fachhochschulreife	6,0	7,2	5,6	5,7	6,4	8,7
Abitur	27,2	22,8	29,0	21,9	25,4	23,7

*   Alle Angaben in %.
** Hierzu zählen auch Abschlüsse, die an einer Polytechnischen Oberschule erworben wurden.

Bemerkenswert ist, wenn die Kategorie Geschlecht in den Blick genommen wird, dass in der Gruppe der Migrant(inn)en weniger Frauen als Männer nur über einen Hauptschulabschluss verfügen, was zwar auch für die Einheimischen gilt, aber nicht so ausgeprägt ist. In Bezug auf das Abitur ergibt sich ein gegenläufiges Verhältnis – unter den Personen mit Migrationshintergrund sind mehr Frauen mit der allgemeinen Hochschulreife als Männer; in der deutschen Bevölkerung überwiegen hier Letztgenannte leicht. Das heißt, Zugewanderte, vor allem die männlichen Geschlechts, sind zwar im Bereich der Hauptschulabschlüsse stärker vertreten, aber ebenso bei dem Abitur, und dabei insbesondere die Migrantinnen (Statistisches Bundesamt, 2010b; eigene Berechnungen).

Die folgende Unterscheidung nach Herkunftsgruppen lässt sich zwar nicht direkt zu den obigen Ausführungen in Beziehung setzen, da wir hier nur auf

Daten für die Gesamtgruppe (und eben nicht für die Altersgruppe der 25- bis 65-Jährigen) zurückgreifen können, dennoch sind die Ergebnisse aufschlussreich: Auffallend ist, dass bei der allgemeinen Hochschulreife Personen mit einer (ehemaligen/derzeitigen) türkischen (12,1%) oder italienischen Staatsangehörigkeit (14,1%), besonders die Frauen, hinter jenen ohne Migrationshintergrund zurückbleiben (19,4%), während andere Gruppen, wie die griechischen (22,1%) und vor allem rumänischen (38,4%) und ukrainischen (46,6%) Migrant(inn)en, sogar häufiger das Abitur erworben haben – unter den beiden Letztgenannten je ein größerer Teil Frauen. Noch mehr Frauen als Männer mit Hochschulreife befinden sich unter den (früheren) polnischen Staatsangehörigen. Bei den Hauptschulabschlüssen stechen ebenfalls speziell die türkisch- und italienischstämmigen Gruppen ins Auge, da in beiden über 60% aller Personen nur über einen solchen verfügen – und somit größere Anteile als in allen anderen Herkunftsgruppen. Ähnliches trifft auf die Migrant(inn)en aus Griechenland zu, von denen mehr als jede/r Zweite (54,5%) einen Hauptschulabschluss hat. Bei (Spät-)Aussiedler(inne)n ist der Anteil etwas kleiner (44,7%). Dagegen liegen die Werte in einigen anderen Gruppen unter denen in der einheimischen Bevölkerung (42,5%). Insofern ist insbesondere für die Migrant(inn)en mit einem türkischen oder italienischen Hintergrund von einer ungünstigen Lage zu sprechen: Sie haben häufiger einen geringer qualifizierenden und seltener einen höher qualifizierenden Schulabschluss als andere Einwanderergruppen und Deutsche. Auf die (Spät-)Aussiedler/innen trifft dies nur in deutlich abgeschwächter Form zu; auf die aus Griechenland Zugezogenen mit einer weiteren Einschränkung lediglich bei den Hauptschulabschlüssen, nicht aber dem Abitur (Statistisches Bundesamt, 2010b; eigene Berechnungen).

Festzuhalten ist, dass das schulische Bildungsniveau der türkisch- und der italienischstämmigen Personen vergleichsweise niedrig ist: Ein jeweils hoher Prozentsatz hat keine abgeschlossene Schulausbildung oder einen Hauptschulabschluss und nur wenige verfügen über die (Fach-)Hochschulreife. Die Personen mit einem griechischen Migrationshintergrund und die Aussiedler/innen sind eher im mittleren Bereich zu verorten – zwar haben ebenfalls viele keinen oder nur einen Hauptschulabschluss erreicht, doch sind die Anteile hier kleiner. Zudem besitzen sie häufiger die allgemeine Hochschulreife als die anderen beiden Gruppen. Wie oben erwähnt, ist einschränkend hinzuzufügen, dass im Unterschied zu der hier betrachteten Gesamtgruppe bei den jüngeren Migrant(inn)en von einem besseren Abschneiden auszugehen ist. Darüber hinaus zeigt sich die Notwendigkeit einer differenzierenden Perspektive, die neben dem Alter auch das Geschlecht und die Herkunft einbezieht sowie möglichst nach eigener und familiärer Wanderungserfahrung unterscheidet.

1.1.2.2 Berufsbildung

Ein ähnliches Bild zeichnet sich bei der beruflichen Ausbildung der 25- bis 65-Jährigen ab (Statistisches Bundesamt, 2010b): Zugewanderte und deren Nachkommen haben weitaus häufiger als einheimisch Deutsche keinen (37,2% gegenüber 10,2%) und seltener einen berufsqualifizierenden Abschluss (62,8% zu 89,8%). Zieht man darüber hinaus die Wanderungserfahrung heran, wird die Tendenz noch offenkundiger – 26,7% der im Inland geborenen Migrant(inn)en im Vergleich zu 38,3% der selbst Zugezogenen fehlt eine abgeschlossene Berufsausbildung. Einen Sonderfall stellen wiederum die (Spät-)Aussiedler/innen dar, von denen ein geringerer Teil (21,8%) keinen Abschluss hat (ebd.; eigene Berechnungen).

Wendet man sich der Geschlechtszugehörigkeit zu, hat fast jede zweite Migrantin (40,3%) und nahezu jeder dritte Migrant (32,4%) überhaupt keine berufsqualifizierende Ausbildung, bei den einheimisch Deutschen ist es etwa jede achte Frau (12,4%) und nicht einmal jeder zehnte Mann (7,8%). Parallel dazu fällt der Anteil derjenigen mit Berufsabschluss bei den Männern ohne Mirationshintergrund am höchsten (über 90%) und bei den Frauen mit Zuwanderungsgeschichte am geringsten aus (57,7%). Wird zudem nach (derzeitigen/früheren) Staatsangehörigkeiten unterschieden, die im Mikrozensus jedoch nicht nach Altersgruppen untergliedert sind, können von allen Personen mit einem türkischen Migrationshintergrund 52,6% (47,3% der Männer; 58,3% der Frauen) keine abgeschlossene Berufsausbildung vorweisen; von den Migrant(inn)en griechischer Herkunft sind es 41,7% (43,1% der Männer; 52,1% der Frauen) sowie von jenen mit einem italienischen Hintergrund 41,2% (39,3% der Männer; 44,1% der Frauen). Bei (Spät-)Aussiedler(inne)n liegt der Prozentsatz an Personen ohne beruflichen Abschluss mit 28,3% (23,4% der Männer; 32,9% der Frauen) sichtbar darunter, aber immer noch höher als in der autochthonen Population (24,8%). Insofern verfügen von den Migrantinnen im Verhältnis noch weniger über eine berufsqualifizierende Ausbildung als von den Migranten (ebd.; eigene Berechnungen). Es kann angenommen werden, dass die Situation in den jüngeren Subgruppen günstiger ist als in der dargestellten Gesamtgruppe.

Falls ein beruflicher Bildungsabschluss[21] vorliegt, wurde er überwiegend im Zusammenhang mit einer Lehre oder ähnlichen Ausbildung erworben, und zwar von 68,8% der Personen ohne und 64,1% derjenigen mit einem Migrationshintergrund in einem Alter von 25 bis 65 Jahren. Mit verhältnismäßig viel Abstand folgt der Abschluss einer Universität oder Fachhochschule, den 19,8% der Deut-

---

21 Im Mikrozensus werden die Berufsabschlüsse wie folgt differenziert: Anlern-/Berufspraktikum bzw. Berufsvorbereitungsjahr, Lehre o.ä., sonstiger berufsqualifizierender Abschluss, Meister-/Techniker-/Fachschule, Fachhochschule, Universität (Statistisches Bundesamt, 2010b).

schen und 24,5% der Migrant(inn)en vorweisen können. Eine Meister-, Techniker- oder Fachschule haben 10,3% der Einheimischen und 6,6% der Zugewanderten besucht. Über im Rahmen eines Anlern-/Berufspraktikums bzw. Berufsvorbereitungsjahres erzielte berufliche Qualifikationen verfügen 1,0% der autochthonen und 3,1% der allochthonen Personen (ebd.; eigene Berechnungen).

Wir fokussieren im Folgenden auf die 25- bis 65-jährige Gesamtbevölkerung, differenziert nach Geschlecht, also auf alle Frauen oder auf alle Männer (vgl. Tabelle 3). Von den Frauen hat der weitaus größte Teil seine Ausbildung im Rahmen einer Lehre o.ä. absolviert, von jenen ohne Migrationshintergrund noch etwas mehr als jenen mit. Bei den einheimischen und zugewanderten Männern spielt dieser Abschluss eine ähnlich große Rolle. An einer Meister-, Techniker- oder Fachschule, die in aller Regel auf eine bereits bestehende Berufsausbildung aufbaut, haben sowohl in der weiblichen als auch in der männlichen Bevölkerung mehr Deutsche als Migrant(inn)en ihre berufliche Qualifikation erworben. Bei den Fachhochschulabschlüssen zeigt sich eine weniger einheitliche Tendenz: Unter den Frauen verfügt ein größerer Prozentsatz der Einwanderinnen als Einheimischen über einen solchen Abschluss; unter den Männern sind es mehr Deutsche als Zugewanderte. Was Universitätsabschlüsse betrifft, können diese mehr Migrant(inn)en vorweisen als Personen ohne Wanderungshintergrund. Berufsabschlüssen in Verbindung mit einem Anlern-/Berufspraktikum respektive Berufsvorbereitungsjahr kommt insgesamt eine geringe Bedeutung zu; sie sind überwiegend unter Männern mit Migrationshintergrund und kaum bei Männern ohne diesen verbreitet. Die Anteile der Frauen mit einer derartigen Ausbildung liegen dazwischen (ebd.; eigene Berechnungen). Tendenziell sind die Berufsabschlüsse von in Deutschland geborenen Migrant(inn)en besser als von den selbst gewanderten Personen (Siegert, 2009).

Insofern lässt sich in Bezug auf die Art des Qualifikationsniveaus keine wirklich einheitliche und durchgängige Richtung nachzeichnen. Allerdings fällt auf, dass ein größerer Teil der weiblichen Zugewanderten[22] als der einheimischen Frauen und Männer sowie der männlichen Zugezogenen eine universitäre Ausbildung absolviert hat.

---

22   Zurückzuführen ist dies vor allem auf die Zuwanderinnen ab 45 Jahren bzw. jene polnischer oder russischer Herkunft (Siegert, 2009).

Tabelle 3: Berufsbildende Abschlüsse der Bevölkerung im Alter von 25-65
Jahren nach Migrationsstatus und Geschlecht (Statistisches Bundesamt, 2010b ; eigene Berechnungen)

Art des berufsbilden-den Abschlusses	Frauen		Männer	
	Mit MH*	Ohne MH*	Mit MH*	Ohne MH*
Anlern-/Berufspraktikum/BVJ	2,9	1,2	3,2	0,7
Lehre o.ä.	63,4	71,9	64,8	64,5
Meister-, Techniker-oder Fachschule	6,0	8,7	7,0	11,8
Fachhochschulab-schluss	6,8	5,9	7,6	9,6
Universitätsabschluss	19,1	11,4	15,6	12,7

* 	Alle Angaben in %.

Aussagen darüber, wie sich das berufliche Qualifikationsniveau in den einzelnen
Herkunftsgruppen genauer darstellt, können aufgrund zu geringer Fallzahlen
bzw. fehlender Daten nicht getroffen werden. Hier liegen nur Werte für die im
Rahmen einer Lehre oder einer akademischen Ausbildung erworbenen Abschlüsse vor, die sich unabhängig vom Alter auf die gesamte Bevölkerung richten. Der größte Teil, der eine Lehre abgeschlossen hat, ist unter den (frühe-
ren/derzeitigen) Staatsangehörigen der Türkei zu finden: Von allen Personen
türkischer Herkunft mit einem Abschluss haben drei Viertel (75%) diesen im
Zusammenhang mit einer Lehre erreicht. Es folgen die (ehemaligen) Staatsbür-
ger/innen Italiens (71,8%), die Aussiedler/innen (68,5%) und die Personen aus
Griechenland (64,6%). Dabei fällt die Verteilung nach Geschlecht relativ ähnlich
aus. Mit Blick auf die Universitätsabschlüsse sind diese am häufigsten bei den
griechischstämmigen Personen (13,7%) und den (Spät-)Aussiedler(inne)n (9,1%)
zu finden; auf dem dritten Platz siedeln sich die Migrant(inn)en aus Italien
(8,9%) und auf dem vierten jene aus der Türkei (8,3%) an. Das heißt, in den
interessierenden Zuwanderergruppen haben viele Personen türkischer Herkunft
eine Lehre und vergleichbar wenige eine Hochschulausbildung abgeschlossen.
Umgekehrtes gilt für die griechischstämmigen Zuwanderer, die bei ersteren un-
ter- und letzteren überrepräsentiert sind. Die anderen beiden Gruppen liegen
dazwischen. Was geschlechtsbezogene Unterschiede anbelangt, ist die sich ab-
zeichnende ähnliche Tendenz bemerkenswert – in den weiblichen Teilpopulatio-

nen sind die Anteile jeweils höher. Bezieht man die deutsche Bevölkerung ein, erreichten 66% ihren Abschluss über eine Lehre und 12% über den Besuch einer Universität (ebd.; eigene Berechnungen). Angesichts der doch problematischen Datenlage ist unter Rückgriff auf die Auswertung von Manuel Siegert (2009) in einer entsprechend vorsichtigen Interpretation eine relativ ausgeprägte Heterogenität zwischen und innerhalb der Zuwanderergruppen zu konstatieren – das berufsbezogene Bildungsniveau ist bei Personen mit einem russischen oder polnischen Hintergrund vergleichsweise hoch, bei Migrant(inn)en italienischer oder griechischer Herkunft mittelmäßig und bei türkischstämmigen Einwanderern dagegen eher niedrig. Allerdings gibt es unter den Migrant(inn)en aus der Russischen Föderation (zu denen Spätaussiedler/innen zählen) und Griechenland neben einem recht hohen Anteil an Akademiker(inne)n auch viele ohne formale berufliche Qualifikation. In diesem Zusammenhang zeigen sich zum Teil besorgniserregende Befunde: Mindestens jede/r Dritte der türkisch-, griechisch- und italienischstämmigen Zugewanderten sowie nahezu jede/r Dritte mit Aussiedlungshintergrund können keine berufliche Ausbildung vorweisen, während es unter den Einheimischen nicht einmal jede/r Vierte ist. Bei den Frauen sind die Anteile sogar noch höher. Einerseits ist dies auf die zusammenfassende Darstellung zurückzuführen, in der weder nach Alter noch Migrationserfahrung unterschieden wird; andererseits setzen sich einige der betrachteten Gruppen zu einem nicht unerheblichen Teil aus Gastarbeiter(inne)n und deren Nachkommen zusammen, die in der ersten Generation vorrangig für gering qualifizierte Tätigkeiten angeworben wurden (ebd.). Zusätzlich verschärft wird die zum Teil ungünstige Lage der Migrant(inn)en dadurch, dass viele ihre Berufsabschlüsse auf dem deutschen Arbeitsmarkt nicht angemessen verwerten können – wir kommen im nächsten Punkt darauf zurück.

1.1.2.3 Erwerbsarbeit

Auch bei der Erwerbsbeteiligung ergeben sich Differenzen zwischen Personen ohne und mit Migrationshintergrund. In der Altersgruppe der 25- bis 65-Jährigen befinden sich unter Zugewanderten und deren Nachkommen im Vergleich zu dem einheimisch deutschen Bevölkerungsteil prozentual betrachtet mehr Nichterwerbspersonen (18,0% zu 24,7%) und weniger Personen, die dem Arbeitsmarkt prinzipiell zur Verfügung stehen (75,3% zu 82,0%). Unter den Erwerbspersonen wiederum ist ein größerer Prozentsatz der Migrant(inn)en erwerbslos und ein geringerer Anteil erwerbstätig als in der Bevölkerung ohne Migrationshintergrund. Fokussiert man auf die Stellung im Beruf, spiegeln sich die eher ungünstigen Tendenzen wider (vgl. Tabelle 4).[23] Im Vergleich zu Erwerbstätigen ohne (eigene/familiäre) Zuwanderungsgeschichte üben jene mit einer solchen nahezu zweimal so oft eine Beschäftigung als Arbeiter/innen aus und sind entsprechend seltener in einem Angestellten- oder Beamtenverhältnis tätig. Bei den Selbstständigen und mithelfenden Familienangehörigen zeigen sich dagegen kaum Unterschiede. Hinsichtlich der Wirtschaftsbereiche sind die ausgeübten Tätigkeiten der Migrant(inn)en deutlich häufiger in den Sparten produzierendes Gewerbe sowie Handel, Verkehr und Gastgewerbe zu verorten, während weniger Personen im sog. ‚sonstigen Dienstleistungsbereich' respektive in der Land- und Forstwirtschaft arbeiten (Statistisches Bundesamt, 2010b; z.T. eigene Berechnungen).

Tabelle 4: Erwerbspersonen der Altersgruppen 25-65 nach Migrationsstatus und Beschäftigungsverhältnis (Statistisches Bundesamt, 2010b; z.T. eigene Berechnungen).

Art der Beschäftigung	Personen mit MH*	Personen ohne MH*
Selbständige	10,5	11,6
Mithelfende Familienangehörige	0,8	0,8
Arbeiter/in	44,1	23,0
Angestellte	43,6	57,9
Beamte	1,0	6,8
produzierendes Gewerbe, Handel, Verkehr und Gastgewerbe	62,4	49,9
sonstige Dienstleistungen	36,5	47,7
Land- und Forstwirtschaft	1,1	2,4

*   Alle Angaben in %.

---

23   Migrant(inn)en arbeiten in Deutschland in Bereichen, die (teilweise weit) unterhalb ihrer beruflichen Qualifikation liegen. Wenn überhaupt, dann werden berufliche, Bildungs- und auch Studienabschlüsse zumeist nur über zeit- und aufwandsintensive Umwege anerkannt. Nicht zuletzt angesichts dieses Umstandes nehmen beispielsweise zwischen 50% und 70% der erwerbstätigen Aussiedlerinnen Arbeitsplätze ein, für die sie überqualifiziert sind; bei Männern liegt dieser Anteil bei 40% (Westphal, 2006a; Greif, Gediga & Janikowski, 1999; Dietz, 2002).

Werden analog zu den vorausgegangenen Darstellungen die jeweiligen (ehemaligen/derzeitigen) Staatsangehörigkeiten getrennt voneinander betrachtet, was aufgrund der Datenlage des Mikrozensus nur über die Altersgruppen hinweg möglich ist, ergeben sich zum Teil Befunde, die den oben geschilderten Tendenzen entgegenlaufen – beispielsweise bei der Erwerbsbeteiligung: Unter den türkischstämmigen Einwanderinnen und Einwanderern sind zwar ebenfalls etwas mehr Nichterwerbspersonen (52,2%) als in der einheimischen Bevölkerung (48,3%), doch in den Gruppen mit italienischem oder griechischem Hintergrund (je rund 43%) und insbesondere der (Spät-)Aussiedler/innen (39,7%) etwas weniger. Dementsprechend befinden sich unter den (ehemaligen) Griech(inn)en, Italiener(inne)n und vor allem den (Spät-)Ausgesiedelten mehr Erwerbspersonen (56,6%, 56,4% bzw. 60,3%) als unter den Deutschen ohne Migrationshintergrund (51,7%); bei den (früheren) Türk(inn)en liegt der Prozentsatz darunter (47,8%). Unabhängig von der jeweiligen Herkunft sind Frauen bei den Nichterwerbspersonen über- und den Erwerbspersonen unterrepräsentiert. Allerdings arbeiten vor allem türkische Migrantinnen wie Zuwanderinnen im Allgemeinen häufig nicht in offiziellen bzw. sozialversicherungspflichtigen Beschäftigungsverhältnissen, sondern als Haushalts-, Pflege- oder Putzhilfen beispielsweise in Restaurants, Küchen oder Familienbetrieben – und üben damit vielfach Tätigkeiten aus, die nicht in den Statistiken auftauchen.

Die Feststellung, dass ein größerer Anteil der Migrant(inn)en von Erwerbslosigkeit betroffen ist und ein geringerer Teil einer Erwerbsarbeit nachgeht als dies bei den Einheimischen der Fall ist, trifft auch auf die einzelnen Zuwanderergruppen zu. Dies zeigt sich wiederum bei den weiblichen Erwerbspersonen deutlicher; die Frauen mit griechischem Migrationshintergrund bilden aber eine bemerkenswerte Ausnahme: Im Unterschied zu allen anderen Gruppen sind sie häufiger als griechischstämmige Männer erwerbstätig. Was die Stellung im Beruf und die Wirtschaftsbereiche anbelangt, können wir auf Grundlage des Mikrozensus zum einen nur Aussagen zu einer Beschäftigung als Angestellte/r oder Arbeiter/in und zum anderen nur für produzierendes Gewerbe, Handel und sonstige Dienstleistungen machen, da für die anderen Sparten keine gesicherten Daten vorliegen. Verglichen mit den Personen ohne Migrationshintergrund sind die (früheren) Staatsangehörigen Griechenlands, Italiens und speziell der Türkei sowie (Spät-)Aussiedler/innen einerseits weitaus seltener als Angestellte und deutlich häufiger als Arbeiter/innen tätig. Andererseits siedelt sich ein größerer Teil der von den Migrant(inn)en aller Herkunftsgruppen ausgeübten Tätigkeiten im produzierenden Gewerbe und ein geringerer Teil in den Sparten Handel, Gastgewerbe und Verkehr sowie im sonstigen Dienstleistungsbereich an (Statistisches Bundesamt, 2010b; z.T. eigene Berechnungen).

In Anlehnung an die auf Daten des sozio-ökonomischen Panels basierende Analyse von Halit Öztürk (2009) lässt sich die – hier zu vier Kategorien (Kräfte mit einfachen Tätigkeiten, Fachkräfte, Sachbearbeiter/innen bzw. untere Führungskräfte, Führungskräfte) zusammengefasste – berufliche Stellung der erwerbstätigen Zuwanderinnen und Zuwanderer konkreter beschreiben. Ein großer Teil der Migrant(inn)en ist als Mitarbeiter/in mit als ‚einfach' klassifizierten Tätigkeiten angestellt: Von den türkischstämmigen Personen 64,0%, den italienischstämmigen 52,7%, den polnischstämmigen 41,9% und den Aussiedler(inne)n 49%. Im Vergleich dazu fallen in diese Sparte nur 17,0% der einheimisch Deutschen. Während sich bei den Fachkräften kaum Unterschiede zeigen, sind unter den Sachbearbeiter(inne)n verhältnismäßig wenig Zugewanderte, von jenen aus der Türkei 7,5%, aus Italien 16,4%, aus Polen 22,9% und 15,1% der Ausgesiedelten sowie 36,2% der im Inland Geborenen ohne Migrationshintergrund. Analoges gilt für Führungskräfte; hier schwanken die Anteile zwischen 1,8% (türkische Herkunft) und 8,6% (polnische Herkunft) gegenüber 18,9% (deutsche Herkunft). Auch mit Blick auf die Migrationserfahrung und den Einbürgerungsstatus ergeben sich Differenzen. So sind Personen mit einer ausländischen Staatsangehörigkeit der ersten Generation häufiger Arbeiter/innen mit ‚einfachen' Aufgaben als in der zweiten Generation und unter den Eingebürgerten, von denen wiederum je (deutlich) größerer Prozentsätze als Fachkräfte oder Sachbearbeiter/innen tätig sind. Für die eingebürgerten Migrant(inn)en ist eine vergleichbare Tendenz festzustellen – in der zweiten Generation liegt der Anteil derjenigen Personen, die eine Beschäftigung als Sachbearbeiter/in oder Führungskraft ausüben, sichtlich über dem der ersten Generation (ebd.).

Insgesamt betrachtet verbessert sich die berufliche Stellung zwischen den Generationengruppen zwar offensichtlich, dennoch arbeiten Migrant(inn)en in Deutschland vielfach in Bereichen, die (teilweise weit) unterhalb ihrer beruflichen Qualifikation liegen. Wenn überhaupt, dann werden berufliche, Bildungs- und Studienabschlüsse zumeist nur über zeit- und aufwandsintensive Umwege anerkannt. Unter Qualifikations- und Beschäftigungsaspekten gelten Eingebürgerte vor allem in Bezug auf deren häufig höheres Bildungsniveau, stärkere Erwerbsbeteiligung, geringere Erwerbslosenquote wie auch besseren beruflichen Positionen mit entsprechendem Einkommen als erfolgreicher (z.B. Seifert, 2007). Allerdings ist auch die Integration dieser Personengruppe in den deutschen Arbeitsmarkt weit davon entfernt, als zufriedenstellend bezeichnet werden zu können (ebd.).

1.1.3 Die soziale Herkunft der Kinder – Daten/Erhebungen der Kinderstudien

Nicht nur hinsichtlich der bislang in den Blick genommenen Aspekte lassen sich Unterschiede feststellen. Die wohl wichtigsten und folgenreichsten Differenzen sind mit Rekurs auf die Ergebnisse der Kinderstudien bei der sozialen Herkunft vorzufinden. So zeigt sich in der World Vision Kinderstudie Folgendes:

> „Nicht mehr als 5% der Kinder mit Migrationshintergrund stammen, im Vergleich zu 15% der einheimischen deutschen Kinder, aus der obersten Herkunftsschicht. 21% der Kinder mit Migrationshintergrund gehören, im Vergleich zu 31% der einheimischen deutschen Kinder, zur oberen Mittelschicht und 30% im Vergleich zu 32% zur Mittelschicht. Aus der unteren Mittelschicht entstammen hingegen 27% der Kinder mit Migrationshintergrund im Vergleich zu 16% der einheimischen deutschen Kinder, und zur untersten Herkunftsschicht gehören 17% der Kinder mit Migrationshintergrund im Vergleich zu 6% der einheimischen deutschen Kinder" (Schneekloth & Leven, 2007, S. 85f.).

Auch aus den Daten des DJI-Kinderpanels lassen sich ähnliche Erkenntnisse gewinnen. Christian Alt und Helmut Holzmüller (2006) stellen fest, dass nur 31% der deutschen, aber 44% der Kinder der Aussiedler/innen und 87% der türkischen zur Gruppe mit der geringsten sozioökonomischen Ausstattung gehören. Dieses negative Bild ist maßgeblich durch das Bildungsniveau und den beruflichen Status innerhalb der Migrantenfamilien bedingt.

Für Aussiedlerfamilien aus der ehemaligen Sowjetunion ist zudem eine erhebliche Kluft zwischen dem Einkommen und der Bildungsherkunft konstatiert worden. Zwar verfügen sie meist über ein geringeres Einkommen als die deutschen Familien, doch ist der Anteil der befragten Mütter an der oberen Mittelschicht mit 32% höher als der entsprechende Anteil der deutschen Mütter, der bei 24% liegt. Schichtzugehörigkeit bzw. der soziale Status der Familie setzt sich aus Einkommen und Bildung sowie Beruf zusammen – und viele Mütter aus der Aussiedlergruppe verfügen über höhere Bildungsabschlüsse: 44% der Mütter haben das Abitur bzw. die Fachhochschulreife, und 51% absolvierten die mittlere Reife. In der mittleren und unteren Mittelschicht nehmen die Aussiedlerinnen und deutschen Frauen gleiche Anteile ein, doch erhebliche Differenzen bestehen in den Anteilen an Unter- und Oberschicht. In der Unterschicht ist der Anteil der Mütter mit Aussiedlungshintergrund doppelt so hoch wie der der einheimisch deutschen Mütter, in der Oberschicht sind die Aussiedlerinnen hingegen kaum vertreten. Wird der Bildungshintergrund der Aussiedler und Aussiedlerinnen mit der türkischen Gruppe verglichen, so fallen erhebliche Niveauunterschiede auf.

Das elterliche Bildungsniveau in Aussiedlerfamilien liegt im Durchschnitt weit höher als das der türkischen Vergleichsgruppe (ebd.).

Der skizzierte enge Zusammenhang von Schicht und Migrationshintergrund, der in der BRD im Vergleich zu anderen europäischen Ländern mit am höchsten ausgeprägt ist (vgl. bspw. Bos, Hornberg, Arnold, Faust, Fried, Lankes & Schwippert, 2007; Ehmke, Hohensee, Siegle & Prenzel, 2006), zählt einerseits zu den zentralen Forschungserkenntnissen der Migrationsforschung aus den letzten Jahren. Gerade im Hinblick auf Ungleichheiten in Schul- und Berufserfolgen lassen sich auf dieser Grundlage wesentliche Erklärungszusammenhänge modellieren, angefangen bei der erschwerten intergenerativen Transmission knapper Ressourcen und Kapitalien (Steinbach & Nauck, 2004 & 2005) bis hin zu den eingeengten Gestaltungs- und Lebensräumen der Kinder (Fuhrer & Mayer, 2005; Maaz, Watermann & Baumert, 2007). Auf das andererseits aus diesem Zusammenhang resultierende interpretatorische Problem gehen wir im Schulkapitel ausführlicher ein (siehe 2.2).

Die vorangegangene detaillierte Präsentation der Datenlage zum Bereich ‚Einwandererfamilien' diente der Vermittlung der basalen Grundlagen zu Familienformen und -größen, aber auch zur (Aus-)Bildungs- und Erwerbssituation. Diese stellen die wesentlichen Ausgangsbedingungen für die familiale Sozialisation dar, auf die wir in den folgenden Punkten unter Rückgriff auf theoretische Grundlagen und empirische Ergebnisse eingehen.

1.2 Der Sozialisationskontext Einwandererfamilie: Forschungsergebnisse und zugrunde liegende theoretische Zugänge

Unabhängig von der Herkunft kann davon ausgegangen werden, dass Familie den zentralen Erfahrungsbereich im Lebenslauf darstellt, an diesem Ort formiert sich das Individuum grundlegend im alltäglichen Zusammenspiel zwischen gesellschaftlichen Einflüssen und familiären Prozessen. Unter sozialisationstheoretischer Perspektive finden die zentralen Prozesse der Sozialisation, der Entwicklung und der Erziehung von Kindern und Jugendlichen in der Familie statt. Sie ist der Ort, an dem die Heranwachsenden täglich versorgt und betreut werden und an dem sie ‚zu Hause' sein können. Familien sind dabei heute mehr denn je „immer wieder neu herzustellende Handlungszusammenhänge, situiert in konkreten Räumen und Zeiten und geprägt durch das unmittelbare Interagieren von unterschiedlichen Geschlechtern und Generationen" (Alt, 2005a, S. 11). Dieser Ansatz, der mit dem Begriff des ‚doing family' benannt wird (ebd.), bezieht sich auf das Leben in modernisierten Gesellschaften, in denen die familiäre Existenz immer wieder neu zu erbringende Arrangements, Flexibilitäten und Anpassungsleistungen erfordert – was in besonderem Maße für Familien nicht-deutscher Herkunft gilt. Ein wichtiger Grund für Veränderungen der familialen Lebensformen und Gestaltungen liegt in der zunehmend heterogenen Zusammensetzung dieser Familien. Familie in Deutschland hat sich als kulturelle, soziale und ökonomische Produktions- und Reproduktionseinheit in allen Gruppen der Bevölkerung ausdifferenziert und pluralisiert.

Wie für die gesamte Bevölkerung ist für die Gruppe der Migrant(inn)en Heterogenität und Vielfalt kennzeichnend. Dies trifft ebenfalls für die Lebenslage innerhalb der Herkunftsgruppen zu. Angesichts der verschiedenen Wanderungsformen und -geschichten sowie der sprachlichen, kulturellen, rechtlichen und sozioökonomischen Mannigfaltigkeit sind divergierende Familienformen anzutreffen; auch finden sich innerhalb der Generationen oder Familien unterschiedliche Erfahrungshintergründe. Die familiären Leitbilder, Orientierungen und Erziehungseinstellungen der Gewanderten zeichnen sich ähnlich durch eine hohe Pluralität aus – und auch hier spielen Merkmale der kulturellen und sozialen Herkunft eine Rolle, die weit über ein einfaches Verständnis der nationalen Zugehörigkeit hinausgeht. Sozialisationsprozesse in Einwandererfamilien und die in ihnen vollzogenen auf Erziehung ausgerichteten Praktiken sind somit nur in Zusammenhang mit der differenzierten Erfassung der Migrationserfahrung und der Lebenslage im Aufnahmeland erforschbar. Analysiert und interpretiert man beispielsweise autoritär und kontrollierend anmutende Einstellungen der Eltern vor diesem Hintergrund, wird verständlich, dass diese in einer Einstellung begründet sein können, die in erster Linie dem Schutz und der Sicherheit der Nachkommen sowie der Absicherung des Migrationsprojekts dienen und mit der Absicht liebevollen Beschützens zusammenhängen (Nauck, 1985 & 1994; Herwartz-Emden & Westphal, 2000). Unerlässlich ist eine vergleichende Perspektive im Forschungszugang, die sich auf verschiedene Zuwanderergruppen und die nicht-gewanderte einheimische Bevölkerung richtet. Bislang liegen allerdings nur vereinzelt empirische Arbeiten vor, die sich mit den Lebens- und Sozialisationsbedingungen moderner Migrantenfamilien in Deutschland differenziert und herkunftsgruppenbezogen sowie unter einem vergleichenden Blickwinkel auseinandersetzen. Einige wenige neuere Kinderstudien geben zu ausgewählten Aspekten Auskunft, sie wurden in den obigen Ausführungen zur Datenlage und zum sozialen Hintergrund der Familien bereits herangezogen (siehe 1.1.3), weitere Ergebnisse aus den Kinderstudien zu Sozialisationsbedingungen werden im abschließenden Punkt des Kapitels ergänzt (siehe 1.9).

Aufgrund des für die Frage nach den Sozialisationsprozessen in eingewanderten Familien bestehenden Forschungsdesiderates bleibt die Migrantenfamilie ein ‚Dunkelfeld', sie erscheint in neueren Debatten um soziale Teilhabe und Bildung (unter anderem in Folge der großen vergleichenden Bildungsstudien, wie PISA und IGLU) vor allem als ein Ort, an dem die elterliche Verantwortung für Bildung und Erziehung der Kinder nur unzureichend wahrgenommen wird. Diese Argumentation weist Ähnlichkeiten mit den Zuschreibungen, wie sie von den anfänglichen Ausführungen der modernisierungstheoretisch orientierten Sozialisationsforschung, getroffen wurde, auf. Das Modernisierungs-Paradigma hat sich in der Migrationsforschung als unhaltbar erwiesen und wurde in der kritischen interkulturellen Diskussion vielfach enttarnt. Die beschriebenen gängigen Fehleinschätzungen und Vorurteile, die sich mittels der Kulturdifferenz- bzw. Kulturkonflikthypothese und Modernitätsdifferenzhypothese (bspw. Bukow & Llaeyora, 1993) fassen lassen, sind aber von nicht unerheblicher Dauer und gegenwärtig vor allem in den Medien weiterhin präsent. All diese Beschreibungsmuster stehen in scharfem Kontrast zu der oben konstatierten unzureichenden wissenschaftlichen Bearbeitung des Themenfeldes, in nationalem Kontext wie im internationalen Bezug.

Einwandererfamilien leben in spezifischen Bezügen zu ihrer Herkunftsgesellschaft und dem Aufnahmeland ebenso wie zu ihrem Migrationskontext, zu dem je spezifische Beziehungen in der engeren und weiteren Verwandtschaft zählen sowie die ethnische ‚Community'. Die Aufnahmegesellschaft mit ihren Strukturen, Werten und Normen bildet quasi den weiteren Kontext, in dem die verschiedenen Bezogenheiten alltäglich zu realisieren sind. Dieser Ausgangspunkt für die Prozesse von Erziehung und Sozialisation wurde in der bundesdeutschen Forschung von verschiedenen theoretischen Ansätzen aus beschrieben und untersucht (Baros, 2008). Ein in den Anfängen der deutschsprachigen Forschung über Migrant(inn)en dominanter Theorieansatz ist die bereits angesprochene modernisierungstheoretische Perspektive, verwoben mit sozialisationstheoretischem Gedankengut (Schrader, Niklas & Griese, 1976). Im Zentrum steht der postulierte Gegensatz zwischen ‚moderner' und ‚traditionaler' Welt (Modernitätsdifferenzthese), der in Bezug auf gewanderte Familien sehr verkürzt wurde auf den Gesichtspunkt, dass im Gesamtgeschehen der Migration Herkunfts- und Aufnahmekontext in einem schlichten Gegensatz zueinander stehen. Kennzeichnend ist, dass die Probleme von Kindern einseitig auf die in Kontrast stehenden Kulturen, den ‚Kulturwechsel' und damit zusammenhängende Konflikte zurückgeführt werden (Kulturkonfliktthese).

Das Verständnis von Sozialisation, das vielen deutschsprachigen Untersuchungen zugrunde lag,[24] war reduktionistisch. Von Migrantinnen und Migranten wurde eine einseitige Anpassung an die deutsche Kultur erwartet, die von der Familie geleistet werden sollte, wobei allerdings in Frage stand, ob diese die notwendige Kompetenz dazu überhaupt aufbringen könne (Akpinar & Essinger,

---

24 Siehe zu den Anfängen der Interkulturellen Pädagogik 3.2.1.1.

1983). Bedingt durch unterschiedliche Entwicklungsniveaus in den Herkunftsge-
sellschaften ergibt sich, so lautete die Diagnose, ein Entfremdungsprozess in den
Eltern-Kind-Beziehungen (Boos-Nünning & Hohmann, 1977). Durch die Diver-
genz der Erziehung im Elternhaus (traditionell und autoritär) und der deutschen
Gesellschaft/Schule (demokratisch und egalitär) galten die Kinder als orientie-
rungslos, als Außenseiter/innen in zwei Kulturen (Renner, 1975). Das ‚Mi-
grantenkind' wurde mit seinen Mängeln (Schrader, Nikles & Griese, 1976) beschrieben und die Erziehungsleistung der Mutter in der Migrantenfamilie als
nicht ausreichend gekennzeichnet – wobei die Erklärung dafür in ihrem Unver-
ständnis bzw. in ihrer eigenen Lage und Identitätskrise, die sie nicht zu handha-
ben wusste, zu suchen war (Herwartz-Emden, 1991). Diese Sichtweise wird im
folgenden Zitat deutlich:

> „Im Allgemeinen hat die ausländische Mutter Schwierigkeiten, ihre Kinder in
> einer Gesellschaft zu erziehen, die sie in ihrer Fremdartigkeit und Komplexität
> kaum versteht. Die widersprüchliche Beeinflussung, die ihre Kinder durch das
> Aufwachsen in zwei Kulturen erfahren, kann sie so gut wie gar nicht auffan-
> gen, da sie selbst in einer Randposition steht. Zur Bewältigung ihrer eigenen
> Identitätskrise neigt sie dazu, die Probleme der Kinder zu verdrängen. Da die
> Sozialisation der Kinder den konkurrierenden Einflüssen zweier Kulturen un-
> terliegt, entwickelt sich oft eine Entfremdung zwischen Mutter und Kindern,
> die durch sprachliche Überlegenheit noch verstärkt wird." (Schmidt-
> Koddenberg,1984, S. 16f.).

Die These der getrennten Welten und der damit verbundenen Kulturkonflikte,
die Mitglieder von zugewanderten Familien durchleben, ist ein gängiges Muster,
das deutschsprachige Publikationen ebenso wie die Medienberichterstattung seit
Beginn der Beschäftigung mit Migration durchzieht. Diesem ‚Traditions-
Modernitäts-Paradigma' unterliegt ein westlich geprägtes Modell von Modernität
(mit einer Fokussierung auf die USA und die westlichen Industrieländer) und ein
bipolares Denkmuster von ‚Tradition' versus ‚Moderne', das die Welt entsprechend aufteilt. Implizit darin enthalten ist die Idee eines Bruches mit der ‚Tradition' als Voraussetzung von Entwicklung und Vorbedingung von (wirtschaftli-
chem) Fortschritt. Das heißt bezogen auf Migration, dass ein linearer Übergang
vom Nullpunkt der Einwanderung zur Endstufe der Integration in die Aufnahmegesellschaft erfolgt, mit der zugleich zu beobachtenden Abwendung von der
Herkunftsgesellschaft und -kultur. Dieser Übergang sei, so die Annahme, mit
einem Konflikt und ‚Kulturschock' verbunden, der die ‚kulturelle Identität' des
Migranten/der Migrantin tangiere oder in Frage stelle und zu einer anomischen
Situation führe. Einwandererfamilien und deren Sozialisationsbedingungen er-
weisen sich in dieser Sichtweise tendenziell als defizitär.

Wie Ursula Boos-Nünning und Yasemin Karakaşoğlu (2004, S. 126) in einer rückblickenden Einschätzung der bis in die Mitte der 1970er Jahre erschienenen Studien festhalten, wurde vielfach beschrieben, „dass die patriarchalisch autoritäre Familienstruktur der (türkischen) Migrationsfamilie eine Integration der Kinder in die deutsche Gesellschaft verhindere", „die Erziehungsvorstellungen der eingewanderten Eltern nicht mit den deutschen Erziehungszielen und Normen in Einklang zu bringen seien", „in Migrationsfamilien das Verhältnis zwischen den Generationen wegen der unterschiedlichen Sozialisation grundlegend gestört sei" und „vor allem die Durchsetzung rigider, geschlechtsspezifischer Normen in den Familien zu einer grundsätzlichen Benachteiligung der Mädchen, Frauen, Töchter und Schwestern führe" (ebd.).

Empirisch waren die o.g. Annahmen allesamt *nicht* fundiert, es gab keine zugrundeliegende Studie, die defizitäre Sozialisationswirkungen dieses Familientyps belegt hätte. Gerd Stüwe (1991) hebt mit seiner empirischen Studie (erstmals!) im deutschsprachigen Raum die Ressourcen der Migrantenkinder im Umgang mit divergierenden Erwartungen in den Eltern-Kind-Beziehungen hervor (so auch die Würdigung seiner Arbeit durch Rahim Hajji, 2008b). Damit wurde die Dominanz der kultur- und modernitätstheoretisch argumentierenden Konflikttheorien zugunsten einer subjekt- und ressourcenorientierten Perspektive unterbrochen, die für die Eltern-Kind-Beziehung ein geringeres Konfliktpotenzial postulierte; in der Folge findet dieser Perspektivenwechsel (ebd.) seinen Niederschlag in den Beschreibungen der bikulturellen Kompetenzen der Migrantenkinder und -jugendlichen (siehe Atabay, 2001; Firat, 1990; Polat, 1998; Riesner, 1990).

Eine bedeutsame und den obigen Verkürzungen entgegengesetzte Perspektive wurde in die empirische Forschung durch die großen Studien zu Migrantenfamilien des Soziologen und Familienforschers Bernhard Nauck seit Mitte der 1980er Jahre eingebracht. Sein individualistisch-strukturtheoretischer Ansatz erklärt Anpassungsstrategien und Verhaltensweisen von Migrantinnen und Migranten aus einer ‚rationalen‘, der Situation angemessenen Haltung der Individuen heraus und nicht aus ‚kulturellen Zwängen‘ und Zugehörigkeiten. Bernhard Nauck (2006) zufolge ist für die Beantwortung der Forschungsfrage beispielsweise nach den kulturspezifischen Sozialisationsstilen in Einwandererfamilien von zentraler Bedeutung, die Effekte der Besonderheiten der jeweiligen Herkunftskultur von den Effekten der Besonderheiten der Migrations- und Minoritätensituation zu trennen. Die empirischen Forschungen von Leonie Herwartz-Emden, Manuela Westphal und Sedef Gümen (FAFRA)[25] basierten

---

25   Familienorientierung, Frauenbild, Bildungs- und Berufsmotivation von eingewanderten und westdeutschen Frauen und Familien in interkulturell-vergleichender Perspektive. Siehe ausführlicher zum Projekt 1.6 und 3.1.3.

seit Anfang der 1990er Jahre auf einer sozialisationstheoretischen Perspektive, die die Kategorien Ethnizität und Geschlecht mit theoretischen Erklärungen aus der Migrations- und Akkulturationsforschung und der Genderforschung verwob (Herwartz-Emden, 1995b & 2000). Kennzeichnend für die beiden genannten Forschungsansätze war, dass nicht eine einzelne Migrant(inn)engruppe im Fokus stand, sondern dass vergleichend geforscht wurde: zwischen migrierten und einheimischen, nicht gewanderten Familien bzw. vergleichend zu Familien im Herkunftsland (siehe hierzu die Forschungen des Forschungsschwerpunktprogramms FABER[26] der DFG; bspw. Gogolin & Nauck, 2000).

Gegenwärtig lässt sich ein Bild der in Deutschland lebenden Migrantengruppen mit einer großen Variationsbreite hinsichtlich der Sozialisationsprozesse/-funktionen, Konfliktpotenziale und Integrationsverläufe zeichnen. Integration gleicht keinem linearen Anpassungsprozess an die aufnehmende Gesellschaft. Ein eindimensionaler Erklärungsansatz, wie er in Anlehnung an modernisierungstheoretische Überlegungen zugrundegelegt wurde, kann weder die komplexen Prozesse in Familien noch die damit zusammenhängenden Veränderungen in den Identitätskonstruktionen ihrer Mitglieder angemessen erklären (Herwartz-Emden & Westphal, 2003). Gefragt ist ein sozialisationstheoretischer Bezugsrahmen, der in der Lage ist, die Prozesse von Migration und Akkulturation in der Komplexität der verschiedenen Alltags- und Strukturebenen, die das Leben der Einwandererfamilie ausmachen, zu erfassen. Akkulturation ist wie der Sozialisationsprozess keine einseitige Anpassungsleistung, sondern ein Prozess der produktiven Verarbeitung von Realität (Hurrelmann, 2006), wobei die Individuen sich zu den verschiedenen kulturellen und gesellschaftlichen Kontexten, auch zu den ‚ökologischen' Übergängen (nach Bronfenbrenner, 1981), die die Einwandererfamilien zu durchleben haben, aktiv und gestaltend verhalten (Westphal, 2005b).

Wie eingangs betont, werden Herkunfts- und Aufnahmekontext im Sozialisationsumfeld Familie zu etwas Neuem verbunden, zu einzigartigen Lebensrealitäten von Familien, wobei ‚Transnationalität' zu einer neuen Gestaltungsdimension von Familie führt. Mit Transnationalität, die auch das Phänomen der Transmigration umfasst, ist die Loslösung vom nationalen Raum gemeint bzw. dass dessen Durchdringung zur Entstehung neuer Räume führt, die mit nationalen Kategorien nicht zu benennen sind (Pries, 2000). Eine Folge stellen die Phänomene der ‚transnationalen Mutterschaft' (bspw. Lutz, 2007) und ‚transnationalen Elternschaft' (Beck-Gernsheim, 2009) dar. Die familiale Lebenssituation muss transnational und delokalisiert bewältigt werden. Moderne Migrant(inn)en und ihre Nachkommen müssen sich, je nach strukturellen Ausgangsbedingungen und der Situation im Aufnahmeland, mit unterschiedlichen soziokulturellen Folgen

---

26 DFG-Forschungsschwerpunktprogramm FABER: „Folgen der Arbeitsmigration für Bildung und Erziehung". Siehe ausführlicher 3.2.1.

und Positionierungen sowie verschiedenen kulturellen und sprachlichen Räumen oder in ‚transnationalen' sozialen Räumen dauerhaft einrichten (Pries, 2000). Mit hoher Mobilität und dank moderner Kommunikationsmöglichkeiten wird die Beziehung zum Herkunftskontext in die Lebenssituation integriert und Migrant(inn)en schaffen eine Lebenswirklichkeit zwischen und innerhalb nationaler Räume und Kulturen.

1.3 Sozialisation und Akkulturation in Familie und Gesellschaft: theoretische Zugänge

Die mit der Migration verknüpften Erfahrungen der Andersartigkeit der gesellschaftlichen und kulturellen Umgebung des Aufnahmelandes setzen einen Prozess des Wandels und der Anpassung in Gang, der mit dem Begriff Akkulturation bezeichnet wird (Redfield, Linton & Herskovits, 1936). Grundsätzlich wird unterschieden zwischen Akkulturation und Enkulturation. Enkulturation meint eine soziokulturelle Prägung, die durch die Interaktion mit primären Bezugsgruppen entsteht und zur Internalisierung kulturspezifischer wertorientierter sozialer Kontrolle und zum Erwerb ‚kultureller Rollen' führt. Nach Andreas Zick (2010) setzt die Akkulturation von Individuen und Gruppen ein, wenn Menschen Orte verlassen, eine neue kulturelle Umwelt aufsuchen, ihr begegnen und sich mit den Herausforderungen dieser auf der Grundlage ihrer Herkunft auseinandersetzen. Bereits enkulturierte Individuen treffen auf eine ‚fremde' dominante Kultur, an die sie sich in verschiedenen Prozessen der Auseinandersetzung anpassen müssen. Akkulturation ist allerdings nicht allein durch die Fähigkeiten und Kompetenzen der Zugewanderten bestimmt, sondern in hohem Ausmaß auch durch die Zuschreibungen, Wahrnehmungen, Ideologien und Reaktionen der Mehrheitsgesellschaft. Jeder Kontakt zwischen Personen in unterschiedlichen kulturellen Systemen erfordert akkulturative Reaktionen von beiden Seiten, so dass auch die einheimischen, nicht-gewanderten Gruppen einer Gesellschaft sich in immer stärkerem Maße in Akkulturationsprozessen befinden (ebd.).

Der Akkulturationsprozess wurde in den Anfängen der sozial- und erziehungswissenschaftlichen Publikationen zur Sozialisation von Kindern aus Migrantenfamilien (Schrader, Nikles & Griese, 1976) unter verschiedenen Hypothesen behandelt, wobei die anhand modernisierungstheoretischer Überlegungen entwickelte Differenzhypothese[27] auf Differenzen bezüglich der Sprache, unterschiedlicher Erziehungsziele und Wertvorstellungen, religiöser Überzeugungen und Deutungsmuster abhebt, die eine kulturelle Distanz zwischen Elternhaus und

---

27 Vgl. dazu die Ausführungen im vorangegangenen Punkt.

Schule konstituieren und damit für Schüler/innen mit Migrationshintergrund widersprüchliche Herausforderungen erzeugen (ebd.). Dieser Hypothese folgend resultieren für Jugendliche aus der Internalisierung ‚differenter' handlungsleitender Vorstellungen und Werte Konflikte, die Identitätsbildung erschweren und Schulerfolg und Berufslaufbahn beeinträchtigen (dieser Ansatzpunkt ist auch aus den Anfängen der sog. ‚Ausländerpädagogik' bekannt, siehe dazu 3.2.1.).[28]

Ein in der gegenwärtigen Forschung viel rezipiertes Modell besagt, dass Einwanderer und Einwanderinnen *vier unterschiedliche Akkulturationsstrategien* in der neuen Heimat verfolgen können. Sie wenden sich völlig der Kultur des Aufnahmelandes zu (Assimilation), lehnen diese zugunsten der eigenen Kultur ab (Segregation), verbinden beide miteinander (Integration) oder ignorieren beide Kulturen, was zu ihrer gesellschaftlichen Marginalisierung führt (Berry, 1980). Kritisch ist zu sehen, dass in John Berrys Modell den komplexen Veränderungen der Individuen in unterschiedlichen Kontexten nicht gänzlich Rechnung getragen wird. Seine Konzeption basiert auf einer gruppenbezogenen Perspektive und ist schwer auf individuelle Akkulturationsverläufe und deren je individuelle Gestaltung anwendbar. Aufbauend auf John Berrys Überlegungen legt Hartmut Esser (2002) sein ‚*Modell der Sozial-Integration*' von Migrant(inn)en vor. Darin löst er sich weitgehend vom globalen Integrationsverständnis Berrys und betrachtet stattdessen die individuelle gesellschaftliche Integration als komplexes Zusammenspiel verschiedener Integrationsprozesse. Diese Prozesse ordnet er auf vier Integrationsdimensionen an: Einer strukturellen Integrationsdimension, die gesellschaftliche Platzierungsprozesse umfasst, einer kulturellen Dimension, die auf Prozesse der Enkulturation und Akkulturation ausgerichtet ist, einer sozialen Dimension, die auf Interaktionsprozesse und den Aufbau sozialer Netzwerke fokussiert, und abschließend einer emotionalen Integrationsdimension, in der kulturbezogene und ethnisch bedingte Identifikationsprozesse zusammengefasst werden. Auf jede dieser Dimensionen sind Esser (ebd.) zufolge die von Berry eingeführten Akkulturationsformen als verschiedene Formen der Sozial-Integration übertragbar. Dadurch generiert er ein Modell, das in seiner anwendungsbezogenen Variabilität und Komplexität deutlich über das Akkulturationsmodell Berrys hinausgeht, wenngleich es auch einige von dessen Schwächen teilt. So können bestimmte Akkulturations- bzw. Sozial-Integrationsformen, wie Bernhard Nauck (2008) herausstellt, auf verschiedene

---

28 Eine weitere sog. Benachteiligungshypothese lenkt den Blick nicht auf die ethnisch und kulturell zu verortenden Differenzen bei der Integration in die Aufnahmegesellschaft, sondern auf die Vorgaben und das Verhalten der Mehrheitsgesellschaft selbst. Laut Ingrid Gogolin (1994) führen Bedingungen innerhalb des Bildungssystems oder die mangelnde Bereitschaft der Mehrheitsgesellschaft, auf die speziellen Belange von Migrantenkindern und -jugendlichen einzugehen, zu deren Benachteiligung.

reale Kontexte nicht angewendet werden. Nauck weist diesbezüglich darauf hin, dass beispielsweise eine religiöse Mehrfachintegration in der Praxis nur schwer vorstellbar sei.

Seit Mitte der 1990er Jahre wird mit dem Konzept der *‚segmentierten Akkulturation'* ein weiteres neues Integrationsmodell diskutiert, das explizit versucht, der Schichtung der beteiligten Kontexte und ihrer ungleichzeitigen Verläufe Rechnung zu tragen (Portes, 1996). Die grundsätzliche Überlegung, die hinter dem Begriff der segmentierten Assimilation steht, ist, dass Assimilationsprozesse nicht an der gesamten Aufnahmegesellschaft ausgerichtet verlaufen müssen, sondern auf ein spezifisches Gesellschaftssegment gerichtet sein können. Aus der US-amerikanischen Perspektive wird dabei für die meisten Fälle der ‚segmentierten Assimilationsverläufe' ein sog. „downward-mobility pattern" (Zhou, 1997, S. 984) angenommen. Davon betroffene Migrant(inn)en weisen im Generationsverlauf eine zunehmend vergleichbare Sozial-Integration auf wie die nicht-migrierte Unterschicht im Aufnahmeland. Alejandro Portes und Rubén Rumbaut (2001, S. 59) nehmen an, dass Kinder aus bäuerlichen Familien oder Arbeiterfamilien dem Risiko einer „downward assimilation" ausgesetzt sind. Aus der heutigen Forschung ist des Weiteren bekannt, dass – je nach Zuwanderungsgruppe – die ‚zweite Generation' mit größeren Problemen im Einwanderungsprozess konfrontiert wird als die erste und insofern nicht von einem linearen oder kontinuierlichen Aufstiegsverlauf ausgegangen werden kann. Vertreter/innen von Assimilationszyklen gehen davon aus, dass die segmentierte Assimilation nur ein vorübergehendes Stadium auf dem Weg zur vollständigen Assimilation darstellt (Esser, 2008).

In diese unterschiedlichen theoretischen Überlegungen und Sichtweisen gehen viele verschiedene Systematisierungsgesichtspunkte ein, je nach räumlichem Entstehungskontext, beispielsweise die Muster und Bedingungen der europäischen Migration oder die der US-amerikanischen. In Deutschland finden sich bisher nicht die langfristigen Verläufe in den Generationsfolgen der Einwanderergruppen, wie sie für die USA typisch sind, und der Charakter der europäischen Migrationsprozesse ist durchgängig ein anderer als in dem klassischen Einwanderungsland USA. Insofern bedarf es vermehrt einer ‚europäischen' Modellierung der Gesamtprozesse.

1.4 Sozialisationskontexte im länderübergreifenden Vergleich

Für das Zustandekommen erfolgreicher Integration von Zuwandererfamilien sind im Weiteren die Effekte der Umgebung zu betrachten, denn die ‚Kontexthaftigkeit' der familiären Sozialisation und Erziehung ist von entscheidender Bedeutung. Wichtiges Hintergrundwissen in der Diskussion über erfolgreiche Integration, auch auf der Ebene der Bildungsbeteiligung, bietet der Vergleich von Aufnahmeland-Bedingungen für Zuwanderer und Zuwanderinnen. Allerdings liegen so gut wie keine international vergleichenden empirischen Untersuchungen zu diesem Themenkomplex vor.

Eine aktuelle europäische Vergleichsstudie zwischen Migrant(inn)en türkischer Herkunft in den Ländern Deutschland, Niederlande und Frankreich geht davon aus, dass die Adaptation an die Aufnahmelandkultur von der jeweiligen Integrationspolitik des Landes und einer möglichen Philosophie des ‚Multikulturalismus' (so bspw. in den Niederlanden) beeinflusst ist (Ernallii & Koopmanns, 2009). Unter dem Aspekt des Grades des emotionalen Aufwandes, der für Zugewanderte entsteht, ergab sich in der Studie von Evelyn Ersanilli und Ruud Koopmans (2009) das höchste Ausmaß an Adaptation an die Gastlandkultur in den Niederlanden und das niedrigste in Deutschland. Niederländische und französische Türk(inn)en identifizieren sich weitaus mehr mit dem Aufnahmeland als deutsche Personen dieser Migrationsgruppe. Die Übernahme der Kultur der Mehrheitsgesellschaft ist in Frankreich, als einem Land mit hoher Assimilationsanforderung, zumindest für den öffentlichen Bereich festzustellen. In Deutschland und den Niederlanden bestehen bei den Zugewanderten in geringerem Ausmaß interethnische Sozialkontakte, auch verwenden sie die Aufnahmelandsprache seltener als türkischstämmige Migrant(inn)en in Frankreich. Über die Länder hinweg zeigte sich eine Gemeinsamkeit darin, dass die Bewahrung der Kultur des Herkunftslandes unter türkischen Zugewanderten und ihren Nachkommen hoch ausgeprägt, aber das Niveau der Orientierung hin zur Gastlandkultur dagegen beträchtlich niedriger ist. Die türkischstämmige Bevölkerung in Deutschland, Frankreich und den Niederlanden identifiziert sich viel stärker mit dem Herkunftsland Türkei und dem Islam, aber weniger mit dem jeweiligen Aufnahmeland. Sie sprechen überwiegend Türkisch, ihre sozialen Kontakte tendieren vorzugsweise zu anderen Türk(inn)en und es findet sich in allen drei Gruppen ein relativ hoher Grad an Einhaltung von islamisch-religiösen Praktiken.

Die Ergebnisse zeigen in der Summe, dass die Erbringung eines spezifischen Anpassungsgrades eine Voraussetzung für den Zugang zu bestimmten Rechten darstellt, womit wiederum eine Aufnahmelandkulturadaptation begünstigt wird. Sie deuten aber auch an, dass Integrationspolitik eine wichtige Determinante ist, denn wenn mit Anpassungsanforderungen eigen-ethnische Identifikation und religiöse Aktivitäten abgelehnt werden, wie es in Deutschland der Fall war und teils immer noch ist, dann kann eine Aufnahmelandkulturadaptation nicht erfolgreich angeregt werden – wahrscheinlich auch, weil der emotionale Aufwand für die Zugewanderten zu hoch wird (ebd., S. 25ff.).

Anhand der Studie lässt sich konkretisieren, dass die Aufnahmeland-Bedingungen die Grundlage bilden, auf der Sozialisations- und Akkulturationsprozesse gestaltet werden. Zugleich wird aber deutlich, dass die kulturellen Besonderheiten der jeweiligen Zuwanderergruppe unabdingbar in diese Prozesse hineinspielen.

Eine der wenigen aktuellen empirischen Studien zu Integrationsprozessen von Kindern in multikulturellen Gesellschaften vergleicht die Lebenslagen von Kindern mit Migrationshintergrund der Altersgruppe von 9 bis 14 Jahren zwischen Baden-Württemberg und Kalifornien (Sauer, 2007a & b). Der Lebensraum der Kinder wird über die Familie hinaus im Stadtteil mit einem qualitativ-quantitativen Methodenmix zwischen Befragung und Beobachtung beschrieben; Untersuchungsgruppen[29] sind die in den beiden Kontexten dominanten Einwanderergruppen: Kinder türkischer Herkunft in Baden-Württemberg und Kinder asiatischer und mexikanischer Herkunft in Kalifornien (Sauer, 2007a). Der Sprachgebrauch in der Familie und die Schule als Ort der Teilhabe an der Gesellschaft wurden ebenso untersucht wie die Integration in den Stadtteil. In beiden Ländern zeigt sich die Vernetzung zwischen Stadtteil, Schule, Familien und sozialen Beziehungen. Aus einer Außenperspektive betrachtet funktionieren diese Netzwerke in ihrem Zusammenwirken als ‚Integrationsmaschinen' (ebd., S. 189). In Kalifornien wirkt Schule als hauptsächlicher ‚Integrationsmotor', von dem aus elterliches Engagement und die Veränderung struktureller Benachteiligung der Stadtteile entsteht; ebenso übt sie durch die Vermittlung von Verhaltensnormen einen starken Einfluss auf das Zusammenleben der ihr angehörenden Schülerinnen und Schüler aus. Der Geltungsbereich von Schule reicht aber meist nur marginal in die anderen Räume hinein, d.h. die „Gegebenheiten in Familien aus bildungsfernen Schichten sowie in Stadtteilen mit starker Präsenz von Gangs überwiegen die integrativen Maßnahmen der Schule" (ebd., S. 187f.). Karin Elinor Sauer weist aufgrund ihrer Studie für Baden-Württemberg auf die besondere Bedeutung des Stadtteils hin. Hier besteht der primäre ‚Integrationsmotor' in der Aktivität der Kommunen, in ihren Integrationsmaßnahmen und -programmen, die nicht zuletzt auf der relativ problemlosen wirtschaftlichen Eingliederung von Migrantenfamilien aufbauen. Auch von Schulen, die durch einen hohen Migrantenanteil gekennzeichnet sind, gehen in Baden-Württemberg Integrationsbemühungen aus, welche häufiger als in Kalifornien mit kommunalen Projekten verknüpft werden (ebd.).

Ein wichtiger Hinweis auf Basis dieser Studie ist darin zu sehen, dass Integrationsprozesse von Kindern nicht nur mit dem Vorhandensein eines Migrationshintergrundes zu tun haben, sondern auf soziale Differenzen verweisen, die

---

29 Leider finden sich in den Veröffentlichungen von Karin Elinor Sauer keine Angaben zu den Stichproben der qualitativen und quantitativen Erhebungen.

von den untersuchten Kindergruppen in beiden Ländern alltäglich negativ und strukturell ausgrenzend erfahren werden. Folglich muss Kindern unabhängig von ihrer ethnischen und sozialen Herkunft eine gleichwertige Partizipation in ihren alltäglichen Lebens- und Aktivitätsräumen ermöglicht werden, wenn Integration gelingen soll (ebd.). Ein stärkeres Augenmerk sollte auf Integrationspotenziale von Schule und Kommunen gerichtet werden.

1.5 Familie und Generationenbeziehungen

Es sind in erster Linie die familiären Ausgangsbedingungen, die aktuelle und zukünftige Optionen wie auch die Lebensführung von Kindern und Jugendlichen maßgeblich beeinflussen. Im Kontext von Migration kommt der Familie, wie eingangs dargestellt, eine besondere Bedeutung zu (Herwartz-Emden, 2002). Zum einen ist sie der Ausgangspunkt für die Auswanderung und die Arbeitsaufnahme im Einreiseland respektive für die Einwanderungsmotivation im Allgemeinen – ausschlaggebender Impuls der meisten Wanderungsprozesse weltweit betrachtet ist der Wunsch, das Überleben der Kinder zu sichern und ihre Zukunft zu garantieren. Zum anderen wird die Ausgestaltung der innerfamiliären Generationenbeziehungen von den gemeinsamen Erfahrungen geprägt, welche die Mitglieder auf eine ganz eigene Weise miteinander verbinden: Sie erleben die gesellschaftlichen Zuschreibungen und Ansprüche an die Integration der Einzelnen gemeinschaftlich. In der Migrationssituation ist die Familie der Ort für das alltägliche Überleben und das Organisatorische des Alltags, aber darüber hinaus bietet sie Schutz und Raum für ethnische Identifikation und Identitätssicherung in der Umgebung des Aufnahmelandes.

Generationenbeziehungen erfahren unter der Bedingung der Migration eine Intensivierung (Nauck, 2000). Familiäre Beziehungen haben dabei eine hohe subjektive Bedeutsamkeit[30] für die Entwicklung individueller Bewältigungskompetenzen der Familienmitglieder, vor allem in Bezug auf die Verarbeitung psychosozialer Belastungen, die sich im Kontext der Migration ergeben und zu einer besonderen Situation führen: ‚Trennung' und ‚Familienzusammenführung' sind und bleiben, auch im Zusammenhang mit der Erfahrung der ‚Transnationalität', ein zentrales Thema und sind nicht mit dem Zeitpunkt ‚abgehakt', von dem an (im ‚klassischen' Fall von Einwanderung) die Kernfamilie in Deutschland zusammenlebt. Die individuellen sowie die familienbiographisch relevanten Folgen müssen von allen Mitgliedern jeder Generation neu und dauerhaft bewältigt

---

30 So wird beispielsweise die überdurchschnittlich hohe protektive Funktion der Familien türkischer Herkunft aktuell von Bernhard Nauck (2006) mit den Auswertungen zum DJI-Kinderpanel nachgewiesen (vgl. dazu die Ausführungen in Punkt 1.9).

werden. Vor dem Hintergrund, dass Transmigration, Pendeln, Remigration und möglicherweise eine erneute Einwanderung für viele Familien bedeuten, immer wieder eine (auch emotionale) Situation und Struktur zu gestalten, werden Trennung und Zusammenführung jedes Mal aufs Neue relevant (Hamburger & Hummrich, 2007). Bereits Mitte der 1970er Jahre bis Ende der 1980er Jahre war die migrationsbedingte Trennung in Deutschland eine weit verbreitete Erfahrung, allerdings werden Trennungserfahrungen als Thema und Herausforderung für das Bindungserleben der Individuen und Identitätsbildungsprozesse in Migrantenfamilien erst in jüngerer Zeit empirisch untersucht (Hajji, 2008a & b). Aufgrund der Auswertung von Daten des Mikrozensus 2005 stellt Rahim Hajji fest, dass eine migrationsbedingte Trennungserfahrung unter minderjährigen Kindern aus den ehemaligen Anwerbeländern weit verbreitet ist: In etwa 70% der Fälle liegen bei eingewanderten minderjährigen Kindern Trennungserfahrungen vor, wobei Minderjährige, die aus einem afrikanisch-asiatischen Herkunftsland kommen, Trennung häufiger erleben als Befragte aus einem europäischen Herkunftsland (Hajji, 2008a). Diesbezügliche Verlusterfahrungen wurden, so der Autor, bisher in der Forschung unterschätzt oder durch die Unterstellung von divergierenden Normen zwischen Eltern und Kindern in der bereits dargestellten Kulturkonfliktthese verwischt und nicht wirklich untersucht.

Migrantenfamilien sind *nicht* überproportional von psychischen Krisen[31] betroffen, wie bereits Untersuchungen aus den 1990er Jahren bestätigten (Schepker, Toker & Eberding, 2000; Herwartz-Emden & Rieken, 2001). Auch Helen Baykara-Krumme (2007) stellt fest, dass Krisendiagnosen das Ausmaß an Verbundenheit und Solidarität unterschätzen, und zwar nicht nur in einheimischen, sondern auch in Migrantenfamilien. Sie gibt mit ihrer Studie einen breiten Überblick (auf Basis von SOEP-Daten und des Alterssurveys von 2002) über die Generationenbeziehungen von Migrantinnen und Migranten in der zweiten Lebenshälfte. Ihre Daten und Auswertungen belegen, dass stereotype Vorstellungen von der ‚ganz anderen' Migrantenfamilie für die heute und zukünftig ältere Bevölkerung nicht zutreffen. Die Autorin unterstreicht, ähnlich wie schon Bernhard Nauck mit seinen Forschungen, den stark ausgeprägten Familienzusammenhang, wobei sich vielfältige Beziehungstypen auffinden lassen. „Eine übermäßige Betonung herkunftsbedingter kultureller Unterschiede verkennt die tatsächlich vorhandenen

---

31 Inwieweit bei Problemen eine psychiatrische und psychotherapeutische Versorgung garantiert wird, ist allerdings schwer einzuschätzen (Beauftragte der Bundesregierung für Migration, Flüchtlinge und Integration, 2005). Es zeigt sich, dass Angebote zur Beratung und Behandlung nur selten in Anspruch genommen werden; des Weiteren fehlt es an spezifischen Angeboten, Fachpersonal mit Migrationshintergrund und muttersprachlichen Therapiemöglichkeiten; häufig kommt es zu kulturellen Missverständnissen (ebd.).

großen Gemeinsamkeiten und verdeckt den Blick für die Bedeutung struktureller Differenzen in der Migrationssituation" (ebd., S. 50).

Im Zusammenhang mit der besonderen Bedeutung, die der Familie im Kontext von Migration zukommt, ist ein – eindeutiges und mehrfach bestätigtes – Forschungsergebnis zentral: Die familiäre Sozialisation zeichnet sich in Einwandererfamilien generell und unabhängig von der jeweiligen Herkunft durch eine hohe Kohäsion aus. Nach Bernhard Nauck (1994) wissen die Familienmitglieder mehr übereinander und kommunizieren häufiger miteinander als vergleichbare deutsche Familien. Innerhalb der Familien bestehen neben einer zumeist starken Verbundenheit oftmals hohe Ansprüche an die Kinder; die Eltern setzen ihre Hoffnung in die heranwachsende Generation und sind stolz auf gute Leistungen in der Schule.[32]

Bernhard Nauck greift vor diesem Hintergrund auf den Begriff des *Familialismus* zurück (vgl. auch Lanfranchi, 1995). Dabei äußert er sich zunächst kritisch zu der in Studien zum Thema Migration verbreiteten Annahme einer Dichotomie von Individualismus und Kollektivismus, wenn diese grundsätzlich auf Handlungsmuster von ‚Kulturen' angewendet werde. Ein solches Muster sollte ihm zufolge explizit auf den engeren Kreis von Familie, Verwandten und Freund(inn)en beschränkt bleiben, wobei Arbeitsmigrantenfamilien türkischer Herkunft im Gegensatz zu nicht-gewanderten Familien in der Türkei viel stärker an der Kernfamilie orientiert seien als an der Verwandtschaft und an Freundschaften (Nauck, 1997). Für dieses Phänomen findet sich anstelle des sonst üblichen Begriffes des Kollektivismus, der aufgrund seiner in der Regel familienübergreifend interpretierten Bedeutung in die Irre führt, die bereits angeführte Bezeichnung Familialismus (ebd.). Familialismus in Familien mit Migrationshintergrund versteht sich als eine Orientierung, die gemeinsam mit als eher individualistisch zu beschreibenden Tendenzen gelebt werden kann. Individualisierende Entwicklungen und Familialismus schließen einander also nicht aus; familiäre Orientierungen sind vielmehr in ihrem protektiven Charakter zu würdigen, sie wirken schützend und psychisch stabilisierend – gerade dann, wenn es schwierige außerfamiliäre Erfahrungen zu bewältigen gilt. „Die Generationenbeziehungen sind keineswegs nur durch Zerrüttung oder schwerwiegende Konflikte charakterisiert, sondern durch ein hohes Maß an Unterstützung und gegenseitigem Respekt" (Herwartz-Emden, 2000, S. 19) – eine Einschätzung, die mit den Untersuchungen von Nauck übereinstimmt und durch die oben genannte aktuelle

---

32 Für Aussiedlerfamilien beschreiben Ursula Boos-Nünning und Yasemin Karakaşoğlu (2004) ein besonders hohes Anspruchsniveau. Allerdings zeigt sich gerade im Bereich Schule, dass den hohen elterlichen Erwartungen an Bildung und Ausbildung ihrer Kinder oft nicht ausreichend Hilfestellungen entsprechen. Elterliche Vertrauenspersonen in Migrantenfamilien in schulischen Belangen sind am ehesten die Mütter (Herwartz-Emden, 1986).

empirische Untersuchung von Helen Baykara-Krumme (2007) erneut bestätigt wird.

Im Rahmen eines Vergleichs intergenerativer Transmissionsprozesse stellt Bernhard Nauck (2000) bei Familien griechischer, italienischer, türkischer und vietnamesischer Herkunft eine so hohe Dichte an Integration und Interaktion fest, dass es nicht zu segregativen intergenerativen Beziehungen zwischen Eltern und Kindern kommt – womit sich einmal mehr die Bedeutung der Familie als unverzichtbare Ressource bestätigt. Für die Jugendlichen ist Bindung in der Familie nicht mit Abhängigkeit und Verschmelzung gleichzusetzen. Das Empfinden familiären Zusammenhaltes stellt vielmehr die Ressource dar und ist dabei offensichtlich nicht so sehr auf eine konkrete Bezugsperson fixiert. Der familiäre Zusammenhalt ist für die Jugendlichen von hoher Relevanz. Die Eltern sind auch dann wichtige emotionale Bezugspersonen, wenn nicht alles miteinander besprochen wird.

Über kulturell bedingte Unterschiede im intergenerationalen Zusammenhalt in der Migrationssituation finden sich uneinheitliche Einschätzungen: In Familien mit türkischem, jugoslawischem und griechischem Hintergrund soll, so die Ergebnisse der Befragung von Mädchen und jungen Frauen dieser Gruppen von Ursula Boos-Nünning und Yasemin Karakaşoğlu (2004)[33], eine ausgeprägte Kohäsion und Unterstützung gegeben sein, während der Zusammenhalt in italienischen und vor allem Aussiedlerfamilien geringer ausfällt. Dies bedeutet keineswegs, dass hier nicht auch eine starke Kohäsion gelebt wird, doch weist sie nach dieser Untersuchung graduelle Unterschiede in ihrer Qualität auf. Diesem Ergebnis widerspricht die bereits erwähnte aktuellere, auf einer breiten Datengrundlage basierenden Studie von Helen Baykara-Krumme (2007): Sie kommt im Einklang mit anderen empirischen Studien (so auch Nauck & Suckow, 2006) zu dem Ergebnis, dass bei der Suche nach von dem Herkunftsland bedingten Unterschieden im Unterstützungsverhalten zwischen den Generationen die Migrant(inn)en aus der Türkei und Italien einen außerordentlich ausgeprägten intergenerationalen Zusammenhalt aufweisen – was auf kulturelle Unterschiede hindeutet (ebd.).

Die familiäre Kohäsion im Kontext von Migration erfährt in den einschlägigen Studien ausnahmslos in ihrer ressourcenorientierten Ausrichtung besondere Hervorhebung. Berücksichtigt werden muss in diesem Zusammenhang, dass sich die elterlichen Wege und Alltagswelten der Heranwachsenden keinesfalls in allem treffen oder gar decken, was auf einen Wandel des Autoritätsgefüges zwischen den Generationen zurückzuführen ist. Eltern kommen den Freiheitansprü-

---

33 Zu beachten ist, dass in dieser Studie ausschließlich Mädchen und junge Frauen befragt wurden. Eine ähnliche Untersuchung von Jungen und jungen Männern mit Migrationshintergrund liegt unseres Wissens für die Bundesrepublik gegenwärtig nicht vor.

chen ihrer Kinder entgegen, finden situationsadäquate Lösungen und entwickeln Anpassungsmechanismen in Erziehungssituationen (Herwartz-Emden & Westphal, 2003). Ursachen von Generationskonflikten sind häufiger in altersspezifischen Auseinandersetzungen im Prozess des adoleszenten Entwicklungsgeschehens zu finden als in dem ‚Zwei-Welten'- bzw. ‚Kultur-Konflikt-Theorem' (ebd.). Relevant ist zudem die Peer Group: Junge Migrantinnen geben beispielsweise trotz einer als stark empfundenen Verbundenheit mit den Eltern an, dass es bei konkretem Gesprächs- und Hilfebedarf eher die Geschwister oder Freundinnen und Freunde sind, die angesprochen werden (Boos-Nünning & Karakaşoğlu, 2004).

1.6 Geschlecht und Migration, Mütter und Väter im interkulturellen Vergleich

Wie in verschiedenen Studien ausdrücklich betont wird, setzt im Zusammenhang mit Wanderungsprozessen eine Veränderung der Familienstruktur gegenüber derjenigen in den Herkunftsländern ein, jedoch nicht im Sinne einer linearen Anpassung an den Aufnahmekontext. Vielmehr finden sich in Einwandererfamilien kooperative Handlungsentscheidungen, Abstimmungsprozesse und eine autonome Aufgabenerfüllung. Die Migration ist in der Regel ein gemeinsames Projekt von Mann und Frau, dem die Gestaltung der ehelichen oder partnerschaftlichen Verhältnisse untergeordnet bzw. angepasst wird.

Eine herausragende Anforderung für viele Migrantenfamilien liegt in der Konfrontation mit den Geschlechterverhältnissen des Aufnahmekontextes eines hoch industrialisierten, westlich geprägten Landes mit stark polarisierten Männlichkeits- und Weiblichkeitskonstruktionen, die zugleich in demokratisch und auf Gleichberechtigung abgestellte Geschlechterdiskurse eingebettet sind. Die Konfrontation mit den hiesigen gesellschaftlichen Verhältnissen, die spezifische Frauen- und Männerbilder sowie Definitionen der Geschlechteraufgaben, der Arbeitsteilung und der Bewegungsräume der Geschlechter beinhalten, führt zwangsläufig für viele Zugewanderte zu einer täglich zu bewältigenden Herausforderung. Die Interpretation daraus resultierender möglicher Konfliktpotenziale kann – ebenso wenig wie in der bereits dargestellten Frage der Generationenbeziehungen (1.5) – nicht in dem (modernisierungstheoretisch basierten) Rahmen von ‚hier Tradition und dort Emanzipation' geleistet werden.

Schon Mitte der 1980er Jahre mahnte Bernhard Nauck (1985) die dringend notwendige Revision und Korrektur des Bildes von der ‚autoritär-patriarchalischen' türkischen Familie an. Er wies entgegen gängiger Vorurteile u.a. darauf hin, dass die türkische Migrantenfamilie voll und ganz dem Typus der intimisierten modernen Gattenfamilie entspricht und dass für die Verwandtschaftsbeziehungen die ausgeprägte Strukturierung nach Geschlecht und Alter charakteristisch sei. Die Machtverhältnisse innerhalb der Familien verändern sich in Entscheidungssituationen ebenso wie in alltäglich notwendigen Aufgaben und Verrichtungen. Im Zentrum der Veränderungen steht die Frau (und Mutter), die im Aufnahmeland den Integrationsprozess der Familie entscheidend beeinflusst. Wie Nauck bereits in seinen Untersuchungen aus den Jahren 1991 und 1992 in Bezug auf die Biographien gewanderter Frauen zeigen konnte, erbringen gerade Migrantinnen herausragende Integrationsleistungen. Einflüsse der hiesigen Gesellschaft auf Lebensentwürfe und die Gestaltung familiären Zusammenlebens sind von radikaler Wirkung. Zugewanderte Frauen passen sich innerhalb kürzester Zeit den gegebenen Bedingungen an, wie alleine die Geburtenrate und das Heiratsalter, aber auch die Gestaltung der ehelichen Verhältnisse verdeutlichen (Diefenbach, Nauck & Kohlmann, 1997; Nauck, 2002; Herwartz-Emden, 1995b). Von der Mutter und ihrer Fähigkeit zur Verarbeitung widersprüchlicher Anforderungen sowie deren Vermittlung an die einzelnen Familienmitglieder hängt in hohem Maße die psychosoziale familiäre Situation ab. Neuere Ergebnisse zeigen den wenig verwunderlichen Befund, dass sich in Bezug auf das erfolgreiche Gelingen der Schulkarriere von Kindern die sprachliche Kompetenz der Mütter im Deutschen von hoher Bedeutsamkeit erweist (vgl. dazu bspw. Allemann-Ghionda, 2006).

Bezüglich der Geschlechter- und Mutterschaftsbilder kam die bereits erwähnte empirische Untersuchung FAFRA in Einklang mit englischsprachigen Studien[34] in den 1990er Jahren zu dem Ergebnis, dass Einwanderinnen eine nicht mit ‚westlichen' Kriterien von Emanzipation zu beschreibende Modernität leben. Das Selbstkonzept, aber auch das Frauenbild von Migrantinnen, die aus weniger industrialisierten Gesellschaften und so genannten ‚traditionellen' Verhältnissen stammen, ist geringer durch Abhängigkeiten vom Mann gekennzeichnet, als in vielen pauschalisierenden, teils auch abwertenden Einschätzungen vermutet wird (Herwartz-Emden, 1995b). Weder ihr Selbstbild noch ihr Frauenbild lassen sich durch diejenigen Polarisierungen kennzeichnen, wie sie für moderne einheimische Frauen gegeben sind, nämlich durch die Konstruktion ‚Beruf/Bildung versus Familie' zwei schwer zu vereinbarende Identitätsbereiche zu erfahren. Für die Migrantin ergeben sich sowohl Gewinne als auch Verluste im Einwanderungsprozess. Das heißt, von der einfachen Vorstellung eines ‚Emanzipationsgewinnes' durch Erwerbstätigkeit der Frau wurde bereits in den ersten vergleichenden Untersuchungen über den Wanderungsprozess von Jugoslawinnen (Morokvasics, 1987) abgerückt. Ebenso ist für männliche Migranten nachzuwei-

---

34   Siehe dazu den Überblick in Herwartz-Emden, 1995b; Gümen & Herwartz-Emden, 1996.

sen, dass sie nicht schlicht autoritärer oder patriarchalischer gesinnt sind als westliche Männer (Herwartz-Emden, 1996).

Wie die Studie FAFRA im Weiteren nachwies, finden sich beispielsweise in türkischen und Aussiedlerfamilien aus der ehemaligen Sowjetunion tendenziell partnerschaftliche ‚Vereinbarkeitsleistungen' in der Betreuung und Versorgung der Kinder, aber auch in der von ihnen getroffenen Definition und Ausgestaltung der elterlichen Aufgaben im Allgemeinen (Gümen, Herwartz-Emden & Westphal, 1994). Zentrale Unterschiede zwischen Müttern aus eingewanderten und einheimischen Familien sowie innerhalb der Gruppe der Zuwanderinnen zeigen sich in den Lebensvorstellungen: So geht es für Aussiedlerinnen in der Realisierung ihrer Lebensvorstellungen stärker als für Frauen aus der Türkei – und für diese wiederum mehr als für einheimische deutsche Frauen – um die als selbstverständlich vorausgesetzte Vereinbarkeit von Familien- und Berufsleben (Gümen, Herwartz-Emden & Westphal, 2003). Für (west-)deutsche Frauen gehört es nicht genauso unhinterfragt zum eigenen Lebenskonzept, Beruf und Familie zu vereinbaren wie für Frauen mit einem Migrationshintergrund. Es besteht für die beiden Gruppen von Migrantinnen dementsprechend keinesfalls ein Entweder-Oder-Dilemma, wenn es um eine Entscheidung bezüglich Familie und Beruf geht. Für die Zuwanderinnen ist es im Gegenteil eine Selbstverständlichkeit, einer Erwerbstätigkeit parallel zur Familienarbeit nachzugehen. Die Vereinbarkeit dieser beiden Bereiche wird in den Familien weniger in Frage gestellt, was jedoch angesichts der hiesigen oftmals (immer noch) wenig familienfreundlichen Arbeitsmarktverhältnisse und fehlenden Kinderbetreuungseinrichtungen alltäglich zu großen Belastungen der Frauen führen kann. Bezüglich der Mutterschaftskonzepte im interkulturellen Vergleich bestehen erhebliche Forschungslücken (Herwartz-Emden & Waburg, 2008; Westphal, 2010b): Veränderungen, die im Konzept Mutterschaft für die moderne (Trans-)Migrantin entstehen, müssen genauer erforscht werden; Gleiches gilt für Mutterschaftskonzepte von Frauen mit unterschiedlichem Migrationshintergrund, die in der zweiten oder dritten Generation in Deutschland leben oder Heiratsmigrantinnen sind. Zusammenfassend bleibt zu konstatieren, dass gegenwärtig zu vielen Formen von Mutterschaft mehr offene Fragestellungen existieren als empiriebezogene Antworten.

Während die Stellung der Frauen und Mütter in Migrationsprozessen strukturell gestärkt wird, wird die der Väter jedoch abgeschwächt. Dies ist ein Ergebnis, das sich international in empirischen Untersuchungen wie auch im deutschsprachigen Kontext findet (so Ursula Apitzsch auf der Basis biographischer Untersuchungen, 2009). Die Position des Vaters und die Konzepte von Vaterschaft in Migrantenfamilien wurden erstmals in dem erwähnten Projekt FAFRA systematisch mit einheimischen deutschen Männern vergleichend erforscht (Westphal, 2003 & 2006b; siehe auch Spohn, 2002). Für die Väter stellt die veränderte Situation in der Familie eine große Herausforderung an die Konzepte ihrer Männlichkeit dar, aber auch für die Konstruktion ihrer väterlichen Aufgabenstellung in der Sorge für Kinder und Familie (Westphal, 2003).

> „Als zentrales Ergebnis ist zunächst festzuhalten, dass sich das erfasste *väterliche Selbstkonzept* einerseits in der Auseinandersetzung mit veränderten sozialen und kulturellen Rahmenbedingungen konstituiert, welche die väterliche Partizipation an der Kindererziehung strukturieren. Andererseits verlangen die veränderten Sozialisationsbedingungen der Heranwachsenden eine intensivere väterliche Erziehungsleistung" (Westphal, 2010b, S. 2, Hervorhebung im Original).

Die Frage nach der Rolle des Vaters in der Migrationssituation – in Zusammenhang mit den je kulturell gegebenen Konstruktionen von Männlichkeit bzw. der jeweiligen männlichen Sozialisation und Identitätskonstruktion – eröffnet jedoch ein ganzes Forschungsfeld, in welchem vertieft zu forschen ist. Insbesondere im Sozialisationsprozess der männlichen Kinder und Jugendlichen[35] sind die je erfahrene Position des Vaters und sein Konzept von Vaterschaft von hoher Bedeutung.

1.7 Aufwachsen im Kontext der Migration: Sozialisation und Akkulturation von Kindern und Jugendlichen

Kinder und Jugendliche im Kontext der Migration haben ebenso wie ihre Eltern Akkulturationsleistungen zu erbringen. Für die Familie hängt der Ausgang des Akkulturationsprozesses einerseits von der Bereitschaft der Aufnahmegesellschaft und ihrer Mitglieder ab, Teilhabechancen zu gewähren. Andererseits wird er beeinflusst von den familiären und persönlichen Ressourcen der Eingewanderten (Bildungshintergrund, materielle Ressourcen, Sprachkompetenz, Familiensituation, Einreisealter, Aufenthaltsdauer usw.). Für eine positive Entwicklung der Kinder aus Einwandererfamilien, ihren ‚Erfolg' in der Teilhabe an Lebenschancen, aber insbesondere ihren Bildungserfolg sind das ökonomische, soziale und kulturelle Kapital[36] der Herkunftsfamilie von entscheidender Bedeutung. Wie diese ‚Ressourcenausstattung' im Zustandekommen einer erfolgreichen Bildungskarriere wirkt, wird je nach Schwerpunktsetzung und Beobachtungspunkt der jeweiligen Bildungsforschung unterschiedlich eingeschätzt (siehe Kapitel 2).

---

35   In den Punkten 1.7.2 und 1.8.2 werden die Männlichkeitskonzepte männlicher Jugendlicher unter diesem Aspekt eingehender betrachtet.
36   Zu den Kapitalsorten siehe Pierre Bourdieu (1983).

Letztlich ist das gesamte Geflecht des Zustandekommens der Teilhabechancen und des (Bildungs-)Erfolges in Augenschein zu nehmen, wozu die konkreten Merkmale der jeweiligen Einrichtung des Bildungssystems, in die Kinder und Jugendliche hineinwachsen, ebenso zählen, wie die ‚Ressourcenausstattung' der Familie, ihre Bildungsaspirationen, ihre Sprachpraxis und die Gesamtheit der alltäglichen kulturellen Praxis im Hinblick auf Bildung, wie zum Beispiel die Gestaltung des Schulalltages in der Familie und des Verhältnisses zwischen Elternhaus und Schule.

1.7.1 Kinder

Kinder und Jugendliche, die eine eigene Wanderungserfahrung aufweisen, befinden sich in einem Entwicklungsprozess, der im Kontext der Migration bewältigt werden muss, d.h. sie müssen zusätzlich zur Bewältigung altersbedingter Entwicklungsschritte und -aufgaben ‚Akkulturationsarbeit'[37] leisten.

Der Anteil an Kindern und Jugendlichen *mit eigener Migrationserfahrung* befindet sich im Rückgang. In den deutschen Grundschulen werden zunehmend Kinder eingeschult, die in Deutschland geboren wurden. Es sind Heranwachsende, die keine eigene Zuwanderungserfahrung haben, aber in einer Familie aufwachsen, in der es in der Generation zuvor oder bei einem Elternteil einen Migrationshintergrund gibt. Auch wenn sie selbst nicht gewandert sind, haben diese Kinder verschiedene soziale, kulturelle und sprachliche Kontexte zu integrieren. Zentral für die Integration der Erfahrungsbereiche durch das Kind ist die Sprache. Die oft nicht ausreichende Kenntnis der Umgebungs- bzw. Bildungssprache ist eine Grunderfahrung für viele Kinder. Für sie erfolgt der Zweitspracherwerb meist, nachdem der ‚natürliche' Spracherwerb abgeschlossen ist. Die Umgebungssprache und die Familiensprache stehen in vielen Fällen in einer nicht übersehbaren sprachlichen Hierarchie zueinander, denn ‚Minderheitensprachen' haben ein geringeres Prestige und finden weniger Anerkennung als die sog. europäischen ‚Hochsprachen' in Deutschland.

Im Alltag stehen Erfahrungen von fehlender Anerkennung sprachlicher Differenz neben der Nicht-Anerkennung weiterer, vielfältiger Differenzen im Vordergrund kindlichen und jugendlichen Erlebens. Aufwachsen im Kontext der Migrationsfamilie ist gekennzeichnet durch diese Herausforderung, der seitens der Kinder selbst nur mit erhöhten Anstrengungen begegnet werden kann – es handelt sich um Leistungen, die zusätzlich zu den lebensalter- und geschlechtsbedingten Entwicklungsaufgaben erbracht werden müssen. Ein für die deutsche

---

37 Vgl. zur theoretischen Einbettung des Begriffs Akkulturation 1.2.

Forschung anregungsreicher Ansatz liegt in der US-amerikanischen Literatur mit dem Konzept des 'social mirroring' (Suárez-Orosco, 2000). Die Hauptfrage ist dabei, wie das Selbstwertgefühl von Kindern aus Minoritätengruppen durch rassistische Ausgrenzungen, Vorurteile und andere Feindseligkeiten beeinflusst wird: Werden diese internalisiert, geleugnet, abgelehnt? Auch wenn beispielsweise Eltern alle Anstrengungen unternehmen, um dem Kind und Jugendlichen ein positives 'Mirroring' entgegenzubringen, reicht das nicht aus, um die Auswirkungen des Zerrspiegels zu kompensieren, der ihm täglich entgegengehalten wird – so die These (ebd., S. 214). Jede dieser Erfahrungen von Nicht-Anerkennung ist eingelagert in eine Mehrheit-Minderheiten-Differenz, die vielfältige Auswirkungen auf die Lebenslage hat. Für Kinder steht 'Anerkennung' im familiären Umfeld, im vorschulischen Kontext und später in der Schule im Mittelpunkt ihrer Erfahrungen, in Klassenverbänden und Peer Groups sollten sie Integration, Teilhabe sowie Gleichheit erfahren. Die Peer Group ist nicht der primäre Referenzpunkt im Zusammenspiel zwischen Elternhaus und Schulkultur, aber sie ist von herausragender emotionaler Relevanz und die Peers sind in der Adaptation von Einwandererkindern an ihren Kontext von zentraler Bedeutung (Kirova & Adams, 2006, S. 8f.).

Dass Migrantenkinder zwei 'konträre' Sozialisationskontexte erfahren, wie es gängige Annahmen nahelegen, ist sozialökologisch betrachtet zu erweitern, denn Kinder stehen in ihrem Entwicklungsprozess im Mittelpunkt von drei Erfahrungsräumen. Der erste Erfahrungsraum, der auf das Kind einwirkt, stellt die Selbsterfahrung der Person dar, die – nach Altersgruppe differenziert – einen Selbstreflexions- und einen Selbstverantwortlichkeitsdruck impliziert. Des Weiteren erfährt das Kind seine Umwelt in konkreten Erfahrungsräumen wie den alltäglichen Beziehungen in der Familie, in persönlichen Kontakten in der Schule, mit der Nachbarschaft und mit Verwandten. Drittens nehmen abstrakte Erfahrungsräume wie Institutionen und Medien Einfluss. Die eigene Umwelt wird in den Erfahrungsräumen von unterschiedlichen Dimensionen geprägt. So treffen vier Umweltdimensionen innerhalb der Familie eines Kindes aufeinander: Natürliche Vorgaben wie Einkommenshöhe, Geschwisteranzahl, Wohnungsgröße, soziale Milieuzugehörigkeit der Familie, Bezugsgruppen oder Netzwerke, Formen der familialen Alltagsgestaltung, Erziehungsstile, Wertmuster und Zukunftsvorstellungen. Unterschiedliche Konstellationen der Umweltdimensionen ergeben das jeweilige Sozialisationsmilieu der Kinder, in dem sie sich mit steigendem Alter immer weitere Erfahrungsräume erschließen (Bronfenbrenner, 1981; Wehrspaun, Wehrspaun, Lange & Kürner, 1990). In den verschiedenen Lebensbereichen können, der obigen Annahme zur 'segmentierten' Akkulturation folgend (1.3), von den Individuen unterschiedliche Akkulturationsstrategien entwickelt werden, mit je unterschiedlichen Ergebnissen. Für Kinder und Jugendliche aus Einwandererfamilien bedeutet dies, dass der Aufenthalt im Herkunftsland mit zunehmender Dauer steigende Komplexität verursacht. Die Anwesenheit ist mit zunehmend vielschichtigen Erfahrungsräumen und -dimensionen assoziiert, in die soziale Herkunft, Kultur und Sprache verwoben sind. Die Kinder bringen in diese jeweils besondere Akkulturationsleistungen ein und sind unterschiedlich an sie adaptiert. Der Verlauf ihrer Akkulturation gestaltet sich erfolgreich, wenn Kinder in all diesen Räumen angemessene Unterstützung erfahren, Anerkennung finden und in den für sie entscheidenden Einrichtungen (zunächst im Elementarbereich, dann in der Schule) Erfolg haben.

1.7.2 Jugendliche

Jugendliche befinden sich ebenfalls noch in der Entwicklung und haben spezifische Entwicklungsaufgaben zu bewältigen. Sind jüngere Kinder noch sehr an die Kernbeziehungen in der Familie gebunden, so ist dies schon für Schulkinder anders, für Jugendliche steht in diesen Beziehungen ein wesentlicher ,Umbau' an. Normativer Zielpunkt der Adoleszenz ist die Ausbildung von Ich-Identität oder Ich-Autonomie. Ich-Identität entfaltet sich in Auseinandersetzung mit inneren Dispositionen, dem kulturellen Wertsystem und den äußeren Bedingungen (Herwartz-Emden, 2003a). Bisher ungefragt übernommene Werte und Normen, aber auch Beziehungen, wie die zu den Eltern, werden grundsätzlich in Frage gestellt und gleichsam rekonstruiert. Die Weltkonstruktion des Jugendlichen steht mit der Adoleszenz vor der größten Herausforderung. Bedürfnisse und Verhaltensweisen erscheinen zunehmend widersprüchlich, Autonomiebestrebungen wie Nähebedürfnisse sind zugleich alltäglich wirksam und beobachtbar (ebd.; Herwartz-Emden & Steber, 2004). Für Jugendliche westlicher Gesellschaften ist diese Altersphase schwierig und stellt, über den gesamten Lebenslauf gesehen, eine der Lebensphasen dar, in denen der Mensch am meisten gefährdet ist – die Suizidraten sind während der Adoleszenz hoch (aktuell: Warnke & Taurines, 2009). Was bedeutet dieses Alter nun für Mädchen und Jungen, die eine Migrationserfahrung sowie soziale, kulturelle und sprachliche Differenz und damit vielfältige Nicht-Anerkennungserfahrungen zu verarbeiten haben?

Die in der Entwicklungspsychologie definierten Entwicklungsaufgaben[38] erscheinen zunächst kulturübergreifend und geschlechtsneutral. Robert J. Havighurst (1953) formulierte acht Entwicklungsaufgaben, die er als aktiv zu lösende Lernaufgaben verstand, als Bindeglieder im Spannungsverhältnis zwischen individuellen Bedürfnissen und gesellschaftlichen Anforderungen. Die

---

38 Siehe zunächst Robert Havighurst und Erik Erikson in den 1950er Jahren (Havighurst, 1953; Erikson, 1980).

Aufgaben wie Vorbereitung auf Beruf, Karriere und Familie, Integration in die Gruppe der Gleichaltrigen, Ablösung vom Elternhaus, Entwicklung eines neuen Verhältnisses zum eigenen Körper oder allgemein die Entwicklung einer Geschlechtsidentität auf einer neuen Stufe – um die wichtigsten zu nennen – sind für ein ‚neutrales' Individuum gedacht. Sie stellen sich aber jeweils vor dem Hintergrund anderer lebensgeschichtlicher und lebensstruktureller Bedingungen, je nachdem, ob das heranwachsende Individuum männlich oder weiblich ist. Eine geschlechts- und kulturspezifische Perspektive auf Entwicklungsaufgaben ist relativ neu und wird in verschiedenen Wissenschaftsgebieten verfolgt.[39]

1.7.2.1 Das Konzept der Einwicklungsaufgaben mit Blick auf Geschlecht

Nimmt man zunächst die Kategorie Geschlecht in den Blick, lassen sich ‚typische' Unterschiede zwischen Männern und Frauen bereits im Jugendalter auffinden: Jungen und Mädchen nutzen oft verschiedene Bewältigungskompetenzen und Ressourcen (Helfferich, 2001). Mädchen verfügen in stärkerem Maße als Jungen über kommunikative Fähigkeiten, Jungen über mehr Strategien der Raumaneignung und territorialen Kontrolle. Weibliche Kinder und Jugendliche sind auf der anderen Seite häufiger durch einen Mangel an Selbstbewusstsein und eine Neigung, die eigenen Bedürfnisse zurückzustellen, beeinträchtigt. Beispielsweise zeigen Ergebnisse der LifE-Studie[40], dass die Ich-Stärke (operationalisiert über die Konstrukte Selbstwert, Selbstwirksamkeit und emotionale Stabilität) bei Mädchen vom Jugendalter bis ins Erwachsenenalter kontinuierlich und fortschreitend unterhalb der von männlichen Jugendlichen und jungen Erwachsenen verläuft (Sandmeier, 2005; Sandmeier Rupena, 2009). Eine weitere Asymmetrie liegt darin, dass Mädchen untereinander und für Jungen Ansprechpartnerinnen bei Problemen sind, Jungen umgekehrt aber selten zur stützenden Vertrauensperson für Mädchen oder Jungen werden (Helfferich, 2001).

Über diese eher bekannteren Geschlechterdifferenzen hinaus bieten die neueren Forschungen ein Ergebnis, das weit tiefgreifender männliche und weibliche Entwicklungswege zu verstehen hilft: Männer und Frauen agieren unter verschiedenen strukturellen Bedingungen in ihrem Leben. Verlauf und Gestaltung ihrer Biographie finden an je spezifischen ‚kulturellen' Orten statt. Auf dieser

---

39 Herausragend hier für die weibliche Adoleszenz: Carol Hagemann-White (1996 & 1997) und Cornelia Helfferich (2000 & 2001); zur Adoleszenz unter Migrationsbedingungen Ursula Apitsch (2005), Thomas Geisen (2007), Vera King und Karin Flaake (2005), Christine Riegel (2007).

40 Zu einem umfassenden Überblick zur LifE-Sudie („Lebensverläufe von der späten Kindheit ins frühe Erwachsenenalter") siehe den Sammelband „Lebensverläufe, Lebensbewältigung, Lebensglück" (Fend, Berger & Grob, 2009).

Grundlage lässt sich für eine der Entwicklungsaufgaben, die Entwicklung einer Berufsorientierung, nachweisen, dass (einheimische) Mädchen in Bezug auf die Entwicklung einer Berufsorientierung mit gänzlich anderen Herausforderungen konfrontiert sind als Jungen. Mädchen erkennen in diesem Lebensalter den grundsätzlichen Widerspruch in ihrer Biographie, nämlich einerseits auf einen Beruf und eine Ausbildung, andererseits auf ein Leben mit Kindern und Familie ausgerichtet zu sein. Frauen wollen heutzutage weder auf Berufstätigkeit noch auf Familie verzichten und Mädchen müssen bereits früh ein Konzept für die Bewältigung dieser Lebenslage entwickeln. Diese sog. ‚Vereinbarkeitsfrage' ist in den Gesprächen von Mädchengruppen schon in sehr frühem Alter ein Thema, spätestens ab dem Alter von zwölf Jahren[41] (ausführlicher Herwartz-Emden, 2007). Seitens der gesellschaftlichen Öffentlichkeit wird ihnen für diese Frage keine ideale Lösung präsentiert – in Deutschland ist die Kinderbetreuung in den Privatbereich abgedrängt und stellt keine öffentliche Aufgabe dar, wie es in Frankreich oder in anderen europäischen Ländern der Fall ist. Insofern bieten die Erfahrungen der eigenen Mütter und die Lösungsmodelle der Herkunftsfamilie, auch die Orientierungen und Verhaltensmodelle der Väter, für die Entwicklung eines eigenen Konzepts die zentrale Vorlage.

Bei (einheimischen) Jungen ist der Wunsch nach einer späteren Familiengründung vorhanden, wird aber vor allem mit der Verpflichtung zur Ernährung der Familie und weniger mit Fürsorge assoziiert (Cornelißen u.a., 2002). Dies korrespondiert mit ‚traditionellen' Männerbildern, in denen fürsorgliche und pflegerische Aufgaben als nicht männlich gelten. Das ‚wahre Mann-Sein' verlangt diesen Bildern folgend Coolness und Unabhängigkeit, aber keineswegs die Veräußerung von Emotionen oder die Entwicklung von Fürsorglichkeit. Diese Charakteristika werden als weiblich eingestuft und vor allem während der Adoleszenz im Rahmen heterosexueller Geschlechtskonstruktionen stark zurückgewiesen. Dementsprechend ist das Bild des versorgenden Vaters eine weniger attraktive Alternative (Cremers, 2007) und die Antizipation von Vereinbarkeitsleitungen bei Jungen in geringerem Ausmaß präsent als bei Mädchen. Michael Cremers und Jürgen Budde (2009) geben zwar zu bedenken, dass traditionelle Männlichkeitsbilder zunehmend in Kritik geraten und legitimationsbedürftig werden; dem steht aber die anhaltende Präsenz dieser Bilder beispielsweise in Medien und vor allem Peer Groups gegenüber, was zu einer ambivalenten Ausgangslage für Jungen führt (ebd.).

Aufschlussreich sind in diesem Zusammenhang auch Studien, die sich den Vätern widmen, da diese für Jungen und junge Männer Orientierungs- und Verhaltensmodelle bieten (können). Manuela Westphal (2010b) verweist unter

---

41 Siehe zur Vereinbarkeitsfrage im interkulturellen Vergleich Gümen, Herwartz-Emden & Westphal, 1994.

Rückgriff auf die Ergebnisse der in den 1990er Jahren durchgeführten FAFRA-Untersuchung darauf, dass die von ihr befragten Männer ohne Migrationshintergrund im Zusammenhang mit öffentlichen Diskussionen über Männlichkeit einem starken ideologischen Druck ausgesetzt waren und sich zu einer kritischen Auseinandersetzung mit traditionellen Bildern aufgefordert sahen, vor allem im Hinblick auf die Forderung nach einer geteilten Elternschaft und einer neuen Väterlichkeit unter dem Leitbild des ‚haltenden Vaters'. Für diese Gruppe gab es den ‚neuen' Mann/Vater vor allem als Anspruch und ideologisches Konstrukt, doch weniger hinsichtlich der Praxisbezüge und Männerbilder. Auch die große in den 1990er Jahren durchgeführte Männerstudie von Paul Zulehner und Rainer Völz (1998) verweist auf einen relativ geringen Anteil an ‚neuen Männern', die u.a. eine weniger starke Berufsorientierung, eine partnerschaftliche Einstellung zur Arbeitsteilung sowie den Wunsch zur aktiven Vaterschaft zeigen. Wie aktuelle Untersuchungen belegen, sind der Stellenwert von Vaterschaft für die Männlichkeitskonstruktionen von einheimischen Männern und der Umgang mit Vaterschaft mittlerweile recht unterschiedlich. So sprechen Hans-Walter Gumbinger und Andrea Bambey (2009) von einer Vielgestaltigkeit im Wandlungsprozess von Vaterbildern und arbeiten auf Grundlage einer eigenen Fragebogenstudie, in der sie über 1.500 Väter befragten, sechs Typen heraus (den egalitären, fassadenhaften, traditionell-distanzierten, unsicher-gereizten, randständigen, partnerschaftlich-traditionellen Vater). Auch Claudia Zerle und Isabelle Krok (2008, S. 6) geben an, dass für nahezu alle in der DJI-Vaterschaftsstudie befragten jungen Männer (die nur zum Teil bereits Kinder hatten), neben der Sicherung der finanziellen Grundlage der Familie wichtig ist, sich (später) „Zeit für das Kind zu nehmen" und sich „in der Betreuung zu engagieren". Allerdings stehen diesem Wunsch Ergebnisse der BZgA-Studie „Männer Leben" gegenüber, denen zufolge Männer nach der Geburt der Kinder ihrer Erwerbstätigkeit tendenziell sogar mehr Zeit widmen (Helfferich, Klindworth & Kruse, 2005). Diese Widersprüche deuten auf eine eher rhetorische Modernisierung von Vaterschaftskonzepten einheimisch deutscher Männer hin. Dies dürfte wiederum zur Verstärkung der widersprüchlichen Ausgangslage für Jungen beitragen.

1.7.2.2   Das Konzept der Entwicklungsaufgaben mit Blick auf Geschlecht und Herkunft

Dass sich Konstrukte von Vaterschaft in anderen kulturellen Kontexten anders darstellen als das am Familienernährer orientierte Modell – dessen Ansprüche laut DJI-Vaterschaftsstudie für viele junge Männer und Väter noch immer wirkmächtig sind (Zerle & Krok, 2008) –, wurde bereits erwähnt (Westphal, 2003).

Einem aus der Türkei stammenden Kind werden gänzlich andere und weniger polarisierte Geschlechtstypisierungen vermittelt als einem in Deutschland aufwachsenden Kind. Wie beispielsweise die bereits angesprochene FAFRA-Studie zeigt, werden Männlichkeit und Weiblichkeit von Migrant(inn)en aus der Türkei nicht im gleichen Sinne mit Instrumentalität und Expressivität abgebildet, sondern es finden sich ausgeprägte Anteile von Androgynität für beide Geschlechter und eine höhere Expressivität des Mannes sowie wünschenswerte Instrumentalitätsmerkmale für die Frau (Herwartz-Emden & Westphal, 1999).

In einem doppelten Sinne müssen sich Jugendliche aus anderen kulturellen Kontexten ihrer adoleszenten Aufgabe stellen: In aufwendigen Lernprozessen erarbeiten sie nicht nur eigene, ihrem Alter angemessene Handlungspraktiken und Orientierungen, sie müssen sich zugleich mit der Gesellschaftsordnung, den strukturellen und kulturellen Vorgaben des Aufnahmelandes auseinandersetzen, sich mit jugendkulturellen Orientierungen bekannt machen, sie interpretieren, sich diese aneignen und für sich individuell oder kollektiv in einen handlungsleitenden Bezugsrahmen bringen (siehe auch Geisen, 2007). Dazu gehört ebenfalls die Adaptation an Themen und Entwicklungsaufgaben, wie die ‚Vereinbarkeitsfrage‘, die sich in dieser spezifischen Ausformung im Migrationskontext für Jugendliche stellt. In diesem Prozess spielt die Eigentätigkeit oder Aktivität des Subjektes eine große Rolle. Herausragend Bedeutung gewinnen zudem das Gruppenleben und die Anerkennung durch die Peer Group. In den Beziehungen zu Gleichaltrigen werden Einstellungen, Orientierungen, Lebenskonzepte und Identitätsentwürfe verhandelt und ‚ausprobiert‘. Wie die empirische Forschung zu Jugendlichen in der Schule nachweist (König, Wagner & Valtin, 2009), gilt für Jungen wie Mädchen, dass die Gleichaltrigen zunehmend an Bedeutung gewinnen.[42] Heranwachsende knüpfen ihre physische Erscheinung und Akzeptanz bei Gleichaltrigen eng an Selbstwertschätzungen. Affektive Maße zur eigenen Person finden sich somit immer in großer Nähe zum physischen Selbstkonzept und der Anerkennung durch die Mitschüler/innen in der Schulklasse (wie Johannes König, Christine Wagner und Renate Valtin [2009] in Anlehnung an Fend [2003] feststellen). In der Gruppe gibt es die Möglichkeit der ethnischen Separierung, eigenständige Interaktionsmuster werden entwickelt, aber zugleich findet damit eine Anpassung an in Deutschland vorgefundene Lebensstile und Werte statt. In ihrer Clique entwickeln Heranwachsende mit Migrationshintergrund, oft auch in bewusster Abgrenzung und Entgegensetzung zu einheimischen Jugendlichen, einen eigenen jugendkulturellen Lebensstil, mit dem sie in Konkurrenz zu anderen treten, zu den Einheimischen und ihren Jugendkulturen ebenso wie zu Jugendlichen anderer Herkunftsgruppen. Diese Praxis ist ein Beispiel für die

---

42 Für einen umfassenden Überblick zur Peer Group siehe Georg Breidenstein (2008).

hohen Akkulturationsleistungen, die im Zusammenhang mit alters- und ge-
schlechtstypischen adoleszenten Sozialisationsprozessen im Jugendalter von
Einwandererjugendlichen erbracht werden. Die interkulturelle Kompetenz der
Jugendlichen findet darin ihren Ausdruck, dies gilt ebenfalls für ihre Fähigkeit,
ihre sprachliche und soziale Diversität produktiv in eigene Konzepte zu überfüh-
ren.

1.7.2.3   Adoleszenz im Migrationskontext

Fast keine Forschung findet sich zu der Frage, wie Adoleszenz, die Erfahrung
kultureller Differenz und Nicht-Anerkennung zusammenspielen.[43] Es kann aber
davon ausgegangen werden, dass sich diese Erfahrungen an die genannten geschlechtsspezifischen Entwicklungsaufgaben anlagern oder diese überlagern:
Fehlende Anerkennung, Diskriminierungen wegen Andersartigkeit, fremdarti-
gem Aussehen, Hautfarbe, Kleidung, Körperausdruck oder Sprachgebrauch gehören zum Alltagserleben. Männliche und weibliche Jugendliche müssen sie
wiederum in Zusammenhang mit der benannten, geschlechtsspezifisch geprägten
Bearbeitung ihrer Entwicklungsaufgaben ‚verarbeiten'. Mädchen reagieren auf
Diskriminierungserfahrungen nicht selten mit einem Verlust an Selbstwertgefühl. Jungen suchen eher nach Reaktionsweisen, die auf der Ebene von nach
außen gerichteten Aktivitäten – auch Aggressionen und gewaltförmigen Verhaltensweisen – liegen.

Grundsätzlich ist zunächst anzumerken, dass Mädchen und Jungen mit dem
in der umgebenden Gesellschaft dominanten Bild von Männlichkeit und Weiblichkeit konfrontiert sind. Dieses Bild wird ihnen alltäglich als leitende Norm
präsentiert. Kinder und Jugendliche mit Migrationshintergrund haben ihre primäre Sozialisation teilweise in andersartigen sozialen und kulturellen Kontexten
erfahren und bringen in Bezug auf das Geschlechterverhältnis ganz spezifische
Vorstellungen mit. Ihre Männer- und Frauenbilder sind durch andere Strukturen
und Geschlechterverhältnisse gekennzeichnet als die strukturellen Vorgaben und
Geschlechterbilder, wie sie von einheimischen Jugendlichen erfahren wurden.
Die ‚emotionale Verankerung' dieser Bilder befindet sich oft in einer gänzlich
anderen Vorstellungswelt. Eine der wesentlichen Strukturen, die das Geschlechterverhältnis prägen, ist das Verhältnis von Männern und Frauen in öffentlicher
und privater Sphäre und die damit einhergehende Form der Arbeitsteilung. In der
Türkei, aus der ein großer Teil der in Deutschland ansässigen Migrant(inn)en
eingewandert ist, dominiert beispielsweise die Trennung der Geschlechter, die

---

43   Bis auf wenige Ausnahmen, vgl. z.B. für Aussiedler/innen Leonie Herwartz-Emden und Manuela Westphal (2000).

‚Segregation' das Verhältnis von Frauen und Männern zueinander. (Herwartz-Emden & Westphal, 2000). Damit ist der Hintergrund für die Fragen gegeben: Wer übernimmt im Aufnahmekontext welche Aufgaben? Wer tut was? Wer benimmt sich wie? Welche Regeln gibt es für welche Begegnungen etc.? Soziale Kompetenz sowie die Fähigkeit, sich geschlechtstypisch adäquat zu verhalten, Beziehungen aufzunehmen und zu gestalten, sind Fähigkeiten, die vor diesem Hintergrund im Sozialisationsprozess erworben wurden – sie unterscheiden sich von der in Deutschland vorherrschenden Geschlechterwirklichkeit und ihrer Differenzierung. Im Migrationskontext wird für die Jugendlichen eine Gemengelage der unterschiedlichen Einflussgrößen sehr spezifisch erfahrbar (ebd.). Problematisch dabei ist, dass die im Herkunftsland und der Herkunftsfamilie erworbenen Kompetenzen und sozial-kulturellen Praxen im Aufnahmekontext systematisch entwertet werden (Geisen, 2007).

Dies alles muss nicht dazu führen, dass die Jugendlichen in Konflikte geraten, die ihrer sozialen und kulturellen Herkunft zuzuschreiben sind. Wenn sie an einer schulischen und beruflichen Karriere teilhaben können, entsprechend ihrer Fähigkeiten und Möglichkeiten gefördert werden und in für sie relevante soziale Kontexte integriert sind, muss die Erfahrung kultureller Differenz kein Hemmnis für Integration oder Wohlbefinden seitens der betroffenen Individuen sein.[44]

1.7.2.4 Adoleszenz im Migrationskontext und geschlechtsbezogene Anforderungen

Nicht selten werden jedoch gerade junge Männer in Konfliktlagen getrieben, die auf der Ebene kultureller Differenz ausgetragen oder hier sichtbar werden: Sie sind häufiger in der Öffentlichkeit mit Abwertungen konfrontiert, die ihr Bild von Männlichkeit negativ tangieren. Solche Abwertungen sind bereits aufgrund eines Ausschlusses von öffentlichen Orten gegeben, wie einer Diskothek, aufgrund von Beleidigungen in der U-Bahn, Geringschätzung durch Lehrpersonen etc.

Im umgebenden deutschen Kontext wird ihnen ein Bild überlegener Männlichkeit vorgehalten, das nicht nur Frauen ausschließt, sondern auch die Mehrheit von Männern und insbesondere Männer in Minderheitenpositionen. Im Gegensatz zur ‚hegemonialen Männlichkeit'[45] (Connell, 1999), die mit der Sphäre

---

44 Siehe hierzu Albert Scherr (1998), der von der These ausgeht, dass die wesentliche Ursache von Konflikten in der Einwanderungsgesellschaft nicht kulturelle Differenzen oder mangelndes Verstehen sind, sondern Strukturen und Praktiken von Ungleichbehandlung, Benachteiligung und Ausgrenzung auf verschiedenen Ebenen.

45 Siehe zum Konzept der hegemonialen Männlichkeit die Ausführungen unter 3.1.4 .

öffentlicher Macht und Machtverwendung assoziiert ist, steht eine ‚marginalisierte Männlichkeit', diese ist untergeordnet, von Macht und Status ausgeschlossen. Angehörige von Minderheiten in Gesellschaften erreichen zum größten Teil nicht den gesellschaftlichen Status, der sie mit den Insignien ‚hegemonialer Männlichkeit' versehen würde. Gerade in unteren sozialen Schichten stellt Gewalt oder Devianz im Allgemeinen eine Möglichkeit dar, öffentlich überlegene Männlichkeit zu demonstrieren – was wiederum damit zu erklären ist, dass ganz allgemein im Hinblick auf die Ich-Entwicklung bei Jungen andere Strategien funktional sind: Erfahrungen von Ich- und Körpergrenzen werden durch Abhärtung, Schmerzen, Extremerfahrungen und gewaltförmige Berührungen gemacht[46], während Mädchen dialogische und kommunikative Strategien entwickeln (so Cornelia Helfferich, 2001).

Ein negativer Begleitaspekt der aufgezeigten Tendenzen ist sicherlich darin zu sehen, dass die erlebten Stigmatisierungen im Zusammenspiel mit dem Empfinden, geringe Spielräume zu haben, eine Außenseitermentalität befördern können. Die Haltung, die gegenwärtige und zukünftige Lebensperspektive aus einer Außenseitersicht zu sehen, ist vorwiegend bei männlichen Jugendlichen aufzufinden. Sie erleben durch ihre Situation, möglicherweise als Zuwanderer in Deutschland, die Schwierigkeit, mit den Strukturen der sog. ‚hegemonialen Männlichkeit' sehr scharf konfrontiert zu sein. Sie werden marginalisiert und abgewertet und es gibt für sie nur sehr eingeschränkte Möglichkeiten, sich als überlegen, stark und männlich zu präsentieren. Ein Versuch, ihre marginalisierte Position situativ zu verlassen, sind sportliche Aktivitäten, wie das Fußballspiel. Hier kann Männlichkeit dargestellt und inszeniert sowie in der Tendenz Gleichwertigkeit gegenüber Einheimischen erreicht werden. Ein weiteres Feld zur Darstellung und Inszenierung von Männlichkeit bilden die bei Migrantenjugendlichen anzutreffenden, am Familienvater und -ernährer orientierten Zukunftsvorstellungen, die sich von den bei deutschen Jugendlichen vorliegenden Vorstellungen der Gestaltung einer männlichen Biographie abheben (Herwartz-Emden & Westphal, 2000). Ein drittes Feld stellt das bereits angesprochene Gewalthandeln dar.

Gewaltlegitimierende Männlichkeitsnormen finden sich jedoch nicht nur bei Minderheiten mit einem Migrationshintergrund (und auch nicht nur bei Jugendlichen), sondern auch in der Mehrheitsgesellschaft, wo sie zumeist und ebenfalls

---

46 Jugendgewalt ist ein in der Öffentlichkeit stark beachtetes Thema, fokussiert wird dabei wie auch in der Jugendgewaltforschung auf männliche Jugendliche (Bruhns, 2008; Althoff, 2007). Weibliche Jugendgewalt rückt erst allmählich in den Blick. In einem Review schlussfolgert Kirsten Bruhns (2008), dass auf Grundlage von Daten der Polizeilichen Kriminalstatistik und sozialwissenschaftlicher Untersuchungen keine Anhaltspunkte dafür vorliegen, Gewaltdelinquenz bei Mädchen zu dramatisieren, wenngleich sie auch nicht verharmlost werden sollte.

in spezifischen Minderheitskontexten, in Männerbünden, vergleichbar offensichtlich werden. Eine wissenschaftliche Betrachtung des Gewaltphänomens muss auf der Basis der Auseinandersetzung mit den Grundlagen männlicher Sozialisation geführt werden, wonach eine körperlich zum Ausdruck gebrachte Macht – als Gewalt – zur Selbstinszenierung, zur Darstellung und als Beweis der eigenen Männlichkeit gilt, quasi um der Gefahr, als Nicht-Mann zu gelten, zu entgehen. In besonderem Maße ist hier der Körper ein Geschlechtskörper (Meuser, 2005, S. 278).[47]

Auch ‚überlegene' oder ‚legitime' Weiblichkeit kann sich öffentlich demonstrieren, sich der Körperinszenierung bzw. des Körperausdrucks bedienen. Ebenfalls in Bezug auf Frauen gibt es eine Form, sowohl auf der körperlichen Ebene wie auf der Symbolebene, Macht und Kontrolle zu demonstrieren. Das heißt, Mädchen finden sich nicht selten in Situationen wieder, in denen sie mit den adäquaten Bildern überlegener Weiblichkeit konfrontiert werden, mit der (auch sexuell) emanzipierten, selbständigen mitteleuropäisch-westlichen Frau. Sie wurden in der Vergangenheit ebenso wie in der Gegenwart – alleine aufgrund ihres Aussehens, ihres körperlichen Ausdruckes, auch ihrer Kleidung – als traditionelle Frauen, zurückgebliebene Kopftuchträgerinnen, als insgesamt nicht emanzipiert bezeichnet und entsprechend ausgegrenzt (Gümen & Herwartz-Emden, 1996).

Mädchen mit Migrationshintergrund müssen sich in Deutschland mit den für den hiesigen Kontext ‚typisch weiblichen' biographischen Anforderungen stellen; sie haben sich mit allen weiteren Vorgaben an Weiblichkeit, wie den körperbezogenen Idealen zu Schönheit und Mode, zu Schlankheit und Gesund-

---

47 Es sind eindeutig männliche Körperstrategien, die sich in einem „Riskieren des Körpers" (Meuser, 2005, S. 281) zeigen, wie es im Gewaltverhalten unter jungen Männern zum Ausdruck kommt, das sich vom frühen Jugendalter an herausbilden kann. Denn eine „positive Besetzung des Körpers erfolgt bei den Jungen im Hinblick auf Zähigkeit, Belastbarkeit und Tapferkeit" (Kolip, 1997, S. 111, zit. n. Meuser, 2005, S. 281), männliche Bewegungen sind eher raumgreifend und expansiv als weibliche, wie es beispielsweise auch in den überwiegend unterschiedlichen Sportarten und Bewegungsabläufen, die Männer und Frauen wählen, deutlich wird (Meuser, 2005). Michael Meuser legt dar, dass die häufig eher angstfreie und offensive Raumaneignung durch junge Männer als Ausdruck der „kulturellen Konstruktion des männlichen Körpers als verletzungsmächtig" zu sehen ist, denn statistisch betrachtet ist ihr „Risiko, Opfer einer Gewalttat zu werden, deutlich höher" als das der Frauen (ebd., S. 284). Tendenzen einer stärkeren Körperreflexivität von Männern sind als „Dokumente einer beginnenden Erosion der etablierten Geschlechterhierarchie" zu begreifen (ebd., S. 285), womit eine verstärkende Demonstration von männlicher Macht in der Körperlichkeit gewertet werden muss als ein Versuch, die hergebrachten Verhältnisse zu bewahren, wenn andere Ausdrucksformen und Identitätsmöglichkeiten nicht zur Verfügung zu stehen scheinen. Die männlichen Praktiken eines riskanten Umgangs mit dem eigenen Körper sind ein „Mittel der ‚ernsten Spiele des Wettbewerbs'" (Bourdieu, 1997, S. 203), in denen sich Pierre Bourdieu zufolge unter Männern der männliche Habitus ausbildet", sie sind ein „Mittel der Aneignung und Darstellung von Männlichkeit" (Meuser, 2005, S. 285).

heit, zu Mutterschaft etc. auseinanderzusetzen. In der Abwertung der Mutterschaft für die weibliche Biographie (siehe Herwartz-Emden, 1995b) kommt das Geschlechterverhältnis des bundesdeutschen Kontextes zum Tragen, eine Abwertung, die für viele Mädchen aus einem anderen kulturellen Kontext unverständlich bleibt. Grundsätzlich anders gelagert ist für viele dieser Mädchen auch das Konzept der Vereinbarkeit von Familie und Beruf, das, wie schon erwähnt, ein Thema der Adoleszenz ist und bereits hier biographisch vorausdenkend in den weiblichen Lebensentwurf eingebettet wird. Die Vereinbarkeitsfrage ist in Deutschland an die private Lösung durch die Frau gebunden und mit ‚typisch weiblichen‘ Berufswünschen verknüpft, beide Dimensionen sind Mädchen aus einer Zuwanderergruppe, wie zum Beispiel der Gruppe der Aussiedler/innen, unvertraut. Sie lernen von den einheimischen Mädchen die hiesigen biographischen Entwürfe des Jugendalters kennen, die mit dem Konzept der Vereinbarkeit von Beruf und Familie und seinen Widersprüchen assoziiert sind. Wie die Befragungen von jungen Frauen mit Migrationshintergrund (Boos-Nünning & Karakaşoğlu, 2004) zeigen, übernehmen diese die ‚einheimischen‘ Konzepte der Vereinbarkeit jedoch nicht einfach, bei ihnen gehen ‚traditionelle‘ Einstellungen ebenfalls mit der selbstverständlich(er)en Annahme, Beruf und Familie vereinbaren zu können, einher, da sich für sie die ‚Entweder-oder-Frage‘ so nicht stellt (Herwartz-Emden & Westphal, 2000).

Die Adoleszenz des Mädchens lässt sich als Einübung in die Spielräume und Zumutungen von Weiblichkeit interpretieren (Breitenbach, 2000); Aufnahme und Gestaltung der Beziehung zum anderen Geschlecht verlaufen in den Grenzen, die das ‚Frausein‘ in Deutschland erlaubt. Andere Mädchen werden wichtig, die Mädchengruppe ist als Peer Group ein zentraler Ort der jugendlichen sozialen Entwicklung und sozialen Praxis (ebd.). Mit dem für Mädchen spezifischen Entwicklungsverlauf, gedoppelt durch die Erfahrung sozialer und kultureller Differenz, ist offensichtlich eine hohe Gefahr des Selbstverlustes verbunden. Mädchen aus der Aussiedlergruppe werden beispielsweise häufig als angepasst und unauffällig beschrieben, als sehr stark unter Diskriminierungen leidend. Mädchen reagieren mit Rückzug, passen sich an, verleugnen ihre Herkunft (Ruhland, 2009), schämen sich für ihre Sprache, es mangelt ihnen an Selbstwertgefühl, wie Theresa Jacobi (1989) für russlanddeutsche Aussiedlerinnen herausarbeitete.[48]

---

48 Zu jugendlichen (Spät-)Aussiedler(inne)n siehe auch Leonie Herwartz-Emden und Mandy Ruhland (2006).

1.7.2.5 Adoleszenz, Migration und Geschlecht – besondere Herausforderungen und ‚Zusatzaufgaben'

Als Fazit ist damit festzuhalten, dass das Konzept von Entwicklungsaufgaben ein ‚Gleichheitspostulat' enthält, nämlich die Annahme, Entwicklungsaufgaben seien für alle gleich gestellt und nur die Chancen erfolgreicher Lösung seien verschieden (Hagemann-White, 1997). Wie die obigen Ausführungen deutlich machen, ist dies *nicht* der Fall, denn Entwicklungsaufgaben sind geschlechtsspezifisch variiert und davon abhängig, in welcher gesellschaftlichen Position sich das jugendliche Individuum befindet: Die Verhältnisse von Mehrheiten und Minderheiten in Gesellschaften, damit von Dominanz und Herrschaft, sind für das Heranwachsen ein zentrales Merkmal, ihre Bedeutung für die Sozialisationsverläufe im Migrationskontext muss weiter erforscht werden. Es gibt Gruppen, und dies wurde offensichtlich, die nicht allein geringere Ressourcen zur Lösung der allgemein gültigen Aufgaben haben, und somit benachteiligt sind, sondern ihnen sind ‚Zusatzaufgaben' gestellt, die sie alleine aufgrund äußerer Merkmale zu lösen haben (ebd.).

Des Weiteren verbirgt sich in der Idee der Entwicklungsaufgaben eine ‚Entsprechungsannahme' (ebd.), die unterstellt, dass die Aufgaben wirklich lösbar sind und dass die Lösung den Weg zu einem gesunden Selbst weist. Für viele Jugendliche, und dies gilt nicht nur für Jugendliche, die zu nicht-privilegierten Gruppen gehören, sondern auch für privilegierte, der Mehrheit angehörige Jugendliche, sind *nicht* alle Aufgaben lösbar. Hier sei nur darauf hingewiesen, dass Jugendliche in ihrer sexuellen Orientierung möglicherweise nicht auf heterosexuelle Bindungen ausgerichtet sind, sondern homosexuelle Identitäten entwickeln. Allein dies ist im Rahmen des traditionellen Entwicklungsaufgabenkonzeptes eine Ausrichtung, die nur schwer einer gelungenen Lösung zuzuführen ist. Umgekehrt stellt sich die Frage, was es für eine psychosexuelle Entwicklung bedeutet, beispielsweise als weißer, männlicher Jugendlicher homophobe, ausgrenzende und rassistische Abwehrhaltungen zu entwickeln – eine Tendenz, die beim Hineinwachsen in die dominante Gesellschaft und Kultur auf vielerlei Art belohnt wird (ebd., S. 71): „Ein Bild der psychosexuellen Entwicklung, dass diese Prozesse ausblendet, ist unvollständig".

Die Aufgabe, mit dem Rassismus im Alltag ebenso alltäglich und undramatisch umzugehen, Demütigung, Verachtung und Bedrohung als normal zu antizipieren, ohne das eigene Selbstkonzept davon tief prägen oder deformieren zu lassen, ist die herausragende Herausforderung für viele Kinder und insbesondere für Jugendliche: „Für den erfolgreichen Verlauf der Adoleszenz von Jugendlichen mit Migrationshintergrund sind Selbstachtung und Respekt entscheidende, zugleich aber auch knappe Ressourcen. Die adoleszente Entwicklung Jugendli-

cher mit Migrationshintergrund sind daher entscheidend davon abhängig, inwieweit es ihnen gelingt, Selbstachtung und Respekt zu erwerben" (Geisen, 2007, S.
44). Der Erwerb von Selbstachtung und Anerkennung erfolgt in unterschiedlichen Kontexten, wie der Familie, Schule, Ausbildung und Peer Group, und –
teilweise auf widersprüchliche Weise – durch die Orientierung an gesellschaftlich tradierten Leistungsprinzipien oder subkulturellen Werten (ebd.).

1.8 Empirische Befunde zum Themenkomplex ‚Geschlecht, Jugend und Migration'

Nachdem sich die vorangegangenen Ausführungen vor allem auf Theoretisierungen zum Zusammenspiel von Geschlecht, Adoleszenz und Migrationserfahrungen bezogen haben, gehen wir im Folgenden auf den aktuellen For-
schungstand zum Thema ein.

Empirische Studien zu Kindern und Jugendlichen zeigen, dass tradierte Rol-
lenbilder von diesen mehrheitlich abgelehnt werden (Gille, 2006), wobei sich
Einstellungen zu Geschlechtsrollen in Abhängigkeit vom Alter und der Geschlechtszugehörigkeit unterscheiden. Mit zunehmender Klassenstufe liegen
meist weniger traditionelle Einstellungen und stärker egalitär-partnerschaftliche
vor (Gille, 2006; Wagner & Valtin, 2007). Auch stimmen weibliche Jugendliche
einer partnerschaftlichen Beziehung der Geschlechter stärker und Aussagen zur
traditionellen Aufgabenteilung in geringerem Ausmaß zu als männliche Jugendliche – dieser weithin, auch international bekannte Befund konnte in aktuellen
Untersuchungen aufs Neue bestätigt werden (Gille, 2006; Ittel, Kuhl & Werner,
2005; Valtin & Wagner, 2004; Wagner & Valtin, 2007).

In der dritte Welle des DJI-Jugendsurveys[49] (Gille, 2006) wurde in Bezug
auf Jugendliche mit Migrationshintergrund festgestellt, dass diese traditioneller
orientiert[50] sind als einheimische Jugendliche. Im Survey wird zwischen Jugendlichen der ersten und zweiten Generation differenziert (allerdings nicht zwischen
unterschiedlichen Migrantengruppen und Geschlechtern). Für Jugendliche der
ersten Generation berichtet Martina Gille über eine deutlich traditionellere Orientierung, für die zweite Generation konstatiert sie eine Zwischenposition. Diese

---

49 Der Jugendsurvey von 2003 bezieht sich auf eine repräsentative Stichprobe von Jugendlichen
    im Alter von 12 bis 29 Jahren, die in Deutschland leben; die Stichprobe umfasste rund 9.000
    Jugendliche und junge Menschen. Es gab zwei getrennte Fragebogenversionen für die 12- bis
    15- und die 16- bis 29-Jährigen (Gille, u.a., 2006).

50 Im Jugendsurvey wird der Index ‚traditionelle Orientierung' als Summenindikator der drei
    folgenden Items gebildet: Wenn Kinder da sind, soll der Mann arbeiten gehen und die Frau zu
    Hause bleiben und die Kinder versorgen. Frauen gehören nicht in die Politik. Ein Mann, der zu
    Hause bleibt und den Haushalt führt, ist kein „richtiger Mann" (Gille, 2006, S. 175).

Befunde bleiben auch nach Kontrolle der unterschiedlichen Bildungsabschlüsse der allochthonen und autochthonen Jugendlichen bestehen, sie sind jedoch aufgrund der fehlenden Differenzierung zwischen unterschiedlichen Migrantengruppen sowie Jungen und Mädchen mit Vorsicht zu behandeln. Auch die vorgeschlagene Einschätzung der Ergebnisse bleibt dürftig, sie werden auf den Einfluss sozialer und kultureller Faktoren zurückgeführt.

Unter anderem auf Geschlechtsrollenorientierungen gehen die Untersuchungen von Bernhard Nauck und Mitarbeiter(inne)n ein. Nauck (2000) und seine Kolleg(inn)en untersuchten in dem Survey ‚Intergenerative Beziehungen in Migrantenfamilien' Generationenunterschiede in den Einstellungen und Orientierungen von Kindern bzw. Jugendlichen und ihren Eltern in griechischen, türkischen und italienischen (und vietnamesischen) Familien nicht durch Kohortenvergleiche, sondern direkt in den dyadischen Beziehungen: Jugendliche und Kinder wurden jeweils direkt mit dem gleichgeschlechtlichen Elternteil verglichen. Bernhard Nauck und Anja Steinbach (2001) kennzeichnen die Gruppe männlicher Migrantenjugendlicher türkischer Herkunft als jene, die mit Abstand über die stärksten normativen Geschlechtsrollenorientierungen verfügt – im Vergleich mit nicht-gewanderten Deutschen sowie griechischen, italienischen, vietnamesischen Migranten. Sie übertreffen in diesen Einstellungen sogar Gleichaltrige in der Türkei. Von den in Deutschland lebenden Jugendlichen mit türkischem Migrationshintergrund werden am ehesten externale Kontrollüberzeugungen geäußert; sie gehen stärker von einer eher geringen Situationskontrolle aus. Außerdem äußern sie höhere ökonomisch-utilitaristische Erwartungen an sich, als von ihren Eltern vorgebracht werden. Die Befunde zu türkischen Söhnen werden von Bernhard Nauck und Anja Steinbach als Hinweis auf das Phänomen der ‚ethnic retention' oder eines ‚ethnic revival' gedeutet (ebd., S. 78). Der Autor und die Autorin sehen die männlichen türkischen Jugendlichen in einem „normativen Konflikt nicht nur zu ihren Familien, sondern besonders auch zur Aufnahmegesellschaft […], in der weder utilitaristische Erwartungen an Kinder, noch ausgeprägte normative Geschlechtsrollenorientierungen oder externale Kontrollüberzeugungen positive Bewertungen erfahren" (ebd.). So erklärt sich auch, dass die türkischen Jugendlichen sich im Vergleich zu anderen Migrantenjugendlichen am häufigsten diskriminiert fühlen. Die Lebenslagen von jungen Männern mit Migrationshintergrund sind des Weiteren von utilitaristischen Elternerwartungen geprägt, die für Söhne höher und länger anhaltend sind als für Töchter und die durch Söhne auch häufiger und tiefgreifender enttäuscht werden (ebd.). Es entsteht ein erhebliches Konfliktpotenzial für die Söhne, wenn bzw. weil die Mobilitätsaspirationen nicht erfüllt werden können. Hier werde vor allem auch „der ‚individuelle Generationenvertrag' zwischen den einzelnen Eltern und ihren Kindern bezüglich lebenslanger Loyalität und Unterstützung von

letzteren (unter den Lebensbedingungen der Aufnahmegesellschaft: erzwunge-
nermaßen) einseitig aufgekündigt" (ebd., S. 79). Die Ergebnisse können als Be-
leg für eine häufig auftretende strukturelle Überforderung männlicher türkischer
Jugendlicher in der Migrationssituation gesehen werden (ausführlicher dazu
1.8.2).

1.8.1 Mädchen und junge Frauen

Für Mädchen und junge Frauen wirken im Migrationskontext und im Verlauf
ihrer Integration besondere Bedingungen. Sie sind in der Familie und auch in der
umgebenden Gesellschaft mit widersprüchlichen Erwartungen und Erfahrungen
konfrontiert, die sie in eigene Lebenskonzepte einbauen müssen (Westphal,
2005b). Die Entwicklung einer stabilen bi- oder transkulturellen Orientierung ist
offenbar für junge Frauen und Mädchen eher typisch als für junge Männer und
Jungen (Herwartz-Emden & Westphal, 2003).

Wie Ursula Apitzsch (2009, S. 81) schreibt, galten Migrantinnen in den
siebziger und achtziger Jahren des 20. Jahrhunderts als „traditionsverhaftet,
machtlos, bildungsfern". Vor diesem Hintergrund wurde es für die Autorin erklä-
rungsbedürftig, als sie 1990 anhand quantitativer Erhebungen über den Bildungserfolg weiblicher und männlicher Jugendlicher aus Italien feststellte, dass
sich die Bildungssituation von jungen Frauen im Vergleich zu früheren Erhebungen erheblich verbessert hatte. Sie stellte sich überdies absolut besser dar als
die der männlichen Jugendlichen (ebd.). Mädchen nutzen familiäre Bindungen,
um emotionale Handlungssicherheit zu erhalten, Entfremdung und Distanz-
nahme zu den Eltern werden situativ herbeigeführt, um eigene Interessen durch-
zusetzen und sich gegen normative Vorgaben zu behaupten (Gültekin, 2003a;
Hummrich, 2002; Nökel, 2002). In ihren Identitätskonstruktionen und Identifika-
tionen werden Parallelität und Gleichwertigkeit der beteiligten Kulturen und
Kontexte zu einer zentralen Erfahrungsdimension. Vor allem junge Frauen aus
der Türkei heiraten bevorzugt in der Herkunftskultur (Straßburger, 2003), modifizieren aber durch ihre kritische Haltung und ihr geschlechteregalitäres Denken
traditionelle Ehe- und Partnerschaftskonzepte (Herwartz-Emden & Westphal,
2003; Otyakmaz, 1995).

Eine breit angelegte, deskriptive Studie über Mädchen mit griechischem,
italienischem, türkischem und jugoslawischem Migrationshintergrund sowie
jugendliche Aussiedlerinnen in Deutschland untersuchte u.a. deren Lebenslagen
und die Situation der Migrantinnen in der Familie (Boos-Nünning &
Karakaşoğlu, 2004). Basierend auf den Aussagen der Befragten zu ihren Einstellungen und Orientierungen bestätigt sich das oben beschriebene Bild des Lebens

von Migrantinnen und Migranten in wesentlichen Merkmalen auch für Mädchen und junge Frauen. Erhebliche Unterschiede der fünf untersuchten Gruppen finden sich jedoch in ihren Migrationshintergründen, den Einreisezeitpunkten und -bedingungen sowie den Wanderungsmotiven und -verläufen.[51]

Ursula Boos-Nünning und Yasemin Karakaşoğlu (2004) bekräftigen mit Bezug auf das Phänomen der Kohäsion in Migrantenfamilien (siehe 1.2), dass sich junge Migrantinnen in der Adoleszenz eher nicht oder zumindest seltener als Mädchen der Mehrheitsgesellschaft aus ihrem familiären Kontext lösen, was weniger der Kontrolle der Eltern zuzuschreiben ist, als vielmehr eine von den Mädchen und jungen Frauen selbst gewählte Lebensform darstellt (ebd.). Wenn Mädchen also eine enge Bindung vor allem an die Mütter haben und eine Entwicklung erfahren, die eine ‚Ablösung' von den Eltern und eine frühe Hinwendung zum anderen Geschlecht nicht als selbstverständlich voraussetzt, so wird hier erneut deutlich, dass westlich geprägte Theoretisierungen über den Verlauf der weiblichen Adoleszenz in ihrer Ausblendung möglicher Identitätsbildungsmodelle in anderen Kulturen ethnozentrisch sind (vgl. hierzu Herwartz-Emden & Steber, 2004).

In der Studie von Ursula Boos-Nünning und Yasemin Karakaşoğlu (2004) zeigen Mädchen türkischer Herkunft im Vergleich zu anderen Migrantinnen

---

51 So sind die befragten Mädchen aus Aussiedlerfamilien überwiegend nach dem siebten Lebensjahr im Rahmen der Spätaussiedlung nach Deutschland eingereist. Sie verfügen nahezu alle über die deutsche Staatsangehörigkeit, was eine Besonderheit dieser Gruppe darstellt. Bei den Jugendlichen mit griechischem Migrationshintergrund ist ein größerer Anteil in allen anderen Gruppen (12%) zwischen dem Herkunfts- und Aufnahmeland gependelt. Unter ihnen gibt es mit 21% eine entsprechend relativ große Zahl an Seiteneinsteigerinnen im hiesigen Bildungssystem, allerdings bei Weitem nicht so viele, wie unter den Aussiedlerinnen. Die meisten griechischen Kinder und Jugendlichen haben eine unbefristete Aufenthaltserlaubnis, aber nur 2% der Befragten besitzen die deutsche Staatsangehörigkeit. Junge Migrantinnen mit einem italienischen Hintergrund haben zu 77% ununterbrochen in Deutschland gelebt oder sind bis zu ihrem sechsten Lebensjahr eingereist (das betrifft 11%). In dieser Gruppe sind Pendlerinnen mit 3% der Befragten nur gering vertreten. Sie besitzen zum größten Teil eine unbefristete Aufenthaltserlaubnis, kaum ist sie deutsche Staatsangehörige (2%). Die Mädchen mit türkischem Migrationshintergrund haben zu einem erheblichen Teil (83%) ununterbrochen in Deutschland gelebt. Weder eine Einreise nach Ende des sechsten Lebensjahres noch Pendeln sind häufige Muster; sie leben hier überwiegend mit einer unbefristeten Aufenthaltserlaubnis (65%); sie besitzen häufiger die deutsche Staatsangehörigkeit (22%) als die anderen Zuwanderergruppen, mit Ausnahme der Aussiedlerinnen. In der Gruppe mit jugoslawischem Hintergrund zeigt sich eine Zweiteilung bezüglich der Wanderungsbiographien. Aus Familien mit einem Arbeitsmigrationshintergrund kommen 46%, die überwiegend ununterbrochen in Deutschland gelebt und eine unbefristete Aufenthaltserlaubnis haben. Daneben gibt es junge Flüchtlinge, die 25% der Gruppe ausmachen, überwiegend erst nach dem siebten Lebensjahr eingereist sind und häufig über einen ungesicherten Aufenthaltsstatus verfügen. 8% der Mädchen und jungen Frauen mit jugoslawischem Hintergrund besitzen die deutsche Staatsangehörigkeit (Boos-Nünning & Karakaşoğlu, 2004).

deutlich die defensivsten Strategien in der Familie. Sie richten sich zumeist danach, was die Eltern wollen und stellen mehr als andere ihre eigenen Wünsche zurück; sie sind weniger rebellisch und wenden weniger individualistische Muster der Durchsetzung an. Zugleich fühlen sie sich jedoch – verglichen mit Mädchen italienischer und jugoslawischer Herkunft – in der Familie weniger häufig schlecht behandelt und eher frei erzogen. Bei Mädchen aus Aussiedlerfamilien wurde die höchste Bereitschaft zur Durchsetzung der eigenen Wünsche und Bedürfnisse mittels individualistischer Strategien erkennbar. Für junge Türkinnen wie für die Aussiedlerinnen und nicht anders für griechische und italienische Mädchen zeigen sich sichere Tendenzen zu Selbständigkeit, eine Auseinandersetzung mit den traditionellen Vorstellungen der Eltern sowie das Entwickeln eigener moderner Lebensvorstellungen. Dabei sehen die Mädchen und jungen Frauen ihre Mütter durchaus auch als Orientierung und Unterstützung.

Die Studie gibt ebenfalls begründete Hinweise auf Unterschiede zwischen den Migrantinnengruppen bezüglich der Geschlechtsrollenorientierung. Die Mädchen und jungen Frauen wurden nach zukünftig gewünschten Lebensformen gefragt,[52] bei vielen zeigte sich eine Ausrichtung auf traditionelle Lebensformen, wie auf Heirat und Zusammenleben mit einem Ehemann. Allerdings sind die Aussiedlerinnen sowie Mädchen und junge Frauen mit griechischem Migrationshintergrund in geringerem Maße auf traditionelle Muster ausgerichtet als Mädchen mit türkischem, italienischem und jugoslawischem Hintergrund; sie sprechen sich am häufigsten für ein Zusammenleben mit einem Partner vor der Ehe aus. In allen Bevölkerungsteilen nicht-deutscher Herkunft gibt es bei den noch mit den Eltern zusammenlebenden Mädchen eine nicht zu vernachlässigende Gruppe (ca. ein Drittel), die sich vorstellen kann, allein oder in einer Wohngemeinschaft (ca. ein Fünftel) zu leben.

Für junge Migrantinnen ist ein familienbiographisch geprägter komplexer Lebenszusammenhang zu konstatieren, der eine ganze Palette von Erfahrungen, Orientierungen, Einstellungen und Lebensentwürfen der Mädchen und jungen Frauen beinhaltet und der sich einem oberflächlichen Blick in der Tragweite verschließt. Wie Mädchen und junge Frauen im Kontext von Migration ihre Adoleszenz erleben, welche Bedeutung hier der Familie zukommt, ob und wie sie sich als individuiert, als familiär gebunden und/oder anders erfahren, das bleiben offene Fragen, auf die erst weiterführende Studien Antworten geben können. Wie Ursula Apitzsch (2009) ausführt, ergibt sich vor allem die Frage, ob es Mädchen gelingt, ihre Bildungserfolge längerfristig durch entsprechende

---

52 Folgende Items fokussierten auf diese Aspekte: weiter bei den Eltern wohnen; heiraten und mit Mann in einer eigenen Wohnung wohnen; mit Partner und anderen Familienmitgliedern zusammen leben; mit Partner wohnen und evtl. heiraten; in Wohngemeinschaft leben; (einige Zeit) alleine leben (Boos-Nünning & Karakaşoğlu, 2004, S. 154).

Allokation im Berufssystem zu halten, oder ob sie, wie es das Schicksal einheimischer Frauen ist, nach dem Bildungsmoratorium der Adoleszenz im weiteren biographischen Verlauf bei der Übernahme der Verantwortung für eine Familie eine spürbare Veränderung ihrer Machtposition in der Gesellschaft erfahren.

1.8.2 Jungen und junge Männer

Bislang liegen nur wenige Studien zu Bildungsverläufen junger Männer im Allgemeinen und zu jungen Männern mit Migrationshintergrund im Besonderen vor (bspw. King, 2005; Nohl, 2001). Eine größere Stichprobe im deutschsprachigen Raum wurde in der Studie der Schweizer Wissenschaftlerinnen Anne Juhasz und Eva Mey (2003 & 2006) befragt.[53] Die Jugendlichen gehören zu den Söhnen (und Töchtern) von Arbeitsmigrantinnen und -migranten, die ähnlich wie die türkischen und italienischen Zugewanderten in Deutschland vergleichsweise schwierige Ausgangsbedingungen für ihre schulische und berufliche Laufbahn vorfinden, denn sie kommen mehrheitlich aus den unteren Sozialschichten. Im Fokus der Betrachtung der Studie stehen die gesellschaftlichen Erfahrungen von Ausschluss und Ungleichheit, der beschränkte Zugänge zu kulturellem, ökonomischem und sozialem Kapital, der verweigerten Zugehörigkeiten (Juhasz & Mey, 2003, S. 300ff.), die je individuell Wirkungen entfalten und unterschiedliche Verarbeitungsstrategien hervorrufen. In der Untersuchung zeigt sich ein Schereneffekt der Bildungserfolge innerhalb der zweiten Generation: Anhand der Biographien junger Männer wird nachgezeichnet, wie zum einen umfassende soziale Aufstiegsprozesse vollzogen wurden und wie zum anderen soziale Mobilität aufgegeben werden musste[54] (Juhasz & Mey, 2006). Es handelt sich hierbei um ein Ergebnis, das einer einseitigen Thematisierung von männlichen Migrantenjugendlichen als gewaltbereit, deviant und erfolglos entgegensteht.

---

53 Die Autorinnen haben in den Jahren 1998 bis 2001 insgesamt 64 biographische Interviews mit in der Schweiz lebenden Jugendlichen durchgeführt. Davon waren 18 italienischer Herkunft, 27 türkischer Herkunft und 19 einheimische Schweizer Jugendliche. 31 der Befragten waren weiblich, 33 männlich (Juhasz & Mey, 2003).

54 Anhand der Biographie eines bildungserfolgreichen jungen Mannes italienischer Herkunft wird gezeigt, wie stark der „Wunsch, in die Welt der Etablierten vorzustoßen [...] zu einer Beschleunigung der in der Adoleszenz stattfindenden Transformationsprozesse führt und die Jugendphase dadurch in gewisser Weise in die Welt der Erwachsenen hinein katapultiert" (Juhasz & Mey, 2006, S. 81). Dem gegenüber steht die Lebensgeschichte eines jungen Mannes türkischer Herkunft, der nicht auf familiale Ressourcen zurückgreifen kann und sozialer Benachteiligung nichts entgegensetzen konnte, der sich „eher passiv erleidend als aktiv handelnd verhält" und in eine prekäre Außenseiterposition geriet, in der offen aber auch fraglich bleibt, ob der junge Mann seine Potenziale angemessen nutzen kann (ebd., S. 81f.).

Beim Vergleich der männlichen und weiblichen Biographien zeigt sich eine erhebliche Differenz darin, dass die interviewten weiblichen Jugendlichen sich nahezu ausnahmslos bewusst mit traditionellen weiblichen Geschlechterrollen auseinandersetzen, eine solche Auseinandersetzung bei den jungen Männern jedoch oft ausbleibt. Die männlichen Jugendlichen übernehmen Elemente der traditionell-männlichen Geschlechterrollen, die sie bereits von ihren Eltern kennen. Durch die Übernahme soll eine strukturelle Entfernung von der Elterngeneration verringert werden, die durch soziale Aufwärtsmobilität entsteht.[55] Während die erfolgreichen weiblichen und männlichen Heranwachsenden traditionellen Geschlechterrollen in ihren unterschiedlichen Orientierungen nahestehen und ansonsten in ihrer Positionierung als besonders unauffällig, strebsam und angepasst beschrieben werden, stellten Anne Juhasz und Eva Mey bei jungen Migranten mit frühen Ausschluss- und Deprivationserfahrungen auffallend geschlechtsspezifische Anpassungsstrategien fest, worin offensichtlich das unterschiedliche ‚Auffällig-Werden' von männlichen und weiblichen Jugendlichen mit Migrationshintergrund begründet liegt.

Der Zusammenhang von Migration, Familie und Männlichkeit wird dezidiert von Vera King (2005) aufgegriffen, die drei Konstellationen der Verknüpfung von Adoleszenz-, Bildungsprozessen und Männlichkeitskonstruktionen von Adoleszenten mit Migrationshintergrund beschreibt.[56] Die erste Konstellation beinhaltet eine verstärkte Abgrenzung von den Eltern, die mit forcierten Männlichkeitsbildern (die bspw. Gewalttätigkeit beinhalten) und ungünstigen Bildungsverläufen (durch Bildungsverweigerung) einhergeht. In der zweiten Konstellation ist eine adoleszente Trennung und Individuation zunächst durch die Übernahme von elterlichen Bildungsaspirationen gekennzeichnet. Diese werden jedoch später abgebrochen, um die fortschreitende Entfernung vom Herkunftsmilieu zu beenden. Schließlich erfolgt in der dritten Konstellation die Übernahme elterlicher Bildungsaspirationen, die im Verlauf der Adoleszenz mit der Suche nach Eigenem verknüpft werden. „Die verschiedenen Bildungskarrieren sind mit je verschiedenen Männlichkeitsentwürfen und -idealen verknüpft: vom ‚trotzigen

55 Zur Studie von Anne Juhasz und Eva Mey muss angemerkt werden, dass die relativ einseitige Beschreibung von geschlechtsbezogenen Unterschieden zwischen Mädchen und Jungen mit Migrationshintergrund, die in der Schweizer Untersuchung auffällt, kritisch hinterfragt werden muss. Es darf nicht für alle männlichen Jugendlichen mit Migrationshintergrund von einer Übernahme traditionell männlicher Geschlechtsrollen ausgegangen werden. Des Weiteren ist es ein bekanntes Ergebnis empirischer Untersuchungen über Einstellungen zu Geschlechterrollen, dass weibliche Jugendliche Vorstellungen zu einer partnerschaftlichen Beziehung der Geschlechter grundsätzlich stärker und Aussagen zur traditionellen Aufgabenteilung hingegen in geringerem Ausmaß zustimmen als männliche Jugendliche (Siebter Familienbericht [BMFSMJ, 2006]; Gille u.a., 2006; Ittel, Kuhl & Werner, 2005; Wagner & Valtin, 2007).
56 Diese stehen insbesondere im Zusammenhang mit Vater-Sohn-Beziehungen, worauf an dieser Stelle nicht umfassender eingegangen werden kann (vgl. ausführlich dazu King, 2005).

Außenseiter' über den fürsorgliche Väterlichkeit ersehnenden ,Familienmann' bis zum erfolgreich assimilierten ,Intellektuellen'" (ebd., S. 73). Wie bereits des Öfteren angesprochen, werden männliche Jugendliche mit Migrationshintergrund als besonders gewaltbereit und gewalttätig wahrgenommen, wohingegen unauffällige Entwicklungs- und Bildungsverläufe junger Migranten (wie zum Beispiel von Vera King [2005] beschrieben) häufig aus dem Blick geraten. Vor nunmehr drei Jahren stellte beispielsweise die ,Landeskommission Berlin gegen Gewalt' die Frage nach den Ursachen einer auffallenden Konzentration von Gewaltdelikten unter männlichen Migranten. Jungen, männliche Jugendliche und junge Erwachsene mit Migrationshintergrund in Berlin werden, gemessen an ihrem Anteil an allen männlichen Personen der Stadt im Alter von 8 bis 21 Jahren, überproportional häufig im Bereich von Rohheitsdelikten polizeilich registriert und stellen den überwiegenden Teil der in Berlin bei der Staatsanwaltschaft registrierten Intensivtäter (LkBgG, 2007).[57] Die Kommission kennzeichnet das Gewaltverhalten ausdrücklich als eine Jugenddelinquenz und als geschlechtsspezifisch, zudem als bedingt durch die jeweiligen Lebensumstände (ebd.).

In Anlehnung an die Ausführungen zur hegemonialen Männlichkeit und männlichen Sozialisation (1.7.2) ist das jugendlichen Migranten zugeschriebene Gewalthandeln nicht schlicht in der ethnisch-kulturellen Herkunft zu verorten; auch das genannte Berliner Gutachten geht auf Aspekte geschlechtsspezifischer Erziehung in Familien mit arabischem, türkischem sowie jugoslawischem Hintergrund ein (LkBgG, 2007). Vielmehr sollte Gewalthandeln verstanden werden als Reaktion auf Marginalisierungstendenzen aufgrund nicht gewährter gesellschaftlicher Teilhabe und Diskriminierungen[58] (Weber, 2007b). Marginalisierte Männlichkeit sucht eigene Ausdrucksformen, sie steht in der Gefahr des Bedeutungsverlustes männlicher Überlegenheit, da sie dem hegemonialen Männlichkeitsideal, das mit hohem ökonomischen, sozialen und kulturellen Kapital assoziiert ist, nicht gerecht werden kann. Marginalisierte Heranwachsende befinden sich in einer quasi ,machtlosen' Position. In diesem Zusammenhang ist männliche Gewalt(bereitschaft) als eine Machtfrage zu interpretieren, denn durch Gewaltanwendung kann Überlegenheit demonstriert und eine machtvolle Position durch das Erzeugen von Angst erreicht werden.

In einem ähnlichen Erklärungsansatz sehen die Autor(inn)en des Berliner Gutachtens wesentliche Risikofaktoren für gewalttätiges Verhalten insbesondere im Kontext der schlechten Ausbildungs- und Arbeitsmarktaussichten junger

---

57 Zur kritischen Auseinandersetzung mit dem Stereotyp des ,kriminellen Ausländers' siehe auch Rainer Geißler (2008).

58 Es ist in diesem Zusammenhang noch einmal auf das von Robert W. Connell entwickelte Konzept der hegemonialen Männlichkeit zu verweisen (vgl. 3.1.4).

Migranten, die mit Perspektivlosigkeit, fehlender Anerkennung und geringem Selbstwertgefühl einhergehen (LkBgG, 2007). Viele junge Erwachsene erfahren strukturelle Benachteiligung und Deprivation. Häufig stehen diese im Zusammenhang mit dem Erleben von Diskriminierung, Ausgrenzung und Fremdheit. Hierin zeigt sich eine Konfliktlage, die primär als kulturelle Differenz wahrgenommen wird, wenngleich sie vielmehr mit der Desintegrationserfahrung selbst im Zusammenhang steht.

In Anlehnung an diese Ausführungen ist das jugendlichen Migranten zugeschriebene Gewalthandeln sowohl im Zusammenhang mit zentralen Determinanten männlicher Sozialisation und der Auseinandersetzung mit Männerbildern zu verorten als auch mit so genannten ‚kulturellen Orten', die den Geschlechtern in den Sozialisationsverläufen zugeschrieben werden. In männlichen Sozialisationsverläufen finden sich kulturübergreifende Gemeinsamkeiten, in denen körperliche Kraft und Auseinandersetzungen je einen eigenen Stellenwert haben. Männliches jugendliches Gewaltverhalten einzig im ethnisch-kulturellen Herkunftskontext zu verorten, verleitet zu einseitigen Fehlschlüssen. Eine gewalttätige Reaktion auf Marginalisierungstendenzen, auf nicht gewährte gesellschaftliche Teilhabe und Diskriminierungen stellt ein gesellschaftliches Problem dar, da es um die Desintegrationserfahrung großer Gruppen von Jugendlichen geht.

1.8.3 Fazit: Jugendliche mit Migrationshintergrund

Als Fazit kann festgehalten werden, dass Jugendliche mit Differenzerfahrung das Potenzial haben, die im bisherigen Verlauf der biographischen Entwicklung erworbenen Bindungen und Handlungsmuster zu überwinden und neu zu gestalten. Sie entwickeln ihr Selbstkonzept über verschiedene kulturelle Kontexte hinweg, integrieren selbst unterschiedlichste Geschlechterbilder und agieren auf dieser Basis kontextbezogen und strategisch. Thomas Geisen (2007) beschreibt Adoleszenz als Möglichkeitsraum unter dem Blickwinkel kultureller und geschlechtsbedingter Differenzerfahrungen. Er fasst die Anforderungen an Jugendliche dahingehend zusammen, dass die von ihnen zu leistende Entwicklungsaufgabe – im Sinne einer ‚doppelten' Adoleszenz – darin besteht, die Ablösung von den Eltern und damit die Ablösung von familialen Kulturwelten, Traditionen einerseits und die Orientierung auf die Gesellschaft sowie die sozial-kulturelle Selbstpositionierung in dieser andererseits, biografisch zu realisieren (ebd.). Diese gelingende Selbstpositionierung wird zunehmend in qualitativen Studien beobachtet und analysiert (dazu v.a. Badawia, 2002; Hummrich, 2002). Besonders prägnant tritt sie bei der Fokussierung auf einzelne Herkunftsgruppen hervor, so in Mandy Ruhlands (2009) Arbeit über bildungserfolgreiche weibliche

Jugendliche aus der Aussiedlergruppe. Die befragten jungen Frauen greifen in ihrem Bildungsaufstieg auf ihre familiensprachlichen Kompetenzen als Ressourcen zurück und verknüpfen die beiden Lebensbereiche Familie und Schule/Universität erfolgreich. Ähnlich beschreibt Andreas Pott (2006) eine bildungserfolgreiche Jugendliche aus der türkischen Gruppe. Für diese stellt ihre ‚Rücksichtnahme' auf familiale Belange sowie ihre Kompromissbereitschaft eine Ressource dar, die ihr die Verbindung der Aufstiegsambitionen als Medizinstudentin mit ihrem Leben im Familienverband erlaubt (zu erfolgreichen griechischen Migrant(inn)en Raiser, 2007).

Studien, die nach den Bildungserfolgreichen, den kompetenten Migrantenfamilien und -jugendlichen, ihren Ressourcen und Leistungen aber auch Restriktionen suchen, sind noch selten, wobei aber davon ausgegangen werden kann, dass es diese Erfolge gibt (bspw. Raiser, 2007; Ruhland, 2009; Westphal & Behrensen, 2008). Die Jugendlichen selbst widerlegen die einseitige Sichtweise, Migration auf einen Prozess des Verlustes, der Misserfolge und vielfältiger Unterdrückung zu reduzieren. Es zeigt sich, dass jugendliche Migrant(inn)en aufgrund ihres multi-lokalen Hintergrundes über ein erweitertes Potenzial an (kulturellen) Handlungsmöglichkeiten verfügen, das sie in die biografische Gestaltung ihres Lebensweges produktiv einbringen, womit sie sogar bestehende Formen sozialer Ungleichheit und Benachteiligung überwinden (so Geisen, 2007). Wenn Jugendliche an einer schulischen und beruflichen Karriere teilhaben, entsprechend ihrer Fähigkeiten und Möglichkeiten gefördert werden und in für sie relevante soziale Kontexte integriert sind, ist die Erfahrung kultureller Differenz kein Hemmnis für eine altersgerechte Entwicklung von Ich-Identität oder für schulische und berufliche Integration und Wohlbefinden.

1.9 Empirische Befunde aus der Sicht aktueller Kinderstudien[59]

Die Themen ‚Kinder' und ‚Kindheit' sind in den letzten Jahren erneut in den Forschungsfokus der Sozialwissenschaften gerückt. Besonders deutlich lässt sich dieser Trend an einer Reihe von Surveys und Überblicksstudien ablesen, die sich explizit mit dem Aufwachsen in verschiedenen lebensweltlichen Kontexten auseinander setzen. Zu diesen Studien zählen unter anderem das Kinderpanel des DJI (Alt & Quellenberg, 2005), die 1. World Vision Kinderstudie „Kinder in Deutschland 2007" (Hurrelmann & Andresen, 2007), die Studie zur Gesundheit von Kindern und Jugendlichen in Deutschland (KIGGS) (Thyen, 2007) und das LBS-Kinderbarometer Deutschland (LBS-Initiative Junge Familie, 2007). Neben

---

59   Dieser Unterpunkt basiert auf einer Überarbeitung und Ergänzung des Beitrags von Leonie Herwartz-Emden und Volker Mehringer (2010) durch Cornelia Braun und Volker Mehringer.

ihrem inhaltlichen Fokus verbindet die meisten dieser in den letzten Jahren erschienenen Untersuchungen auch ihr methodisches Vorgehen. Um Informationen über die alltägliche Einbindung der Kinder in verschiedene, für ihre Sozialisation relevante Lebensbereiche zu erhalten, wenden sie sich größtenteils nicht an deren Eltern, sondern befragen direkt die Heranwachsenden. In den meisten Studien, wie im DJI-Kinderpanel, handelt es sich bei der Mehrheit der Befragten um Kinder in der mittleren Kindheit, also zwischen dem 6. und dem 12. Lebensjahr. Einzelne Untersuchungen wie die KIGGS-Studie befragen zudem bis zu 17-jährige Jugendliche. An die methodische Herangehensweise der Befragung von Heranwachsenden ist die Erwartung geknüpft, einen direkten und unmittelbaren Einblick in die kindliche Lebenswelt und deren kognitive und affektive Wahrnehmung und Bewertung zu erhalten, als durch eine Befragung der Eltern.

In den folgenden Ausführungen sollen die genannten Studien hinsichtlich ihrer Berücksichtigung von Kindern mit Migrationshintergrund gesichtet und entsprechende Ergebnisse und Befunde zusammengefasst werden. Diese Zusammenfassung verläuft entlang mehrerer zentraler kindlicher Lebensbereiche. Zunächst werfen wir einen Blick auf den Sozialisationskontext Familie, danach auf den der Peers. Sollten es die Daten erlauben, wird auf geschlechtsbezogene Ergebnisse und Befunde eingegangen.

1.9.1 Innerfamiliale Sprachpraxis, Gesundheit, Erziehung und Sozialisation, geschlechtsbezogene Differenzen

Obwohl mittlerweile ein breiter Forschungskorpus zu den Ausprägungen und Auswirkungen familiärer Strukturmerkmale vorliegt, bestehen bei der Beschreibung der konkreten Sozialisations- und Erziehungsprozesse in Familien mit Migrationshintergrund noch große Forschungslücken. Mit der Absicht, soziale Disparitäten empirisch angemessen zu erfassen, gehen Jürgen Baumert, Rainer Watermann und Gundel Schümer (2003) mit einem für PISA entwickelten Modell davon aus, dass sich Strukturvariablen in alltäglichen familiären Sozialisationsprozessen u.a. bei der familiären Unterstützung der Kinder umsetzen. Nimmt man familiäre Prozesse in den Blick, zählen dazu beispielsweise die familiale Sprachpraxis, die Gesundheitsversorgung und -vorsorge der Kinder, die Erziehungsstile der Eltern oder, global betrachtet, die innerfamiliären Sozialisationsstile. In den Kinderstudien werden bei vielen dieser Prozessmerkmale Vergleiche und Unterscheidungen zwischen Familien mit und ohne Zuwanderungsgeschichte und teils zwischen einzelnen Migrantengruppen vorgenommen, wie im Kinderpanel zwischen Türk(inn)en und Aussiedler(inne)n. Einige Aspekte finden sogar ausschließlich im Kontext von Multikulturalität und Migration Beachtung.

Als zentraler Aspekt des innerfamiliären Sozialisationsstils ist die *innerfamiliale Sprachpraxis* zu benennen. Sowohl das DJI-Kinderpanel als auch die World Vision Kinderstudie nahmen in ihre Erhebungen Fragen zur Sprachpraxis in der Familie auf. Das DJI formuliert sogar im Titel eines speziell an Migrationsfragen ausgerichteten Bandes über das Kinderpanel die Frage: „Integration durch Sprache?" (Alt, 2006b). Die beiden Untersuchungen kommen in ihren Analysen zum familialen Sprachgebrauch zu sehr unterschiedlichen Ergebnissen. Während Kinder mit Migrationshintergrund in der World Vision Kinderstudie zu 35% angaben, zu Hause vorrangig in der Muttersprache der Eltern zu sprechen (Schneekloth & Leven, 2007), lag dieser Anteil in der Befragung des DJI in Bezug auf Gespräche mit den Elternteilen bei ungefähr 75% (Beisenherz, 2006). Mit Blick auf Unterhaltungen mit den Geschwistern sinkt dieser Anteil zwar auf 55% (ebd.), liegt damit aber immer noch deutlich über dem Wert der World Vision Kinderstudie (Schneekloth & Leven, 2007).[60] Unter Hinzunahme der Ergebnisse von PISA 2003 als Vergleichsmaßstab lassen sich ebenfalls keine eindeutigen Aussagen treffen. Von den befragten Jugendlichen mit Einwanderungshintergrund berichteten 50,5%, im Elternhaus vorwiegend deutsch zu sprechen. 31,1% gaben an, in ihrer Familie mehrsprachig aufzuwachsen und 13,1% bezeichneten ihre familiale Sprachpraxis als fremdsprachig (Ramm, Walter, Heidemeier & Prenzel, 2005).[61]

Ungeachtet der nicht gänzlich übereinstimmenden Ergebnislage kommen jedoch das DJI-Kinderpanel und die World Vision Kinderstudie zu dem Schluss, dass die deutsche Sprache einen zentralen Motor der sozialen Integration darstellt und daher einer frühen und gezielten Sprachförderung ein sehr hoher Stellenwert beigemessen werden sollte (Beisenherz, 2006; Schneekoth & Leven, 2007). Gerade was den Schulerfolg anbelangt, kommt den Sprachkenntnissen, wie Anja Steinbach (2006, S. 214) hervorhebt, eine „überragende Bedeutung" zu. Gleiches gilt für die sprachliche Integration, hier bezogen auf die bi- bzw. multilinguale Kompetenz der Kinder. Aber auch die sprachliche Assimilation in Richtung der Sprache des Aufnahmelandes erhöht die Chance auf gute schulische Leistungen.

Ein bislang innerhalb der Migrationsforschung weitgehend unberücksichtigter Aspekt ist die *Gesundheitsversorgung und Gesundheitsvorsorge* im Migrationskontext. Mit der Aufnahme migrationsspezifischer Fragen in das vom Robert

---

60 Gründe für die unterschiedliche Ergebnislage sind vermutlich im methodischen Bereich zu suchen. Eine genaue Betrachtung der jeweiligen Stichproben und ein Vergleich der eingesetzten Fragen könnten hier aufschlussreich sein. Auch wäre denkbar, dass die für beide Befragungen gewählte Kinderperspektive zu Verzerrungen geführt haben könnte.

61 Die Altersdifferenz zwischen den für PISA befragten Jugendlichen und den in der World Vision Kinderstudie und im DJI-Kinderpanel befragten Kindern liegt zwischen vier und sieben Jahren.

Koch Institut ausgeführte Kinder- und Jugendgesundheitssurvey, kurz KiGGS, ist es erstmals möglich, diesbezügliche Analysen und Vergleiche zwischen Kindern unterschiedlicher Herkunft anzustellen (Schenk, Ellert & Neuhauser, 2007). Im Hinblick auf familiäre Prozesse rücken vor allem Teilbereiche, wie die Inanspruchnahme medizinischer Leistungen oder das häusliche Gesundheitsverhalten, in den Fokus, die für das Kindesalter zu weiten Teilen im Verantwortungsbereich der Eltern liegen. Was die medizinischen Leistungen anbelangt, zeigt sich beispielsweise, dass die Inanspruchnahme der einzelnen Früherkennungsuntersuchungen bei allochthonen Kindern deutlich hinter den Quoten für autochthone Heranwachsende liegt (Kamtsiuris, Bergmann, Rattay & Schlaud, 2007). Auch im Hinblick auf Schutzmaßnahmen zur Vorbeugung von Unfällen zeigen sich in Abhängigkeit vom Migrationshintergrund signifikante Unterschiede der Tragequoten von Helmen und Protektoren (Kahl, Dortschy & Ellsäßer, 2007). Wie Bernhard Nauck, Susanne Clauß und Elisabeth Richter (2008) im Rahmen des UNICEF Berichts zur Lage der Kinder in Deutschland vermuten, sind Diskrepanzen im Gesundheitsverhalten von einheimischen und Einwandererfamilien partiell auf deren Einstellung zu verschiedenen medizinischen Bereichen zurückzuführen. Am Beispiel der Mundhygiene von Kindern mit Migrationshintergrund, die ebenfalls deutlich hinter der Hygiene und der Häufigkeit zahnärztlicher Kontrollbesuche bei autochthonen Kindern zurückliegt (LBS-Initiative Junge Familie, 2007; Schenk & Knopf, 2007), führen sie aus, dass unter Migranteneltern eher kurative als präventive Einstellungen zur Zahnmedizin vorherrschen. Arztbesuche werden nach diesem Ergebnis nur dann vorgenommen, wenn bereits Schmerzen bestehen, aber nicht zu vorbeugenden Zwecken (Nauck u.a., 2008).

Es zeichnet sich im familialen Gesundheitsverhalten eine unterschiedliche Positionierung zuungunsten von Einwandererfamilien ab, die bis zu einem gewissen Teil noch durch die enge Verknüpfung von Schicht und Herkunft erklärt werden können. In einigen Fällen, wie beispielsweise bei der Mundhygiene, sind signifikante Unterschiede auch unter Kontrolle von Schichteffekten festzustellen (Schenk & Knopf, 2007). Zusammenfassend ist laut Liane Schenk (2008), Mitautorin der KIGGS-Studie, zu sagen, dass sich Kinder und Jugendliche mit Migrationshintergrund zwar nicht generell in einer gesundheitlich prekären Situation befinden, aber dennoch bestimmten Gesundheitsrisiken ausgesetzt sind, wie sie durch eine Tendenz zu Übergewicht und Fehlernährung und die Vernachlässigung von Früherkennungsuntersuchungen in der Kindheit bedingt sind. Faktoren wie Hygienestandards oder psychische Belastungen, die durch die sozioökonomische Situation der Familien verursacht sind, können im Weiteren eine gesunde kindliche Entwicklung gefährden. Gleichwohl verfügen Migrantenfamilien, so die Autorin, auch über gesundheitliche Ressourcen durch beispielsweise traditionelle kulturelle Muster wie längere Stillzeiten oder einen eher gemäßigten Umgang mit Alkohol – Ressourcen, die es zu erhalten gilt (ebd.; Landeszentrale für Gesundheitsförderung in Rheinland-Pfalz e.V., 2010).

Ein Blick auf den wichtigsten Aspekt familiären Zusammenlebens, die *familialen Erziehungs- und Sozialisationsprozesse,* zeigt, dass hier bereits auf einen relativ breiten Erkenntnisstand rekurriert werden kann, der durch Ergebnisse der vorliegenden Kinderstudien teilweise erweitert wird. Auf Grundlage der Daten des DJI-Kinderpanels geht beispielsweise Bernhard Nauck (2006) der Forschungsfrage nach, inwieweit sich familiale Sozialisationsstile von Einwandererfamilien kulturbedingt unterscheiden. Er kommt dabei zu dem Ergebnis, dass „bei den Müttern ‚kulturspezifische' Unterschiede in den Verhaltensdispositionen sichtbar [werden], die sich nicht auf die sozialstrukturelle Platzierung der Migrantenfamilien oder auf die Besonderheiten der Migrationssituation zurückführen lassen" (ebd., S. 178). Es ist daher anzunehmen, dass die Erziehungsstile von Müttern mit Migrationshintergrund kulturspezifische Besonderheiten aufweisen. Dazu zählt zum Beispiel, dass sich türkische Mütter in ihrem Erziehungsverhalten als besonders selbstwirksam empfinden, wohingegen Aussiedlerinnen durch eine geringe Selbstwirksamkeit geprägt sind. Letzteres ist vermutlich, so Bernhard Nauck, auf eine „Kumulation von Problemlagen" (ebd., S. 178) zurückzuführen.

Die intergenerative Transmission von ebensolchen Persönlichkeitsmerkmalen und Verhaltensdispositionen wie der unterschiedlich ausgeprägten Selbstwirksamkeit kann in den Migrantenfamilien in hohem Maße festgestellt werden. Es ergibt sich eine hohe Kohärenz zwischen dem Persönlichkeitsprofil der Mütter und ihrer Kinder: Türkischstämmige Kinder zeichnen sich wie ihre Mütter durch eine ausgeprägte (wahrgenommene) Selbstwirksamkeit aus; Aussiedlerkinder hingegen zeigen parallel zu ihren Müttern eher geringe Aufgeschlossenheit und geringe Kontaktfreudigkeit (ebd.). Hingegen sind praktisch *keine* Struktureffekte der Lebenslagen der Herkunftsfamilien oder der Familienbiographien auf die Persönlichkeitsmerkmale der Heranwachsenden nachweisbar. Gleichermaßen lassen sich keine Effekte der Migrationsbiographie der Familien auf die Verhaltensdispositionen der Kinder finden. Deutlich, so Bernhard Nauck (ebd.), treten Zusammenhänge zwischen den Persönlichkeitseigenschaften und Verhaltensdispositionen der jungen Migrant(inn)en und ihrem Konfliktverhalten hervor. Doch sind wiederum *keine* Struktureffekte der Lebenslagen der Einwandererfamilien auf die Konflikthäufigkeit in der Familie, in der Schule oder in der Peer Group sowie hinsichtlich der Konfliktlösungsstrategien der Kinder nachzuweisen. Kulturspezifische Besonderheiten können hier insofern markiert werden, als aus Familien türkischer Herkunft nur in geringem Ausmaß über Eltern-Kind-Konflikte berichtet wurde, wohingegen Aussiedlerkinder in Familie und Schule häufiger in Auseinandersetzungen gerieten. Hier zeigt sich unter Berücksichtigung des Wanderungszeitpunktes, dass diese Konfliktinzidenz bei denjenigen stärker hervortritt, die bereits länger in Deutschland leben bzw. hier geboren wurden (ebd.).

Die *Kategorie Geschlecht* fand in den oben beschriebenen Untersuchungen und Analysen oftmals zwar Berücksichtigung, meist gehen die Befunde allerdings nicht über deskriptive Auswertungen und Darstellungen hinaus. Im Folgenden werden nun einige ausgewählte Aspekte vorgestellt, in denen geschlechtsspezifische Differenzen vorgefunden und ausgewiesen wurden.

Anhand der Daten des LBS-Kinderbarometers, die auf einer Stichprobe von 9- bis 14-jährigen Kindern beruhen, stellt Bettina Hannover (2002) heraus, dass Lehrkräfte und Eltern die schulische Entwicklung von Jungen mit einer größeren Aufmerksamkeit verfolgen und weist in diesem Zusammenhang auf die Bedeutung geschlechtsspezifischer Anforderungen im familialen und schulischen Kontext hin, welche sich – langfristig gesehen – auf Leistungsunterschiede zwischen Mädchen und Jungen auswirken. Spezifische Auswertungen in Bezug auf die kulturelle Herkunft der Kinder nahm Bettina Hannover (2002) darüber hinaus allerdings nicht vor.

Was die wahrgenommene Familiengröße angeht, so hat Claudia Vorheyer (2005) im Rahmen des DJI-Kinderpanels die Heranwachsenden danach befragt, welche und wie viele Personen sie ihrer Familie zuordnen. Generell geht die Familiendefinition von Kindern deutlich über die Grenzen des elterlichen Haushaltes hinaus, und weiter entfernte Verwandte werden ihr zugerechnet. Zudem fand sie folgenden signifikanten geschlechtsbezogenen Unterschied: Mädchen zählten mit 9,5 Mitgliedern über eine Person mehr zu ihrer Familie als Jungen, die ihrer Familie im Schnitt 8,3 Personen zurechneten. Dieser Befund lässt sich ebenfalls bei Müttern nachzeichnen (ebd.). Ebenfalls mit den Daten des Kinderpanels zeigte Markus J. Teubner (2005) einen geschlechterrelevanten Aspekt auf, der durch die wirtschaftliche familiäre Situation bedingt ist: In Familien aus niedrigen Einkommensschichten wird die Schwester in der Reihenfolge der aufgezählten Angehörigen eher genannt, während sich in Bezug auf die Brüder keine Unterschiede nachweisen ließen. Der Autor vermutet, dass Mädchen in kinderreichen, einkommensschwachen Familien eine bedeutendere und zentralere Position in ihren Familien zukommt – beispielsweise könnten sie häufiger in die Geschwisterbetreuung involviert sein als Mädchen aus einkommensstarken Familien.

Darüber hinaus analysierte Markus J. Teubner (2005) die Qualität der innerfamiliären Beziehungen und fand keine geschlechtsspezifischen Unterschiede hinsichtlich der überwiegend positiv beurteilten Beziehung zu den Eltern. In Bezug auf die Geschwisterbeziehung konnte er nachweisen, dass sich sowohl

Mädchen als auch Jungen signifikant besser mit gleichgeschlechtlichen Geschwistern verstanden. Bettina Hannover (2002) analysierte die Qualität der familialen Beziehungen im LBS-Kinderbarometer (wiederum ohne Bezugnahme auf herkunftsspezifische Differenzen) explizit mit Fokus auf differentielle Umgangsweisen der Eltern gegenüber ihren Söhnen und Töchtern. Mädchen erlebten mit ihren Müttern, Jungen mit ihren Vätern gemeinsam mehr Dinge, die ihnen Spaß machten, woraus die Autorin schlussfolgert, dass Eltern ihren Kindern auf diese Weise geschlechtstypisierte Verhaltensweisen vorleben, welche diese wiederum imitieren.

Hinsichtlich Konflikthäufigkeit und -anlässen in der Familie unterschied Anna Brake (2005) unter Berufung auf das DJI-Panel nicht ausdrücklich zwischen den Angaben von Mädchen und Jungen, überprüfte aber die Übereinstimmungshäufigkeit der Angaben zwischen Kindern und Müttern und fand hier keine durch das Geschlecht des Kindes bedingten Differenzen. Bettina Hannover (2002) berichtet in Bezug auf die Einschätzung des Erziehungsverhaltens signifikante geschlechtsspezifische Unterschiede. Diese äußerten sich dahingehend, dass Jungen häufiger angaben, ihre Eltern würden sich in ihre Angelegenheiten einmischen, an ihnen ‚herummeckern' oder überhöhte Ansprüche in Bezug auf ihre schulischen Leistungen stellen. Allerdings fühlten sich Jungen im Vergleich zu Mädchen signifikant häufiger ernst genommen. Ulrich Schneekloth und Ingo Leven (2007) analysierten im Rahmen der 1. World Vision Kinder Studie die Häufigkeit elterlicher Gewalt in Form von Bestrafung und differenzierten dabei sowohl nach Geschlecht als auch nach Herkunft. Sie zeigten auf, dass 19% der Jungen der Aussage, zumindest ‚manchmal' in Form von Schlägen oder Ohrfeigen bestraft zu werden, zustimmten, während dies nur bei 10% der Mädchen der Fall war. Wird zusätzlich die Herkunft als Kriterium herangezogen, zeigt sich, dass 16% der einheimischen Jungen gegenüber 27% der Jungen mit Migrationshintergrund oben genannter Aussage zustimmten. Am seltensten erfuhren allochthone Mädchen Bestrafungen (9%), bei deutschen Mädchen lag der prozentuale Anteil mit 10% etwas höher. Während Mädchen demnach ungeachtet ihrer Herkunft ungefähr gleich häufig angaben, von ihren Eltern bestraft zu werden, berichteten Jungen nicht nur von häufigeren Bestrafungen. Es zeigte sich ein deutlicher herkunftsbedingter Unterschied zuungunsten der Jungen mit Migrationshintergrund.

Im Rahmen des LBS-Kinderbarometers 2007 (LBS-Initiative Junge Familie, 2007), in dem im Gegensatz zum Kinderbarometer 2000 (Hannover, 2002) auch mögliche migrationsspezifische Differenzen analysiert wurden, konnten in Bezug auf das subjektive familiale Wohlbefinden der Kinder, das im Mittel als gut bis sehr gut befunden wurde (und damit sogar noch etwas über dem Mittelwert des allgemeinen Wohlbefindens lag), keine geschlechts- oder herkunftsbedingten Differenzen gefunden werden. Jungen und Mädchen mit und ohne Migrationshintergrund fühlten sich in ihren Familien gleichermaßen wohl.

Bei Betrachtung gesundheitsspezifischer Aspekte anhand von Daten der KIGGS-Studie fanden sich hinsichtlich der Inanspruchnahme einzelner medizinischer Früherkennungsuntersuchungen bis zum sechsten Lebensjahr keinerlei Unterschiede in Abhängigkeit von der Geschlechtszugehörigkeit (Kamtsiuris u.a., 2007). Hingegen konnten Liane Schenk und Hildtraud Knopf (2007) aufzeigen, dass mehr Jungen als Mädchen (ein Drittel versus einem Viertel) seltener als empfohlen die Zähne putzen.

Die dargestellten Befunde spiegeln die kindliche Lebenswirklichkeit lediglich punktuell wider. Die Kategorie Geschlecht wird zwar thematisiert, dennoch bleiben die Ergebnisse auf einem deskriptiven und oberflächlichen Niveau. In seltenen Fällen wurden die Strukturkategorien Herkunft und Geschlecht gemeinsam in die Betrachtung aufgenommen. Auch hier gehen die Befunde nicht über ein beschreibendes Niveau hinaus – insofern ist festzuhalten, dass die herangezogenen Kinderstudien, bis auf das DJI Kinderpanel (Alt & Holzmüller, 2006), keine differenzierten Aussagen zur Kategorie Geschlecht treffen und Aussagen zum wechselseitigen Bedingungsgefüge der Variablen gänzlich ausbleiben.

1.9.2 Peers

Eine auf den ersten Blick überraschend intensive Beachtung in den vorliegenden Kinderstudien findet der Bereich der Gleichaltrigen. Obwohl die Peers zweifellos eine sehr wichtige Einflussgröße für Heranwachsende darstellen, sind sie im Vergleich zu anderen Sozialisationsinstanzen wie der Familie oder der Schule bislang deutlich seltener in das Zentrum von Forschungsarbeiten gerückt. Dies ist mitunter auf die gängige Forschungspraxis auf dem Gebiet der Kindheitsforschung zurückzuführen, sich in Befragungen zur alltäglichen Lebenswelt der Kinder auf Aussagen der Eltern oder anderer Betreuungspersonen wie Lehrkräften oder Kindergärtner(inne)n zu beschränken, die allerdings als Informationsquellen für den lebensweltlichen Bereich der Gleichaltrigen nur bedingt geeignet sind. Mit dem zunehmenden Trend, Kinder direkt zu befragen, eröffnen sich nun im Kontext der Peers neue inhaltliche Forschungsmöglichkeiten. So beschäftigt sich die World Vision Kinderstudie zum Beispiel mit der Frage, wie Freundschaftsverhältnisse von Kindern mit und ohne Migrationshintergrund beschaffen sind (Schneekloth & Leven, 2007). Eine ähnliche Analyse nimmt auch Angelika Traub mit den Daten des DJI Kinderpanels vor und stellt sich dabei die Frage „Wann ist ein Freund ein Freund?" (2006, S. 291). Wesentlich allgemeiner, aber dennoch auch im Zusammenhang mit Migration relevant sind die Ergebnisse des

LBS Kinderbarometers zum Wohlbefinden der Kinder bei ihren Freund(inn)en (LBS-Initiative Junge Familie, 2007). Mit dem Eintritt in die mittlere Kindheit, dem Altersabschnitt zwischen dem sechsten und dem zwölften Lebensjahr (Baacke, 2004), gewinnen Freundschaftsaktivitäten, wie das Kontakte-Knüpfen zu Peers und das Sich-Integrieren in ein Gleichaltrigennetzwerk, zunehmend an Bedeutung. „Das Erlernen von sozialem Miteinander im Alltag [stellt] eine wesentliche Entwicklungsaufgabe dar [...], deren positive Bewältigung für Kinder in diesem Altersabschnitt genauso wichtig ist wie das Erlernen der zentralen Kulturtechniken (Lesen, Schreiben, Rechnen, etc.)" (Schneekloth & Leven, 2007, S. 143). In enger Verbindung mit dem jeweiligen Verlauf dieser Lernprozesse steht das Befinden der Heranwachsenden. So können die Kontakte zu Gleichaltrigen einerseits zu positiven Emotionen wie Freude und Spaß führen, aber auch im Fall von selbst erfahrenem Bullying und Gewalt bei den Kindern Angst und Einschüchterung bewirken. Für die vorliegende Betrachtung der Peerbeziehungen im Kontext von Migration und Multikulturalität steht die Frage im Mittelpunkt, inwieweit sich autochthone und allochthone Heranwachsende in ihren Gleichaltrigenbeziehungen – und dem damit assoziierten Wohlbefinden – und Einstellungen unterscheiden. Der erste Blick ist dabei zunächst auf die Anzahl der Freunde/Freundinnen zu richten. Sowohl die World Vision Kinderstudie (ebd.) als auch das DJI-Kinderpanel (Traub, 2006) stellen diesbezüglich übereinstimmend fest, dass es hier keine signifikanten Unterschiede zwischen Kindern mit und ohne Migrationshintergrund gibt. Beide Gruppen nennen ähnliche Zahlen, die zwar zwischen den Studien leicht variieren, aber insgesamt auf eine gute Integration in Gleichaltrigennetzwerke hindeuten. Unterschiede sind hingegen bei den individuellen Bewertungen der Freundschaftsbeziehungen und der selbst wahrgenommenen Integration festzustellen. „Obwohl Kinder mit Migrationshintergrund ihre Freunde häufiger treffen als die deutschen Kinder, wünschen sie sich doppelt so oft mehr, und vier- bis sechsmal so oft andere Kinder als Freunde" (ebd., S. 322). Die daraus abzuleitende größere Unzufriedenheit der jungen Migrant(inn)en mit ihren Freundschaften führt Angelika Traub (2006) unter anderem darauf zurück, dass sich Kinder mit Zuwanderungshintergrund öfter in größeren Gruppen zum Spielen aufhalten und die jeweilige Gruppengröße wiederum einen Einfluss auf die Interaktionsstrukturen hat. Vermutlich sind gerade der Aufbau und das Aufrechterhalten von engen Freundschaften in größeren Gruppen deutlich erschwert. Auch wäre als weiterer erklärender Faktor denkbar, dass beispielsweise „türkische Kinder ein weniger exklusives Freundschaftsverhältnis haben und alle Kinder, mit denen sie häufig zusammen sind, als gute Freunde bezeichnen" (ebd., S. 322).

Ungeachtet dieser unterschiedlichen Einstellungen hinsichtlich der Größe und der Zusammensetzung des eigenen Freundeskreises fühlen sich Kinder unabhängig von ihrer Herkunft bei ihren Freund(inn)en sehr wohl. Laut den Ergebnissen des LBS-Kinderbarometers (LBS-Initiative Junge Familie, 2007), liegt ein positives Befinden im Rahmen des Zusammenseins mit Freund(inn)en auch deutlich über dem Wohlbefinden in Familie und Schule, was mit dem größeren Handlungsspielraum zusammenhängen könnte, den die Kinder bei der Gestaltung ihrer Freundschaftsbeziehungen nutzen können. Neben einer Steigerung des Wohlbefindens gehen auch andere positive Effekte mit einem ausreichend großen und intakten Freundeskreis einher. Wie an den Daten des DJI-Kinderpanels (Traub, 2006) gezeigt wird, besteht ein Zusammenhang zwischen der Anzahl der Freundschaften auf der einen Seite und der Aufgeschlossenheit und dem Selbstbild eines Kindes auf der anderen Seite (dieser Zusammenhang ist weitgehend unbeeinflusst von der ethnischen Herkunft).

Was die ethnische Zusammensetzung der jeweiligen Freundeskreise anbelangt, sind auch hier vor allem Gemeinsamkeiten zwischen Kindern mit und ohne Migrationshintergrund festzustellen. Sowohl die Freundeskreise von einheimischen Heranwachsenden als auch die Freundeskreise von allochthonen Kindern sind in den meisten Fällen ethnisch gemischt. Fast 60% der Kinder mit Migrationshintergrund geben im Rahmen der World Vision Kinderstudie (Schneekloth & Leven, 2007) an, dass mindestens ein bis zwei Kinder nichtdeutscher Herkunft zu ihrem Freundeskreis gehören. In den alten Bundesländern liegt dieser Anteil sogar über 60%, da hier historisch bedingt ein deutlich größerer Bevölkerungsanteil von Migrant(inn)en besteht. Ulrich Schneekloth und Ingo Leven (2007) kommen daher zu dem Schluss, einheimische und Migrantenkinder lebten vor allem dort getrennt, wo man sich im Alltag nicht gemeinsam erleben könne. In Regionen, in denen der Anteil der Migrant(inn)en an der Wohnbevölkerung sehr niedrig ist, finden sich also auch deutlich seltener ethnisch gemischte Freundeskreise. Für Kinder mit Migrationshintergrund und deren Freundescliquen stellt sich dies in der Tendenz gleich, aber in den letztendlichen Prozentanteilen natürlich etwas anders dar. Deutsche Kinder sind bei 80% der Befragten ein fester Bestandteil ihres Freundeskreises; lediglich 1% gibt an, nur Migrant(inn)en zum Freund/zur Freundin zu haben. Eine ethnische Segmentierung bzw. Segregation, wie sie vor allem für das Jugendalter vermutet wird (Deutsche Shell, 2000; Traub, 2006), lässt sich daher für die mittlere Kindheit nicht konstatieren. Auch sprachlich zeigen sich die Freundeskreise als wichtige Integrationsräume. Mehrheitlich und studienübergreifend wird Deutsch als die in Freundeskreisen dominierende Sprache ausgewiesen. Angelika Traub (2006) stellt sogar heraus, dass beispielsweise ein Viertel der befragten türkischstämmigen Kinder mit ihren ebenfalls türkischen Freunden überwiegend Deutsch sprechen. Hinsichtlich geschlechtsbedingter Effekte in Größe und Zusammensetzung der Freundeskreise der Zweitklässler/innen arbeitet Werner Dees (2008) im Rahmen des Nürnberger Kinderpanels[62] zum einen heraus, dass sieben- bis neunjährige Jungen tendenziell einen etwas größeren Freundeskreis aufweisen. Sie nennen 6,1 Kinder, mit denen sie nach der Schule etwas unternehmen können, während Mädchen im Schnitt 4,8 Kinder aufzählen. Der überwiegende Teil der Kinder (fast 80%) gab zudem an, die Freunde und Freundinnen aus der Schule zu kennen. Außerdem fand Werner Dees (2008) vorwiegend geschlechtersegregierte Freundeskreise vor – 64,9% der Jungen und 62,8% der Mädchen gaben an, keine Spielkamerad(inn)en[63] des anderen Geschlechts zu haben.

1.9.3 Fazit: Der Beitrag der Kinderstudien

Zusammenfassend kann festgehalten werden, dass die gegenwärtig vorliegenden Ergebnisse der Kinderstudien nur wenig Bezug zu migrationstheoretischen Fragestellungen aufweisen und damit keine ausgewiesene Migrationsforschung darstellen (allerdings zumeist auch keinen derartigen Anspruch erheben). Vielmehr werden migrationsspezifische Aspekte oft nur am Rande oder ergänzend betrachtet und die Studien fallen somit in ihrer theoretischen Ausgestaltung meist hinter bereits bestehende Arbeiten aus der Migrationsforschung zurück. Zudem muss darauf hingewiesen werden, dass Untersuchungen, wie beispielsweise die World Vision Studie, teilweise einer defizitorientierten Betrachtungsweise verhaftet sind. Das DJI-Kinderpanel stellt in Anspruch und Anlage eine Ausnahme dar. Es differenziert zwischen zwei der großen Gruppen von Kindern mit Migrationshintergrund und legt auch breit gefächerte Ergebnisse zu häuslichen und außerhäuslichen Lebenssituationen, zu Betreuungsarrangements, zu Freizeit und zu Freundschaften vor.

Wie an den Mängeln der Kinderstudien erneut deutlich wird, fehlen innerhalb der Migrationsforschung aktuelle empirische Untersuchungen, die sich auf Grundlage einer theoretisch breit ausgearbeiteten Modellierung gruppenbezogen auf den familiären Lebenszusammenhang von Kindern richten und diesen Kontext differenziert aufschlüsseln. Derartige Studien sind notwendig, um auch im

---

62 Die berichteten Daten beziehen sich auf die zweite Welle der Longitudinalstudie, die zum Ziel hat, Lebenssituation und Gesundheit von Nürnberger Kindern zu untersuchen (Dees, 2008).

63 Werner Dees (2008) verweist darauf, dass fast 97% aller Kinder angaben, dass ihre Spielkamerad(inn)en immer bzw. meistens auch ihre Freunde/Freundinnen sind, weswegen die Begriffe synonym verwendet wurden.

Hinblick auf zu erschließende Ressourcen und Unterstützungspotenziale für Heranwachsende Ansatzpunkte für Interventionsmaßnahmen zu finden. Wie Bernhard Nauck (2006) zeigt, muss es vornehmlich um die Differenzierung der Kontextbezüge der Familien gehen, d.h. es gilt ihm zufolge zunächst, die Effekte der Besonderheiten der jeweiligen Herkunftskultur von den Effekten der Besonderheiten der Migrations- und Minderheitenlebenslage zu trennen.

Die Notwendigkeit, Besonderheiten und Differenzen zu erschließen, ergibt sich ebenfalls zwingend im Hinblick auf die Frage des Geschlechts: In den bis dato vorliegenden Statistiken wie in den aktuellen Bildungsreports und -berichten wird die schulische Situation von Mädchen und Jungen mit Migrationshintergrund nicht annähernd befriedigend erfasst (aktuell einzig von Heike Diefenbach, 2010a). Eine theoretisch fundierte geschlechtsbezogene Perspektive findet sich auffällig selten in den Kinderstudien, wobei hier mehr gemeint ist als die getrennte Betrachtung der Antworten von Mädchen und Jungen. Positiv hervorzuheben ist in diesem Zusammenhang die Analyse von Bettina Hannover (2002) im Rahmen einer vorausgehenden Erhebung des LBS-Kinderbarometers, die weit über deskriptiv getrennte Auswertungen nach dem Geschlecht hinausgeht und die dargelegten Befunde entwicklungstheoretisch und unter Bezugnahme auf Entwicklung der Geschlechtsidentität interpretiert, dies jedoch leider ohne migrationsbezogene Differenzierung.

Die für die Kinderstudien zu konstatierenden Schwachstellen werden insbesondere im Punkt gesundheitliche Risiken unterstrichen durch die Zusammenschau der Entstehungsprozesse sozialer Ungleichheit für den 13. Kinder- und Jugendbericht der Bundesregierung, der auf die Langzeitfolgen der überdurchschnittlich häufigen Zugehörigkeit zu den unteren sozialen Lagen von Migrantenfamilien in Deutschland verweist (Sachverständigenkommission 13. Kinder- und Jugendbericht, 2009). Für Migrantenkinder ergibt sich eine höhere Belastung durch sozialschichtabhängige Risikofaktoren. Einige Verhaltensweisen wie ungesunde Ernährung und Bewegungsmangel (Übergewicht als Indikator) treten bei Kindern aus Einwandererfamilien häufiger, andere wie Tabak oder Alkoholkonsum dagegen seltener auf. Besonderen Risiken scheinen Heranwachsende mit Migrationshintergrund durch inner- und außerfamiliäre Konflikte, mangelnde Ressourcen und psychische Belastungen ausgesetzt zu sein (Dragano, Lampert & Siegrist, 2009). Die Gesundheit der Migrantenkinder bedarf verstärkter Aufmerksamkeit (ebd.), so die Autoren, wobei deutlich wird, dass das Merkmal Migration als Risikofaktor für Gesundheit in der Lebenslaufperspektive nicht ausreichend untersucht wurde und es hierzu aktuellere empirische Studien bedarf. International vergleichende Studien fehlen ebenfalls.

Werden die Ergebnisse der Kinderstudien um einen europäischen oder internationalen Vergleich erweitert, ergeben sich daraus viel versprechende neue Forschungsperspektiven für die Zukunft. Es besteht vor allem auf europäischer Ebene die Annahme, dass es Länder gibt, die zwar vor ähnlichen migrationsbezogenen Herausforderungen stehen wie Deutschland, deren Umgang mit diesen Herausforderungen allerdings deutlich besser gelingt. Gerade für diese Fälle ist zu vermuten, dass wichtige Prozesse und Zusammenhänge nicht allein mithilfe einer ausschließlich national ausgerichteten Forschung, sondern erst durch die Hinzunahme ausgewählter europäischer Vergleichsmöglichkeiten aufgedeckt werden können.

2 Kinder und Jugendliche im Sozialisationskontext Schule

Schule ist für alle in unserer Gesellschaft heranwachsenden Kinder und Jugendlichen zum einen eine verpflichtend zu besuchende Institution und zum anderen ein komplexer und vielfältiger Lebens-, Erfahrungs- und Entwicklungsraum (Fend, 1997). Schule nimmt einen erheblichen Teil des Alltages ein und ist der Ort der aktiven und produktiven Auseinandersetzung mit gesellschaftlichen Gegebenheiten (ebd.). Damit ist Schule ein zentraler Kontext von Sozialisation. Die sozialisatorischen Funktionen des Bildungswesens – im Sinne von Beiträgen, die für die Aufrechterhaltung sozialer Systeme und ihrer Handlungsfähigkeit notwendig sind – werden von Helmut Fend (2006) als gesellschaftliche und individuelle beschrieben: Zu den grundlegend gesellschaftlichen Funktionsleistungen sind kulturelle Reproduktion, Qualifikation, Allokation sowie Integration und Legitimation durch Schule zu zählen, denen individuelle Handlungs- und Entwicklungschancen entsprechen. Dabei hängt die Entwicklung der individuellen Leistungspotenziale maßgeblich von der institutionellen Gelegenheitsstruktur des Bildungswesens ab. In Zusammenhang mit Schule findet die Planung individueller Bildungs- und Berufsbiographien statt, sie wird zum Instrument der persönlichen Lebensplanung, indem sie die Möglichkeiten schafft, den beruflichen Ein- und Aufstieg sowie die spätere Stellung im Beruf durch eigene Lernanstrengungen und durch schulische Leistungen zu beeinflussen (ebd.).

Dass allerdings, wie auch in Deutschland der Fall, Bildungserfolg nicht allein auf Voraussetzungen der Schülerinnen und Schüler, ihren individuellen Begabungen und Fähigkeiten beruht, sondern mit askriptiven Merkmalen verknüpft ist, zeigen die seit über zwei Jahrzehnten nachgewiesenen und neuerlich durch die groß angelegten Schulleistungsstudien wie IGLU, TIMSS oder PISA bestätigten Disparitäten v.a. in Leistungen, Kompetenzen, Bildungsbeteiligung und Schulabschlüssen (Diehm, 2009; Merkens, 2010): Ganz offensichtlich besteht auch weiterhin ein Gefälle entlang der Trennlinien Geschlecht, Ethnizität und soziale Herkunft. Bildungschancen und Teilhabemöglichkeiten werden durch sie determiniert, beeinträchtigt oder sogar verschlossen. Im gegenwärtig etablierten Schulsystem gelingt es weder, alle Lernenden möglichst unabhängig von diesen Faktoren gleichermaßen zu fördern, noch dies ausreichend oder in optimaler Weise zu tun (Fürstenau & Gomolla, 2009). Die Selektion und Segregation der Schüler/innen wird insbesondere durch die drei-/viergliedrige Struktur des bundesdeutschen Bildungssystems ermöglicht. Mit Blick auf junge Migrant(inn)en gehen verschiedene Forschungen der Frage nach, wie es zu Benachteiligungen kommt; dabei wird eine zentrale Trennlinie in den Kategorien Sprache und Kultur gesehen (Diehm, 2009), die mit der sozialen Herkunft konfundiert sind.

Eine sozial gerechte, an dem normativen Konzept der Chancengleichheit ausgerichtete Bildungspraxis sollte sich allerdings an den tatsächlichen Potenzialen orientieren und nicht zu einer Stabilisierung oder gar Verstärkung bestehender Unterschiede beitragen. Mit der Betonung des Leistungsprinzips ist das *„sozialisationsbeachtende meritokratische Modell der Chancengleichheit"* angesprochen, wie es Rainer Geißler und Sonja Weber-Menges (2008, S. 14; Hervorhebung im Original) bezeichnen. Dieses Prinzip unterstellt, dass Individuen in gleichem Maße zu entsprechenden Möglichkeiten in ihrer Bildungskarriere kommen können. Die Entwicklung des individuellen Leistungspotenzials im Rahmen von Sozialisationsprozessen, die jedoch mit ungleichen familialen und schulischen Bedingungen in Verbindung stehen und die ihrerseits wiederum u.a. mit der ethnischen Herkunft und dem sozioökonomischen Status zusammenhängen, findet hier ebenso Berücksichtigung wie die Prämisse gleicher Chancen unabhängig von sozialen Kriterien (ebd.). Gelingt diese Konzentration auf die Fähigkeiten der Lernenden nicht (hinreichend), ist zwangsläufig zu fragen, wie es zu Benachteiligungen aufgrund von (zugeschriebenen) Zugehörigkeiten kommt. In den Fokus rücken somit unweigerlich ganz unterschiedliche Aspekte innerhalb des gesamten Bildungssystems (Herwartz-Emden, Dresel, Hartinger, Rost-Roth & Schneider, 2008).

Demzufolge beleuchtet das vorliegende Kapitel den schulischen Kontext aus verschiedenen Perspektiven unter der zentralen Fragestellung, welchen Beitrag Schule als Institution und die dort (inter-)agierenden Akteurinnen und Akteure zu bildungsbezogenen Disparitäten leisten und wie diesen im Sinne einer geschlechtergerechten interkulturellen Pädagogik möglichst entgegengewirkt werden kann. Mit unseren Ausführungen zielen wir darauf ab, auf der Grundlage aktueller Daten einen umfassenden Überblick zur Situation von jungen Migrantinnen und Migranten im bundesdeutschen Schulwesen zu vermitteln. Dass dies kein leichtes Unterfangen ist, wurde bereits an mehreren Stellen betont. Kinder aus Einwandererfamilien treten mit ebenso unterschiedlichen Bildungsvoraussetzungen und -bedürfnissen in das Bildungssystem ein und wachsen in genauso unterschiedlichen familiären Verhältnissen und regionalen Kontexten auf wie autochthone Heranwachsende – der Vielfalt und Verschiedenheit wird durch Migration also nur eine weitere Facette hinzugefügt (Fürstenau & Gomolla, 2009).

Überdies ist von einer ausgeprägten Heterogenität hinsichtlich der Zuwanderungserfahrungen, der Aufenthaltsdauer, der Wanderungsmotive und -geschichten der Familien auszugehen.

Einen entsprechend differenzierenden Blickwinkel einzunehmen, wird *zum einen* durch die Datenlage erschwert: Im überwiegenden Teil der bis dato vorliegenden Untersuchungen erfolgt eine voneinander unabhängige Betrachtung der beiden Faktoren ethnische Herkunft und Geschlecht (vgl. z.B. die Einschätzung von Heike Diefenbach, 2010a). Eine weitere Schwierigkeit liegt darin, dass sich viele Angaben (wie oftmals in Schulstatistiken) auf die Staatsangehörigkeit, nicht aber den Migrationshintergrund beziehen, weswegen ein erheblicher Teil der Schüler/innen aus zugewanderten Familien (z.b. Aussiedler/innen, Eingebürgerte) außen vor bleibt. Nicht zuletzt wird der Migrationshintergrund an sich unterschiedlich gefasst – von der Staatsangehörigkeit über das Geburtsland (des Kindes, der Eltern oder Großeltern) bis hin zur Familiensprache. Mit diesen begrifflichen Unschärfen müssen auch unsere Ausführungen leben, wenngleich wir versuchen, die jeweils zugrunde liegende Definition anzugeben. *Zum anderen* finden sich Aussagen über einzelne Herkunftsgruppen vorwiegend nur in Einzelstudien, was eine Differenzierung wiederum sehr behindert. Nachfolgend wird, je nach Datenbasis, auf die genannten Grob-Kategorisierungen zurückgegriffen und nach Möglichkeit bezüglich weiterer Merkmale unterschieden. Zudem existiert unseres Wissens gegenwärtig keine umfassende Studie, die sich explizit dem Geschlecht der jungen Migrant(inn)en widmet; es lassen sich nur mittelbar Ergebnisse in neueren Untersuchungen finden, über die wir im Anschluss berichten.

Dass darüber hinaus ein solch breit angelegter Überblick Fokussierungen erfordert, liegt auf der Hand. Es scheitert schlichtweg an der Realisierbarkeit, alle bedeutsamen Aspekte gleichermaßen einzubeziehen und in ihrer gesamten Breite zu behandeln. Insofern müssen einige wenige Gesichtspunkte zugunsten einer möglichst nachvollziehbaren und übersichtlichen Darstellung zurückgestellt werden. Das Dilemma, mit der Orientierung an den Benachteiligungen von Kindern und Jugendlichen aus Einwandererfamilien den „touristischen' Blick auf Phänomene der Andersartigkeit" (Fürstenau & Gomolla, 2009, S. 14) oder die defizitgeprägte Sichtweise der aktuell vor allem in den Medien geführten Diskussion zu wiederholen (Budde, 2008), lässt sich letztlich zwar nicht auflösen, doch kann ihm insofern begegnet werden, als dass es sich bei den folgenden Aussagen immer nur um Tendenzen und Durchschnittswerte handelt, die weder auf *alle* Schüler/innen mit (eigener/familiärer) Zuwanderungsgeschichte noch *alle* Mädchen und jungen Frauen sowie Jungen und junge Männer zutreffen. Es finden sich immer auch solche, für die etwas anderes gilt, die beispielsweise durchaus erfolgreich sind, und nicht übersehen werden sollten (ebd.).

Im ersten Unterpunkt widmen wir uns auf einer noch eher allgemeinen und weniger schulbezogenen Ebene der heranwachsenden Bevölkerung aus Einwandererfamilien und zeigen auf, wie sie sich in den einzelnen Altersgruppen der unteren Jahrgänge hinsichtlich verschiedener Kriterien zusammensetzt. Von den vorliegenden Datenquellen (Mikrozensus, amtliche Bildungsstatistiken) und Untersuchungsergebnissen (internationale Schulleistungsstudien, eigene Forschungsbefunde) ausgehend wird im zweiten Abschnitt die schulische Situation von Kindern und Jugendlichen mit Migrationshintergrund für drei als besonders relevant geltende Bereiche – Bildungsbeteiligung, Schulabschlüsse, Leistungen/Kompetenzen – mit Perspektive auf das Geschlecht und die soziale Herkunft beleuchtet. Daran schließt sich der dritte Teil zu ‚Sprache‘ an. Im vierten Punkt wenden wir uns dem Verlauf von Schulkarrieren zu, wobei wir schwerpunktmäßig auf den vorschulischen Bereich und den Übergang von der Grundschule in die Sekundarstufe eingehen. Die Frage nach den Ursachen der geschilderten Bildungsungleichheiten und Möglichkeiten, jenen entgegenzuwirken, bildet das Zentrum des vorletzten Unterkapitels. Im Anschluss an einen Überblick über die in verschiedenen Erklärungsansätzen diskutierten Faktoren für die geringeren Bildungserfolge, konzentrieren wir uns mit der Fokussierung von durch Stereotype respektive Erwartungen bedingten Effekten auf in der Schule und im Unterricht stattfindende soziale und psychologische Prozesse. An diese Basis anknüpfend werden verschiedene Optionen vorgestellt, die zu einer Verringerung der Disparitäten beitragen können.

2.1 Altersstruktur/-gruppen der heranwachsenden Bevölkerung aus Einwandererfamilien

Im Durchschnitt ist die (selbst) zugewanderte Bevölkerung deutlich jünger als die nicht-zugewanderte; demzufolge befindet sich auch ein großer Teil der Migrant(inn)en in einem Lebensalter, in dem er zur Klientel des Bildungsbereiches zählt. Um möglichst aktuelle Daten präsentieren zu können, ziehen wir den Mikrozensus 2008 als repräsentative Erhebung heran: In Bezug auf das Verhältnis von allochthonen zu autochthonen Heranwachsenden weisen von allen Kindern im Vorschulalter (0 bis 5 Jahre) 34,4% (49,7% Mädchen; 50,3% Jungen) einen Migrationshintergrund auf. In der Altersgruppe der 5- bis 10-Jährigen sind es 31,2% (48,6% Mädchen; 51,4% Jungen), unter den 10- bis 15-Jährigen 28,6% (47,6% Mädchen; 52,4% Jungen) und von den 15- bis 20-Jährigen 25,0% (47,5% junge Frauen; 52,5% junge Männer). Werden die zwischen 20 und 25 Jahre alten jungen Erwachsenen berücksichtigt, sind unter ihnen 23,1% Migrant(inn)en, davon 48,1% junge Frauen und 51,9% junge Männer (Statistisches Bundesamt,

2010b). In dem Bevölkerungsteil der bis zu 25-Jährigen als dem Kreis der sich potenziell noch in einer Schulausbildung Befindenden verfügt mehr als ein Viertel, konkret 27,8%, über eine (eigene oder familiäre) Zuwanderungsgeschichte.[64]

Wird auf die Altersstruktur innerhalb der einzelnen Herkunftsgruppen fokussiert, ist bemerkenswert, dass sowohl in der Gesamtbevölkerung mit einer (derzeitigen oder früheren) Staatsangehörigkeit aus den EU-26-Ländern[65] als auch aus den sonstigen europäischen Staaten[66] die jeweiligen Anteile der bis zu 25-Jährigen im Verhältnis größer ausfallen als in der einheimisch deutschen Bevölkerung (22,1%). In eine Rangfolge gebracht, sind knapp 36% aller serbisch-montenegrinischstämmigen Personen nicht älter als 25; von jenen türkischer bzw. polnischer Herkunft rund 35% und von den (ehemaligen) italienischen Staatsangehörigen fast 33%. Die ‚Schlusslichter' sind die (früheren) Staatsbürger/innen der Ukraine und Kroatiens, unter denen mit über 25% respektive 23% jedoch ebenfalls mehr junge Menschen sind als in der Gruppe ohne Migrationshintergrund (ebd.; eigene Berechnungen).

Was den genauen Migrationsstatus der Einwandererpopulation betrifft, stellen diejenigen mit einer deutschen Staatsangehörigkeit prozentual betrachtet mit knapp 67% den größten Anteil an der jungen Bevölkerung mit Migrationshintergrund. Dabei handelt es sich überwiegend um Kinder mit mindestens einem zugewanderten oder als Ausländer/in im Inland geborenen Elternteil (73,4%), während die Gruppen der (Spät-)Aussiedler/innen (15,4%) und Eingebürgerten (11,2%) sichtlich kleiner sind. Von diesen Kindern, Jugendlichen und jungen Erwachsenen mit Migrationshintergrund und einer deutschen Staatsangehörigkeit haben wiederum fast vier Fünftel (78,5%) keine eigenen Wanderungserfahrungen gemacht. Bei den – etwa 33% – Ausländer(inne)n unter den heranwachsenden Migrant(inn)en verfügt ebenfalls der überwiegende Teil (59%) über keine eigenen Zuwanderungserfahrungen. Insgesamt wurde die Mehrheit aller jungen Menschen aus Einwandererfamilien (72,1%) bereits in Deutschland geboren und gehört der zweiten, dritten oder gar vierten Generation an; lediglich 27,9% verfügen selbst über Migrationserfahrungen – je älter die Heranwachsenden sind, desto eher trifft dies zu (ebd.; eigene Berechnungen).

Festzuhalten ist, dass Zuwandererkinder meist keine eigenen Migrationserfahrungen aufweisen und die Zahl der selbst (mit-)gewanderten Heranwachsenden erst etwa ab dem Schulalter zunimmt. Da viele der in Deutschland ansässigen Migrant(inn)en vergleichsweise jung sind, muss in naher Zukunft mit einem

---

64 In Großstädten und Ballungszentren steigt der Anteil auf 50% oder geht sogar darüber hinaus (Autorengruppe Bildungsberichterstattung, 2008).
65 Wie in den vorangegangenen Ausführungen sprechen wir von den EU-26-Ländern, da Deutschland hier nicht einbezogen wird.
66 Dazu zählen alle europäischen Staaten, die nicht zu den EU-26-Ländern gehören.

sichtlichen Anstieg des Anteils von Kindern und Jugendlichen aus Einwandererfamilien, speziell im Sekundarbereich des deutschen Schulsystems, gerechnet werden. Zwar wird sich der Anteil an (Spät-)Ausgesiedelten der ersten Generation wohl auf nahezu Null reduzieren, doch ist dies für die anderen Zuwanderergruppen nicht zu erwarten. Insofern sind auch langfristig gesehen dringend Angebote für Quereinsteiger/innen erforderlich. Die anhaltende Notwendigkeit zeigt sich nicht zuletzt darin, dass es im Jahr 2008 knapp 0,7 Millionen Zuzüge nach Deutschland gab. Von diesen zugewanderten Personen waren 230.000 unter 25 Jahre alt.

2.2 Daten zur Situation von Schülerinnen und Schülern mit Migrationshintergrund

Im Folgenden wenden wir uns in Anlehnung an die quantitativ ausgerichtete Bildungsforschung denjenigen drei Indikatoren zu, mit denen die (Un-)Gleichbehandlung sozialer Gruppen im bundesdeutschen Schulsystem in der Regel erfasst wird – der Bildungsbeteiligung, den formalen Schulabschlüssen und den Leistungen/Kompetenzen (Gomolla, 2009). Basis sind hauptsächlich (1) der Mikrozensus 2008, aus dem sich die Verteilung auf die Schulformen und die erworbenen Abschlüsse ablesen lassen, (2) die international angelegten Schulleistungsuntersuchungen (IGLU, TIMMS, PISA), die Auskunft über den Leistungsstand und das Kompetenzniveau geben, und (3) die Ergebnisse einer eigenen laufenden Regionalstudie (SOKKE)[67], in der sowohl die Herkunft als auch das Geschlecht in den Blick genommen werden.

Wir beginnen mit einer kurzen Zusammenschau der wichtigsten (und vermutlich bereits bekannten) allgemeinen Befunde, wie sie in verschiedensten Publikationen in mittlerweile fast schon redundanter Weise herausgestellt werden: Kinder und Jugendliche mit Migrationshintergrund sind an geringer qualifizierenden Schulformen über- und an höher qualifizierenden Schulformen unterrepräsentiert; sie verlassen das Bildungswesen häufiger ohne einen allgemein bildenden Schulabschluss oder lediglich mit einem Hauptschulabschluss und erzielen schlechtere Leistungen respektive ein niedrigeres Kompetenzniveau als Heranwachsende ohne Migrationshintergrund. Dass in Anbetracht der Heterogenität der in Deutschland lebenden Zuwanderer und Zuwanderinnen allerdings eine differenzierende Perspektive nötig ist, die auch geschlechts- und herkunfts-

---

67   SOKKE: Sozialisation und Akkulturation in Erfahrungsräumen von Kindern mit Migrationshintergrund – Schule und Familie. Das von der DFG finanzierte Projekt wird von Leonie Herwartz-Emden geleitet. Wissenschaftliche Mitarbeiterin ist Cornelia Braun.

bezogene Unterschiede zwischen und innerhalb der Gruppen berücksichtigt, zeigen die sich anschließenden vertieften Analysen.

2.2.1 Bildungsbeteiligung – Anteilswerte in Schulformen

Was den Schulbesuch[68] und die Migrant(inn)enanteile im Vergleich zu jenen der einheimisch deutschen Kinder und Jugendlichen in den einzelnen Schularten anbelangt, lassen sich nur schwerlich aktuelle Aussagen über Heranwachsende mit Migrationshintergrund im Allgemeinen sowie Mädchen und Jungen aus Einwandererfamilien unterschiedlicher Herkunft im Besonderen formulieren, die deren gegenwärtige Situation im Bildungswesen adäquat repräsentieren. Die Datenlage ist insofern problematisch, als dass zwar in neueren statistischen und wissenschaftlichen Publikationen zumindest eine Differenzierung nach dem Migrationsstatus erfolgt, zum Teil in Kombination mit dem Geschlecht, die Werte allerdings auf verschiedenen Grundgesamtheiten (bspw. Schüler/innen an allgemeinbildenden und beruflichen Schulen, Schüler/innen an allgemeinbildenden Schulen, Schüler/innen im Sekundarbereich der allgemeinbildenden Schulen) basieren und folglich nicht eins zu eins aufeinander bezogen werden können. Aufgrund dessen müssen wir an einigen Stellen auf Daten zurückgreifen, die entweder generell die Werte junger Migrant(inn)en oder lediglich die der Untergruppe der Ausländer/innen ausweisen.

2.2.1.1 Schüler/innen mit Migrationshintergrund

In einer Sonderauswertung des Mikrozensus 2008[69] von Daniela Nold (2010), die für die Darstellung der Schulbesuchsquoten in einer breiten Perspektive auf die Gesamtzahl der an allen allgemeinbildenden und berufsqualifizierenden Einrichtungen Lernenden rekurriert, wird hinsichtlich der Verteilung auf die Schulformen einerseits nach dem Migrationshintergrund und andererseits nach Herkunftsregionen (im Sinne der [früheren] Staatsangehörigkeit) differenziert. Die Ergebnisse (und unsere eigenen Berechnungen) zeigen, dass von allen Schülerinnen und Schülern ohne (familiäre oder eigene) Zuwanderungsgeschichte 7,4%

---

68 Wir konzentrieren uns im Folgenden auf Hauptschulen, Realschulen und Gymnasien, da andere Schulformen wie beispielsweise integrierte Gesamtschulen von deutlich weniger Schüler(inne)n besucht werden. Zudem würde eine derart umfassende Darstellung den Rahmen des Buches sprengen.

69 Die Definition des Migrationshintergrundes durch das Statistische Bundesamt findet sich in der Einleitung.

die Hauptschule, 14,7% die Realschule und 24,5% das Gymnasium besuchen. Von den Heranwachsenden mit Migrationshintergrund lernen 14,4% an einer Hauptschule, 13,7% an einer Realschule und 17,2% an einem Gymnasium. In der Gruppe der jungen Migrant(inn)en ist der prozentuale Anteil an Hauptschüler(inne)n folglich fast doppelt so hoch wie in der Gruppe der einheimisch Deutschen, während er bei den Gymnasiast(inn)en sichtbar darunter liegt.

Berücksichtigt man zudem die Herkunftsregion, ergeben sich zum Teil deutliche Abweichungen: Die jungen Migrant(inn)en türkischer Herkunft stellen den höchsten Anteil an Hauptschüler(inne)n (19,7%); daran schließen sich diejenigen mit einer (früheren) Staatsangehörigkeit der anderen ehemaligen Anwerbestaaten (16,4%) an. Es folgen Kinder und Jugendliche aus den ‚sonstigen' europäischen Ländern (12,8%), den ‚übrigen' Staaten der Welt (12,3%) und den EU-Ländern (9,5%). Die im Verhältnis geringste Hauptschulbesuchsquote ist bei den Lernenden mit der deutschen Staatsbürgerschaft (9,3%) zu registrieren. Im Bereich der Realschule fallen die Unterschiede relativ gering aus – hier werden die beiden größten Gruppen von den jungen (früheren) Angehörigen eines der sonstigen europäischen Länder (14,3%) und den Schüler(inne)n mit einem türkischen Hintergrund (14,2%) gebildet, während die Kinder und Jugendlichen mit einer Staatsangehörigkeit aus den EU-Ländern das ‚Schlusslicht' (12,9%) darstellen.[70] Beim Gymnasialbesuch sind die erheblichsten Differenzen zu verzeichnen: Der höchste Prozentsatz stammt aus den EU-Ländern (26,3%), dicht gefolgt von den deutschen Schüler(inne)n mit Migrationshintergrund (25,1%). Mit einem verhältnismäßig großen Abstand sind die (ehemaligen) Staatsangehörigen eines der übrigen Staaten der Welt auf dem dritten Rang (19,3%) zu verorten. Der niedrigste Gymnasialanteil findet sich bei den türkischstämmigen Heranwachsenden (10,4%). Etwas höher liegen die Quoten der Heranwachsenden aus den anderen ehemaligen Anwerbestaaten (14,1%) und der Lernenden aus den sonstigen europäischen Ländern (15,4%). Es fällt auf, dass der Besuch eines Gymnasiums unter den aus den sonstigen EU-Ländern stammenden Kindern und Jugendlichen und den Migrant(inn)en mit der deutschen Staatsangehörigkeit weiter verbreitet ist als unter den einheimisch Deutschen (24,5%) (ebd.; eigene Berechnungen).

Während sich v.a. die Schüler/innen aus den Staaten der EU und die deutschen Schüler/innen mit Migrationshintergrund – von denen über ein Viertel an einem Gymnasium, aber nicht einmal ein Zehntel an einer Hauptschule lernt – vergleichbar gut im Schulsystem der Bundesrepublik positionieren können, was mit Einschränkungen auch für diejenigen aus den anderen Ländern der Welt gilt, gelingt dies den Schüler(inn)n türkischer Herkunft am wenigsten: Nur jede/r

---

70 Zwischenpositionen nehmen die Heranwachsenden aus den anderen ehemaligen Anwerbestaaten (13,9%), die Deutschen mit Migrationshintergrund (13,6%) und die jungen Menschen aus den übrigen Staaten (13,4%) ein.

Zehnte geht auf das Gymnasium, aber fast jede/r Fünfte auf die Hauptschule. Bei den Heranwachsenden aus den anderen ehemaligen Anwerbestaaten verhält es sich ähnlich, jedoch ist die Tendenz weniger stark ausgeprägt. Die Ergebnisse der PISA-Studien gehen in eine vergleichbare Richtung: So stellt sich die Situation für die türkisch- und italienischstämmigen 15-Jährigen, die vorwiegend „weniger anspruchsvolle Schulformen" (Bergann & Stanat, 2010, S. 160) besuchen, am ungünstigsten dar; die Jugendlichen aus der früheren Sowjetunion siedeln sich zwar eher im mittleren Bereich an, doch sind sie im Unterschied zu jenen ohne Migrationshintergrund ebenfalls häufiger an Hauptschulen und seltener an Gymnasien vertreten (ebd.).

Wenngleich die in vielen Veröffentlichungen praktizierte subsumierende Betrachtung ,der' Migrant(inn)en Homogenität innerhalb dieses Bevölkerungsteils suggeriert, wird vor dem Hintergrund der z.T. beträchtlichen Unterschiede zwischen und in den einzelnen Untergruppen deutlich, dass prinzipiell jedoch nicht von ,dem' oder ,der' Schüler/in mit Migrationshintergrund gesprochen werden kann, sondern ein differenzierender Blick – in diesem Zusammenhang auf die Herkunftsregionen – unabdingbar ist (Herwartz-Emden & Mehringer, 2010).

2.2.1.2 Schüler/innen mit einer ausländischen Staatsangehörigkeit

Wie sich das Verhältnis zwischen den ausländischen und einheimisch deutschen Schüler(inne)n bezüglich der Verteilung auf die verschiedenen Bildungsgänge gestaltet, wird nachfolgend zum einen anhand der aktuellsten vorliegenden Daten aus dem Schuljahr 2008/09 (Statistisches Bundesamt, 2010c) beleuchtet. Zum anderen zeichnen wir die Entwicklung der Schulbesuchsquoten in den letzen Jahren nach.

Wird in einem ersten Schritt auf die Gesamtgruppe der ausländischen Schüler/innen im Schuljahr 2008/09 fokussiert – die 8,9% der Schülerschaft an allgemeinbildenden Einrichtungen insgesamt ausmachen – und dabei nach den vertretenen Staatsangehörigkeiten differenziert, zeigt sich eine beträchtliche Heterogenität hinsichtlich der nationalen Herkunft. Mit knapp 80% verfügt der weit überwiegende Teil der insgesamt mehr als 0,8 Millionen eine allgemeinbildende Schule besuchenden jungen Menschen mit einem ausländischen Pass über eine Staatsangehörigkeit aus den europäischen Ländern, darunter wiederum etwas über 20% aus den EU-26-Staaten und fast 60% aus den übrigen Staaten Europas. Von den ,restlichen' 20% an Lernenden finden sich 13,1% mit einem asiatischen, 4,0% mit einem afrikanischen, 1,8% mit einem amerikanischen und 0,1% mit einem australischen Pass. Bei den jungen Migrant(inn)en mit einer

Staatsangehörigkeit aus den EU-26-Ländern werden die – relativ gesehen – umfangreichsten vier Gruppen von den Italiener(inne)n (6,3%), den Griech(inn)en (3,5%), den Pol(inn)en (3,0%) und den Portugies(inn)en (1,5%) gebildet, während die für die anderen EU-26-Staaten ausgewiesenen Werte weniger als 1% betragen. Von den jungen Staatsbürger(inne)n der übrigen europäischen Länder stammt die im Verhältnis größte Subgruppe aus der Türkei (40,3%); darauf folgen mit deutlichem Abstand die Kinder und Jugendlichen aus Serbien (4,1%), der Russischen Föderation (2,9%), Bosnien und Herzegowina (2,4%) sowie Kroatien (2,3%) (ebd.). Das heißt, die – absolut und prozentual betrachtet – meisten Heranwachsenden mit einem ausländischen Pass haben die türkische Staatsangehörigkeit; die zweitgrößte Gruppe sind die italienischen Schüler/innen.

Lenkt man in einem zweiten Schritt den Blick auf die Verteilung nach den unterschiedlichen Schulformen, die anders als weiter oben (bei den Ausführungen zum Migrationshintergrund) ausschließlich auf den allgemeinbildenden Schularten[71] basiert, stellen Ausländer/innen an Hauptschulen einen Anteil von 19,5%, an Realschulen einen Anteil von 8,1% und an Gymnasien einen Anteil von 4,4% der gesamten Schülerschaft (ebd.; z.T. eigene Berechnungen).

Unter Einbezug ausgewählter Nationalitäten, speziell im Hinblick auf die zahlenmäßig größten und für vorliegenden Zusammenhang besonders relevanten Untergruppen innerhalb der ausländischen Bevölkerung, ist festzuhalten, dass fast ein Viertel aller Schüler/innen, die Angehörige eines der Länder der Russischen Föderation sind, das Gymnasium besucht; in der spanischen Schülerschaft sind es knapp ein Fünftel und von den Griech(inn)en etwas über ein Sechstel (vgl. Tabelle 5). Bei den jungen Staatsbürger(inne)n Italiens und der Türkei liegen die Anteile jeweils unter einem Zehntel. An einer Realschule lernt ca. ein Sechstel aller griechischen Schüler/innen, knapp gefolgt von türkischen, spanischen und italienischen Heranwachsenden. Russische Schüler/innen sind hier im Vergleich am seltensten vertreten. Der Prozentsatz an Hauptschüler(inne)n ist bei den Türk(inn)en und den Italiener(inne)n am höchsten. Es schließen sich die griechischen Staatsangehörigen und – allerdings mit relativ viel Abstand – die Lernenden mit einem spanischen und russischen Pass an (ebd.; eigene Berechnungen).

---

71 Dazu zählen Vorklassen, Schulkindergärten, Grundschulen, schulartunabhängigen Orientierungsstufen, Hauptschulen, Schularten mit mehreren Bildungsgängen, Realschulen, Gymnasien, Integrierte Gesamtschulen, freie Waldorfschulen, Förderschulen, Abendhauptschulen, Abendrealschulen, Abendgymnasien und Kollegs (Statistisches Bundesamt, 2010c)

Tabelle 5: Besuchte Schularten nach ausgewählten Nationalitäten (Statistisches Bundesamt, 2010c; eigene Berechnungen)

Herkunftsland	Gymnasium*	Realschule*	Hauptschule*
Russische Föderation	24,4	10,2	11,7
Spanien	18,9	13,9	12,3
Griechenland	15,6	14,7	21,8
Italien	9,9	13,8	23,4
Türkei	9,3	14,5	23,7

* Alle Angaben in %.

Verglichen mit den deutschen Kindern und Jugendlichen sind junge Ausländer/innen im Bereich der höher qualifizierenden Schulformen unter- und auf dem Gebiet der niedriger qualifizierenden Schularten überrepräsentiert. In der Gruppe der jungen Russ(inn)en ist der Gymnasialanteil auffallend hoch, in der Gruppe der jungen Türk(inn)en dagegen besonders niedrig. Umgekehrt ist der Hauptschulbesuch unter den Heranwachsenden mit der türkischen, italienischen oder griechischen Staatsbürgerschaft offenkundig häufiger verbreitet als bei den Schüler(inne)n aus der Russischen Föderation oder aus Spanien. Insofern können sich die russischen Schüler/innen im bundesdeutschen Schulsystem vergleichsweise gut, die türkischen Schüler/innen dagegen eher schlecht positionieren. Auch hier ist mit Blick auf die zum Teil erheblichen Unterschiede zwischen den nach Staatsangehörigkeiten ausgewiesenen Untergruppen zu betonen, dass das pauschalisierende Bild von ‚dem' oder ‚der' ausländischen Schüler/in die tatsächliche Situation schlichtweg verfälscht. Diese kann nur durch eine Binnendifferenzierung beleuchtet werden (Herwartz-Emden & Mehringer, 2010).

Nicht unerwähnt bleiben soll die Entwicklung der jeweiligen Schulbesuchsquoten in den letzten Jahren, die sich folgendermaßen skizzieren lässt: Zwischen den Schuljahren 2000/01 und 2008/09 ist die Anzahl an ausländischen Schüler(inne)n, die eine Hauptschule besuchen, zurückgegangen und der Prozentsatz derjenigen, die an einer Realschule oder einem Gymnasium lernen, angestiegen. Dabei fällt der Zuwachs beim Realschulbesuch am höchsten aus, hauptsächlich unter den Jungen bzw. jungen Männern mit einer ausländischen Staatsangehörigkeit. Analog dazu sind auch für die Gruppe der deutschen Heranwachsenden eine Erhöhung der Realschul- und Gymnasialbesuchsquoten und eine Abnahme der Hauptschüler/innen zu registrieren. Allerdings steigt unter den Deutschen der Anteil derjenigen, die auf ein Gymnasium gehen, stärker als derjenigen, die an einer Realschule sind, während sich bei Ausländer(inne)n eine entgegengesetzte Entwicklung zeigt (Siegert, 2008; Statistisches Bundesamt, 2010c).

Insofern lässt sich zwar für die ausländischen Schüler/innen ein günstiger Trend hin zu höheren Bildungsgängen beobachten. Da diese Tendenz jedoch auch bei einheimischen Gleichaltrigen besteht, nehmen die Differenzen zwischen den beiden Gruppen nicht durchgängig ab: Einerseits fallen die Unterschiede insbesondere in Bezug auf die gymnasiale Bildung noch deutlicher aus, andererseits werden sie bei den Real- und Hauptschüler(inne)n geringer. Dies gilt sowohl für die beiden Gruppen als auch den überwiegenden Teil der nach Nationalitäten untergliederten Subgruppen, wenngleich sich auch Ausnahmen finden (ebd.).

2.2.2 Bildungsabschlüsse (allgemeinbildender Schulen) im Sekundarbereich

Im Zentrum der folgenden Betrachtung stehen diejenigen Jugendlichen und jungen Erwachsenen, die ihre Ausbildung an einer der allgemeinbildenden Schulformen des Sekundarbereichs ohne Schulabschluss, mit einem Haupt-/Realschulabschluss oder der (Fach-)Hochschulreife beendet haben. Wir wenden uns zunächst dem Jahr zu, für das die aktuellsten Daten vorliegen (2008), erweitern den Fokus auf die letzte Dekade und diskutieren abschließend mit Rekurs auf die Forschungsergebnisse von Heike Diefenbach (2010a & 2008) den Zusammenhang von Geschlecht und Nationalität/Migrationshintergrund in seiner Bedeutung für die (nicht-)erworbenen Bildungszertifikate, wobei wir auch auf die Bildungsbeteiligung eingehen.

Im Jahr 2008 haben 929.462 Schülerinnen und Schüler eine der allgemeinbildenden Schulformen des Sekundarbereichs mit oder ohne Abschluss verlassen, davon 90,6% Deutsche (50,6% junge Männer; 49,4% junge Frauen) und 9,4% Ausländer/innen (51,1% junge Männer; 48,9% junge Frauen). Von den Absolvent(inn)en mit einer ausländischen Staatsangehörigkeit weisen 12,3% die (Fach-)Hochschulreife, 32,6% einen Realschulabschluss, 40,2% einen Hauptschulabschluss und 15,0% keine erfolgreich beendete Schulausbildung auf. Unter den deutschen Abgänger(inne)n sind 32,1% mit der fachgebundenen/allgemeinen Hochschulreife, 41,0% mit Realschulabschluss, 20,8% mit

Hauptschulabschluss und 6,2% ohne eine abgeschlossene schulische Bildung.[72]
Dabei gehen die Unterschiede zwischen den Geschlechtern in beiden Gruppen in
dieselbe Richtung (vgl. Tabelle 6): Verglichen mit den deutschen und ausländischen jungen Männern erreichen sowohl die deutschen als auch die ausländischen jungen Frauen häufiger die (Fach-)Hochschulreife oder einen Realschulabschluss und bleiben seltener ohne Schulabschluss. Die Hauptschule schließen sie
ebenfalls seltener ab (Statistisches Bundesamt, 2010c).

Tabelle 6: Schulabschlüsse von Deutschen und Ausländer(inne)n differenziert
nach Geschlecht (Statistisches Bundesamt, 2010c)

	Ausländer/innen*		Deutsche*	
Schulabschluss	Frauen	Männer	Frauen	Männer
(Fach-)Hochschul- reife	14,2	10,3	36,2	27,9
Realschulabschluss	35,6	29,8	41,3	40,7
Hauptschulabschluss	38,1	42,2	17,7	23,9
ohne Abschluss	12,1	17,7	4,3	7,5

* Alle Angaben in %.

Die Unterrepräsentanz von Ausländer(inne)n in den höheren Bildungsgängen
spiegelt sich mit Blick auf die Bildungsabschlüsse noch augenfälliger wider –
während von den Deutschen fast jede/r Dritte über die (Fach-)Hochschulreife
verfügt, ist es von den Ausländer(inne)n nur etwa jede/r Achte. Unter Rückgriff
auf die Differenzierung nach Geschlecht zeigt sich, dass der hohe Anteil bei
denjenigen mit der deutschen Staatsangehörigkeit insbesondere durch den deutlich größeren Prozentsatz an jungen Frauen mit Hochschulreife (+8,3%) zustan-
de kommt. Ähnliches gilt in abgeschwächter Form für die ausländischen Absol-
vent(inn)en, bei denen der Frauenanteil ebenfalls überwiegt (+3,9%). Umgekehrt

---

72 Werden die Schulabschlüsse nach der Gesamtzahl an allen Abgänger(inne)n mit demselben
Qualifikationsniveau differenziert, so haben von allen Absolvent(inn)en mit (Fach-)Hochschul-
reife 96,2% die deutsche, aber nur 3,8% eine ausländische Staatangehörigkeit. Ähnlich verhält
es sich bei den Realschulabschlüssen, die sich auf 92,4% einheimische und 7,6% ausländische
Abgänger/innen verteilen. Die Hauptschule mit einem Abschluss verlassen haben dagegen mit
einem Anteil von 16,6% schon merklich mehr Ausländer/innen. Noch offenkundiger wird dies
bei denjenigen, die im Bezugsjahr 2008 keinen erfolgreich beendeten Hauptschulbesuch vorweisen können – dabei handelt es sich um 20,0% ausländische und 80,0% einheimische Absol-
vent(inn)en (Statistisches Bundesamt, 2010c; z.T. eigene Berechnungen).

hat weit mehr als ein Drittel der ausländischen Staatsangehörigen eine Hauptschule abgeschlossen, wohingegen es bei den deutschen Abgänger/innen lediglich etwas mehr als ein Fünftel ist. Das vergleichsweise schlechte Abschneiden wird hauptsächlich von den männlichen Ausländern bedingt (+4,1%); jedoch überwiegen unter den Deutschen ebenfalls die jungen Männer mit einem Hauptschulabschluss (+6,2%), wobei das Verhältnis sogar noch profilierter ist (ebd.; z.T. eigene Berechnungen).

Insgesamt ist in den zehn Jahren von 1998 bis 2008[73] eine tendenzielle Verschiebung zugunsten höherer Abschlüsse zu konstatieren, die bei den Ausländer(inne)n hauptsächlich durch die Zunahme im Bereich der Realschulabschlüsse und bei den Deutschen vorrangig durch den Anstieg bei der fachgebundenen/allgemeinen Hochschulreife bedingt wird. Daneben zeichnet sich insofern eine positive Tendenz ab, als dass der Anteil von ausländischen Heranwachsenden ohne eine erfolgreich beendete Schulausbildung abgenommen hat – besonders bei den jungen Männern. Die Frage, wie diese Entwicklung über den Aspekt der Leistungsverbesserung hinaus zu erklären ist, lässt sich nicht abschließend beantworten. In Anlehnung an Manuel Siegert (2008) scheint uns die Annahme selektiver Einbürgerungen nicht abwegig. Träfe die Vermutung zu, dass sich ausländische Gymnasiast(inn)en gegenüber an den anderen Schularten Lernenden häufiger einbürgern lassen, was vor dem Hintergrund des höheren Bildungsniveaus eingebürgerter Personen (bspw. Öztürk, 2009) durchaus plausibel ist, wäre dies mit einem geringeren Anteil an Gymnasiast(inn)en und gymnasialen Abschlüssen unter den ausländischen Heranwachsenden und zugleich einem höheren Prozentsatz derjenigen an niedriger qualifizierenden Schulformen und entsprechenden Bildungsabschlüssen verbunden. Ohne diesen ‚Einbürgerungseffekt' würde damit die positive Tendenz bei Ausländer/innen noch günstiger ausfallen. Dennoch darf nicht übersehen werden, dass gegenüber der jungen einheimischen Bevölkerung zum einen noch immer sichtlich mehr junge Auslän-

---

73 In diesem Zeitraum sind sowohl unter den allochthonen als auch den autochthonen Schulabsolvent(inne)n die Anteile derjenigen ohne jeglichen Abschluss leicht zurückgegangen, vor allem bei den Ausländer(inne)n (die Abnahme beträgt 4,5%) und hier wiederum speziell bei den jungen Männern (-5,4%). Parallel dazu ist für beide Gruppen ein leichter Anstieg bei der (Fach-) Hochschulreife zu verzeichnen, der allerdings bei den deutschen Abgänger(inne)n etwas höher ausfällt (+6,1% [6,9% Frauen; 5,2% Männer] gegenüber +2,6% [1,8% Frauen; 3,3% Männer]). Was die Haupt- und Realschulabschlüsse anbelangt, lassen sich ungleiche Trends beobachten: Bei den ehemaligen Schüler(inne)n mit einer ausländischen Staatsangehörigkeit ist der Prozentsatz derjenigen mit erfolgreich absolvierter Hauptschule etwas abgefallen (-1,7%), vorrangig bei den jungen Frauen (-3,1%), und derjenigen mit einem Realschulabschluss (+3,7%) gestiegen, vor allem unter den jungen Männern (+4%). Im Unterschied dazu haben sich bei den deutschen Absolvent(inn)en zum einen die Werte für den Abschluss einer Realschule kaum verändert; zum anderen sind die Anteile an Hauptschulabschlüssen gesunken (-4,2%), hauptsächlich bei den jungen Männern (-5,5%) (Statistisches Bundesamt, 2010c; z.T. eigene Berechnungen).

der/innen ohne einen schulischen Abschluss bleiben bzw. weit häufiger eine
niedrig qualifizierende Schulform besuchen und zum anderen seltener eine Realschule oder ein Gymnasium erfolgreich abschließen, was vor allem für die jungen Männer gilt. Darüber hinaus haben sich die Unterschiede zwischen allochthonen und autochthonen Abgänger(inne)n teilweise zwar verlagert, bestehen jedoch weiterhin.

2.2.3 Zusammenhang von Geschlecht und Nationalität bzw. Herkunft

Heike Diefenbach, die in der Sekundarstufe erworbene Bildungszertifikate unter
einer migrations- und geschlechtsspezifischen Betrachtungsweise untersucht,
geht der Frage nach, wie die Nachteile von Ausländer(inne)n/Migrant(inn)en im
Vergleich zu Deutschen/Nichtmigrant(inn)en „durch das Geschlecht qualifiziert
werden" (2010a, S. 2[74]). Auf Grundlage von Daten der amtlichen Bildungssta-
tistik und der Berechnung eines Risikomaßes (RRI)[75] schlussfolgert die Autorin
erstens, dass die Unterschiede zwischen deutschen und ausländischen Absol-
vent(inn)en im Rahmen einer gemeinsamen Betrachtung aller analysierten
Schulabschlüsse (ohne Hauptschulabschluss, mit Hauptschulabschluss, mittlere
Reife, Fach-/Hochschulreife) zwar eine ähnliche Größenordnung aufweisen, sich
durch die Berechnung des RRI allerdings zeigt, dass „ausländische Schulabsolventinnen gegenüber deutschen Schulabsolventinnen tatsächlich noch etwas
größere Nachteile haben als ausländische Schulabsolventen gegenüber deutschen
Schulabsolventen" (ebd., S. 8).

Es zeigt sich außerdem, dass Differenzen zwischen den Geschlechtern bestehen – die Benachteiligungen von nicht-deutschen Schulabgänger(inne)n betreffen nicht alle Abschlussarten auf dieselbe Weise. Während die Unterschiede
bei jungen Männern zwischen Deutschen und Ausländern bei den vier erfassten
Abschlussarten eine vergleichbare Größenordnung aufweisen, divergieren sie bei
den jungen Frauen in Abhängigkeit von dem betrachteten Abschluss: Die im
Verhältnis geringsten Unterschiede finden sich bei den Absolventinnen ohne
Hauptschulabschluss, gefolgt von jenen mit mittlerer Reife. Daran schließen sich
mit einer deutlicheren Differenz die Abgängerinnen mit (Fach-)Hochschulreife
oder Hauptschulabschluss an, wobei sich bei letztgenannten die stärksten Ab-

---

74 Wir beziehen uns auf die Seitenangaben des Manuskripts, das uns Heike Diefenbach freundlicherweise hat zukommen lassen.

75 Der RRI (Relativer Risiko Index) ist ein Assoziations- und Effektmaß, das zur Quantifizierung
der Stärke eines statistischen Zusammenhanges genutzt wird. Der Index gibt an, „um wie viel
wahrscheinlicher oder weniger wahrscheinlich das Eintreten eines Ereignisses oder das Auftreten eines Merkmals bei Vorhandensein eines bestimmten Faktors im Vergleich zum Nichtvor-
handensein dieses Faktors ist" (Diefenbach, 2007, S. 15).

weichungen zwischen den deutschen und ausländischen jungen Frauen ergeben. Die Befunde der Analyse zum Zusammenhang von besuchter Schulform im Sekundarbereich und dem erzielten Abschluss, die sich auf Daten des Sozioökonomischen Panels bezieht, belegen ebenfalls einen Effekt des ‚Merkmals' Geschlecht: Gegenüber jungen Frauen haben junge Männer tendenziell etwas bessere Chancen auf einen weiterführenden Abschluss, dieser Zusammenhang ist ausschließlich für Personen mit Migrationshintergrund nachzuweisen (ebd.).

Zu beachten ist, dass die Richtung von und das Ausmaß an Geschlechterdifferenzen in Abhängigkeit von der eingenommen Perspektive ‚variieren' – quasi je nachdem, in welcher ‚Reihenfolge' Geschlecht und Migrationshintergrund betrachtet werden bzw. wer mit wem verglichen wird. Eine Möglichkeit liegt darin, eine weibliche und eine männliche Gruppe zu bilden, um danach innerhalb der jeweiligen Gruppen nach Herkunft zu differenzieren. Mit Blick auf die oben zitierte Studie lässt sich diese Vorgehensweise exemplarisch veranschaulichen: In einem ersten Schritt erfolgte die Aufteilung der Personen nach ihrer Geschlechtszugehörigkeit in zwei Untersuchungsgruppen. Die sich daran anschließende Analyse richtete sich zunächst auf die jeweilige (weibliche bzw. männliche) Gruppe, das heißt, einerseits auf den Vergleich von deutschen und ausländischen jungen Frauen, andererseits auf den Vergleich von deutschen und ausländischen jungen Männern. In einem dritten Schritt wurden die Differenzen zwischen deutschen und ausländischen Absolventinnen den Differenzen zwischen deutschen und ausländischen Absolventen gegenübergestellt. Und dabei zeigt sich, dass die Unterschiede in der weiblichen Gruppe zuungunsten der jungen Frauen mit ausländischem Pass größer ausfallen als die in der männlichen Gruppe zuungunsten der jungen Männer mit ausländischem Pass (Diefenbach, 2008). Dieses Ergebnis spiegelt sich (zumindest ansatzweise) auch in den oben dargestellten Daten wider. Wird jedoch, wie in der Regel, ein anderer Blickwinkel eingenommen und zuerst nach Herkunft und danach nach Geschlecht differenziert, sind Jungen mit Migrationshintergrund gegenüber Mädchen mit Migrationshintergrund benachteiligt – so verlassen beispielsweise ausländische Jungen die Schule häufiger ohne einen Hauptschulabschluss als ausländische Mädchen (ebd.; vgl. dazu auch die Darstellung der jeweiligen Anteile weiter oben). Anders formuliert: Bezieht sich der Vergleich auf die Geschlechter, zeigen sich mehr Nachteile für Jungen und junge Männer als für Mädchen und junge Frauen aus Einwandererfamilien; bezieht er sich auf die Herkunft, sind offensichtlich ausländische Mädchen und junge Frauen gegenüber den deutschen stärker benachteiligt als ausländische Jungen gegenüber deutschen.

Wird in einem breiteren Blickwinkel nicht nur die Staatsangehörigkeit, sondern der Migrationshintergrund, und dies in Zusammenhang mit der Bildungsbeteiligung anvisiert, lassen sich in Anlehnung an den jüngst erschienenen Überblick von Susanne Bergann und Petra Stanat (2010) zwei Argumentationslinien identifizieren: Zum einen wird davon ausgegangen, dass Mädchen aus Einwandererfamilien – wie auch Lernende weiblichen Geschlechts insgesamt – verglichen mit ihren männlichen Mitschülern bildungserfolgreicher sind und sogar noch ausgeprägtere Vorteile haben als in der Gruppe der Heranwachsenden ohne Migrationshintergrund. Erklärungsversuche für die Erfolge der Mädchen liegen zum Beispiel darin, dass sich der familiäre Widerspruch zwischen der Reproduktion von Tradition als verstärkte Kontrolle der Mädchen einerseits und der Transformation von Lebensformen durch die Bildungserwartung andererseits positiv auf die Reflexionsfähigkeit und die selbständigen Handlungsentwürfe der Töchter auszuwirken scheint (Hummrich, 2002). Wenngleich die Ergebnisse weniger Studien darauf hindeuten, dass in einigen Einwandergruppen (Familien aus der Türkei bzw. der früheren Sowjetunion) die Überrepräsentanz von Jungen an Hauptschulen noch stärker ausfällt als die von Mädchen, sind die Unterschiede statistisch nicht abzusichern; insgesamt ist die empirische Basis hier sehr dünn. Zum anderen wird konträr dazu angenommen, dass Migrantinnen aufgrund geschlechtsbezogener und ethnischer Zuschreibungen sowie in Verbindung mit den daraus resultierenden Defizitannahmen doppelt benachteiligt sind (Bergann & Stanat, 2010). Dass sich dies zumindest in der Tendenz in den Befunden einer eigenen Studie hinsichtlich nachweisbarer Interaktionseffekte für den Grundschulbereich bestätigt, zeigen die folgenden Ausführungen (2.2.4.1) – wobei es immer auch auf die eingenommene Perspektive ankommt.

2.2.4 Leistungen und Kompetenzen

Will man die schulische Situation von Kindern und Jugendlichen aus Einwandererfamilien adäquat beleuchten, rücken neben der Verteilung auf die verschiedenen allgemeinbildenden Schulformen und die dort erworbenen Bildungsabschlüsse vor allem die Leistungen und Kompetenzen in den Blick. Wenngleich leistungs-/kompetenzbezogene Differenzen in Abhängigkeit von dem (kulturellen und sozialen) Hintergrund und dem Geschlecht sowie die ungleich verteilten Chancen in Bezug auf den Bildungserfolg insgesamt unterdessen zwar vielfach untersucht und belegt sind, gelten die sowohl zwischen als auch innerhalb der Gruppen zu beobachtenden Unterschiede als bislang nicht hinreichend erklärtes Phänomen in den Sozialwissenschaften (Herwartz-Emden & Braun, 2010).

2.2.4.1 Grundschule

Dass in Deutschland bereits in den ersten Grundschuljahren Differenzen hinsichtlich der Herkunft im Sinne des Migrationshintergrundes in den Kernbereichen Lesen und Mathematik bestehen, zeigen u.a. die Ergebnisse der beiden IGLU-Studien für die vierte Jahrgangsstufe (Bos, Hornberg, Arnold, Faust, Fried, Lankes, Schwippert & Valtin, 2007a & b; Bos, Lankes, Prenzel, Schwippert, Valtin, Walther, 2003; Schwippert, Bos & Lankes, 2004; Schwippert, Hornberg & Goy, 2008): Die höchsten Leseleistungen erreichen die Kinder, deren Eltern beide im Inland geboren wurden. Die Kompetenzen der Schüler/innen mit nur einem in Deutschland geborenen Elternteil liegen darunter und Heranwachsende mit im Ausland geborenen Eltern lassen einen noch geringeren Leistungsstand erkennen. Der Unterschied zwischen Kindern mit und ohne Migrationshintergrund entspricht in etwa einem Lernjahr. Wird zudem der heimische Sprachgebrauch einbezogen, schneiden diejenigen Grundschüler/innen besser ab, die sich auch zu Hause in der schulischen Interaktionssprache verständigen (Schwippert u.a., 2008).

Mit Blick auf die mathematischen und naturwissenschaftlichen Kompetenzen verweisen die Resultate von TIMSS 2007 parallel zu den in IGLU dokumentierten unterschiedlichen Leseleistungen ebenfalls auf nicht unbeträchtliche Differenzen zwischen Viertklässler(inne)n mit und ohne Zuwanderungsgeschichte (die in TIMSS wie in IGLU über das Geburtsland der Eltern erfasst wird), die vergleichbar dem lesebezogenen Malus etwa ein Lernjahr ausmachen. Neben Effekten des Migrationshintergrundes sind auch hier stabile und in ihrer Größenordnung bedeutsame Effekte der sozialen Herkunft zu beobachten, beide sind miteinander konfundiert. Wird auf das kulturelle Kapital (erhoben über die Anzahl von Büchern im familiären Haushalt) fokussiert, besteht ein enger Zusammenhang zwischen sozialer Herkunft und Leistungsstand am Ende der Grundschulzeit – je höher der quantitative Buchbesitz in der Familie, desto besser ist sowohl das in Mathematik als auch den Naturwissenschaften erzielte Kompetenzniveau der Schüler/innen. Während diese Kopplung in der Bundesrepublik besonders eng ist, können auch Staaten (wie z.B. die Niederlande) identifiziert werden, in denen der sozioökonomische Status hingegen eine vergleichsweise geringe Vorhersagekraft für die Leistungen hat. Der in IGLU belegte Zusammenhang von familiärem Sprachgebrauch und Leseleistungen wird in TIMSS bei dem mathematischen und vor allem dem naturwissenschaftlichen Kompetenzniveau erneut deutlich: Die seltene Nutzung der Testsprache im Elternhaus geht mit geringeren Leistungen einher. Dies ist insofern problematisch, als dass Kinder mit Migrationshintergrund im internationalen Vergleich in der Bundesrepublik Deutsch zu einem nur verhältnismäßig kleinen Prozentsatz als familiäre Umgangssprache verwenden (Bos, Bonsen, Baumert, Prenzel, Selter & Walther, 2008; vgl. dazu auch Schründer-Lenzen, 2009; siehe auch 2.3). Besonders zu betonen ist in diesem Zusammenhang, dass die Faktoren, welche die Differenzen zwischen Kindern mit und ohne Migrationshintergrund verursachen, „nicht einfach in der [ethnischen/kulturellen] Herkunft gesucht werden [können]" (Merkens, 2008, S. 41), sondern nur indirekt über diese vermittelt werden. Wirksam sind neben der vorschulischen Sozialisation und den Bildungsbiographien der Heranwachsenden deren Sprachstand und personelle Ressourcen (ebd.). Wir werden darauf zurückkommen.

Abgesehen von den herkunftsbezogenen Unterschieden zeigen sich in den Ergebnissen der IGLU-Studien auch geschlechtsspezifische Differenzen zwischen den Grundschülerinnen und Grundschülern in der vierten Jahrgangsstufe: Bei den Leseleistungen haben Mädchen einen (relativ geringfügigen) Vorsprung (Bos u.a., 2007a & b; Schwippert u.a., 2004); bei der Mathematikleistung sind dagegen Jungen (deutlicher) im Vorteil (Valtin, Wagner & Schwippert, 2005). Während sich in TIMSS 2007 am Ende der Grundschulzeit im internationalen Vergleich im Bereich Mathematik keine Geschlechterunterschiede ergeben, zählt Deutschland zu dem Drittel der Teilnehmerstaaten, in denen Jungen gegenüber Mädchen signifikant höhere mathematische Kompetenzen aufweisen. Betrachtet man die geschlechtsbezogenen Differenzen im Bereich der Naturwissenschaften, fallen die Unterschiede in den Leistungen zwischen Mädchen und Jungen in der BRD am größten aus. Für die Viertklässlerinnen sind dabei verhältnismäßig ausgeprägte Schwächen in auf Physik und Geographie bezogenen Bereichen zu registrieren; in Biologie ist der Unterschied zwar geringer, jedoch statistisch immer noch bedeutsam. Zudem sind Jungen eher in der Lage, naturwissenschaftliches Wissen in Situationen abzurufen und anzuwenden. Im Problemlösen als einer der kognitiv komplexeren Aktivitäten finden sich keine signifikanten Geschlechterdifferenzen (Bos u.a., 2008). Wie Leonie Herwartz-Emden und Cornelia Braun (2010) auf Basis eines breit angelegten Forschungsüberblicks zu aktuellen Studien herausarbeiten, ist die Befundlage bezüglich der mathematischen Kompetenzen von Mädchen und Jungen jedoch uneinheitlich.

Wie gewichtig die (Geschlechter-)Differenzen in den ersten Grundschuljahren tatsächlich sind und wie sie sich hier im Verlauf entwickeln, ist eine Forschungsfrage, für die bis dato keine einstimmige Antwort existiert, die aber nach wie vor von hoher Brisanz ist (ebd.) – der weit überwiegende Teil der vorliegenden Untersuchungen zu geschlechtsspezifischen Unterschieden ist entweder querschnittlich angelegt oder umfasst nur ausgewählte Messzeitpunkte. Die Längsschnittstudie SOKKE (Herwartz-Emden, Braun, Heinze, Rudolph-Albert & Reiss, 2008), die geschlechtsbezogene Leistungsentwicklungen bei Kindern mit und ohne Migrationshintergrund von der ersten bis zur vierten Klasse untersucht und zugleich auf mögliche Interaktionseffekte von Geschlecht und Migrationshintergrund fokussiert, bietet erste Anhaltspunkte für eine Analyse.

Die Regionalstudie SOKKE

Zunächst zu den leistungsbezogenen Ergebnissen in den Kernbereichen Lesen und Mathematik: Parallel zu den Resultaten einiger anderer Studien sind zu Beginn der Grundschulzeit in den Leseleistungen der Schülerinnen und Schüler keine nach der Geschlechtszugehörigkeit variierenden Differenzen festzustellen. Diese bilden sich erst in der dritten Klassenstufe aus und nehmen bis zum Ende der vierten Jahrgangsstufe etwas zu. Allerdings verläuft die Leistungsentwicklung bei Jungen und Mädchen ähnlich; die Leseleistungen der Mädchen entwickeln sich insofern nicht besser als die der Jungen. Vor dem Hintergrund der moderaten geschlechtsspezifischen Unterschiede im letzten Grundschuljahr kommt es also ganz offensichtlich erst im Sekundarbereich zu den deutlich ausgeprägteren Differenzen zwischen weiblichen und männlichen Schüler(inne)n (Herwartz-Emden & Braun, 2010). Während die Kategorie Geschlecht in Bezug auf die frühe Leseleistungsentwicklung noch keine Ungleichheiten zu bedingen scheint, spielt die Kategorie Ethnizität hinsichtlich leistungsbezogener Unterschiede schon in den ersten Schuljahren eine bedeutsame Rolle – wird die Entwicklung der Leseleistung von Kindern mit und ohne Migrationshintergrund betrachtet, finden sich bereits in den Klassenstufen eins und zwei deutliche Differenzen mit profilierten Effektstärken zuungunsten der erstgenannten Gruppe (Herwartz-Emden, Braun, Heinze, Rudolph-Albert & Reiss, 2008).

Was die Mathematikleistungen anbelangt, ergeben sich im ersten und dritten Grundschuljahr nur relativ geringfügige Unterschiede zwischen Jungen und Mädchen, die zudem am Ende der Primarstufe praktisch völlig an Bedeutung verlieren. Nur für die zweite Klasse lassen sich geschlechtsspezifische Differenzen registrieren, die zuungunsten der Schülerinnen ausfallen (Herwartz-Emden & Braun, 2010). Die Autorinnen diskutieren als denkbare Ursachen der Unterschiede Vorteile der vorschulischen Sozialisation, die Ausrichtung des Lehrplans sowie die Testausrichtung und betonen in diesem Zusammenhang, „dass die Erfassung potentieller geschlechtsspezifischer Leistungsdifferenzen ein vielschichtiges Unterfangen darstellt und vorgefundene Differenzen sehr genau analysiert werden müssen, um die Formulierung vorschneller Schlüsse zu vermeiden" (ebd.; S. 15[76]). Wird wiederum der Migrationshintergrund berücksichtigt, zeigen sich für Einwandererkinder nicht nur im Bereich Lesen Nachteile, auch in

---

76 Wir beziehen uns auf die Seitenangaben des Manuskripts, das uns von den Autorinnen freundlicherweise zur Verfügung gestellt wurde.

Mathematik sind in den ersten beiden Jahrgangsstufen signifikant schwächere Leistungen zu beobachten. Allerdings bleiben sie vorrangig auf den Gebieten zurück, die ein spezielles mathematisches Verständnis im Sinne mentaler Repräsentationen mathematischer Begriffe oder Anordnungen voraussetzen, wie es beispielsweise bei Sachaufgaben oder Aufgaben zu Zahleigenschaften der Fall ist (Heinze, Herwartz-Emden & Reiss, 2007; Herwartz-Emden, Reiss & Mehringer, 2008). Unter Kontrolle der schulsprachlichen Fähigkeiten erreichten die Unterschiede dagegen kein signifikantes Niveau mehr, was auf den bedeutsamen Einfluss der Sprache beim Aufbau mentaler Repräsentationen verweist (ebd.).

Über die aufgezeigten geschlechts- und herkunftsbedingten Benachteiligungen hinaus ist für das Fach Mathematik ein Interaktionseffekt zu registrieren, der eine Wechselwirkung der Faktoren Geschlecht und Herkunft zum Ausdruck bringt. Dieser besagt, dass Mädchen mit Migrationshintergrund am Ende der zweiten Klasse signifikant weniger Punkte als Mädchen ohne Migrationshintergrund sowie Jungen mit und ohne Migrationshintergrund erreichen (Herwartz-Emden, Braun, Heinze, Rudolph-Albert & Reiss, 2008). Wenngleich es sich dabei um einen verhältnismäßig kleinen Effekt handelt, ist das Ergebnis als besorgniserregend einzustufen – es deutet auf die Interdependenz der Strukturkategorien Geschlecht und Herkunft und somit auf die doppelte Benachteiligung von jungen Migrantinnen hin. Eine mögliche Erklärung wird darin gesehen, dass das Zutrauen von Lehrkräften in gute Mathematikleistungen bei männlichen Schülern – aufgrund ihrer Geschlechtszugehörigkeit und ungeachtet ihrer Herkunft – positiver ausfällt als bei weiblichen Schülerinnen (ebd.). Im Unterschied dazu lassen sich im Bereich der Leseleistung für die ersten beiden Schuljahre keine Interaktionseffekte aufzeigen (ebd.; auch Herwartz-Emden & Braun, 2010).

Unter Rückgriff auf die Metaanalyse zu Schulleistungsunterschieden von Mädchen und Jungen in der Grundschule von Stephan Mücke (2009), der u.a. die Effektstärken auf ihre theoretische und praktische Bedeutsamkeit hin analysiert hat, deuten sich in den ersten vier Schuljahren eher kleine geschlechtsspezifische Unterschiede an, die oftmals überschätzt werden. Am Ende der Grundschulzeit finden sich keinesfalls Differenzen zwischen Mädchen und Jungen in einer solchen Größenordnung, wie sie sich offenkundig im Verlauf des Besuches der weiterführenden Schulen herausbilden (vgl. dazu auch Bos u.a., 2008).

2.2.4.2 Sekundarbereich

Im Sekundarbereich des bundesdeutschen Schulsystems verstärken die sich abzeichnenden Unterschiede zwischen Heranwachsenden mit und ohne Migrationshintergrund sowie insbesondere zwischen den Geschlechtern und gewinnen sichtlich an Ausmaß, wie die Resultate der PISA-Studien mit Blick auf die ge-schlechtsbezogenen Differenzen für den naturwissenschaftlichen Bereich (und hier vor allem Physik) belegen (Bos u.a., 2007b; Bos u.a., 2003; PISA-Konsor-tium Deutschland, 2004 & 2008; Valtin, Bos, Hornberg & Schwippert, 2007). Vorauszuschicken ist, dass in Übereinstimmung mit dem Grundschulbereich auch für das weiterführende Schulwesen unseres Wissens kaum Daten oder Un-tersuchungen vorliegen, in denen neben der sozialen die kulturelle/ethnische Herkunft *und* das Geschlecht der Schüler/innen in einem verschränkten Zugang berücksichtigt werden. Es existieren zwar viele Auswertungen und Publikationen zu Mädchen und Jungen respektive Migrant(inn)en und Nicht-Gewanderten, die Kategorien Geschlecht und Ethnizität werden jedoch meist unabhängig vonei-nander betrachtet.

Migrationshintergrund

In allen drei in PISA getesteten Bereichen (Lesen, Mathematik, Naturwissen-schaften) erzielen Jugendliche aus zugewanderten Familien schlechtere Leistun-gen als Heranwachsende ohne einen Migrationshintergrund, was vorrangig für Schüler/innen gilt, deren Eltern beide nicht in Deutschland auf die Welt gekom-men sind. Dabei ist in einer herkunftsgruppenübergreifenden Betrachtung der Rückstand im internationalen Vergleich in Deutschland bei der zweiten Genera-tion, d.h. den bereits in Deutschland geborenen jungen Migrant(inn)en, die hier ihre gesamte Schullaufbahn absolviert haben, zum Teil noch etwas deutlicher oder zumindest fast gleich ausgeprägt wie in der ersten Generation – der selbst im Laufe ihres Lebens Eingewanderten (PISA-Konsortium Deutschland, 2008; Stanat, 2008). Dies trifft hauptsächlich auf Heranwachsende zu, deren Eltern aus der Türkei zugezogen sind (Müller & Stanat, 2006). Ein ähnliches Muster zeigt sich im Rahmen der Verteilung auf die einzelnen Kompetenzstufen – Jugendli-che aus Einwandererfamilien sind im unteren Bereich besonders häufig vertreten und bleiben vielfach unter dem festgelegten Mindeststandard. Besonders auffäl-lig ist wiederum die zweite Generation, von der sich ein beträchtlicher Teil auf einem nur relativ geringen Kompetenzniveau ansiedelt (ebd.). Die Benachteili-gungen der jungen Migrant(inn)en sind vor allem bei den türkisch- und italienischstämmigen Schüler(inne)n zu beobachten, wohingegen Jugendliche aus Familien, die aus der ehemaligen Sowjetunion respektive deren Nachfolge-staaten zugewandert sind, eher eine mittlere Position einnehmen (Stanat, 2008).

Die teilweise zu registrierenden Differenzen zwischen der ersten und der zweiten Generation dürfen Petra Stanat (2008) zufolge allerdings nicht in einer quasi längsschnittlichen Perspektive im Sinne eines kontinuierlich ansteigenden schlechteren Abschneidens interpretiert werden, da in der Regel die Eltern der selbst eingewanderten jungen Menschen zu einem späteren Zeitpunkt zugezogen sind als die Eltern der bereits im Bundesgebiet geborenen Jugendlichen. Vermutet wird, dass die Abweichungen im Leistungsstand und Kompetenzniveau u.a. auf die unterschiedliche Zusammensetzung der Generationen mit Bezug auf die Herkunftsländer der Eltern (bspw. Türkei und ehemalige Sowjetunion) zurückzuführen sind (ebd.; PISA-Konsortium Deutschland, 2008). Legt man den Fokus auf Differenzen innerhalb der Herkunftsgruppen, verweisen die Analysen der Ergebnisse in Abgrenzung zu den obigen Ausführungen darauf, dass Schüler/innen der zweiten Generation, die im Aufnahmeland geboren wurden, ein höheres Kompetenzniveau und bessere Leistungen erreichen als die außerhalb Deutschlands geborenen Schüler/innen der ersten Generation (Stanat, 2009).

Die insgesamt (über die betrachteten beiden Generationen hinweg) festzustellenden und sichtlich hoch ausfallenden Differenzen zwischen jungen Migrant(inn)en und Jugendlichen ohne (eigene/familiäre) Zuwanderungsgeschichte lassen sich zu einem gewissen Prozentsatz mit Unterschieden im häuslichen Sprachgebrauch und dem sozioökonomischen Status von Einwandererfamilien erklären (PISA-Konsortium Deutschland, 2008), worauf wir u.a. im Folgenden und im Punkt 2.3 eingehen werden.

Soziale Herkunft

Vergleichbar mit den im Rahmen von IGLU durchgeführten Erhebungen wird auch in den PISA-Studien der Zusammenhang zwischen sozialer Herkunft und Kompetenzerwerb, in PISA 2006 im Hinblick auf den Schwerpunkt Naturwissenschaften, erfasst (PISA-Konsortium, 2007). Für Deutschland wie für alle anderen OECD-Staaten zeigt sich eine Kopplung von sozioökonomischem Status des Elternhauses der 15-Jährigen und deren erzielten Leistungen. Wenngleich sich die Enge des Zusammenhanges in Deutschland in den seit PISA 2000 vergangenen Jahren abgeschwächt hat, müssen die Unterschiede in den Kompetenzen in Abhängigkeit von der sozialen Lage noch immer als hoch bezeichnet werden. Die daneben bei der Bildungsbeteiligung ermittelten Differenzen verweisen auf weiterhin bestehende soziale Disparitäten: Beispielsweise liegt die relative Chance von Schüler(inne)n aus Facharbeiterfamilien auf den Besuch eines Gymnasiums anstelle einer Realschule deutlich unter jener von Heranwachsenden aus Familien der oberen Dienstklasse.

Angesichts des schlechteren Abschneidens von Jugendlichen mit Migrationshintergrund in den Naturwissenschaften wird betont, dass hier der Sozialstatus (anders als in einigen anderen Ländern wie z.B. Finnland) und die zu Hause verwendete Sprache von erheblicher Bedeutung sind und eine vergleichsweise große Vorhersagekraft aufweisen. Einerseits verfügen Schüler/innen aus sozial besser gestellten Zuwandererfamilien, deren Familiensprache zudem die des Einwanderungslandes ist, über kaum geringere Kompetenzen als ihre autochthonen Mitschüler/innen. Eine Ausnahme scheinen die türkischstämmigen Heranwachsenden zu bilden: Werden Merkmale der sozialen Herkunft (der Bildungsstand der Eltern und der sozioökonomische Status) kontrolliert, verringern sich zwar die Effekte des Migrationshintergrundes insgesamt, doch besteht bei den Schüler(inne)n mit türkischem Hintergrund weiterhin ein signifikanter Leistungsnachteil, der sich statistisch jedoch nicht erklären lässt (Müller & Stanat, 2006). Erfolgt andererseits eine Kontrolle der sozialen Herkunft und des familiären Sprachgebrauchs, verringern sich die Differenzen zwischen Lernenden ohne und mit einem Migrationshintergrund sowohl aus der ersten als auch der zweiten Generation (PISA-Konsortium, 2007).

Die verhältnismäßig enge Kopplung von sozioökonomischem Status, familiärer Sprachverwendung und Leistungen/Kompetenzen in Deutschland im internationalen Vergleich wird nicht nur in PISA für den Sekundarbereich, sondern mit Rekurs auf IGLU und TIMSS bereits für die ersten Schuljahre belegt.[77] In Bezug auf die Frage der Bedingungsfaktoren für Schulleistung zeigt sich immer ein ähnliches Bild: Je bildungsnäher das Elternhaus, desto besser sind die Leistungen (Ditton, 2007; Helmke, 2006). Mit Blick auf andere Staaten ist es aber ganz offenkundig durchaus möglich, Kinder schon im Grundschulalter zu hohen Kompetenzen zu führen und dabei eine nur geringe Verknüpfung mit dem sozialen und kulturellen Hintergrund in Kauf nehmen zu müssen (Bos. u.a., 2008). Insbesondere hinsichtlich des Bildungserfolges ist der enge Zusammenhang beziehungsweise die Konfundierung der Effekte des sozialen Status mit den Effekten des kulturellen Hintergrundes in der Forschung seit Längerem unum-

---

77   Der Zusammenhang von Herkunft und Schulerfolg wird auch in der World Vision Kinderstudie (Leven & Schneekloth, 2007) bestätigt. Überraschenderweise kommt Heike Diefenbach (2007) im Rahmen einer Analyse der Daten aus dem DJI-Kinderpanel zu dem entgegengesetzten Schluss, dass der Einfluss des familiären Hintergrundes auf die Schulleistungen von Kindern mit Migrationshintergrund oftmals überbewertet wird, da sich nur für einheimisch deutsche Heranwachsende einige Effekte nachweisen lassen. Offensichtlich sind die bei Kindern ohne Migrationshintergrund für gute Leistungen bedeutsamen Faktoren bei jenen mit von nur eingeschränkter Wirkung. Allerdings sind hier insbesondere mit Blick auf die gewählten Indikatoren vertiefte Untersuchungen unerlässlich (vgl. dazu auch Herwartz-Emden & Mehringer, 2010).

stritten.[78] Wie auch Leonie Herwartz-Emden und Volker Mehringer (2010) noch einmal zu bedenken geben, ist an diese Konfundierung allerdings ein interpretatorisches Problem geknüpft, das bislang von der Migrationsforschung meist nur unzureichend gelöst wurde. Welche Effekte in welchem Umfang dem sozialen Status, welche der kulturellen Herkunft und welche dem beidseitigen Zusammenspiel zuzuschreiben sind, lässt sich zumindest in querschnittlichen Untersuchungen kaum bestimmen. Dafür bedürfte es umfangreicher Längsschnittdaten, auf deren Grundlage die zahlreichen inhaltlichen Annahmen und hypothetischen Kausalmodelle geprüft werden können.

Geschlechtszugehörigkeit

Wie erwähnt, werden in PISA 2006 der Leistungsstand und das Kompetenzniveau der 15-Jährigen schwerpunktmäßig in den Naturwissenschaften getestet. Dabei fallen in Deutschland analog zu den Ergebnissen auf internationaler Ebene die auf der Gesamtskala ‚Naturwissenschaften' zu beobachtenden Unterschiede zwischen weiblichen und männlichen Jugendlichen zumindest in der Tendenz zugunsten der Jungen aus, von denen sich zudem ein deutlich größerer Anteil auf den obersten Kompetenzstufen ansiedelt, als dies bei Mädchen der Fall ist. Neben der Überrepräsentanz von Schülern gegenüber Schülerinnen in den Spitzengruppen zeigen sich auf den Teilskalen der naturwissenschaftlichen Kompetenz ausgeprägte geschlechtsbezogene Unterschiede, die allerdings in verschiedene Richtungen weisen – zum einen schneiden Mädchen bei den Subskalen ‚naturwissenschaftliche Fragestellungen erkennen' besser ab, zum anderen sind Jungen bei den Subskalen ‚naturwissenschaftliche Phänomene erklären' im Vorteil (PISA-Konsortium, 2007 & 2008).

Unter Einbezug weiterer Forschungsergebnisse ist festzuhalten, dass aus jahrgangsspezifischer und fachbezogener Perspektive betrachtet ein ‚Schereneffekt' zum Tragen kommt: Schülerinnen bleiben leistungsmäßig in Mathematik

---

78 Bernhard Nauck, Heike Diefenbach und Cornelia Petri (1998) kamen zu der Einschätzung, dass der Bildungserfolg von Migrantenkindern, anders als bei einheimischen Kindern und Jugendlichen, in einem signifikant positiven, aber außerordentlich geringen Zusammenhang mit dem ökonomischen und kulturellen Kapital der Herkunftsfamilie steht. Ihre in der Herkunftsgesellschaft akkumulierten Ressourcen, vornehmlich ihr Bildungskapital, können in der neuen Gesellschaft nicht zum Einsatz kommen, weil sie dort nicht gefragt oder nicht anerkannt sind, so die Erklärung der Autor(inn)en. Ein PISA-Ergebnis lautet, dass die Chancen eines Jugendlichen aus einer Zuwandererfamilie, das Gymnasium zu besuchen, bei äquivalenter Beherrschung der Verkehrssprache weniger sozialschichtabhängig sind (Baumert & Schümer, 2002). Hans Merkens (2008) verweist auf der Basis aktueller Studien in der Grundschule ebenfalls auf den Sprachstand, aber auch auf die vorschulische Sozialisation und die personalen Ressourcen der Kinder, aber vor allem auf institutionelle Effekte, wie die Komposition der Schulklasse.

und insbesondere in Physik hinter ihren männlichen Mitschülern zurück; mit zunehmender Klassenstufe gewinnen die Geschlechterdifferenzen an Substanz und vergrößern sich (z.b. Baumert, Bos & Lehmann, 2000). Ein gegensätzliches Bild zeigt sich in den (fremd-)sprachlichen Fächern, in denen sich für Mädchen höhere Werte als für Jungen finden. Die Unterschiede werden mit zunehmender Jahrgangsstufe (hier kommt auch der Aspekt des Alters zum Tragen) und insbesondere an Haupt- und Realschulen größer. Für das Gymnasium fällt dieser Effekt etwas geringer aus (Dresel, Stöger & Ziegler, 2006).

Mit Blick auf möglicherweise mit der Herkunft konfundierte Geschlechterdifferenzen gehen Petra Stanat und Gayle Christensen (2006) für die zweite PISA-Studie der Frage nach, ob sich die Unterschiede zwischen den Geschlechtern – Jungen erzielen in Mathematik, Mädchen im Lesen bessere Leistungen – auch für weibliche und männliche Jugendliche aus Einwandererfamilien belegen lassen, wobei hinsichtlich des Migrationsstatus ebenfalls zwischen der ersten Generation (Schüler/innen, die selbst und deren Eltern im Ausland geboren sind) und der zweiten Generation (in Deutschland geborene Schüler/innen mit im Ausland auf die Welt gekommenen Eltern) differenziert wird. Was die Leistungsunterschiede in Mathematik betrifft, sind diese bei Heranwachsenden aus zugewanderten Familien ähnlich gelagert wie bei einheimischen Jugendlichen: Im Vergleich zu den Mädchen schneiden die Jungen besser ab. Die größte Differenz zeigt sich hier zwischen den Schülerinnen und den Schülern der ersten Generation, während der Unterschied in der zweiten Generation – gegebenenfalls aufgrund der kleinen Stichprobengrößen – jedoch nicht signifikant ist. Bei der Lesekompetenz liegen die von den weiblichen 15-Jährigen erreichten Werte unabhängig von ihrer Herkunft über jenen ihrer männlichen Mitschüler. Besonders deutlich ausgeprägt sind die Leistungsunterschiede in der Gruppe der im Inland geborenen Jugendlichen mit im Ausland geborenen Eltern. Das heißt, die Geschlechterdifferenz fällt in der zweiten Generation sowohl größer aus als in der ersten Generation als auch bei den Schülerinnen und Schülern ohne Migrationshintergrund (ebd.). Diese Ergebnisse müssten vertieft untersucht werden, da bis dato keine Erklärung durch die Autorinnen für sie vorliegt.

Wird neben den strukturellen Merkmalen der kulturellen Herkunft und der sozialen Schicht auch das Geschlecht der Schülerinnen und Schüler in Bezug auf den Bildungserfolg berücksichtigt, verschärft sich die Problematik einer adäquaten Interpretation. Damit ist kaum noch zu differenzieren, welche Effekte welchem Faktor oder möglicherweise auch deren Verknüpfung zuzuschreiben sind. Daneben zeigen sich auch bei weiteren Merkmalen, so beispielsweise dem Migrationsstatus und der Bildungsnähe, Konfundierungseffekte. Zugleich stehen die Dimensionen immer auch im Zusammenhang mit den Kontexten der Lebenswelten Familie und Schule. Erforderlich sind zum einen vertiefte Analysen, in die alle drei Kategorien gleichermaßen und in ihrer Kontextgebundenheit einzubeziehen sind, zum anderen wird die Notwendigkeit einer (Weiter-)Entwicklung der bislang nur vereinzelt vorliegenden Modelle deutlich, die das Zusammenwirken der Effekte auf der sozialisatorischen Prozessebene theoretisch wie empirisch abbilden (Herwartz-Emden & Mehringer, 2010).

2.3 Sprachliche Heterogenität, Mehrsprachigkeit und Kompetenzen in der Erst-/Zweitsprache

Wie viele Sprachen in Deutschland von welcher Zahl an Sprecher(inne)n gesprochen werden, lässt sich bislang nur vermuten, wie beispielsweise Ursula Neumann (2010) mit Blick auf fehlende Daten resümiert. Dementsprechend geben auch nur verhältnismäßig wenige Forschungen Auskunft über Mehrsprachigkeit und sprachliche Heterogenität bei Kindern und Jugendlichen. Wie die Ergebnisse einer Essener Studie (Chlosta, Ostermann & Schroeder, 2003) und einer Hamburger Untersuchung zu Sprachgruppen (Fürstenau, Gogolin & Yağmur, 2003) zeigen, wächst in diesen Städten rund ein Drittel der Grundschülerinnen und Grundschüler mehrsprachig auf. In der häuslichen Kommunikation mit den Eltern überwiegt dabei häufig eine nichtdeutsche Familiensprache, in der verbalen Interaktion mit den Peers, Freundinnen und Freunden sowie Geschwistern dagegen die deutsche Verkehrssprache (Schroeder, 2007). Eine aktuelle Erhebung im Rahmen der Längsschnittstudie SOKKE an Grundschulen in einer süddeutschen Großstadt verweist darauf, dass gut die Hälfte der erfassten Kinder über einen Migrationshintergrund verfügt und in ihren Familien Multilingualität vorherrscht – identifiziert wurden insgesamt 115 (!) Familiensprachen (inklusive Sprachkombinationen); neben Deutsch waren Türkisch (28%) und Russisch (8%) die beiden am meisten vertretenen Sprachen (Herwartz-Emden, 2005). In der Essener Studie stellten türkisch sprechende Schülerinnen und Schüler mit einem Anteil von mehr als einem Viertel ebenfalls den größten Teil der mehrsprachigen Gruppe; allerdings ist davon auszugehen, dass Sprachgruppen regional unterschiedlich verteilt sind. Dennoch: Die sprachliche Heterogenität in Familien mit Migrationshintergrund ist gewaltig. Im Folgenden greifen wir die in diesem Zusammenhang wesentlichen Aspekte überblicksartig auf. Eine umfassende Darstellung würde schlichtweg den Rahmen des vorliegenden Bandes sprengen und eine ganze Reihe von Publikationen füllen.

Mehrsprachigkeit bildet für sehr viele Heranwachsende den ‚Normalfall‘ und der Unterricht in sprachlich heterogenen Klassen gehört immer mehr zum Schulalltag von Lehrkräften. Die Fragen danach, wie mit dieser zunehmenden Herausforderung angemessen umzugehen ist und welche Handlungsstrategien,

Methoden und Konzepte der Sprachförderung erfolgreich sind, stellt sich nicht nur für die mit der Heterogenität konfrontierten Lehrerinnen und Lehrer, sondern wird auf (erziehungs-)wissenschaftlicher und (bildungs-)politischer Ebene ebenso heftig wie kontrovers diskutiert – gegenwärtig vor allem im Kontext der Debatte um die Einrichtung türkischer Gymnasien in Deutschland, um nur ein Beispiel zu nennen. Hintergrund ist knapp formuliert das vergleichsweise schlechte schulische Abschneiden vieler junger Migrantinnen und Migranten mit einer nicht-deutschen Familiensprache und der in verschiedenen Studien (vgl. 2.2.4) aufgezeigte Zusammenhang des Schul(miss)erfolgs mit dem (ungenügenden) Beherrschen der ‚Bildungssprache'. Über entsprechende Fähigkeiten zu verfügen, gilt als grundlegende Voraussetzung für den Bildungserfolg von eingewanderten Kindern und Jugendlichen.

Zunächst noch eher allgemein gesprochen kommt (schrift-)sprachlichen Kompetenzen im Sinne von ‚Kulturtechniken' eine zentrale Bedeutung für die gesellschaftliche Teilhabe eines Individuums zu: Sprache ermöglicht respektive vereinfacht die Vermittlung von allen Sachinhalten, Verhaltensregeln etc. und schließlich auch (im Rahmen von Enkulturations-/Akkulturationsprozessen) die Internalisierung von Normen und Werten. Sprache ist kulturelles Kapital (bspw. Bachmair, 2007; grundlegend Bourdieu, 1983). Entscheidend für ein möglichst erfolgreiches Durchlaufen des Bildungssystems und eine aufwärtsführende Schulkarriere sind nun aber unabhängig von Ein-/Mehrsprachigkeit neben kommunikativen Kompetenzen im Allgemeinen vor allem ganz spezifische sprachliche Fähigkeiten[79] in der „Bildungssprache der Schule" (Neumann, 2008b, S. 37) als einer Variante[80] des Deutschen. Mit Blick darauf, dass sich die Relevanz der

---

79   Jim Cummins (2002) differenziert in diesem Zusammenhang zwischen den sog. alltagssprachlichen Fähigkeiten, die Verständigung in alltäglichen Situationen ermöglicht, und einer kontextreduzierten, kognitiv anspruchsvollen Sprache zur Fachkommunikation, die im Unterricht verwendet wird. Ursula Neumann (2008a) fasst zusammen, dass die in der Schule gesprochene Sprache „abstrakter, grammatisch komplexer und weniger kontextbezogen [ist] als die mündliche Sprache" (ebd., S. 37f.). Die bei Schüler(inne)n mit Migrationshintergrund oft vorhandene Fähigkeit, sich auch mit mangelndem Wortschatz und geringen morphologischen Kenntnissen mündlich zu bewähren, reicht für schulische Lernprozesse nicht aus. Der Übergang von der Alltagssprache zum spezifischen Gebrauch der Schulsprache braucht Zeit sowie gerichtete Instruktion. Jim Cummins (1984) nimmt an, dass der Aufbau adäquater schulsprachlicher Fähigkeiten (CALP) bis zu fünf Jahre dauert. Ingrid Gogolin (2005) verweist darauf, dass Kinder mit Migrationshintergrund die Zweitsprache nur in einem langfristig unterstützten, bis zu sechs Jahre umfassenden Entwicklungsprozess erwerben. Die kontinuierliche Weiterentwicklung dieser Fähigkeiten über die gesamte Schullaufbahn hinweg stellt dabei außer Frage, denn von Jahr zu Jahr nehmen Komplexität und Abstraktion der schulischen Bildungssprache zu, ihre Wortschätze und Strukturen stellen kognitiv und sprachlich im Verlauf einer Schullaufbahn immer höhere Anforderungen (Heinze, Herwartz-Emden & Reiss 2007, Gogolin 2005).

80   Sie weist Kennzeichen von Schriftlichkeit auf und findet zugleich im Modus des Mündlichen Verwendung (Neumann, 2008b).

Bildungssprache in den (an den Umgang mit Schriftlichkeit geknüpften typischen) schulischen Prozessen entfaltet, kann der eigentliche Erwerb entsprechender Kompetenzen auch erst mit dem Eintritt in die Grundschule beginnen. Die in der Familie und/oder in einer vorschulischen Institution gemachten Literalitätserfahrungen bilden quasi dessen Grundlage (ebd.). Für Kinder und Jugendliche mit Migrationshintergrund, deren Familiensprache nicht mit der Sprache des Aufnahmelandes identisch ist, ergibt sich nun eine mehrfache Anforderung – sie müssen die offizielle Verkehrssprache erlernen, sich die notwendigen Fähigkeiten in der schulischen Bildungssprache aneignen und transportiert darüber denselben Lernstoff erarbeiten wie ihre muttersprachlichen Mitschüler/innen (z.B. Khan-Svik, 2010). Zudem sind die auf die Bildungssprache bezogenen fachlichen Kompetenzen sprachspezifisch, das heißt, bi-/multilinguale Heranwachsende müssen sie in jeder ihrer Sprachen erwerben (Neumann, 2008b).

Insofern zeichnen sich viele Heranwachsende aus Einwandererfamilien durch zwei Merkmale aus, die für Bildungsprozesse und deren Gestaltung prinzipiell bedeutsam sind: Einerseits sind ihre Kompetenzen in der Verkehrssprache oftmals geringer ausgeprägt, andererseits verfügen sie aber über Fähigkeiten in ihrer Herkunfts- bzw. einer Erstsprache (Stanat, 2009). Letztere werden allerdings noch immer häufig nicht als sprachliches Potenzial der jungen Zuwanderinnen und Zuwanderer wahrgenommen und wertgeschätzt, obwohl die besonderen kognitiven Leistungen und Kompetenzen zwei-/mehrsprachiger Personen vorrangig in psycholinguistischen Analysen mehrfach bestätigt wurden (Allemann-Ghionda, 2006). Somit kann das bi-/multilinguale Aufwachsen ein überaus positives Fundament für die Entwicklung des gesamten sprachlichen und geistigen Leistungspotenzials eines Kindes darstellen, allerdings muss der ‚richtige' Umgang damit gelernt werden, um zu einer erfolgreichen Teilhabe an Bildung und Gesellschaft zu gelangen. Da Heranwachsende im Grundschulalter in der Regel mit Lehrkräften in Kontakt stehen, die im Gegensatz zu ihnen selbst nicht mehrsprachig sind, sollten sie möglichst frühzeitig erfahren, wann, unter welchen Umständen und mit wem eine Kommunikation in welcher ihrer Sprachen möglich ist. Stärker als monolinguale Kinder werden sie mit der Forderung nach der Ausbildung von Strategien konfrontiert, die ihnen über Verstehens- und oder Ausdrucksnot hinweghelfen, was die Aktivierung metasprachlicher Fähigkeiten voraussetzt. In diesem Zusammenhang sind systematische Unterstützungsleistungen unabdingbar (Gogolin, Neumann & Roth, 2003).

Dass insgesamt die Förderung der deutschen (Bildungs-)Sprache intensiviert werden muss, um die Chancen von Lernenden (auch) mit einer nicht (nur) deutschsprachigen Sozialisation im Bildungssystem zu verbessern, steht außer Frage (Bender-Szymanski, 2007). Ob Kinder und Jugendliche mit einer nichtdeutschen Herkunftsprache allerdings qualitativ anderer Maßnahmen bedürfen als deutschsprachige Heranwachsende mit unzureichenden Sprachkompetenzen, ist bislang eine offene und empirisch ungesättigte Forschungslücke (Stanat, 2009). Zudem besteht wenig Konsens darüber, wie die sprachliche Förderung möglichst effizient und nachhaltig gelingen kann. Mit Dorothea Bender-Szymanski (2007) lassen sich auf unterschiedlichen Grundannahmen basierende Zugänge unterscheiden: die ausschließliche Konzentration auf die deutsche Sprache, die zusätzliche Förderung in der Erstsprache bspw. durch bilinguale Klassen und das Konzept ‚Deutsch als Zweitsprache' (kurz DaZ). Hinweise für eine förderliche Wirkung bilingual konzipierten Lernens – hier in Sachfächern (z.B. Geographie, Geschichte, Kunst, Politik, Sport) und bezogen auf den Erwerb einer Fremdsprache – liefert die DESI-Studie[81] (DESI-Konsortium, 2006). Gleichermaßen günstig auszuwirken scheinen sich zum einen Sprachcamps wie z.B. das Jacobs-Sommercamp, in denen Methoden des DaZ-Unterrichts mit expressiven Formen der Sprachförderung verbunden werden. Zum anderen sind Angebote im Bereich der ‚Familiy Literacy' vielversprechend, die u.a. im Rahmen der zahlreichen Grundschulprojekte im FörMig-Programm[82] durchgeführt wurden und auf eine kombinierte Eltern-Kind-Förderung setzten. Darüber hinaus eignen sich ganz offensichtlich Maßnahmen, die sich zwar auf Einzelschulen als zentrale Gestaltungseinheiten richten, aber alle Ebenen des Schulsystems in den Fokus und die Verantwortung nehmen, um für alle Schülerinnen und Schüler einen angemessenen Bildungserfolg zu gewährleisten (ausführlicher dazu Neumann, 2008b).

Inwiefern die zusätzliche Förderung in der jeweiligen Herkunftssprachen der jungen Migrant(inn)en zu einer Leistungs-/Kompetenzsteigerung in der Zweitsprache beiträgt, kann angesichts der umstrittenen, auch inkonsistenten Ergebnislage gegenwärtig nicht abschließend geklärt werden. In der Kontroverse um muttersprachlichen Unterricht wird von einer Seite die Argumentationslinie verfolgt, dass dieser auch der Sicherung und Erweiterung gesellschaftlich benötigter Ressourcen dient und im späteren Berufsleben räumliche Mobilität forciert. Für den Einbezug der Herkunftssprache in die sprachliche Bildung stehen Namen wie die der beiden Erziehungswissenschaftlerinnen Ingrid Gogolin und Ursula Neumann. Dagegen hegt die andere Seite Zweifel an den Effekten muttersprachlich Kompetenzen und der Bedeutsamkeit von Zweisprachigkeit für formalen Bildungserfolg insgesamt, beispielsweise der prominenteste Vertreter dieser Position, der Soziologe Hartmut Esser (2010). Insgesamt besteht also

---

81 Die Abkürzung steht für „Deutsch-Englisch-Schülerleistungen-International".

82 Das im August 2009 abgeschlossene Modellprogramm „Förderung von Kindern und Jugendlichen mit Migrationshintergrund" war ein Verbundprojekt, das als gemeinsames Ziel den Aufbau schul- und bildungssprachlicher Kompetenzen verfolgte, dessen inhaltliche und methodische Umsetzung in den Einzelprojekten jedoch differierte (z.B. Gogolin u.a., 2003). Im Januar 2010 nahm das FörMig-Kompetenzzentrum an der Universität Hamburg seine Arbeit auf, dieses soll dazu beitragen, das im Modellprogramm Erreichte weiterzuentwickeln und zu transferieren.

dringender Forschungsbedarf, vor allem im deutschsprachigen Raum. Analoges gilt für die Evaluation der dargestellten (und weiteren) Förderprogramme.

2.4 Der Verlauf von Schulkarrieren

Den Weg, den Kinder und Jugendliche durch die schulischen Institutionen zurücklegen, gibt dieser Kontext selbst vor – einerseits durch die Bereitstellung der Einrichtungen (Grund-, Haupt- und Realschulen, Gymnasien, Ganztagsschulen etc.) per se, andererseits durch rechtliche Vorgaben und Bestimmungen wie Einschulungsregelungen, Versetzungsordnungen oder Übergangsbestimmungen (Bellenberg, 2005). Über die institutionalisierten Bildungswege (z.b. Einschulungszahlen, Verteilung auf die Schulformen, Anteil an Klassenwiederholungen, Abschlüsse) liegt ein breiter Datenkorpus vor, diesbezügliche Auswertungen sind im Verhältnis relativ einfach zu bewerkstelligen, was sich auch mit Blick auf unsere vorangegangen Ausführungen zeigt. Dagegen ist das Wissen darüber, wie sich individuelle Bildungsverläufe gestalten und sich die Institutionenlogik in den Schulbiographien der Lernenden niederschlägt, nur spärlich vorhanden. Wenngleich diese Forschungslücke vor allem in den letzten Jahren im Rahmen verschiedener Studien bearbeitet wurde (ebd.), finden sich zu den Bildungsverläufen von Migrant(inn)en über die Schulzeit, die Primar- und Sekundarstufe, kaum gesicherte empirische Daten. Dieses Defizit der bisherigen Unterrichts- und Schulforschung ist in erster Linie mit dem Fehlen von Längsschnittuntersuchungen zu begründen, die generell und nicht nur in diesem Bereich zu selten durchgeführt werden. Die Frage, wie sich der Verlauf von Schulkarrieren bei Kindern, Jugendlichen und jungen Erwachsenen mit Migrationshintergrund gestaltet und welche Faktoren dabei eine Rolle spielen, lässt sich jedoch wiederum nur auf Basis von längsschnittlich angelegten Studien beantworten (Merkens, 2010). Noch größer ist die Lücke in Bezug auf Arbeiten, die parallel zur Herkunft auch das Geschlecht sowie die Verschränkung der Kategorien in den Fokus nehmen – es finden sich nur sehr vereinzelt quantitative Daten, die eine diesbezügliche Unterscheidung vornehmen.

Dementsprechend berichten wir im Folgenden hauptsächlich über Befunde, die sich auf Kinder und Jugendliche aus Einwandererfamilien im Allgemeinen beziehen und Mädchen wie Jungen betreffen – wenngleich möglicherweise geschlechtsbezogene Differenzen bestehen, über die noch nichts bekannt ist. Wichtige und teilweise kritische Phasen in den Bildungsverläufen von Heranwachsenden mit (eigener/familiärer) Zuwanderungsgeschichte sind Vorschule, Einschulung, Übergang in die Sekundarstufe und Übertritt in die berufliche Ausbildung oder den (Fach-)Hochschulbereich.

2.4.1 Vorschulischer Bereich – Besuch frühpädagogischer Einrichtungen und dessen Nützlichkeit

Als lange Zeit wenig beachtete und vor allem unterschätzte Bildungseinrichtungen mit großem (jedoch vielfach) ungenutztem Potenzial treten in den letzten Jahren vermehrt die frühpädagogischen Institutionen (Kinderkrippen, -gärten und -tagesstätten) in den Fokus des wissenschaftlichen und bildungspolitischen Interesses. Angestoßen wurde die Diskussion um die frühe Bildung in ihrer Bedeutung für den Schulerfolg und die Zukunftsperspektiven von Heranwachsenden insbesondere vor dem Hintergrund der in den verschiedenen Leistungsvergleichsstudien aufgezeigten herkunfts- und schichtbezogenen Disparitäten im bundesdeutschen Bildungswesen, u.a. mit Verweis auf den über außerfamiliäre Betreuung und Erziehung hinausgehenden ‚Bildungsauftrag' vorschulischer Einrichtungen (Wyrobnik, 2010). In diesem Zusammenhang finden sich hauptsächlich Hinweise auf die Möglichkeiten, die sich mit diesen Institutionen quasi prophylaktisch bieten, um späteren Benachteiligungen entgegenzuwirken (Herwartz-Emden & Mehringer, 2010): So belegen die Resultate verschiedener Studien, dass ein guter Start in die Schule durch eine vorschulische institutionelle Betreuung vor allem bei den Kindern mit Migrationshintergrund begünstigt wird (Becker & Lauterbach, 2004; Joos, 2006). Diese eröffnet Chancen zur Integration und zum Erwerb der deutschen Sprache – die wiederum den zentralen ‚Motor' der Sozialintegration darstellt (z.B. Schneekloth & Leven, 2007) – respektive zur Verbesserung der Deutschkenntnisse (bspw. Diefenbach, 2007) und kann somit der Vorbeugung späterer schulischer Ungleichheiten dienen. Empirisch gestützt wird die These der Nützlichkeit des Kindergartenbesuchs ganz aktuell durch die Ergebnisse einer Längsschnittstudie aus dem von Hans Merkens und Agi Schründer-Lenzen durchgeführten Projekt ‚BeLesen', die bestätigen, dass sich die vorschulische Betreuung positiv auf das Sprachverständnis von Kindern mit (eigener/familiärer) Zuwanderungsgeschichte in der Grundschule auswirkt, offensichtlich vermittelt über eine längere Dauer der Beschäftigung mit der Zielsprache Deutsch (Merkens, 2010). Ferner führen „fehlende Kindergartenzeiten bei Migrantenkindern fast automatisch zur Zurückstellung in den Schulkindergarten" (Gomolla & Radtke, 2007, S. 191).

Vor dem Hintergrund der divergierenden Aussagen über die Ausprägung von Differenzen in den Besuchsquoten frühpädagogischer Institutionen zwischen Heranwachsenden aus Einwanderer- und einheimisch deutschen Familien greifen wir auf die unseres Wissens dazu aktuellste veröffentlichte Analyse von Annica Böttcher, Sascha Krieger und Franz-Josef Kolvenbach (2010) für das Bezugsjahr 2009 zurück. Mit Blick auf die Heranwachsenden im Alter von 0 bis unter sechs Jahren, in der die bundesweite Betreuungsquote (als dem Anteil der Kinder in

vorschulischen Einrichtungen an allen Altersgleichen mit bzw. ohne Migrationshintergrund)[83] insgesamt bei 57% liegt, nehmen 61% der Eltern aus autochthonen gegenüber 47% der Eltern aus allochthonen Familien ein institutionelles
Angebot für ihre Kinder wahr. Die Spanne zwischen den Betreuungsquoten der
Kinder mit und ohne Migrationshintergrund fällt in den ‚alten' Bundesländern
mit ca. zehn Prozentpunkten geringer aus als der Abstand in den Quoten zwischen diesen Gruppen in den ‚neuen' Ländern mit knapp 35%. In der Subgruppe
der bis unter Dreijährigen beläuft sich der Anteil an jungen Heranwachsenden in
außerfamiliärer Betreuung im Ganzen auf 20%; von den einheimischen Kindern
besuchen nahezu 25% und von jenen mit Migrationshintergrund rund 11% eine
Tagesstätte o.ä. Auch hier ist der Unterschied innerhalb der ostdeutschen Bundesländer stärker ausgeprägt als unter den westdeutschen. Was die Teilpopulati-
on der Kinder im Alter von drei bis fünf Jahren anbelangt, werden die Angebote
von sichtlich mehr Eltern in Anspruch genommen: Die Besuchsquote vorschulischer Institutionen beträgt insgesamt 92%; in deutschen Familien 96% und in
Einwandererfamilien 84%. Analog zu den anderen Altersgruppen sind ebenfalls
länderspezifische Differenzen zu beobachten, die in eine vergleichbare Richtung
gehen.

Insofern ist festzuhalten, dass sich zum einen die Betreuungsquoten von
Kindern ohne und mit Migrationshintergrund in frühpädagogischen Institutionen
mittlerweile angenähert haben und zum anderen die Unterschiede in Abhängigkeit von der Herkunft, die sich zwischen 12 und 14 Prozentpunkten ansiedeln,
relativ klein sind. Berücksichtigt werden müssen allerdings die unterschiedlichen
Relationen in den betrachteten Altersgruppen – während von den unter dreijährigen Heranwachsenden aus Zuwandererfamilien nur etwa jede/r Zehnte an einer
außerhäuslichen Betreuung teilhat, ist es bei jenen ohne familiäre Migrationserfahrung fast jede/r Fünfte. Der Anteil an Kindern, die einen Kindergarten o.ä.
besuchen, liegt bei den Drei- bis Fünfjährigen zum einen insgesamt um ein Viel-
faches höher. Zum anderen unterscheiden sich die beiden Gruppen in den Betreuungsquoten deutlich weniger stark als bei den unter Dreijährigen (ebd.; vgl.
dazu auch die Ergebnisse der Auswertung von Kathrin Bock-Famulla und Kerstin Große-Wöhrmann [2009] im Rahmen des ‚Ländermonitors Frühkindliche
Bildungssysteme').

Richtet sich der Fokus auf eine Differenzierung nach den einzelnen Alters-
jahrgängen, ist unter Rückgriff auf die oben dargestellten Befunde also vor allem

---

83 In der vorliegenden Auswertung wird der Migrationshintergrund über die Eltern bestimmt. Ein
    solcher liegt dann vor, wenn mindestens ein Elternteil ausländischer Herkunft ist. Insofern fin-
    den nur die Kinder von Müttern und/oder Vätern mit eigener Migrationserfahrung Berücksich-
    tigung, während Nachkommen von Migrant(inn)en der zweiten, dritten oder vierten Generation
    nicht erfasst werden (Böttcher, Krieger & Kolvenbach, 2010).

für die jüngeren Kinder je nach ihrem familiären Hintergrund eine unterschiedliche Inanspruchnahme von vorschulischen Betreuungsangeboten zu konstatieren. Wie Ulrike Berg-Lupper (2006) für die DJI-Kinderbetreuungsstudie herausarbeitet, bleiben Heranwachsende aus Einwandererfamilien dem möglichen ersten Kindergartenjahr häufiger fern, als dies bei einheimisch deutschen Kindern der Fall ist. Vor dem Schuleintritt gleichen sich die Besuchsquoten aber an. Dass Kinder mit einer familiären Zuwanderungsgeschichte frühpädagogische Einrichtungen teilweise nicht respektive kürzer besuchen, hängt möglicherweise mit der in der Tendenz ungünstigeren finanziellen Situation in den Migrantenfamilien zusammen, wie Bernhard Nauck, Susanne Richter und Elisabeth Richter (2008) in ihrem Beitrag zum UNICEF-Bericht vermuten (vgl. dazu auch Joos, 2006).

Dass sich die ‚Kindergartenkindheit' zu einem erwartbaren Element einer ‚durchschnittlichen Kindheitsbiographie' in Deutschland entwickelt hat, wird auch von den Resultaten des DJI-Kinderpanels (Joos, 2006) bestätigt. Zwar zeigt sich diese Entwicklung bei den Kindern türkischer Herkunft und Aussiedlerkindern (noch) nicht in derselben Ausprägung wie in der deutschen Vergleichsgruppe, doch auch in den Migrant(inn)enpopulationen ist offensichtlich für einen Großteil, nämlich für über vier Fünftel der Kinder türkischer Herkunft und Kinder aus der ehemaligen Sowjetunion, der Kindergartenbesuch zu einem wichtigen Teil ihrer Bildungsbiographie geworden. In diesem Zusammenhang wurde festgestellt, dass 14,1% der türkischen Kinder keine institutionelle Betreuung im Kindergartenalter erleben, bei den deutschen Heranwachsenden beträgt dieser Anteil 4,0% und bei jenen aus der ehemaligen Sowjetunion 8,1%. Für den Nichtbesuch des Kindergartens zeichnet sich ein ethnischer Effekt ab, der stark durch den sozioökonomischen Status der Familien bestimmt ist – es sind in erster Linie die Kinder der untersten Einkommensklassen (in denen das Haushaltseinkommen unter 750 Euro liegt), die keine vorschulische Einrichtung besuchen (ebd.).

Ein bedenkliches Resultat ist, dass am ehesten die Kinder, die keine außerhäusliche Betreuung im Kindergartenalter erlebt haben, später oftmals eine Grundschulklasse wiederholen müssen (und diese wiederum weniger Chancen haben, später auf ein Gymnasium zu wechseln [Bellenberg, 2005; Diefenbach, 2010b]), was als Hinweis auf die Bildungs- und Schulvorbereitungsfunktion der frühpädagogischen Institutionen zu werten ist: „Dieses wichtige Ergebnis bestätigt das theoretische Konzept der kontinuierlichen Bildungsbiographien und deren elementare Bedeutung gerade auch für Kinder mit Migrationshintergrund" (Joos, 2006, S. 279). Mit dem Besuch einer vorschulischen Einrichtung eröffnet sich für die jungen Migrant(inn)en nicht zuletzt die Möglichkeit, in regelmäßigen Kontakt mit der Mehrheitsgesellschaft und der Bildungssprache zu kommen. Zudem bieten sich für *alle Gruppen* besondere Fördermöglichkeiten, angefangen von gezielter Unterstützung im sprachlichen Bereich bis hin zur Vorbereitung auf den Schuleintritt (Herwartz-Emden & Mehringer, 2010).

2.4.2 Schule – Einschulung, Übertrittsempfehlungen und Klassenwiederholungen

2.4.2.1 Einschulung

Im Vergleich zu deutschen Schülerinnen und Schülern durchlaufen Kinder und Jugendliche mit (eigener/familiärer) Migrationserfahrung das Schulsystem häufig mit einer zeitlichen Verzögerung. Obwohl kaum Daten vorliegen, die den Schuleintritt unter migrationsspezifischer Perspektive auf bundesweiter Ebene fokussieren (Konsortium Bildungsberichterstattung, 2006), ist davon auszugehen, dass diese Gruppe im Vergleich zu einheimischen Kindern seltener vorzeitig, häufiger aber verspätet eingeschult wird, was sich zum einen mit Rekurs auf den Bildungsbericht aus dem Jahr 2006 zumindest für das Bundesland Nordrhein-Westfalen belegen lässt. Zum anderen verweisen auch die auf Daten des Sozioökonomischen Panels (SOEP) basierenden Analysen von Jens Kratzmann und Thorsten Schneider (2008) auf ein bei Kindern aus Einwandererfamilien höheres Risiko, die schulische Karriere mit einjähriger Verzögerung zu starten. In Anlehnung an die beiden Autoren sind die ungünstigeren Chancen möglicherweise nicht genuin migrationsbedingt, sondern stehen mit der (oftmals) ungünstigeren sozialstrukturellen Position der Eltern in Zusammenhang. Im Durchschnitt werden Kinder aus Familien mit einem hohen sozioökonomischen Status zu einem früheren Zeitpunkt eingeschult als jene aus Familien mit niedrigem diesbezüglichem Status. Zudem wirkt sich offensichtlich der frühzeitige Besuch vorschulischer Institutionen positiv auf das Einschulungsalter aus. Mit Blick auf den Interaktionseffekt aus Bildungsstand der Eltern und frühem Kindergartenbesuch scheinen hier gerade Kinder aus eher bildungsfernen Elternhäusern zu profitieren, da der frühzeitige Eintritt das Risiko einer Rückstellung nach elterlichen Bildungsabschlüssen nahezu vollständig ausgleicht (ebd.). Hier kommt offensichtlich der Migrationshintergrund ins Spiel, zumindest indirekt: Wie oben dargestellt, bleiben Heranwachsende aus Zuwandererfamilien, die sich wiederum oft unteren Einkommensklassen zugeordnet werden müssen und einen niedrigen sozioökonomischen Hintergrund aufweisen, dem möglichen ersten Kindergartenjahr häufiger fern, als dies bei deutschen Kindern der Fall ist. Was die Geschlechtszugehörigkeit betrifft, ist ohne Berücksichtigung des Migrationshintergrundes eine vorzeitige Einschulung eher bei Mädchen, eine Rückstellung eher bei Jungen zu beobachten. So waren im Schuljahr 2008/09 von allen vorzei-

tig Eingeschulten knapp 60% weiblich und etwas über 40% männlich. Umgekehrt lag unter den verspätet Eingeschulten der Prozentsatz an Jungen mit 63,5%
deutlich höher als der an Mädchen mit 36,5% (Statistisches Bundesamt, 2010c).
Aussagen darüber, ob die zu registrierenden Geschlechterdifferenzen in Einwandererfamilien ähnlich ausfallen oder in eine andere Richtung gehen, lassen sich
aufgrund fehlender Daten nicht treffen.

2.4.2.2 Übergang von Grund- in die weiterführenden Schulen

Insgesamt betrachtet sind somit bereits vor dem Eintritt ins bundesdeutsche
Schulsystem soziale Ungleichheiten zu beobachten. Auch beim Übergang vom
Primar- in den Sekundarbereich, der als eine der wichtigsten Statuspassagen mit
weitreichenden Konsequenzen für die Bildungs- und Lebensverläufe junger
Menschen und bedeutende Selektionsschwelle im bundesdeutschen Schulsystem
gilt (Maaz & Baumert, 2009), zeigen sich Nachteile für Heranwachsende aus
Einwandererfamilien.[84] Diese – aus internationaler Perspektive eher frühe –
Weichenstellung ist als Prozess zu verstehen, der sich „im Zusammenspiel von
Intentionen, Leistungsindikatoren, Lehrerempfehlungen, der elterlichen Entscheidungsfindung sowie institutionellen und kompositionellen Rahmenbedingungen vollzieht" (ebd., S. 362). An der damit verbundenen ersten Hürde,
den Übergangsempfehlungen von der Grundschule in die weiterführenden Schulformen, scheitert ein nicht unerheblicher Teil der Kinder mit Migrationshintergrund, erhalten doch viele von ihnen eine ungünstigere Empfehlung als Grund-
schüler/innen aus einheimisch deutschen Familien (z.B. Ditton, Krüsken &
Schauenberg, 2005) und haben folglich geringere Chancen für einen Wechsel auf
das Gymnasium[85] (bspw. Allemann-Ghionda, Auernheimer, Grabbe & Krämer,
2006; Konsortium Bildungsberichterstattung, 2006). Ähnliches gilt in Bezug auf
die soziale Herkunft, die – den Ergebnissen von IGLU 2006 zufolge – einen
signifikanten Zusammenhang mit den Schullaufbahnpräferenzen der Lehrkräfte
aufweist: Um eine Gymnasialempfehlung zu erhalten, benötigen Kinder aus
unteren sozialen Lagen (hier von un-/angelernten Arbeiter[inne]n) mehr Punkte

---

84   Wir fokussieren im Folgenden auf junge Migrant(inn)en. Mit Blick auf das Geschlecht erhalten
      Mädchen zwar etwas häufiger eine Gymnasial- bzw. Realschul- und seltener eine Hauptschul-
      empfehlung als Jungen, doch sind die Unterschiede relativ gering und lassen sich weitgehend
      mit den besseren Noten der Grundschülerinnen erklären (Valtin, Wagner & Schwippert, 2005).
      Zudem wird in der vorliegenden Studien nicht nach der ethnischen Herkunft und der Ge-
      schlechtszugehörigkeit differenziert, so dass keine fundierten Aussagen möglich sind.
85   Aktuell haben den familialen Einfluss auf den Übertritt von Kindern mit und ohne Migrations-
      hintergrund von der Grundschule an weiterführende Schulen Cornelia Braun und Volker Mehr-
      inger (2010) untersucht.

in der Lesekompetenz als jene aus Familien der oberen Dienstklasse (Bos u.a., 2007b). Allerdings sind für die Bildungsempfehlungen die Fähigkeiten im Fach Deutsch (ebenso wie die in Mathematik) insgesamt relevant (Kristen, 2006b).

Die Frage, ob dies auch bei gleichen Leistungen zutrifft oder möglicherweise damit in Verbindung steht, dass die Beurteilungen der Lehrkräfte von Stereotypen und Vorurteilen beeinflusst werden, ist aus empirischer Perspektive angesichts der Komplexität der wirksamen Mechanismen nicht einfach zu beantworten. Wie sich die Urteilsbasis für Schulformempfehlungen gestaltet, das heißt, welche Kriterien einfließen und in welchem Umfang sie zum Tragen kommen (eher formelle Merkmale [z.B. Noten] oder persönlichkeitsbezogene Eigenschaften [Motivation, Leistungsangst etc.]), ist in den einzelnen Bundesländern teilweise unterschiedlich geregelt. Zudem spielen offensichtlich auch leistungsferne Kriterien wie Geschlecht, Migrationshintergrund und sozioökonomischer Status eine Rolle (Maaz & Baumert, 2009; Schründer-Lenzen, 2008). Die Ergebnisse quantitativ angelegter Forschungsarbeiten[86] weisen darauf hin, dass unter statistischer Kontrolle verschiedener Faktoren und Indikatoren keine eigenständigen ‚ethnischen' Benachteiligungen von Zuwandererkindern belegt werden können, die sich in den Übergangsempfehlungen niederschlagen, so unter anderem die Auswertungen von Cornelia Kristen (2006a) für IGLU-E, die Resultate von Hartmut Ditton und Jan Krüsken (2006) aus einer an bayerischen Grundschulen durchgeführten Untersuchung[87] sowie die Befunde einer Teilstudie des DFG-Projektes „Bildungsentscheidungen in Migrantenfamilien" (Kristen, 2006b), auf die wir weiter unten zurückkommen werden.

Den Resultaten der Hamburger Studie LAU 5 (Lehmann, Peek & Gänsfuß, 1997) folgend erhalten Fünftklässler/innen aus Zuwandererfamilien (erfasst über die Staatsangehörigkeit) zwar ebenfalls seltener eine Gymnasialempfehlung, wenn aber doch, dann bereits bei geringeren Testleistungen als die deutschen Schüler/innen. Dies wird von den Autoren als Hinweis auf einen bei Migrant(inn)en niedriger angelegten Standard im Sinne eines seitens der Lehrkräfte gewährten ‚Bonus' gedeutet (ebd.). In eine ähnliche Richtung gehen die Ergebnisse einer vertieften IGLU-Analyse, in der sich nach Einbezug von Werten der Leistungsmessungen in Mathematik und im Lesen, Zensuren sowie herkunftsbezogenen Variablen zu Migrationshintergrund und Schichtzugehörigkeit sogar

---

86 Vgl. dazu auch die Überblicke bei Cornelia Kristen (2006b) und Agi Schründer-Lenzen (2008 & 2009).

87 Wenngleich sich in der Untersuchung auch Vorteile für Kinder höherer Schichten ergeben, kommt den von den Lernenden erreichten Leistungen „im Übertrittsprozess die Schlüsselrolle zu" (Ditton & Krüsken, 2006, S. 368f.). An nur einer Stelle ist eine darüber hinausgehende signifikante Differenz nach der Muttersprache als dem erfassten Migrationsstatus zu beobachten – bei einer Realschulempfehlung melden Eltern von Kindern mit deutscher Muttersprache diese eher an einem Gymnasium an als die Eltern der Vergleichsgruppe (ebd.).

etwas positivere Effekte für Einwandererkinder zeigen (Bos, Voss, Lankes, Schwippert, Thiel & Valtin, 2004). Die Ergebnisse sprechen zwar zunächst dafür, dass keine ethnischen verzerrten Beurteilungen vorliegen, doch wurde möglicherweise bereits die Notengebung davon geprägt (Kristen, 2006b). Der Schluss, dass Grundschülerinnen und Grundschüler unterschiedlicher Herkunftsgruppen am Übergang in den Sekundarbereich vor diesem Hintergrund nicht aufgrund ihrer Zugehörigkeit zu einer bestimmten Ethnie benachteiligt oder diskriminiert werden, wäre jedoch zu vorschnell gezogen. Möglicherweise richten sich ethnische Diskriminierungen nur auf bestimmte Minoritäten oder Bevölkerungsteile, was eine gruppenübergreifende, undifferenzierte und ausschließliche Betrachtung des einen vereinheitlichenden Merkmals ,Migrationshintergrund' verdeckt. Einer bilanzierenden Folgerung ist also zunächst die Frage vorgelagert, ob sich in der schulischen Beurteilungspraxis Unterschiede zwischen einzelnen Herkunftsgruppen belegen lassen.

Erste (aufgrund der regionalen Einschränkung jedoch nicht generalisierbare) Anhaltspunkte bieten die im Rahmen des oben erwähnten DFG-Projektes „Bildungsentscheidungen in Migrantenfamilien" entstandenen Forschungsarbeiten von Cornelia Kristen (2006b) sowie Cornelia Kristen und Jörg Dollmann (2010), die auf die Übergangsmuster von Kindern mit Zuwanderungshintergrund (erhoben über die Nationalität) im Vergleich zu autochthonen Gleichaltrigen an Mannheimer bzw. Kölner Grundschulen fokussieren. Werden die Ergebnisse der Mannheimer Studie betrachtet, bestätigen sich die bereits bekannten Befunde: Türkisch- und italienischstämmige Heranwachsende schneiden gegenüber deutschen Schüler(inne)n bei den Deutsch-/Mathematiknoten schlechter ab und erhalten häufiger eine Hauptschulempfehlung. Im sprachlichen Teil der eingesetzten standardisierten Tests fallen die Unterschiede ähnlich aus, während im mathematischen Bereich kaum Differenzen nachzuweisen sind. Wie die Ergebnisse multivariater Analysen zeigen, hat die ethnische Zugehörigkeit weder einen signifikanten Einfluss auf die Zensurenvergabe in Mathematik noch auf die ausgesprochenen Schulformempfehlungen – bei gleichen Testwerten und Noten sind die Chancen auf eine Empfehlung für einen der beiden höheren Bildungsgänge bei Viertklässler(inne)n unterschiedlicher Herkunftsgruppen nahezu identisch. Eine Ausnahme bildet allerdings die Zensur in Deutsch: Auch bei vergleichbaren Leistungen liegt diese bei den Kindern mit einem türkischen oder italienischen Hintergrund um etwa eine Viertelnote unter derjenigen von ihren deutschen Mitschüler(inne)n. In Anlehnung an die Autorin ist dieses Resultat weniger auf eine ethnische Diskriminierung zurückzuführen, sondern vielmehr mit dem gewählten Instrument (das den Wortschatz, nicht aber weitere relevante Aspekte [wie z.B. Rechtschreibung] berücksichtigt) zu begründen (Kristen, 2006b).

In der zweiten Studie, auf die wir uns beziehen, sind am Übergang in die verschiedenen Bildungswege der Sekundarstufe für die Heranwachsenden mit türkischer Herkunft gegenüber Grundschüler(inne)n ohne Zuwanderungsgeschichte ebenfalls deutliche Ausgangsnachteile zu beobachten – die Chance, im Vergleich zur Realschule auf ein Gymnasium zu wechseln, ist bei ihnen deutlich geringer. Diese Differenzen lassen sich jedoch vollständig mit Disparitäten in Schulleistungen und der sozialen Stellung (erfasst über den Bildungshintergrund der Eltern und deren sozioökonomische Positionierung) erklären. Anstelle einer zusätzlichen Benachteiligung treten vielmehr positive ethnische Effekte zutage: Die Wahrscheinlichkeit von Viertklässler(inne)n aus türkischen Einwandererfamilien bei gleichen Leistungen und ähnlichem sozialen Status im Anschluss an die Grundschulzeit die Realschule und damit einen der anspruchsvolleren Schulzweige statt der Hauptschule zu besuchen, ist aufgrund ihrer ausgeprägten familiären Bildungsmotivation[88] nun sogar signifikant größer als bei jenen aus einheimischen Familien. Hinsichtlich des Wechsels auf ein Gymnasium zeichnen sich ebenfalls Vorteile ab (Kristen & Dollmann, 2010).

Es zeigen sich beim Vergleich mit Gleichaltrigen ohne Migrationshintergrund keine empirischen Hinweise für ein schlechteres Abschneiden von Heranwachsenden aus bestimmten Herkunftsgruppen an der ersten Schwelle im Bildungswesen aufgrund der von Lehrkräften ausgesprochenen Schullaufbahnempfehlungen, welches aus einer Diskriminierung entlang der ethnischen Herkunft resultiert. Vielmehr deuten die Resultate darauf hin, dass den bis zum Übergang erzielten Leistungen und dem sozioökonomischen Hintergrund der Grundschüler/innen eine entscheidende Bedeutung zukommt. Unter Rückgriff auf den vorausgegangenen Überblick sind auch hier verschiedene Bedenken anzumelden: Erstens ist der Forschungsstand im deutschsprachigen Raum insgesamt relativ dünn; es finden sich in diesem Themenbereich trotz des verstärkten Interesses an Bildungsentscheidungen bislang nur verhältnismäßig wenige Untersuchungen und dementsprechend fehlen auch Forschungsergebnisse, in denen eine vertiefte Differenzierung nach Herkunftsgruppen erfolgt (ebd.). Zweitens wurde in den vorliegenden Studien der Migrationshintergrund meist über die Staatsangehörigkeit operationalisiert und infolgedessen ein Teil der Kinder aus Zuwandererfamilien (z.B. Aussiedler/innen) außen vor gelassen. Und drittens könnte es sich bei Diskriminierungen um weitaus subtilere Prozesse oder Effekte handeln, die

---

88 So ist nicht nur bei Kindern, sondern auch bei türkischstämmigen Jugendlichen und Heranwachsenden mit Migrationshintergrund insgesamt eine höhere Motivation festzustellen als bei jenen ohne. Zudem zeigt sich in den Aspirationen junger Migrant(inn)en eine deutliche Aufstiegsorientierung; in den meisten Herkunftsgruppen sind die Bildungsaspirationen der Eltern mit Zuwanderungsgeschichte mindestens genauso ausgeprägt wie die von Eltern ohne Migrationshintergrund (z.B. Stanat, 2009).

sich zum einen etwa nur indirekt vermittelt über verschiedene Mechanismen in den Übergangsempfehlungen niederschlagen und zum anderen in einer weniger spezifischen Fokussierung auf den Übertritt eher in anderen Schulkontexten, wie der interaktiven Ebene des Unterrichts, zum Tragen kommen, beispielsweise in den Schüler(inne)n entgegengebrachten Erwartungen oder dem Feedback der Lehrkräfte (vgl. dazu auch Kristen, 2006b; Schründer-Lenzen, 2008). Um diese adäquat zu erfassen, wären in erster Linie qualitativ angelegte Untersuchungen im Unterricht nötig, die sich den komplexen Prozessen mit entsprechenden Zugangsweisen und Methoden annähern.

2.4.2.3 Klassenwiederholungen und deren Konsequenzen

Wie wir in der Einleitung zu diesem Unterpunkt bereits erwähnt haben, durchlaufen Kinder und Jugendliche mit (eigener/familiärer) Migrationserfahrung das Schulsystem häufig mit einer zeitlichen Verzögerung, und zwar nicht nur aufgrund von Rückstellungen und verspäteten Einschulungen, sondern auch wegen der Wiederholung einer oder mehrerer Schulklassen. Wenngleich der Anteil an ‚Sitzenbleiber(inne)n' im Bildungssystem der Bundesrepublik seit einigen Jahren geringfügig, aber fast kontinuierlich zurückgeht, nehmen Klassenwiederholungen im schulischen Alltag einen noch immer verhältnismäßig breiten Raum ein – im Verlauf des Schulbesuchs hat im Durchschnitt jede/r dritte Schüler/in mindestens einmal eine Jahrgangsstufe wiederholt (Döbert, 2009); fast ein Viertel der in PISA 2003[89] getesteten 15-Jährigen ist nach eigenen Angaben wenigstens ein oder sogar mehrere Male sitzengeblieben (PISA-Konsortium Deutschland, 2004). Im Schuljahr 2008/09 waren unter den etwas über 9 Millionen an allgemeinbildenden Schulen Lernenden knapp zweihunderttausend ‚Wiederholer/innen', was einer Gesamtquote von 2,2% entspricht (Statistisches Bundesamt, 2010c). Der Anteil schwankt dabei zwischen den einzelnen Bundesländern – die Spannweite reicht von 1,4% in Baden-Württemberg/Sachsen bis 3,2% in Bayern –, den Schulformen – von 0,6% im Grundschul- bis 4,7% im Realschulbereich – und den Jahrgangsstufen – die vierte Klasse wird von 0,7% und die neunte Klas-

---

89　In PISA 2006 wird nicht zwischen Rückstellungen und Klassenwiederholungen unterschieden (PISA-Konsortium Deutschland, 2008).

se von 4,8% wiederholt (ebd.).[90] Aus internationaler Perspektive ist die ‚Sitzen-
bleiberquote' in Deutschland vergleichsweise hoch, selbst gegenüber Staaten, in
denen das Verfahren der Klassenwiederholungen ebenfalls praktiziert wird (z.b.
Bellenberg, 2005; Klemm, 2009; Sandring, 2009).

Hinter dem Prozentsatz an mit Nichtversetzungen verbundenen Wiederholungen stehen mehr oder weniger auffällige Differenzen (Autorengruppe Bildungsberichterstattung, 2008): Zum einen sind weibliche und männliche Schü-
ler/innen, zum anderen Heranwachsende mit und ohne Migrationshintergrund
vom Sitzenbleiben unterschiedlich betroffen. In allen Jahrgangsstufen und über
die Schulformen hinweg wiederholen Jungen häufiger eine Klasse als Mädchen.[91] Im Primarbereich ist an Grundschulen die Wiederholungsquote insgesamt niedrig und die Geschlechterdifferenz sehr moderat; in der Sekundarstufe I
sind die Unterschiede zwar etwas stärker ausgeprägt, aber mit einem Ausmaß
von wenigen Prozentpunkten als gering zu bezeichnen. Die im Verhältnis größte
Differenz zeigt sich in den neunten Realschulklassen. Allerdings ist ab der siebten Jahrgangsstufe unabhängig vom Geschlecht der Jugendlichen und den von
ihnen besuchten Schularten, vor allem an Haupt- und Realschulen sowie Schulen
mit mehreren Bildungsgängen, ein Anstieg an Klassenwiederholungen zu beobachten, der bei männlichen Schülern etwas deutlicher zum Tragen kommt. Im
zehnten Jahrgang schwächt sich dieser Trend wieder ab (Statistisches Bundesamt, 2010c), was, wie Jürgen Budde (2008) vermutet, möglicherweise mit der
Adoleszenz zusammenhängt. Parallel dazu lassen sich für die Sekundarstufe II
ebenfalls lediglich geringfügige Geschlechterdifferenzen zugunsten der weiblichen Schülerinnen belegen, die in den elften Klassen integrierter Gesamtschulen
– an denen sich insgesamt betrachtet ein größerer Prozentsatz an Sitzenblei-
ber(inne)n findet – etwas höher liegen als an Gymnasien (Statistisches Bundesamt, 2010c). Zu berücksichtigen ist, dass sich diese Aussagen auf das Schuljahr
2008/09 beziehen und im gesamten Verlauf der Schulzeit die Zahl der betroffenen Schülerinnen und Schüler zunimmt.

---

90 Dies ist unter anderem auf die unterschiedlich geregelte Versetzungspraxis der Länder zurück-
    zuführen, die einen Vergleich fast unmöglich macht (Döbert, 2009). Der hohe Anteil an Klas-
    senwiederholungen im Bereich der Realschulen hängt damit zusammen, dass diejenigen Schü-
    ler/innen, die nicht nur eine Klasse wiederholt haben, sondern auch auf eine andere Schulform
    gewechselt sind, der aufnehmenden Schulform zugeschrieben werden. Da das Gymnasium Ler-
    nende eher abgibt als aufnimmt, finden sich diese dann meist als Wiederholer/innen an Real-
    schulen und gehen in die schulformspezifische Quote ein. Demnach wird der tatsächliche Anteil
    an ‚Sitzenbleiber(inne)n' an Realschulen überschätzt – was auch für Hauptschulen gilt – und an
    Gymnasien unterschätzt (Klemm, 2009).
91 Dass Jungen häufiger von Klassenwiederholungen betroffen sind, ist allerdings kein neuer
    Befund – dies zeigte sich bereits, als man ihnen noch einen Vorsprung gegenüber Mädchen im
    Bildungssystem attestierte (Sandring, 2009).

Was die ethnische/kulturelle Herkunft betrifft, fallen die Unterschiede sichtlich stärker ins Gewicht. Julia Ann Krohne und Ulrich Meier (2004) belegen anhand der PISA-Daten, dass 15-Jährige mit Migrationshintergrund in ihrer Schullaufbahn einem nahezu dreimal so großen Risiko der Klassenwiederholung ausgesetzt sind wie ihre gleichaltrigen Mitschüler/innen aus nicht zugewanderten Familien. Bei den jungen Migrant(inn)en ist die Wahrscheinlichkeit, sitzenzubleiben, in den ersten drei Schuljahren rund viermal höher als bei autochthonen Grundschüler(inne)n (Krohne, Meier & Tillmann, 2004). Das heißt, ein ungleich größerer Teil der Zuwandererkinder muss bereits kurz nach dem Eintritt in das deutsche Schulwesen eine Klasse wiederholen, während dies für einheimische Kinder erst ab der siebten Klassenstufe gilt. In diesem Jahrgang gleichen sich die Sitzenbleiberquoten mit dem Ansteigen der Werte von jungen Menschen ohne Migrationshintergrund an (vgl. dazu auch Konsortium Bildungsberichterstattung, 2006). Wird darüber hinaus das Geschlecht einbezogen, ist die Differenz in den Anteilen an Klassenwiederholungen innerhalb der Migrant(inn)engruppe verhältnismäßig klein. Im Vergleich mit nichtgewanderten Schülerinnen beträgt das Risiko, während der Schulzeit eine Klasse wiederholen zu müssen, bei Mädchen aus Einwandererfamilien über das Dreifache. Bei Jungen mit Migrationshintergrund ist die Wahrscheinlichkeit geringer, nämlich 2,4-mal so groß wie bei einheimischen Schülern (Krohne & Meier, 2004). Offensichtlich überlagert der Migrationsstatus den Geschlechterstatus, der bei Mädchen deutscher Herkunft das Sitzenbleiberisiko deutlich verringert (Budde, 2008).

Die Frage, inwiefern das Prinzip der Klassenwiederholungen mit günstigen Effekten für die Leistungen der Repetent(inn)en und positiven Impulsen hinsichtlich ihrer Schulkarrieren verbunden ist oder aber eine unwirksame und teure Maßnahme darstellt, die letztlich nur auf die Herstellung möglichst homogener Klassen zielt, wird gegenwärtig genauso kontrovers wie intensiv diskutiert (bspw. Döbert, 2009; Klemm, 2009). Ein nicht unerheblicher Teil der Forschungsergebnisse deutet darauf hin, dass das Sitzenbleiben keine überdauernde positive Wirkung hat, sondern sich in vielen Fällen in der Tendenz eher ungünstig auswirkt. Für die Mehrheit sind keine zusätzlichen Lerneffekte oder nachhaltigen Leistungsangleichungen zu beobachten; die Betroffenen verlassen das Schulsystem zu einem späteren Zeitpunkt und in einem höheren Alter gegenüber Nicht-Sitzengebliebenen (ebd.; auch Sandring, 2009). Das Wiederholen gilt auch insofern als problematisch, als dass es nicht selten zu einem Wechsel an eine niedrigere Schulform führt, an der die Klasse erneut durchlaufen wird (Bellenberg, 2005).

2.4.3 Berufliche Bildung

Es sind vor allem Jugendliche und junge Erwachsene aus Familien mit einem niedrigen sozioökonomischen Status und/oder Migrationshintergrund, bei denen unter anderem aus den zeitlichen Verzögerungen negative Konsequenzen für ihren weiteren Bildungsweg resultieren. Verschärft wird die Problematik zusätzlich durch die mit Klassenwiederholungen in Zusammenhang stehenden Schulformwechsel, die meist einen ‚Abstieg' zur Folge haben und somit wiederum die Wahrscheinlichkeit eines höherwertigen Abschlusses dezimieren. Dies mag neben anderen Faktoren auch eine zumindest ansatzweise Begründung für die ungünstige Situation der jungen Menschen mit (eigener/familiärer) Zuwanderungsgeschichte am Übergang von der Schule in den Ausbildungsbereich sein, wie wir sie nachfolgend anhand aktueller Daten skizzieren.

Für Heranwachsende mit einer ausländischen Staatsangehörigkeit ist festzuhalten, dass sich die Ausbildungsmöglichkeiten in den letzten Jahren erheblich verschlechtert haben. So ist der Anteil von jungen Ausländerinnen und Ausländern im Dualen Berufsbildungssystem (in der Altersgruppe von 18 bis unter 21) von 34% im Jahr 1994 um 10% auf 24% im Jahr 2007 gesunken, während die Ausbildungsbeteiligungsquote deutscher Jugendlicher im Gegensatz dazu in geringerem Ausmaß zurückging und 2007 bei 58% lag. Mit Fokus auf die Einmündungswahrscheinlichkeit in eine betriebliche oder vollzeitschulische Ausbildung ist diese für allochthone Jugendliche um annähernd 20% niedriger als bei autochthonen Jugendlichen, was nicht allein mit schlechteren Schulabschlüssen zu begründen ist, sondern auch bei einem vergleichbaren Leistungsniveau zutrifft (Beicht & Granato, 2009; Boos-Nünning & Granato, 2008). Zudem sind die persönlichen oder familiären Einstellungen der Migrant(inn)en hinsichtlich der beruflichen Zukunftsplanung nicht restriktiv(er), ganz im Gegenteil: Die Bildungsorientierung der Familien ist sehr ausgeprägt und es mangelt nicht an konkreten Ausbildungszielen und Plänen. Auch bei der Suche nach Lehrstellen (z.B. Bewerbungen) ist diese Gruppe flexibel und engagiert (Beicht & Granato, 2009). Vielmehr kommen offensichtlich diskriminierende betriebliche Rekrutierungsstrategien und Selektionsmechanismen zur Wirkung, die von Vorurteilen bei den Personalverantwortlichen (im Sinne eines größeren betriebswirtschaftlichen ‚Risikos', das vorrangig bei türkischstämmigen Ausländer[inne]n, vor allem den weiblichen, gesehen wird) über die Ausblendung vorhandenen sozialen Kapitals (z.B. interkultureller Kompetenzen und mehrsprachiger Potenziale) bis hin zum sog. ‚Inländerprimat' reichen. Als Ergebnis erhalten Jugendliche mit Migrationshintergrund trotz ähnlicher Voraussetzungen seltener die Gelegenheit, sich in einem persönlichen Bewerbungsgespräch vorzustellen[92] (Boos-Nünning & Granato, 2008).

Am Übergang von der Schule in das Duale Berufsausbildungssystem werden junge Migrantinnen noch stärker benachteiligt als Migranten (Granato, 2005). Insgesamt zeigt sich, dass hier in erster Linie junge deutsche Männer vertreten sind und die Beteiligung junger Ausländer und einheimischer Frauen sichtlich niedriger ist. Am seltensten durchlaufen allerdings junge ausländische Frauen eine entsprechende Ausbildung (Siegert, 2009). Was die beruflichen Schulen anbelangt, müssen Schülerinnen und Schüler mit einer ausländischen Staatsangehörigkeit deutlich öfter als die deutschen ein Berufsvorbereitungs- oder Berufsgrundausbildungsjahr absolvieren, um ihre Chancen auf dem Arbeitsmarkt zu verbessern. Hinsichtlich der verschiedenen Ausrichtungen spielen Schulen des Gesundheitswesens vorrangig bei weiblichen Berufsschülerinnen eine Rolle, bei männlichen dagegen kaum. Dies gilt insbesondere für junge Frauen mit einer Herkunft aus Polen und der Russischen Föderation (ebd.).

Im Jahr 2006 waren die drei beliebtesten Ausbildungsberufe bei Ausländer(inne)n Friseur/Friseurin mit 7,4%, Kaufmann/-frau im Einzelhandel mit 7,0% und medizinische/r Fachangestellte/r mit 5,3%. Im Vergleich dazu entschieden sich die deutschen Jugendlichen am häufigsten für Kraftfahrzeugmechatroniker/in (4,8%), Kaufmann/-frau im Einzelhandel (4,7%) und Bürokaufmann/-frau (3,8%). Werden die jeweiligen Anteile an diesen drei Lieblingsberufen betrachtet, dann beliefen sie sich bei Ausländer(inne)n auf 19,7% und bei Deutschen auf 13,3%. Erweitert man die Perspektive auf die zehn am häufigsten erlernten Ausbildungsberufe, finden sich in diesen 44,9% der ausländischen Staatsbürger/innen und 32,3% der Deutschen. Die Konzentration auf wenige Berufe ist bei jungen Frauen gegenüber jungen Männern ausgeprägter; dieser Effekt kommt bei ausländischen Auszubildenden noch deutlicher zum Vorschein. Dies ist insofern bedenklich, als dass weiblich konnotierte Tätigkeiten eher eine geringe formale Qualifikation voraussetzen und nur eingeschränkte Aufstiegs- und Einkommensperspektiven bieten (Siegert, 2009).

Bislang ist ein ganz zentraler Aspekt unberücksichtigt geblieben – die Verteilung der beruflichen Abschlüsse nach der ethnischen/kulturellen Herkunft. Vor dem Hintergrund des erheblichen Prozentsatzes an jungen Menschen mit (eigener/familiärer) Zuwanderungsgeschichte, die keine abgeschlossene Berufsausbildung vorweisen können (von den 25- bis 34-Jährigen fast jede/r Zweite

---

92   Siehe zum Stellenwert von Migrationshintergrund und Geschlecht bei Bewerbungen von Führungsnachwuchskräften die Untersuchung von Saro Akman, Meltem Gülpinar, Monika Huesemann und Gertraude Krell (2005), die aufzeigt, dass das Merkmal Migrationshintergrund diskriminierungsrelevanter ist als das Merkmal Geschlecht (auch wenn die Ergebnisse aufgrund der kleinen Fallzahl mit Vorsicht zu interpretieren sind).

[knapp 40% gegenüber 15% der Einheimischen]), sprechen Rainer Geißler und Sonja Weber-Menges (2008, S. 16) von einer „soziale[n] Zeitbombe"; Mona Granato (2005) bezeichnet es als bildungspolitische Katastrophe. Eine ähnliche Einschätzung muss für den Hochschulbereich getroffen werden: Wenngleich inzwischen sogar ein größerer Prozentsatz der studienberechtigten Heranwachsenden aus Einwandererfamilien ein Studium aufnimmt, als dies bei jungen Menschen ohne Migrationshintergrund der Fall ist, sind sie unter den Studierenden sichtlich unterrepräsentiert (Geißler & Menges, 2008; Konsortium Bildungsberichterstattung, 2006; Stanat, 2008). Unter den Abiturient(inn)en mit Migrationshintergrund wird ein Hochschulstudium offensichtlich als Mittel zum sozialen Aufstieg angesehen, das gilt insbesondere für junge Frauen (Boos-Nünning & Granato, 2008). In Bezug auf diese Gruppe der (bildungs-)erfolgreichen Migrant(inn)en – insbesondere für die Studierenden – ist ein umfassendes Forschungsdesiderat zu verzeichnen, vor allem in Bezug auf quantitative, aber auch konsequent herkunftsgruppenvergleichende qualitative Studien (siehe zu beruflich erfolgreichen Migrantinnen Behrensen & Westphal, 2010).

2.5 Ursachen/Erklärungsansätze

Trotz einer allmählichen Verbesserung der Situation von Heranwachsenden mit Migrationshintergrund sind im Bildungssystem der Bundesrepublik noch immer (und zum Teil erhebliche) Ungleichheiten zu beobachten – wenngleich es einerseits natürlich erfolgreiche junge Migrant(inn)en gibt und andererseits die Ausprägungen der Differenzen zwischen den Zuwanderergruppen variieren. Wie sind die teilweise deutlichen Nachteile von Mädchen und Jungen aus Einwandererfamilien zu erklären? In der Bildungssoziologie, Bildungsforschung und auch in erziehungswissenschaftlichen Studien wurde inzwischen eine Reihe von Erklärungsansätzen entwickelt, die meist verschiedene Ebenen fokussieren und mit unterschiedlichen Determinanten operieren. Die Frage nach den Ursachen geschlechts-, migrations- und statusbedingter Disparitäten in ihrer Verschränkung bleibt dabei jedoch meist unberücksichtigt. Wir möchten im Folgenden einige der zu den verschiedenen Ansätzen vorliegenden Systematisierungsversuche präsentieren und uns im anschließenden Punkt auf ein Konzept konzentrieren, das insbesondere zur Erklärung ungleicher Bildungserfolge mit Blick auf Geschlecht *und* Ethnie/kulturelle Herkunft geeignet ist: das Phänomen der Bedrohung durch Stereotype.

Zunächst zu den Unterschieden zwischen autochthonen und allochthonen Schüler(inne)n in der Bildungsbeteiligung, den formalen Schulabschlüssen und den Leistungen/Kompetenzen, die vor dem Hintergrund der Befunde quantitati-

ver Studien vorrangig zwei unterschiedlichen Verursachungskomplexen zugeschrieben werden, wie Rainer Geißler und Sonja Weber-Menges (2008) aufzeigen. Der erste schichtspezifische Strang bezieht sich auf die in Deutschland besonders ausgeprägte gesellschaftliche Unterschichtung durch die Migrationsbe-
völkerung, bedingt von dem in der Tendenz niedrigeren sozioökonomischen
Status eines nicht unerheblichen Teils der Einwanderer- im Vergleich zu einheimischen Familien. Viele junge Menschen mit Migrationshintergrund stehen
aufgrund dessen ganz ähnlichen Benachteiligungen gegenüber wie jene aus
nicht-gewanderten statusniedrigen Elternhäusern. Die Unterschichtung resultiert
aus der in früheren Jahren verfolgten ‚Gastarbeiterpolitik', der wenig zukunfts-
orientierten Migrationspolitik und den Integrationsversäumnissen insgesamt.
Allerdings ist bislang weitgehend unerforscht, ob sich Statuseffekte bei autochthonen Personen anders auswirken als bei allochthonen. In der migrationsspezifischen Argumentationslinie werden die Disparitäten mit Faktoren erklärt, die mit
der Zuwanderung in ein anderes Land, mit einer fremden Kultur, teilweise anderen Normen und Werten sowie einer nicht geläufigen Verkehrs-/Unter-
richtssprache und einem anderen Schul-/Bildungssystem verbunden sind. Sie
entstehen in dieser Perspektive unabhängig von der sozioökonomischen Lage
und deuten auf Integrationsprobleme hin. Die durch die Migration bedingten in
Frage kommenden Ursachen für das schlechtere Abschneiden siedeln sich auf
der sprachlichen Ebene (fehlende Kenntnisse in der Bildungssprache, das Festhalten an der Herkunfts- als Familiensprache), der schulischen und schulstrukturellen Ebene (z.B. nicht ausreichende Förderung, Diskriminierung, ethnische
Konzentration in Klassen/Schulen) sowie der familiären Ebene (bspw. Alter bei
der Einreise, Verweildauer, Rückkehrorientierung, Offenheit gegenüber der
Gesellschaft) an. Rainer Geißler und Sonja Weber-Menges (2008) gehen davon
aus, dass die bildungsbezogenen Ungleichheiten sowohl aus schicht- als auch
migrationsspezifischen Faktoren resultieren und somit Kinder wie auch Jugendliche mit Migrationshintergrund doppelt benachteiligt sind.

Heike Diefenbach (2007) unterscheidet in ihrer Systematik potenzieller Determinanten des Bildungsmisserfolgs vieler junger Migrant(inn)en grob zwei
Dimensionen, die sich zum einen auf individuelle Merkmale der Heranwachsenden und ihrer Familie, zum anderen auf Merkmale der Schule als Institution
richten. Eine ähnliche Klassifizierung der Erklärungsmuster im Rahmen der
Interpretation von Disparitäten trifft Agi Schründer Lenzen (2008) mit dem per-
sonenbezogenen Defizitkonzept und den differenziellen schulischen bzw. unterrichtlichen Effekten, ergänzt um ethnische Diskriminierung. Die von Petra Stanat
(2006 & 2008) mit Rekurs auf an eine frühere Einteilung von Heike Diefenbach
(2002) diskutierten vier Gruppen von Ansätzen (kulturalistische, sozioökonomische, an Handlungsstrategien orientierte und systembezogene Erklärungen)

lassen sich ebenfalls den beiden Kategorien zuordnen. Die folgende Systematisierung (Abbildung 1) basiert in erster Linie auf der neueren Ausdifferenzierung von Heike Diefenbach (2007), die angesichts ihrer Komplexität besonders aufschlussreich ist.

Abbildung 1:   Mögliche Determinanten des Bildungsmisserfolgs auf der Individualebene (Diefenbach, 2007, S. 88)

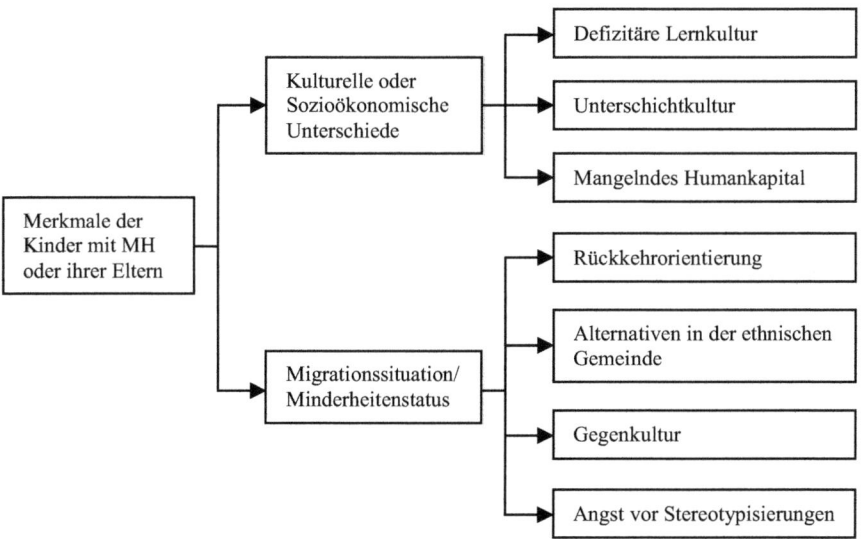

2.5.1 Erklärungsansätze auf der Ebene der Individuen und Familien

Unter den Determinanten auf der Individualebene werden erstens kulturelle Unterschiede und Differenzen bezüglich des sozioökonomischen Hintergrundes subsumiert. Dazu zählt die Annahme, für das Scheitern vieler junger Menschen mit Zuwanderungshintergrund seien Defizite in der Herkunfts- oder Lernkultur verantwortlich. Ausgangspunkt ist der Grundgedanke, dass Kinder durch Enkulturationsprozesse in eine Kultur eingeführt werden und eine ‚Basispersönlichkeit' entwickeln, die eine kulturelle Prägung erfährt und kaum mehr verändert werden kann. Diese Basispersönlichkeit sei in einer anderen kulturellen Umgebung, dem Migrationskontext, jedoch defizitär (vgl. die Darstellung von Schründer-Lenzen, 2008). Als weitere durch die Kultur bedingte Defizite werden ein autoritärer Erziehungsstil, die Verhinderung von Selbständigkeit und Partizipation, das ungenügende Anerkennen von lern-/leistungsbezogenen Werten sowie der Notwendigkeit des regelmäßigen Schulbesuchs oder auch Verhaltensprobleme aufgrund des ‚Kulturkonflikts' betrachtet. Die Annahmen und zentralen Thesen dieses modernisierungstheoretisch ausgerichteten Erklärungsansatzes haben sich im Zusammenhang mit den ersten ‚ausländerpädagogischen' Grundannahmen der Erziehungswissenschaft verbreitet (siehe 3.2.1.1). Dem Defizitkonzept zufolge sollten es Heranwachsende umso schwerer haben, in einem ‚kulturfremden' Kontext zurechtzukommen, je weniger der ‚eigenen' Kultur ähnliche Merkmale sich in dieser Umgebung finden. Insofern sollten die Voraussetzungen beispielsweise für italienischstämmige Kinder besser sein als für jene türkischer Herkunft, was mit Blick auf das vergleichbar schlechte Abschneiden beider Gruppen im Bildungssystem nicht der Fall ist. Die grundlegenden Defizitannahmen sind theoretisch und empirisch nicht haltbar und es finden sich zahlreiche Forschungsergebnisse, die sie widerlegt haben: Bernhard Nauck (1985) zeigte bereits früh für türkische Familien, dass hier autoritär-patriarchalische Strukturen eben nicht vorherrschend, sondern eher selten sind, auch mangelt es nicht an Einsicht, was die Regelmäßigkeit des Schulbesuches betrifft. Zudem sind die Bildungsaspirationen in den meisten Einwandererfamilien mindestens genauso hoch wie in autochthonen Familien, ein Ergebnis, das in der empirischen Forschung immer wieder bestätigt wurde (Nauck, 2000; neuerlich z.B. Stanat, 2009; Ruhland, 2009).

Neben der unterstellten defizitären Herkunfts- und Lernkultur als Erklärung für mangelnden Schulerfolg zielt eine andere Argumentationsvariante auf die sozialstrukturelle Position der Einwandererfamilien im Ungleichheitsgefüge. Diese wird vor allem an der ‚Kultur der Armut' und einem spezifischen ‚Sozialcharakter' festgemacht. Als Angehörige unterer Schichten – im Aufnahme-/Herkunftsland – und durch ein geringes elterliches Bildungsniveau herrschten in Migrantenfamilien Bedingungen, die dem schulischen Erfolg der Kinder und Jugendlichen quasi entgegenstünden (Schründer-Lenzen, 2008). Die Kritik an diesen Interpretationsmustern richtet sich auf die Annahme von je nach Schicht identischen familiären Sozialisationsfeldern, die äußerst problematische Gleichsetzung (durchaus heterogener) Zuwanderer- mit Unterschicht-/Arbeiterfamilien und prinzipiell die Sinnhaftigkeit der Konzepte ‚Schicht' und ‚Klasse' (Diefenbach, 2007).

Die mit der Humankapitaltheorie[93] operierenden Erklärungen bilden den letzten Aspekt, den Heike Diefenbach (2007) und andere Autor(inn)en in Zusammenhang mit kulturellen und sozialökonomischen Unterschieden auf der

---

93   Zu einer ausführlichen Einführung in die Humankapitaltheorie, auch unter Berücksichtigung der Analysen von Raymond Boudon zu primären und sekundären Effekten von Bildungsungleichheit, siehe die Beiträge von Cornelia Kristen (1999) und Nicole Bellin (2008).

Individualebene verorten. Grundgedanke ist der postulierte Einfluss von elterlichen Investitionen (Zeit, Aufmerksamkeit, materielle Unterstützung, Anregung etc.) auf den Bildungs(miss)erfolg der Kinder (Stanat, 2008). Als Indikatoren des Humankapitals gelten die Bildungsabschlüsse der Eltern und das (Haushalts-) Einkommen. Da viele der Migranteneltern eine geringere Bildung, ein niedrigeres Einkommen sowie eine größere Anzahl an Kindern hätten, stünden für die Akkumulation von Humankapital weniger Ressourcen zur Verfügung. Heranwachsende mit Zuwanderungshintergrund mangle es also an humanem Kapital, welches für das erfolgreiche Durchlaufen von Schule und Ausbildung nötig sei. Dementsprechend wären die Nachteile der jungen Migrantinnen und Migranten vorwiegend ein Resultat systematisch geringerer familiärer Ressourcen.[94] Dass der Schulerfolg von Kindern am Ende der Grundschulzeit weniger von ihrer Herkunft, sondern u.a. von der unterschiedlichen Verfügbarkeit über humanes Kapital (im Sinne der kognitiven Leistungsfähigkeit und im Hinblick auf die Kompetenzen in der Bildungssprache) beeinflusst wird, schlussfolgert Hans Merkens (2008) mit Blick auf die Ergebnisse des BeLesen-Projekts (vgl. auch Merkens, 2010).

Zu den auf der individuellen Ebene verorteten Faktoren zählen zweitens migrationsspezifische Determinanten. Darunter fällt die Annahme, autochthone und allochthone Familien unterscheiden sich in dem Ausmaß an Investitionen in die Schulkarrieren ihrer Kinder: So könnte das Interesse an höherwertigen Abschlüssen bei denjenigen Zuwandererltern geringer sein, deren Rückkehrorientierung ausgeprägt oder Aufenthaltsstatus unsicher ist, denn im Falle eines Fortzuges wären die Qualifikationen formal quasi wertlos. Die Kinder sollten vielmehr möglichst früh zum Haushaltseinkommen beitragen und ihre Ausbildung dementsprechend schnell absolvieren. Träfe der hinsichtlich des Aufenthaltsstatus postulierte Zusammenhang zu, müsste sich dies in prinzipiell größeren Bildungsinvestitionen derjenigen Gruppen mit einem gesicherten Status (z.B. durch die Zugehörigkeit zur EU) widerspiegeln, was jedoch beispielsweise für Italiener/innen nicht zu bestätigen ist. Vermutet wird auch, dass aufgrund der lebensgeschichtlichen Erfahrung von Migrant(inn)en, Bildungsinvestitionen würden sich für sie nicht – respektive nicht gleichermaßen wie für Einheimische – lohnen, das Interesse an höheren Abschlüssen geringer ist. Allerdings fehlt es hier an empirischer Evidenz. Die These von dem Praktizieren einer ethnisch gepräg-

---

94 In Verbindung mit dem humankapitaltheoretischen Ansatz wird die ‚Passung' zwischen Familien- und Schulkultur in Migrantenfamilien angezweifelt (Schründer-Lenzen, 2008). Anzumerken ist, dass die Ergebnisse der erwähnten SOKKE-Studie (Herwartz-Emden & Küffner, 2006) auf ein bei Kindern aus Zuwandererfamilien nicht weniger ausgeprägtes Fähigkeitsselbstbild verweisen, das sich wiederum positiv auf leistungsbezogenes Verhalten und Lernprozesse auswirken kann. Eine ähnliche Tendenz zeigt sich in den KESS 4-Daten (ausführlicher dazu Schründer-Lenzen, 2008).

ten ‚Gegenkultur' wird ebenfalls den Spezifika der Migrationssituation zugeordnet. Gemeint ist die Entwicklung eines kulturellen Bezugsrahmens, der vorgibt, welches Verhalten für eine/n Angehörige/n einer bestimmten Minderheit angemessen ist und welches nicht. Die genutzten Handlungsstrategien wären in dieser Perspektive dem möglichst erfolgreichen Abschneiden also weniger zuträglich. Erinnert man sich an die Varianz im Bildungs(miss)erfolg, trifft diese Erklärung nicht bei allen Gruppen mit Migrationshintergrund zu – einige wie die russischen Schüler(inne)n können sich im deutschen Bildungssystem vergleichsweise gut positionieren. Als Ursache wird angenommen, Zuwanderereltern fehle Wissen über das Schulwesen in Deutschland und es komme zu ungünstigen Entscheidungen und Fehlplatzierungen, was fraglich scheint, denn viele Eltern haben mindestens genauso hohe Aspirationen wie die in einheimischen Familien. Die Frage, inwiefern sich die Nachteile von jungen Migrantinnen und Migranten auf mit ihrer Herkunft verbundene Stereotype zurückzuführen lassen, diskutieren wir weiter unten.

2.5.2 Erklärungsansätze auf der Ebene der Schule als Institution

Unter den institutionellen und strukturellen Determinanten umfasst die Systematisierung von Heike Diefenbach (2007) v.a. Faktoren, die Rahmenbedingungen des Schulbesuchs und Mechanismen institutioneller Diskriminierung gerichtete Erklärungsansätze in den Blick nehmen (vgl. Abbildung 2).

Ungleichheiten werden als Effekte der besuchten Schulform, mit der die erreichten Abschlüsse zusammenhängen, oder auch als Kompositionseffekte der ethnischen/kulturellen Zusammensetzung von Schulen und Klassen interpretiert. Anzunehmen ist, dass der Anteil an Migrant(inn)en in Schulklassen einen Einfluss auf die Leistungen der Schülerinnen und Schüler ausübt. Hierbei handelt es sich um eine Frage, die in der empirischen Forschung über die Bildungssituation von Kindern und Jugendlichen mit Migrationshintergrund immer wieder zum Gegenstand wird, aber bislang nicht einhellig beantwortet wurde (siehe für einen Überblick Bellin, 2008). Petra Stanat (2008) zufolge sind Kompositionseffekte nicht auf die Herkunft an sich zu beziehen, sondern auf die schlechtere sozioökonomische Lage vieler Einwandererfamilien. Wird diese statistisch kontrolliert, ist nur noch für türkischstämmige Heranwachsende ein negativer Einfluss des Migrantenanteils in Schulklassen zu beobachten (ebd.). In eine ähnliche Richtung gehen die Ergebnisse der BeLesen-Studie (Merkens, 2008; Bellin, 2008), in der sich ein hoher Prozentsatz an Zuwandererkindern auf die Leseleistung von Grundschüler(inne)n mit türkischem Migrationshintergrund ungünstig auswirkte. Sind in einer Grundschulklasse viele Kinder von Eingewanderten, sinkt offensichtlich auch ihre Chance, in eine höher qualifizierende Schulform überzuwechseln, vor allem für italienisch- und türkischstämmige Heranwachsende (Kristen, 2002). Teilweise wird eine über andere Größen (spezifische Gruppennormen, Unterrichtsqualität) vermittelte Wirkung der ethnischen Konzentration angenommen. Ebenfalls in Frage kommen Lehrkrafteffekte, wie die ethnische Zugehörigkeit der unterrichtenden Lehrkräfte. In diesem Bereich finden sich verschiedene Thesen: Gegenüber einer der Mehrheitsgruppe angehörenden Lehrperson zeigen Schüler/innen ethnischer Minoritäten mehr oder stärkeren Widerstand; sie empfinden eine weniger starke Bedrohung durch Stereotype, wenn ihre Lehrer/innen derselben Minderheit zugehören. Lehrkräfte aus der Mehrheitsgruppe könnten Minderheitenangehörige (un)bewusst als Problemschüler/innen wahrnehmen, ihnen weniger zutrauen oder von ihnen erwarten. Mit welchen Effekten die Zugehörigkeit von Lehrerinnen und Lehrern zu Minoritäten verbunden ist, ist im deutschsprachigen Raum weitgehend unerforscht.

Abbildung 2:   Mögliche Determinanten des Bildungserfolgs auf der
Institutionenebene (Diefenbach, 2007, S. 88)

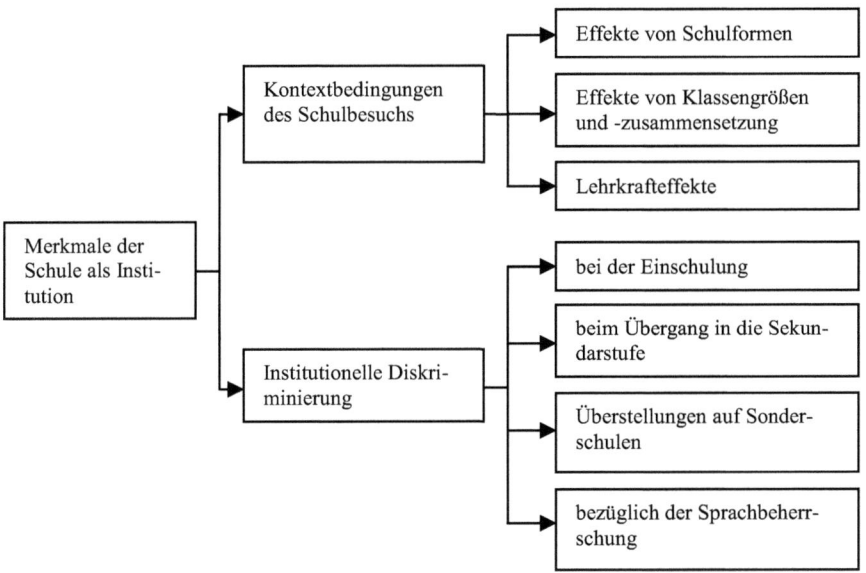

Bildungsbezogene Disparitäten werden auch als Folge institutioneller Diskriminierungen interpretiert, „die als *Effekt* aus den ‚normalen' Strukturen und Praktiken einer Vielzahl sozialer Institutionen und Organisationen hervorgehen"

(Gomolla & Radtke, 2007, S. 19, Hervorhebung im Original). Die Ursachen dieser Diskriminierungen sind im organisatorischen Handeln im Netzwerk zentraler gesellschaftlicher Institutionen (bspw. [Aus-]Bildungssektor) zu lokalisieren. Sie geschehen in zweifacher Weise – erstens im Rahmen gesetzlicher Regelungen (Aufenthalts-, Arbeitserlaubnis-, Steuerrecht etc.), die Ausländer/innen von Deutschen unterscheiden sowie innerhalb der Migrant(inn)engruppen je nach aufenthaltsrechtlichem Status (z.b. EU-Bürger/innen, Gastarbeiter/innen) differenzieren, wodurch eine hierarchische Ordnung etabliert wird. Zweitens vollziehen sie sich indirekt durch ‚ungeschriebene' Gesetze und informelle Vereinbarungen, die der Sicherung von Privilegien dienen und aus denen Benachteiligungen resultieren. Vor dem Hintergrund, dass die Prozesse der Entscheidungsfindung nicht beobachtbar sind, gibt es in Organisationen eine erhebliche Dunkelziffer alltäglicher Diskriminierungen, auf die nur rückgeschlossen werden kann, weil sich ihre Effekte statistisch beschreiben lassen. Übertragen auf den schulischen Bereich heißt das: Es sind in erster Linie die an die Selektionsentscheidungen angelagerten Normen, Routinen, Gewohnheiten und Wahrnehmungsmuster, die eine stabile Ungleichheitsverteilung der Bildungsabschlüsse entlang ethnischer Unterscheidungen immer wieder aufs Neue legitimieren. Mechthild Gomolla und Frank-Olaf Radtke (2007) machen dies an den Ergebnissen einer Mitte der 1990er Jahre in Bielefeld durchgeführten Studie fest: Kinder mit Migrationshintergrund wurden seltener vorzeitig eingeschult und häufiger zurückgestellt, sie erhielten weniger oft eine Übertrittsempfehlung für das Gymnasium. Meist wurden mangelnde Sprachkenntnisse als Begründung angeführt, zum Teil sogar in vermeintlich positiver Absicht. Auch gegenwärtig wird ein nicht unerheblicher Teil der Kinder aus Migrantenfamilien zur Förderung in Vorbereitungsklassen unterrichtet und somit vom Besuch der Regelklasse ausgeschlossen, was zu einer verlängerten Schulzeit führt. Insofern kann selbst eine Ungleichbehandlung aus Förderungsgründen zu einer negativen Diskriminierung werden. Insgesamt kommt den Sprachkenntnissen in der Schulsprache im Kontext institutioneller Diskriminierung eine erhebliche Bedeutung zu. Hier ergibt sich ein Anknüpfungspunkt zu Erklärungsansätzen, die Zweifel an den Kompetenzen von Lehrerinnen und Lehrern bezüglich Diagnostik und Leistungsbeurteilung äußern. In der explorativen Untersuchung von Christina Allemann-Ghionda und Kolleg(inn)en (2006) gaben Lehrkräfte an, die Nicht-Eignung eines großen Teiles der Schüler/innen aus zugewanderten Familien für den Besuch eines Gymnasiums schon am Anfang der dritten Klasse richtig einschätzen zu können. Als Erklärung wurden defizitäre Leistungen und/oder mangelnde sprachliche Kenntnisse, unzureichende elterliche Unterstützung sowie eine hohe Anzahl an Geschwisterkindern herangezogen. Nicht wahrgenommen wurde das Sprachpotenzial der Heranwachsenden bzw. deren Zweisprachigkeit (ebd.).

Zusammenfassend ist festzuhalten, dass sich die meisten Ansätze nicht gegenseitig ausschließen und unterschiedliche Determinanten ins Zentrum gerückt werden, die möglicherweise kumulativ zu den Nachteilen von Kindern und Jugendlichen mit Migrationshintergrund führen. Insgesamt betrachtet existieren mehr Erklärungsansätze als es Diskurse über das Thema und auch eine fachspezifische Perspektive vermuten lassen. Die empirische Basis ist im Gegensatz dazu noch immer relativ schmal und es gibt weniger Studien zum (mangelnden) Schulerfolg von Schüler(inne)n aus Migrantenfamilien, als man mit Blick auf den Stellenwert der Thematik in öffentlichen Diskussionen und insbesondere die mediale Berichterstattung annehmen würde. Vor allem fehlt es an Daten aus längsschnittlich angelegten Untersuchungen, auf deren Grundlage Aussagen darüber getroffen werden können, ob an der Entstehung und Aufrechterhaltung von sozialen Ungleichheiten und Disparitäten im Bildungswesen der Bundesrepublik Deutschland verschiedene Faktoren kumulativ zusammenwirken, die sich auf unterschiedlichen Ebenen ansiedeln und miteinander konfundiert sind (Diefenbach, 2007). Neben diesem Forschungsdesiderat und dem bereits im Familienkapitel dargelegten Mangel an Studien zur familiären Situation von Kindern und Jugendlichen mit Migrationshintergrund besteht erheblicher Forschungsbedarf zum Zusammenspiel der Sozialisationskontexte ‚Familie bzw. Elternhaus' und ‚Schule'.

2.6 Stereotype Threat als ein ausgewählter Erklärungsansatz

Zu registrierende Differenzen zwischen Mädchen und Jungen sowie Heranwachsenden unterschiedlicher sozialer, soziokultureller bzw. ethnischer Herkunft wurden in den vorangegangenen Ausführungen bislang angeschnittenen mit Hinweis auf einen Interpretationsansatz, der sich dem Phänomen der sog. ‚Stereotypen-Bedrohung' widmet. Dieser Ansatz ist in der Diskussion über die Wirkung auf Schul- und Bildungsleistungen nicht neu, wird aber erst in den letzten Jahren verstärkt zur Erklärung von Ungleichheiten herangezogen und empirisch untersucht. Der Fokus richtet sich auf in der Schule und im Unterricht ablaufende soziale und psychologische Prozesse – und damit auf situationale/kontextuale Einflüsse, die durch entsprechende Interventionen abgeschwächt oder möglicherweise sogar aufgehoben werden können. Mit der Konzentration auf Strategien und Maßnahmen zur Überwindung der Benachteiligungen, die in bestehenden schulischen Strukturen und in Lernzusammenhängen ablaufenden Mechanismen zu verorten sind, soll die Bedeutung außerschulischer Variablen nicht negiert werden. Allerdings liegen diese Faktoren größtenteils jenseits des Einflussbereiches von ‚Schule' und scheinen mit diesbezüglichen Interventionen kaum veränderbar (Schofield, 2006a).

2.6.1 Bedeutung und Wirkung von Stereotypen

Der Frage, mit welchen Effekten Stereotype und Vorurteile über die Mechanismen von deren Entstehung hinaus für die Betroffenen verbunden sind, geht die empirische Forschung erst in jüngerer Zeit verstärkt nach (Keller, 2008). Im Vordergrund steht dabei eine Analyse der Konsequenzen, die sich ergeben, wenn Personen mit Stereotypen und Vorurteilen konfrontiert werden, die in erster Linie auf einer Einteilung entlang von Kategorien basieren. Stereotype[95] werden definiert als eine Reihe relativ starrer Vorstellungen oder Überzeugungen, die einer Grupe von Menschen respektive Einzelpersonen als deren Repräsentant(inn)en bestimmte Persönlichkeitsmerkmale, Charakterzüge, Eigenschaften und Verhaltensweisen zuschreiben (Petersen & Six-Materna, 2006). Diese in aller Regel veränderungsresistenten Wahrnehmungs- und Denkmuster beruhen auf Stereotypisierungen, die Personen anhand von vermeintlich spezifischen Merkmalen kategorisieren und interpersonale sowie individuelle Unterschiede ausblenden. Mit der jeweiligen Gruppenzugehörigkeit sind also spezielle Assoziationen verknüpft. Soziale Stereotype können als ‚Hypothesen' verstanden werden (Fiedler & Bless, 2003), die einen Zusammenhang zwischen bestimmten Eigenschaften und der Zugehörigkeit zu einer sozialen Gruppe und/oder entlang sozialer Kategorien postulieren und zugleich kulturelle Annahmen widerspiegeln. Miteinander verbunden werden dabei häufig intellektuelle Fähigkeiten und Geschlecht, Ethnizität oder der sozioökonomische Status (Alexander & Schofield, 2006b): Prinzipiell seien Frauen im mathematisch-naturwissenschaftlichen Bereich nicht, Männer dagegen besonders begabt; alle Kinder aus einem bildungsfernen Elternhaus und/oder mit Migrationshintergrund hätten gegenüber sozial besser gestellten einheimischen Heranwachsenden elementare Defizite, beispielsweise bei sprachlichen Kompetenzen etc. Oftmals werden Stereotype mit Vorurteilen gleichgesetzt und beide Begriffe synonym verwendet. Es handelt sich zwar um ähnliche, aber nicht identische Konstrukte. Als die kognitive Komponente von Einstellungen umfassen Stereotype „Ansichten oder Gedanken" (Aronson, Wilson & Akert, 2006, S. 484) respektive die Gesamtheit der über eine Gruppe vorzufindenden Überzeugungen, während Vorurteile als affektives Element der Einstellungen Bewertungen sind, die sowohl den Typ der damit

---

95   In einem sozialwissenschaftlichen Zusammenhang wurde der Begriff erstmals von Walter Lippmann (1922) verwendet, der darunter vereinfachte Bilder in den Köpfen der Menschen zur Simplifizierung des Lebens in einer komplexen Umwelt verstand.

verbundenen Emotion (bspw. Ärger) als auch deren Ausmaß (Unbehagen, Feindseligkeit) repräsentieren.

Bei der Entstehung von Stereotypen liegt ein zentraler Mechanismus in der generellen menschlichen Neigung, Personen nach Kriterien einzuteilen. Die Basis der Zuordnung reicht dabei von breiten Merkmalskategorien wie Geschlecht und Nationalität bis hin zu sehr viel spezifischeren Kategorien, z.B. Beamte oder Frauen in Führungspositionen. Es besteht jedoch nicht nur eine Bereitschaft zur Kategorisierung, sondern auch zur Aufteilung von Menschen in Mitglieder von Eigen- und Fremdgruppen, allerdings mit unterschiedlichen ‚Wertungen'. Meist sind die zentralen Inhalte und Annahmen der Stereotype über die Fremdgruppe deutlich negativer gefärbt als jene, die sich auf die eigene Gruppe beziehen. Häufig resultieren Stereotype auch aus sog. ‚Salienz-Effekten' im Rahmen der Wahrnehmung, das heißt, hervorstechende Merkmale regen eher zur Stereotypenbildung an als weniger augenfällige. Anzunehmen ist, dass darin die im Unterschied zu ‚unauffälligeren' Kategorien stärkere Ausprägung und weitere Verbreitung von geschlechts- und herkunftsbezogenen Stereotypen begründet ist: Die Geschlechtszugehörigkeit und ein als ‚fremd' wahrgenommenes Aussehen sind (anders als z.B. der soziale Hintergrund oder der Beruf) visuell omnipräsent. Diese Effekte sind ebenfalls in Zusammenhang mit der Genese von ‚illusorischen Korrelationen' bedeutsam, mit denen die Perzeption eines mutmaßlichen, aber nicht real existierenden Zusammenhanges zwischen zwei Variablen (zum Beispiel der Fremdgruppe und einem spezifischen Verhalten) bezeichnet wird, und die wiederum zu einer Überschätzung des Ausmaßes negativer Verhaltensweisen bei Angehörigen von Minoritäten- bzw. stereotypisierten Gruppen führen (Petersen & Six, 2008; Petersen & Six-Materna, 2006), was sich u.a. in der Berichterstattung in den Medien widerspiegelt.

Welche Auswirkungen Stereotype (v.a. neben Diskriminierungserfahrungen) auf die Betroffenen haben, wird – wie oben erwähnt – seit einigen Jahren vorwiegend in der psychologischen Forschung untersucht. Der Fokus richtet sich dabei insbesondere auf das schulische/universitäre Feld und hier auf die Frage, wie akademische Leistungen (z.B. in Tests) und das Verhalten von Personen (bspw. Studien-/Berufswahlen) von stereotypen Erwartungen und Überzeugungen beeinflusst werden (Keller, 2008). Den Ausgangspunkt bilden Untersuchungsergebnisse aus dem angloamerikanischen Raum, die darauf verweisen, dass Stereotype und sogar bereits die Überzeugung, solche würden existieren, für die Betroffenen folgenschwere Konsequenzen haben können, vor allem für deren Bildungsleistungen.

2.6.2 Theoretischer Hintergrund

Der Ansatz, der zur Erklärung des Zusammenhanges von Stereotypen und geringeren Leistungen entwickelt wurde, ist die sog. ‚Stereotype Threat Theory'
(Steele, 1997).[96] Basis dieser bildet die folgende Annahme: Befinden sich Personen in einer Situation, in der sie befürchten, auf Grundlage eines negativen Stereotyps bewertet zu werden und selbiges durch ihr Verhalten unbeabsichtigt zu
bestätigen, erleben sie ein Gefühl der Bedrohung (Keller, 2008). Dieses Phänomen wird als ‚Stereotype Threat' (Steele & Aronson, 1995), kurz ST, beziehungsweise in einer recht sperrigen deutschen Übersetzung ‚Bedrohung durch
Stereotype' bezeichnet. Der zugrunde liegende Mechanismus lässt sich wie folgt
beschreiben. Die Mitglieder einer stereotypisierten Gruppe können ihr eigentlich
vorhandenes Potenzial in einer Prüfung oder in einem ähnlich leistungsrelevanten Kontext aufgrund eines von ihnen unbewusst als bedrohlich wahrgenommenen Stereotyps nicht voll ausschöpfen und erzielen ein schlechteres als prinzipiell mögliches Ergebnis. Ohne ST blieben der konkrete Leistungsabfall und
somit letztlich auch Gruppenunterschiede und soziale Disparitäten aus (Ihme &
Mauch, 2007). Das heißt, Stereotype Threat wird durch die in einer Gesellschaft
existierenden sozial geteilten Annahmen oder aber allein die Überzeugung
des/der Einzelnen, es gäbe solche, aktiviert, die – den vorausgegangen Erläute-
rungen folgend – gewisse Eigenschaften und Gruppenzugehörigkeit miteinander
verknüpfen, was zu einer Reduktion der Leistungsfähigkeit des Individuums
führen kann (ebd.). Dies ist dann der Fall, wenn negative Stereotype auf bestimmte Personengruppen als ‚Interpretationsrahmen' ihrer Handlungsweisen
(Davies & Spencer, 2005) anwendbar sind; in Situationen also, in denen die
Bedrohung quasi ‚in der Luft liegt', um das Bild von Claude M. Steele (1997, S.
614) aufzugreifen. Dazu zählen in dem auf Leistungen ausgerichteten Schulkon-
text schriftliche und verbale Tests, Wortmeldungen im Unterricht, Hausaufgaben
etc. Um es für unseren Zusammenhang an zwei Beispielen zu verdeutlichen: ST
könnte in einer Mathematikprüfung durch die Annahme ausgelöst werden, Mädchen hätten eine geringere mathematische Begabung als Jungen oder in einem

---

96 Neben dem Phänomen der Stereotypen-Bedrohung gelten in diesem Zusammenhang die sog.
    ‚Erwartungseffekte' als zentral für die Entwicklung und Aufrechterhaltung von Unterschieden
    in leistungsbezogenen Merkmalen des Lernens respektive Schul- und Bildungsleistungen von
    Heranwachsenden aus verschiedenen sozialen Gruppen. Die Gemeinsamkeit der beiden Ansätze
    liegt in ihrer Verortung situationale/kontextuale Determinanten von schulischen (Miss-)Er-
    folgen, deren Einfluss durch Interventionen zumindest verringert werden kann. Da in die Ste-
    reotype Threat Theory die Ebene des gesellschaftlichen Kontextes einfließt, steht sie im Fokus
    unserer Ausführungen (ausführlicher zu Erwartungseffekten Alexander & Schofield, 2006a;
    Ludwig, 2007 & 2010; Ludwig & Ludwig, 2007).

Diktat durch die Annahme, Kinder mit Migrationshintergrund hätten im Vergleich zu autochthonen Heranwachsenden mangelhafte Sprachkompetenzen. Dabei werden die betroffenen Personen mit verschiedenen Problemen konfrontiert. Sie müssen befürchten, dass ihnen als Vertreter(inne)n einer negativ stereotypisierten Gruppe nur geringe Erwartungen bezüglich eigener Fähigkeiten entgegengebracht werden, dass sie selbst durch entsprechende Verhaltensweisen unwillentlich zur Bekräftigung dieser beitragen könnten (in ihrer Selbstwahrnehmung oder in den Augen Anderer) und dementsprechend ungünstig bewertet werden (Steele & Aronson, 1995). Durch Misserfolge zur Bestätigung eines Stereotyps beizutragen, bedroht nach Joshua Aronson und Claude M. Steele (2005)[97] zumindest drei wichtige menschliche Motive – das eigene Kompetenzstreben, das Bedürfnis, gegenüber relevanten Anderen Kompetenz zu vermitteln und den Wunsch nach Einbindung in einen wertgeschätzten Bereich. In Bezug auf unser erstes Beispiel ist der besagte Mathematiktest für eine Schülerin, der das Fach wichtig ist, mit der Befürchtung verbunden, dass ihr aufgrund der weiblichen Geschlechtszugehörigkeit mathematische Kompetenzen aberkannt werden, sie das Stereotyp über eine geringe Mathematikbegabung von Frauen durch ein schlechtes Prüfungsergebnis bestätigt und sie selbst damit ebenfalls eine negative Bewertung erfährt (Kessels, 2002). Bedroht wird damit der Wunsch des Mädchens, in Mathematik kompetent zu sein, entsprechend wahrgenommen zu werden und in diesem Bereich eingebunden zu sein. Unter bestimmten Bedingungen und vermittelt über verschiedene Mediatorvariablen, die noch auszuführen sind, bleibt die Schülerin hinter ihren eigentlichen Möglichkeiten zurück und erzielt ein – im Vergleich zu einer als nicht bedrohlich erlebten Situation – schlechteres Resultat (ebd.). Analoges gilt für das zweite Beispiel.

Das Phänomen ST ist jedoch nicht auf bestimmte soziale Kategorien oder Gruppen beschränkt, denn im Prinzip sind, so Kira Alexander und Janet W. Schofield (2006b, S. 29), alle möglichen Repräsentant(inn)en „wie Frauen, ältere Menschen, Zuwanderer oder Angehörige von Minderheiten [...] anfällig, wenn sie eine Tätigkeit ausführen, die sie einem Stereotyp entsprechend nicht gut beherrschen sollten".

---

97 Grundlegend dazu Edward L. Deci und Richard M. Ryan (1985).

2.6.3   Auftreten von Stereotype Threat – Rahmenbedingungen und Kontextfaktoren

Wann und vor allem wie kommt es nun dazu, dass solch eine Bedrohung erlebt wird? Um diese Frage zu klären, werden wir in den folgenden Ausführungen die Rahmenbedingungen einkreisen, die in der Literatur für Stereotype Threat verantwortlich gemacht werden.

Der erste Punkt, der in diesem Zusammenhang erläuterungsbedürftig erscheint, bezieht sich auf die Aktivierung von stereotypen Überzeugungen. Dabei muss besonders betont werden, dass es unerheblich ist, ob ein Stereotyp tatsächlich weit verbreitet ist oder der/die Einzelne lediglich von dessen Existenz ausgeht. Wenngleich keine Einigkeit darüber herrscht, ob die Internalisierung des Stereotyps eine zwingende Voraussetzung für das Eintreten einer Leistungsminderung ist oder die darin enthaltenen Annahmen gar nicht als richtig befunden respektive mit Anderen geteilt werden müssen (Alexander & Schofield, 2006b), legen neuere Befunde allerdings nahe, dass zumindest ein gewisses Mindestmaß an Glauben notwendig ist (Keller, 2008). Kira Alexander und Janet W. Schofield (2006b) zufolge ist sowohl das Bewusstsein für Zuschreibungen gegenüber der eigenen Gruppe als auch die Entwicklung von Stereotypen mit Blick auf verschiedene Untersuchungsergebnisse bereits im Kindesalter anzusiedeln, und ein Großteil dieses Wissens bezieht sich auf das Geschlecht und die Ethnie: Offensichtlich ist die Wahrnehmung von auf diese Kategorien bezogenen Unterschieden bereits bei kleinen Kindern vorhanden; mit drei oder vier Jahren kennen sie das eigene Geschlecht und ihre ethnische Zugehörigkeit, können dies bei anderen Personen bestimmen und beginnen, entsprechende persönliche Präferenzen zu entwickeln. Das heißt, sie lassen auch negative Einstellungen bzw. Vorurteile in Bezug auf Andere erkennen. Spätestens mit dem Eintritt in die Grundschule scheinen sich die Stereotype weiter auszudifferenzieren und es finden sich Anhaltspunkte dafür, dass Mädchen und Frauen sowie Jungen und Männern oder ganz allgemein bestimmten Personengruppen spezifische Bereiche, Begabungen und Fähigkeiten zugeschrieben werden. In diesem Alter werden sich Heranwachsende auch Stereotypen gegenüber der eigenen Gruppe bewusst, was die Plausibilität von Stereotype Threat in den ersten Schuljahren untermauert (ebd.), auch wenn es bis dato an breiter empirischer Evidenz fehlt.

Weiterhin sind für eine Stereotypen-Aktivierung verschiedene Kontextfaktoren entscheidend, zu denen eine je deutlich erkennbare Gruppenzugehörigkeit, die quantitative Zusammensetzung der jeweiligen Gruppe sowie die Verfügbarkeit und ‚Qualität' sozialer Vergleichsinformationen (Steele, Reisz, Williams & Kawakami, 2007) gehören. Die beiden letztgenannten Bedingungen sind unseres Erachtens insbesondere für die Aktivierung von Geschlechterstereotypen im mathematisch-naturwissenschaftlichen Bereich aufschlussreich, wie die folgenden Forschungsresultate andeuten. Auf einen Zusammenhang zwischen geschlechtsbezogener Gruppenkonstellation und Leistung verweist die Studie von Michael Inzlicht und Talia Ben-Zeev (2000). Die weiblichen Teilnehmerinnen, die einen Mathematiktest zusammen mit Männern bearbeiteten, erzielten schlechtere Resultate als Frauen aus geschlechtshomogenen Gruppen. Die Leistungen der männlichen Versuchspersonen variierten dagegen nicht in Abhängigkeit von der Gegenwart anders-/gleichgeschlechtlicher Testteilnehmer/innen. Die Leistungsdifferenzen zuungunsten der Frauen stiegen proportional zum Anteil an männlichen Versuchspersonen; sie blieben auch erhalten, wenn die Probandinnen in der Mehrheit waren, fielen jedoch etwas moderater aus. In einem ebenfalls eingesetzten Sprachtest konnte der Einfluss des Geschlechterproporzes nicht nachgewiesen werden. Mit Ursula Kessels (2002) ist davon auszugehen, dass die Geschlechtszugehörigkeit in einem gemischtgeschlechtlichen Kontext durch die Anwesenheit des jeweils ‚anderen' Geschlechts betont und zu einem distinkten, salienten Merkmal wird, während sie in einer segregierten Gruppe in den Hintergrund treten kann.

Dass bereits die Vorgabe eines ‚männlichen' Vergleichskontextes im Sinne einer ‚maskulinen' Vergleichsnorm ausreicht, um bei Schülerinnen zu negativen Effekten zu führen, belegen zwei Forschungsarbeiten aus dem deutschsprachigen Raum (vgl. ausführlicher dazu Schurt, 2009; Schurt & Waburg, 2007a & b). So ist in Mathematik die bloße Ankündigung einer männlichen Referenzgruppe für Mädchen mit einem signifikanten Verlust ihrer Erfolgszuversicht verbunden, wie Ruth Rustemeyer (1982, zit. n. Rustemeyer & Jubel, 1996) aufzeigt. In ihrer Studie war die Überzeugung von Mädchen, erfolgreich zu sein, (noch) genauso ausgeprägt wie die von Jungen, wenn sie als Referenzinformation die Werte von gleichaltrigen Schülerinnen erhielten. Kontrastierten sie sich unter ansonsten identischen Bedingungen bezüglich ihrer Leistungsfähigkeit jedoch mit männlichen Schülern im gleichen Alter, fiel ihre Erfolgszuversicht deutlich geringer aus. Die Ergebnisse der experimentell angelegten Untersuchung von Oliver Dickhäuser und Birgit Rolf (2005) belegen ebenfalls eine Wirkung des Vergleichskontextes auf das Fähigkeitsselbstkonzept und die Leistung von Mädchen in Mathematik: Der im Vorfeld des Tests explizierte Verweis auf eine maskuline Vergleichsnorm führte bei den Schülerinnen zu einem niedrigeren aufgabenspezifischen Selbstkonzept und geringeren Leistungen als die Vorgabe einer femininen Norm. Soziale Vergleichsinformationen können auch experimentell manipuliert werden, um – wie in zahlreichen Untersuchungen praktiziert – deren Einfluss auf Stereotype Threat zu erforschen. In der Regel führen in Prüfungs- und ähnlichen Situationen ausdrückliche Hinweise auf angeblich nachgewiesene Leistungsdefizite zu einer Beeinträchtigung der Ergebnisse, und dies offensicht-

lich auch bei denjenigen Personen, „über deren soziale Gruppe [eigentlich] generell kein negatives oder auch ein positives Stereotyp besteht" (Alexander &
Schofield, 2006b, S. 22). Eine ausdrückliche Negierung von Differenzen hat
dagegen keinen Leistungsabfall zur Folge, da die wahrgenommene Bedrohung
quasi eliminiert wird.

Zudem darf nicht übersehen werden, dass Stereotype selbst durch subtile
Umweltreize aktiviert werden können. Paul G. Davies und Steve J. Spencer
(2005) untersuchten den Einfluss einer alltäglichen Begebenheit, nämlich das
Konsumieren von TV-Werbespots mit geschlechterstereotypen Inhalten, auf die
Leistung von amerikanischen Jugendlichen in einem Mathematiktest, einem Test
mit mathematischen und sprachlichen Aufgaben und auf das Interesse an ausgewählten Studienfächern bzw. Berufen. Die Ergebnisse verdeutlichen, dass Fernsehwerbung, die weibliche Stereotype betont, bei Mädchen zu Stereotype Threat
führen kann: Sie erzielten schlechtere Resultate in dem ersten Mathematiktest,
lösten weniger mathematische und mehr sprachliche Aufgaben in der zweiten
Prüfung und äußerten seltener Studien-/Berufswünsche mit mathematischtechnischem Schwerpunkt. In eine ähnliche Richtung gehen die Resultate der
unseres Wissens einzigen vorliegenden deutschsprachigen Studie, die sich mit
medialen Effekten von Werbung als unterschwellige, aber omnipräsente Aktivierungsquelle von Stereotypen auseinander setzt. Toni A. Ihme und Martina
Mauch (2007) orientieren sich in ihrem methodischen Vorgehen stark an Davies
u.a. (2005), zielen jedoch auf den schulischen Kontext und eine jüngere Altersgruppe zwischen 12 und 15 Jahren. Auch hier fielen die Leistungen der Mädchen
in einem Mathematiktest nach der Aktivierung eines weiblichen Stereotyps mittels ‚femininer' Fernsehwerbung signifikant geringer als die der Jungen aus,
während bei Werbespots mit neutralen Inhalten keine Geschlechterdifferenzen
auftraten und die mittlere Punktzahl der Schülerinnen sogar etwas über der von
Schülern lag.

Vor diesem Hintergrund stellt sich zweitens die Frage, unter welchen Voraussetzungen sich der Stereotype-Threat-Effekt entwickelt, unter welchen Bedingungen eine Verminderung der Leistungen am wahrscheinlichsten zu beobachten ist und welche Mechanismen hier greifen. Fundierte Antworten, die auf
empirischen Ergebnissen basieren, finden sich in neueren Überblicksarbeiten,
beispielsweise bei Kira Alexander und Janet W. Schofield (2006b), Johannes
Keller (2008) und Markus Tausendpfund (2007). In Anlehnung an diese lassen
sich für die Genese des Phänomens zwei zentrale Randbedingungen identifizieren, die bestimmen, ob und wenn ja wie eine Bedrohung erlebt wird. Als eher
situationale Faktoren gelten die Salienz und direkte Anwendbarkeit des Stereotyps auf die Situation (so würde etwa die Annahme einer geringeren Mathema-

tikbegabung von Frauen nicht auf verbale Aufgabenstellungen[98] zutreffen), das Anforderungsniveau (z.B. ein hoher Schwierigkeitsgrad) und die Diagnostizität des Tests, d.h. die Personen müssen davon ausgehen, dass ihre Leistungen beurteilt werden. Zu den eher personalen bzw. individuellen Faktoren zählen die Identifikation mit dem jeweiligen Bereich, der Gruppe und das sog. Stigma-Bewusstsein. Der Effekt zeigt sich insbesondere bei Individuen, bei denen die folgenden Aspekte hoch ausfallen – die Identifizierung mit der Domäne (durch eine große Bedeutung, die den betreffenden Fähigkeiten oder Leistungen zugeschrieben wird), das Gruppenzugehörigkeitsgefühl (indem z.b. Geschlecht einen bedeutsamen Identitätsaspekt darstellt) und das Ausmaß der Wahrnehmung einer stereotypen Bedrohung (als Erwartung einer Konfrontation). Personen mit internalen Kontrollüberzeugungen, die (Miss-)Erfolge ihren eigenen Eigenschaften zuschreiben, sind offensichtlich häufiger von Stereotype Threat betroffen als Personen, die (un)günstige Leistungen external auf außerhalb ihres persönlichen Einflusses liegende Ursachen zurückführen. Dies trifft möglicherweise auch auf Menschen mit einem niedrigen ‚Self-Monitoring' zu, die ihre Verhaltensweisen in sozialen Situationen nicht oder kaum an Anderen und deren Erwartungen ausrichten. In Bezug auf die beiden letztgenannten Aspekte besteht jedoch noch Forschungsbedarf.

Die Frage, welche Wirkungsgefüge Stereotype Threat zugrunde liegen, kann zum gegenwärtigen Zeitpunkt nicht eindeutig und abschließend beantwortet werden. Die verschiedenen durchgeführten Mediationsanalysen ergeben kein einheitliches Bild, wie mit Blick auf deren zum Teil widersprüchliche Forschungsresultate zu konstatieren ist (z.B. Tausendpfund, 2007). Anzunehmen ist, dass nicht nur eine einzelne Variable, sondern ein Bündel derselben die Prozesse vermittelt oder eine Kombination verschiedener Mediatoren wirksam wird (Steele u.a., 2007), die eine Leistungsreduktion bedingen. Die Mediatorvariablen, für die sich bislang (erste) empirische Evidenz zeigt, sind drei Bereichen[99] zuzuordnen; am gesichertsten gilt die unter ST nachgewiesene mentale Belastung (ebd.).

---

98 Wie die Ergebnisse von Michael Inzlicht und Talia Ben-Zeev (2000) für dieses Beispiel belegen. In eine ähnliche Richtung gehen die Resultate von Johannes Keller und Dirk Dauenheimer (2003), auf die wir im Zusammenhang mit Forschungen zu ST und Geschlecht bzw. ethnischer/kultureller Herkunft ausführlicher eingehen.

99 Erstens die physiologische Erregung (O'Brian & Crandall, 2003), Frustration (Keller & Dauenheimer, 2003) und Ängstlichkeit (Spencer u.a., 1999) der emotionalen bzw. affektiven Ebene, zweitens die Stereotyp-Aktivierung (Ambady, Paik, Stelle, Owen-Smith & Mitchell, 2004), die Belastung des Arbeitsgedächtnisses (Schmader & Johns, 2003) und die Störung der Formulierung geeigneter Lösungsstrategien (Quinn & Spencer, 2001) der kognitiven Ebene sowie drittens die Leistungserwartung (Cadinu, Maass, Figero, Impagliazzo & Latinotti, 2003) und das sog. Self-Handicapping (Steele & Aronson, 1995) der motivationalen Ebene (vgl. auch Keller, 2008).

2.6.4 Konsequenzen von Stereotype Threat

Im Ansatz wird davon ausgegangen, dass Stereotype Threat die Testleistung von Personen negativ beeinflusst und verschiedene kurz- und langfristige Konsequenzen nach sich zieht. In erster Linie werden die Betroffenen den jeweiligen Bereich meiden, in dem sie stereotypisiert werden. Dies kann zur Folge haben, dass ihnen die Möglichkeit fehlt, hier wichtige Fähigkeiten und Kenntnisse zu erwerben, was wiederum zukünftige Berufsperspektiven und Karriereoptionen deutlich einschränkt und letztlich gegebenenfalls zu einer Bestätigung des Stereotyps beiträgt. Beispielsweise wenden sich Mädchen und junge Frauen oftmals von den Naturwissenschaften ab (indem sie sich z.b. nicht für einen Physikleistungskurs oder für ein Physikstudium entscheiden), so dass die entsprechenden Berufsfelder kaum weiblich besetzt sind. Dadurch wird die Vorstellung perpetuiert, dies läge an deren geringer Eignung respektive Begabung. Dass „betroffene Personen sich gegen solche Berufsfelder und berufliche Positionen entscheiden, in denen sie eine Konfrontation mit negativen Stereotypen befürchten, [...] konnte empirisch gestützt werden" (Keller, 2008, S. 89).

Gleichermaßen nachteilige Effekte beinhalten Reaktionen, die als Disengagement und Deidentifikation bezeichnet werden. Entsteht eine situationale Bedrohung, erzeugen die Betroffenen eine innerliche Distanz zwischen der Bedeutung, die sie Erfolgen (Leistungen etc.) in der Disziplin beimessen und ihrem Selbstkonzept, das heißt, es kommt zu einer ‚Abkopplung' (Disengagement). Aus wiederholtem Auftreten im Sinne einer chronischen Bedrohung können Deidentifikation mit und Rückzug aus dem Gebiet resultieren – es wird für den Selbstwert und die Identität als nicht mehr relevant erachtet, um das eigene Selbst zu schützen (Steele u.a., 2007). Als Ausgangspunkt dieser und weiterer Effekte von Stereotype Threat werden in der Literatur unter Rückgriff auf Forschungsbefunde verschiedene Verhaltensweisen diskutiert, die auf die Identitätsstabilisierung und den Selbstschutz des/der Lernenden zielen und als ungünstig gelten (vgl. ausführlicher den Überblick von Alexander & Schofield, 2006b, S. 25ff.). Dazu gehören die Entwicklung einer Vermeidungshaltung gegenüber Herausforderungen und die sog. Selbstbehinderung als deren spezifische Form, Ablehnung und/oder Zurückweisung von Feedback mittels externaler Attribuierungen sowie Reduktion von Engagement, Anstrengungen und Identifikation mit Bildung insgesamt.

2.6.5 Stereotype Threat und Geschlecht bzw. ethnischer/kultureller und sozialer Hintergrund

Der theoretische Ansatz des Stereotyp Threat, der als relativ neu gilt, wurde ursprünglich zur Erklärung von Leistungsdifferenzen zwischen Bevölkerungsgruppen in den USA (‚Weiße' und ‚Afroamerikaner' [Steele & Aronson, 1995]) entwickelt und findet seine empirische Entsprechung in Ergebnissen verschiedener Studien, die das Phänomen als kulturübergreifend auch in westeuropäischen Ländern und für andere Gruppen belegen. Im Folgenden werden wir einen knappen Überblick über den Forschungsstand in Bezug auf die Geschlechtszugehörigkeit und den kulturellen, ethnischen und sozialen Hintergrund unter besonderer Berücksichtigung verschiedener Altersstufen geben, wobei wir uns wiederum v.a. auf aktuelle Überblicksarbeiten stützen und insbesondere auf Studien fokussieren, die in den vorangegangen Ausführungen noch keine Erwähnung fanden bzw. deren Resultate als besonders aufschlussreich gelten.

Die *Wirkung der Stereotypen-Bedrohung auf Mädchen und Frauen* gilt – im Vergleich zu anderen maskulin konnotierten Gebieten – für den mathematischen Bereich als relativ gut erforscht. Wie erwähnt, existieren in Deutschland ebenso wie in anderen Ländern Stereotype, die Mädchen und Frauen eine verglichen mit Jungen/Männern geringere mathematisch-naturwissenschaftliche Kompetenz zuschreiben und von jenen in einer entsprechenden leistungsrelevanten Situation als Bedrohung wahrgenommen werden können. Die erste Untersuchung, in der diese Hypothese für Student(inn)en – mit sehr guten Mathematikleistungen und hohen Erfolgserwartungen – überprüft wurde, stammt von Steven J. Spencer und Mitarbeiter(inne)n (1999) und wurde Ende der 1990er Jahre in den USA durchgeführt. Die Ergebnisse stützen die Ausgangsannahme, dass durch die Vermittlung von positiven bzw. keinen negativen Vergleichsinformationen im Vorfeld eines schwierigen Mathematiktests (hier in Bezug auf die explizite Verneinung von Geschlechterdifferenzen in früheren Prüfungsleistungen) kein Leistungsabfall bei weiblichen Versuchsteilnehmerinnen nachweisbar sei, wohingegen die ausdrückliche Betonung angeblich bislang gefundener Unterschiede zu schlechteren Resultaten führen würde.

Dass der Stereotype-Threat-Effekt zum einen nicht nur in experimentellen Situationen, sondern auch in einer natürlichen Umgebung auftreten kann, andererseits auf den deutschsprachigen Raum übertragbar ist und sich zudem für verschiedene Altersstufen dokumentieren lässt, zeigen die folgenden Arbeiten. Johannes Keller und Dirk Dauenheimer (2003) ließen einen mathematischen Test von knapp 80 Realschülerinnen und -schülern im Alter von rund 16 Jahren aus zwei Schulen bearbeiten. Sie variierten – ähnlich der oben dargestellten Studie von Steven J. Spencer u.a. (1999) – die Testinstruktion: In der ersten Bedingung wurde das Material als Zusammenstellung geschlechtsneutraler Aufgaben beschrieben, in der zweiten Variation dagegen als Test präsentiert, bei dem sich bereits Unterschiede zwischen den Geschlechtern zugunsten männlicher Teilnehmer gezeigt hätten. War das Stereotyp in der Situation salient und insofern anwendbar, schnitten die jungen Frauen analog zu den bereits dargestellten Befunden schlechter ab und versuchten darüber hinaus weniger Aufgaben zu lösen. Parallel dazu erreichten die jungen Männer, denen der angebliche Leistungsvorsprung ihrer ,Geschlechtsgenossen' mitgeteilt worden war, tendenziell (aber nicht signifikant) bessere Ergebnisse als jene ohne Stereotyp-Aktivierung. Konnten die weiblichen Schülerinnen jedoch davon ausgehen, dass die Geschlechtszugehörigkeit nicht relevant ist, wie im Falle der als ,neutral' angekündigten Aufgaben, lagen ihre Ergebnisse auf dem gleichen Niveau wie die ihrer männlichen Mitschüler.

Einen anderen Ansatz wählten Toni A. Ihme und Martina Mauch (2007), die in ihrer Studie auf 12- bis 15-Jährige zielten. In einem Feldexperiment mit 151 Schüler(inne)n der 7. und 8. Klasse aus einer Gesamtschule in Brandenburg wurde die Wirkung von ST durch eine implizite Aktivierung des weiblichen Stereotyps mittels Fernsehwerbespots auf die Wissensleistung in einem Mathematiktest und Berufsinteressen (anhand von Tätigkeitsbeschreibungen) überprüft sowie zudem das Computerwissen erfasst. Die Resultate der Mathematikprüfung gingen in die erwartete Richtung: Die Leistungen von Schülerinnen fielen, nachdem ein weibliches Stereotyp aktiviert worden war, im Vergleich zu denen von Schülern signifikant geringer aus. Ohne diese Bedingung waren keine Unterschiede zwischen den Geschlechtern nachweisbar. Die Resultate im Test zum Computerwissen deuten zwar eine ähnliche Tendenz an, konnten aber zufallskritisch nicht abgesichert werden. Bezüglich des Interesses an Berufen ergaben sich lediglich die bekannten Geschlechterdifferenzen – unabhängig von der Versuchsbedingung wandten sich Mädchen Berufen mit vorwiegend sprachlichen Tätigkeiten (bspw. Dolmetscher/in) zu. Dem Autor und der Autorin zufolge liegt dies möglicherweise in einer bereits erfolgten Deidentifikation und Abwendung von männlich konnotierten Berufsfeldern durch eine chronische Stereotyp-Bedrohung begründet.

Als, im Sinne der bereits genannten Kriterien, besonders erwähnenswert scheint uns die Arbeit von David M. Marx und Jasmin S. Roman (2002), in der es unter der Bedingung einer weiblichen Versuchsleiterin zu keinem Absinken der mathematischen Testleistung von Frauen kam. Offensichtlich kann eine gleichgeschlechtliche Testleiterin als positives Vorbild mit Modellcharakter zu einer Entlastung von der Stereotypen-Bedrohung beitragen, allerdings nur bei einer als hoch eingestuften Kompetenz. Im Gegensatz dazu fielen die Ergebnisse der männlichen Probanden am höchsten aus, wenn sie die Versuchsleiterin als wenig kompetent wahrnahmen.

Zu der Wirkung, die *Stereotype Threat auf die Leistungen von Schülerinnen und Schülern mit Migrationshintergrund* hat, liegen keine deutschsprachigen Arbeiten vor; eine Ausnahme bildet das aktuelle Forschungsprojekt[100] von Josef Strasser, das am Zentralinstitut für didaktische Forschung und Lehre der Universität Augsburg angesiedelt ist. Der Einfluss von auf Ethnie, kulturelle Hintergründe oder den Sozialstatus bezogenen Stereotypen wurde bislang vorrangig für US-amerikanische Angehörige von Minoritäten (bspw. Afro-, Lateinamerikaner/innen) untersucht. Insofern ist weitgehend unerforscht, wie sich stereotype Einstellungen auf den Bildungserfolg von in Deutschland Heranwachsenden auswirken, die verschiedenen kulturellen/ethnischen Herkunftsgruppen angehören. Dass Kinder und Jugendliche aus Einwandererfamilien Stereotype über ihre Gruppe in Bezug auf Fähigkeiten, Motivation, Anstrengungsbereitschaft etc. wahrnehmen, steht außer Frage und wird durch Ergebnisse qualitativer Studien bestätigt (z.B. mit Blick auf türkischstämmige Heranwachsende von den Resultaten einer aktuellen, explorativ angelegten Gruppendiskussionsstudie; siehe Strasser & Hirschauer, 2009). Unter Rückgriff auf die Ausführungen von Heike Diefenbach (2007) ist plausibel, dass diese jungen Menschen angesichts der Berichterstattung über ihr schlechtes Abschneiden in den verschiedenen Schulleistungsstudien, das unter anderem an kulturellen Defiziten festgemacht wird, von in der deutschen Gesellschaft verbreiteten, negativen stereotypen Sichtweisen auf ihr Verhältnis zur Schule ausgehen.

Wie einige der wenigen vorliegenden Untersuchungen zur Frage nach der (Nicht-)Wahrnehmung von ethnischen Unterschieden in Schulklassen zeigt, finden sich bei vielen Lehrkräften Stereotypisierungen von und vorurteilsbehaftete Sichtweisen auf Mädchen aus Einwandererfamilien (Weber, 2006):[101] Tragen Schülerinnen ein Kopftuch, wird z.B. das Stereotyp aktiviert, türkische Mädchen würden die Schule nicht aus Interesse besuchen, sondern um einer

---

100 Das Projekt zielt insbesondere auf die direkte empirische Überprüfung des theoretischen ST-Ansatzes in Leistungssituationen im Unterricht, die Analyse von Bedingungen des Auftretens von ST im schulischen Alltag und die Untersuchung von Interventionsmöglichkeiten. Weitere zentrale Aspekte bilden die Fragen nach möglichen schulformspezifischen Unterschieden und dem Erleben von ST in einer retrospektiven Perspektive.

101 Die Aussagen beziehen sich auf die von Martina Weber durchgeführte Studie ‚Heterogenität im Schulalltag' (Weber, 2003), die auf die Rekonstruktion der diskursiven Verknüpfung der Kategorien Ethnizität und Geschlecht im Bild des ‚türkischen Mädchens' zielte, wobei der Beitrag derartiger Zuschreibungen zur „sozialen Positionierung von Schülerinnen als Bedingung von Bildungserfolg bzw. -misserfolg" im Fokus stand (Weber, 2006, S. 198). Der Datenkorpus der Studie umfasste Interviews mit Schülerinnen, ihren Lehrkräften und Schulleitungspersonal, Unterrichtsbeobachtungen, Feldnotizen sowie Unterrichtsdokumente. Erhoben wurde in einem Schuljahr im 12. und 13. Jahrgang in gymnasialen Oberstufen an vier Schulen (ebd.).

Verheiratung zu entgehen. Martina Weber (ebd.) betont, dass derartige Annah-men die schulischen Beurteilungen strukturieren und schlussfolgert, dass die Dramatisierung ethnischer und geschlechtlicher Differenzen sozialstrukturelle Klassifizierungen festschreibt und einen subtilen Anteil an der Bildungsbenach-teiligung von Schüler(inne)n mit Migrationshintergrund hat. Vor allem Migrant(inn)en, deren Herkunft mit einer Stigmatisierung in der deutschen Gesellschaft verbunden ist, befinden sich auch im schulischen Kontext in einer deutlich nega-tiveren Ausgangsposition als Angehörige von Gruppen, mit denen kein Stigma verknüpft ist (Crocker u.a., 1998). Insbesondere für Mädchen mit Aussiedlungs-hintergrund sowie für Mädchen aus Familien türkischer Herkunft sind Stigmati-sierungserfahrungen sowie entsprechende Befürchtungen zu beschreiben (Boos-Nünning & Karakaşoğlu, 2005). Zwischen diesen Gruppen ist wiederum zu dif-ferenzieren, weil Aussiedlerinnen meist erst ‚erkannt' werden, wenn sie spre-chen, während türkischstämmige Schülerinnen aufgrund ihres Aussehens für Deutsche in besonderem Maße Fremdheit repräsentieren (Beck-Gernsheim, 2006). Wie und unter welchen Kontextbedingungen Mädchen und Jungen mit Migrationshintergrund in schulischen Situationen von Stereotypen bedroht sind und wie der damit verbundene Effekt ihr Leistungsvermögen beeinträchtigt, müsste zum Gegenstand zukünftiger Schulforschung werden.

Ab wann das ST-Phänomen auftritt, wurde in den vorausgegangen Ausfüh-rungen bereits kurz angeschnitten – sobald Kinder von Stereotypen gegenüber der eigenen Gruppe wissen, können sie eine entsprechende Bedrohung erleben. Fraglich ist, ob Stereotype Threat in heterogenen Altersgruppen unterschiedlich erlebt wird bzw. unterschiedliche Auswirkungen hat. Wenngleich dieser Frage bislang keine uns bekannte längsschnittlich angelegte Studie nachgegangen ist, lassen sich doch zumindest einige Thesen formulieren. Bereits in den ersten Schuljahren werden Kinder von Lehrpersonen, Mitschüler(inne)n und Personen außerhalb des schulischen Kontextes (bspw. Eltern) mit Zuschreibungen kon-frontiert, in einem Alter also, in dem zum einen Erwachsenen als relevanten Anderen besondere Bedeutung zukommt und zum anderen das Selbstkonzept der Kinder noch instabil ist. Es liegt auf der Hand, dass das ‚Wissen' über sich selbst, welches Kinder in dieser Zeit erwerben, das ihnen von ihren Bezugsper-sonen durch verschiedenste Botschaften vermittelt wird, für die Persönlichkeits-entwicklung besonders relevant ist. Kommt es zu einer Konfrontation mit nega-tiven Stereotypen, erleben Kinder eine Bedrohung, reagieren sie möglicherweise äußerst sensibel darauf. Daneben steigen Schwierigkeitsgrad und Anforde-rungsniveau mit steigender Klassenstufe kontinuierlich an, die – als Moderator-variablen – die Auftretenswahrscheinlichkeit und Stärke des Stereotype-Threat-Effektes erhöhen. Am Übergang von der Grundschule in die weiterführenden Schulformen, der durch eine zusätzliche Leistungsbezogenheit gekennzeichnet ist, verschärft sich die Situation – hier werden die Weichen für eine spätere Schulkarriere oder Bildungserfolge gestellt; Erwartungen fallen entsprechend hoch aus. Gerade das Bemühen, diesem Druck gerecht zu werden, kann mit Blick auf die individuellen Bedingungen für die Genese des Phänomens zu kontraproduktiven Effekten im Sinne von Misserfolgen führen: Insbesondere diejenigen Kinder sind gefährdet, die nach guten Leistungen streben und diese als äußerst wichtig erachten. Anzunehmen ist, dass sich die möglicherweise zahlreichen situationalen Bedrohungen im Verlauf der Sekundarstufe I als langfristige Folge zu chronischen Stereotyp-Bedrohungen verdichten; Motivation und Anstrengungen der Jugendlichen nehmen ab, es kommt zur Meidung der stereotypisierten Bereiche und letztendlich der Deidentifikation mit diesen.

2.6.6 Interventionsmöglichkeiten

Die bisherigen Ausführungen verdeutlichen, dass Stereotype Threat den Bildungserfolg von Angehörigen verschiedener Gruppen entlang sozialer Kategorien entscheidend beeinflussen kann und ein nicht zu unterschätzendes psychologisches Phänomen ist. Trotz des pessimistischen Bildes, das daraus mit Blick auf die Omnipräsenz und Langlebigkeit einer Reihe von Stereotypen entstanden sein mag, finden sich einige Anhaltspunkte für Gegenstrategien, die durch ihre Entwicklung auf Basis empirischer Befunde hohen Praxisbezug ausweisen und auf schulische Kontexte übertragbar sind. Unter Rückgriff auf die Diskussion über die Ursachen von Leistungs- und Kompetenzunterschieden zwischen sozialen Gruppen ist die STT von hoher Relevanz zur Erklärung des Zustandekommens dieser Differenzen (Keller, 2008). Im Unterschied zu Modellen, die weitgehend stabile und nur langfristig veränderbare intrapersonale Aspekte heranziehen, liegt im Stereotype-Threat-Ansatz der Fokus auf dem situationalen Einfluss von stereotypen Annahmen und Erwartungen, der durch vergleichsweise geringfügige Veränderungen abgemildert oder verhindert werden kann (ebd.) – und zwar mit nicht nur kurzfristigen, sondern anhaltenden Effekten (Cohen, Garcia, Purdie-Vaughns, Apfel & Brzustoski, 2009).

Wir stützen uns im Folgenden vorrangig auf die Arbeiten von Kira Alexander und Janet W. Schofield (2006b), Johannes Keller (2008) sowie Jennifer R. Steele und Kolleginnen (2007), die aktuelle, fundierte und umfassende Überblicke zur Frage potentieller Interventionen vorlegen, und gliedern die vorzufindenden Ansätze nach individuellen respektive situationalen, relationalen und kontextualen Bezugspunkten. An dieser Stelle ist zu betonen, dass Gegenmaßnahmen unabhängig von ihrer individuellen Ausgestaltung möglichst frühzeitig einsetzen sollten, um den kurz- und langfristig durchaus folgenschweren Konsequenzen, die von einer situationalen Bedrohung bis zur Deidentifikation reichen, entgegenzuwirken.

2.6.6.1 Individuelle bzw. situationale Strategien

Zu den individuellen und situationalen Vorgehensweisen, die durch Unterstützung der Betroffenen zu einer Entkräftung von Stereotype Threat beitragen und zugleich die Genese anderer kontraproduktiver Effekte vermeiden sollen, zählen Konzepte zur (1) Aktivierung einer nicht-stereotypisierten Gruppenzugehörigkeit sowie (2) Selbstbestätigung, Prägung eines alternativen Konzeptes von kognitiven Fähigkeiten und Immunisierung gegenüber dem Erleben einer Bedrohung (ebd.), bevor es überhaupt dazu kommt.

Eine erste und offensichtlich nahe liegende Möglichkeit, den Stereotype-Threat-Effekt zu reduzieren und möglicherweise auszuschalten, ist die Aktivierung einer anderen, nicht-stereotypisierten Gruppenzugehörigkeit oder Identität. Auf Grundlage des ‚Modell des dynamischen Selbst' (Hannover, 1997) nehmen wir an, dass im Selbst einer Person zahlreiche Selbstkonstrukte und Identitätsaspekte verankert sind (z.B. die Identität als Mädchen oder Frau, als Asiatin, als Tochter, als Schülerin, als Protestantin, als Sportlerin, als Cineastin etc.) die unterschiedliches selbstbezogenes Wissen enthalten. Ob und wann welcher Aspekt des Selbst in einer konkreten Situation aktiviert wird und infolgedessen Selbstwahrnehmung, Informationsverarbeitung sowie Verhalten der Person beeinflusst, wird von Faktoren des aktuellen Kontextes bestimmt – je nachdem, welches persönliche Merkmal situativ besonders sichtbar oder ‚augenfällig' ist oder dazu gemacht wird. Stellt die Geschlechtszugehörigkeit ein solch salientes Kennzeichen dar, etwa auf vorliegenden Zusammenhang übertragen durch die Vorhersage angeblicher Unterschiede zwischen den Geschlechtern in einem Mathematiktest, führt dies zu leicht zugänglichem geschlechtsbezogenem Selbstwissen und der Aktivierung der Geschlechtsidentität, wie Ursula Kessels (2002) nachweisen konnte, was wiederum in Verbindung mit einem negativen Stereotyp zu einer Beeinträchtigung der Leistung führen kann. Werden jedoch ein anderer Identitätsaspekt und/oder die Zugehörigkeit zu einer anderen Gruppe aktiviert, sollte keine Bedrohung erlebt werden und ein Leistungsabfall ausbleiben. Die Annahme wird beispielsweise durch Ergebnisse einer Studie von Nalini Ambady, Margret Shih, Amy Kim und Todd L. Pittinsky (2001) gestützt: War die Geschlechtsidentität ein salientes Merkmal, fanden sich bei asiatischen Mädchen in einem Mathematiktest schwächere Leistungen, wurde jedoch die ethnische Zugehörigkeit betont, erzielten sie eine höhere Punktzahl.

Vor diesem Hintergrund werden oftmals Strategien entwickelt, die eine Aktivierung entsprechender Gruppenzugehörigkeiten oder Identitätsaspekte als probates Mittel zur Bekämpfung des Stereotype Threat in schulischen Lernumgebungen durch Lehrkräfte ansehen. So könnte eine Bedrohung in leistungsbezogenen Situationen bei Mädchen und Kindern aus zugewanderten Familien entweder durch Betonung einer Mitgliedschaft zu Gruppen, denen positive Eigenschaften hinsichtlich ihrer Bildungsleistung zugeschrieben werden (wie bspw. bei Ambady u.a. [2001] Asiat[inn]en) oder, falls sich diese nicht finden lassen, durch die Akzentuierung einer neutralen Gruppenzugehörigkeit (wie z.b. Schüler/innen) abgeschwächt werden (Alexander & Schofield, 2006b). Wenngleich diese Interventionsmöglichkeit schlüssig und ermutigend erscheint, so darf jedoch nicht übersehen werden, dass weitere, vertiefte empirische Untersuchungen über deren Wirksamkeit unerlässlich sind (ebd.). Im Zusammenhang damit betonen Jennifer Steele u.a. (2007) die Möglichkeit des Auftretens von kontraproduktiven Effekten. Wird eine Person offenkundig auf positive Identitätsaspekte aufmerksam gemacht, verspürt sie gegebenenfalls einen gewissen Druck, dem Stereotyp gerecht zu werden, was wiederum Kapazitäten bindet und zu einer Beeinträchtigung der Leistungsfähigkeit führen kann. Zudem scheint die praktische Umsetzung in dieser Form nicht leicht zu bewerkstelligen, da die Lehrpersonen vor jedem Test, in jeder Prüfung, egal ob in mündlicher oder schriftlicher Form, für alle stereotypisierten Gruppen entsprechend positive oder neutrale Hinweise formulieren müssten. Dass dies in den zum Teil überaus heterogen zusammengesetzten Schulklassen und bei Hausaufgaben nicht einfach ist, liegt auf der Hand. Daneben wird implizit vorausgesetzt, unter Lehrkräften existiere ein Bewusstsein für stereotype Zuschreibungen und/oder Kenntnis von Stereotype Threat, was jedoch bei einem Großteil nicht der Fall ist. Hier sind Maßnahmen erforderlich, die Lehramtsstudent(inn)en oder praktizierenden Lehrerinnen und Lehrern entsprechendes Wissen vermitteln und Gestaltungsoptionen zur Umsetzung eröffnen. An dieser Stelle möchten wir anmerken, dass sich verschiedene Identitätsaspekte einer Person nicht nur durch ‚Manipulation' von expliziten Hinweisen aktivieren lassen, sondern prinzipiell durch den Kontext beeinflusst werden. Wie oben angedeutet, ist hierfür dasjenige Merkmal, das besonders augenfällig ist, entscheidend – also beispielsweise die Geschlechtszugehörigkeit in einer gemischtgeschlechtlichen Schule oder die ethnische Zugehörigkeit in Klassen, die überwiegend aus nichtgewanderten deutschen Schulkindern bestehen. Die Möglichkeit, stereotypisierte Gruppen in einer homogenen Umgebung, z.B. in monoedukativen Klassen, zu unterrichten, ist unseres Erachtens – auf die positiven Wirkungen für Mädchen blickend – nicht völlig von der Hand zu weisen.

Neben Ansätzen, die auf die Aktivierung einer alternativen Gruppenzugehörigkeit fokussieren, finden sich Interventionen, die eine Stärkung des Selbstkonzepts respektive der Selbstwahrnehmung im Sinne der Bekräftigung der eigenen Individualität (Ambady u.a., 2004), einer nicht auf die Vermeidung von Misserfolg ausgerichteten motivationalen Orientierung (Keller & Bless, 2008) und die Entwicklung von Bewältigungsmechanismen in den Mittelpunkt stellen. Zum ersten Aspekt können, wie die Ergebnisse verschiedener Studien aufzeigen, Praktiken zur Selbstbestätigung beitragen ('self-affirmation'; vgl. aktuell dazu die Resultate von Cohen u.a., 2009). So wurde ein positiver Einfluss des Nachdenkens über die wertvollste persönliche Eigenschaft oder einen wichtigen individuellen Wert, vor einer 'bedrohlichen Aktivität' (einem Test etc.) niedergeschrieben, nachgewiesen. Anzunehmen ist, dass es dadurch zu einer Stärkung des Selbstbewusstseins und – als Folge – zu einer Reduktion der Wahrnehmung von Bedrohung und daraus resultierender defensiver Verhaltensweisen kam. Eine andere Möglichkeit, Mitglieder stereotypisierter Gruppen gegenüber dem Erleben einer Bedrohung quasi zu 'immunisieren', wird in präventiven Maßnahmen zur Vorbereitung gesehen. In diesbezüglichen Forschungsarbeiten wurden potentiell betroffene Personen vor einem Test über Stereotype Threat informiert und darauf aufmerksam gemacht, dass möglicherweise aufkommende negative Emotionen wie Angst auf dieses Phänomen und nicht auf Leistungsdefizite zurückzuführen seien (vgl. ausführlicher dazu Alexander & Schofield, 2006b). Eine gleichermaßen förderliche Wirkung wird bereits von der Vermittlung der Erkenntnis, dass ST die Ursache von Benachteiligungen sein kann, angenommen (Keller, 2008).

Daneben zielt ein auf die individuelle Ebene bezogenes Konzept auf eine Veränderung der Vorstellung von kognitiven Fähigkeiten. Nach Carol S. Dweck (1986) unterscheiden sich Personen darin, ob sie diese Fähigkeiten entweder als relativ starre, mehr oder minder genuine Dispositionen, die kaum beeinflusst, geschweige denn verändert werden können, oder als eine durch eigene Anstrengung modifizierbare Größe ansehen. Diese impliziten Theorien beeinflussen nicht nur die Einschätzung, durch eigenes Bemühen erfolgreich zu sein – Personen, die von kognitiven Fähigkeiten als stabilen Kapazitäten ausgehen, begegnen herausfordernden Aufgaben mit mehr Angst und weniger Engagement als jene, die deren Modifizierbarkeit annehmen. In einer entsprechend positiven Prägung des Konzeptes sehen Kira Alexander und Janet W. Schofield (2006b) einen weiteren Anknüpfungspunkt zur Reduktion von Stereotype Threat. Sie beziehen sich dabei auf die Beobachtung, dass Maßnahmen, die eine Betonung des menschlichen Lernpotenzials und deren Fähigkeiten, Herausforderungen zu bewältigen, beinhalteten, sowohl bei stereotypisierten als auch bei nicht-stereotypisierten Student(inn)en zu einer höheren Identifikation mit dem Studium und besseren

Studienleistungen führten. Damit werde aber zugleich der andere Mechanismus, über den sich diese Prägung im Vergleich zu Stereotype Threat auswirkt, deutlich – die Leistungen wurden ja offensichtlich insgesamt angehoben – und keine eigentliche Verbesserung bei Betroffenen erzielt. Damit scheint diese Strategie nur mit Einschränkungen geeignet (ebd.). In eine ähnliche Richtung gehen Ansätze, die auf die Förderung des Glaubens an die Veränderbarkeit des Leistungspotenzials rekurrieren (Keller, 2008).

2.6.6.2 Relationale Strategien

Unter diesem Typus werden Strategien mit dem Ziel einer Verbesserung der Interaktionen zwischen den stereotypisierten Schüler(inne)n, deren nicht betroffenen Peers und zu Lehrpersonen subsumiert, die positive Gefühle stärken, identitätsbezogene Sicherheit vermitteln und eine Wahrnehmung der schulischen Lernumgebung als vorurteilsfreie Atmosphäre und damit zusammenhängend den Abbau von Stereotypen gegenüber Minderheiten-Gruppen fördern sollen (Alexander & Schofield, 2006b). Darunter fallen (1) positive Erwartungen und hohe Leistungsstandards, (2) die Förderung sorgfältig strukturierter Zusammenarbeit im Klassenzimmer sowie (3) Kontakte und Freundschaften zwischen Mitgliedern unterschiedlicher Gruppen.

Strategien, die sich auf den erstgenannten Bereich beziehen, setzen direkt an Kommunikationsverhaltensweisen der Lehrkräfte im Unterricht an und konzentrieren sich vorrangig auf Rückmeldungen, die Hinweise auf Leistungsstandards und Fähigkeiten vermitteln. Ein für die Reduktion negativer Konsequenzen von Stereotype Threat als adäquat geltendes Feedback sollte sich aus zwei Botschaften zusammensetzen – hohen Erwartungen an Leistungsstandards (bspw. durch herausfordernde, aber dennoch erfüllbare Aufgabenstellungen oder die Vermeidung nicht gerechtfertigten Lobes) und gleichzeitiger Übermittlung von eindeutigen Anhaltspunkten dafür, dass alle Kinder oder Jugendlichen die unterrichtlichen Anforderungen erfüllen können. Anhaltspunkte, dass sich zusätzliche Gelegenheiten für positive innergruppale Kontakte und Freundschaftsbeziehungen (zwischen Angehörigen verschiedener [nicht-/stereotypisierter] Gruppen) ebenfalls günstig auf das Bedrohungs-Erleben auswirken, indem Stereotype und Vorurteile abgebaut werden können, liefern sozialpsychologische Arbeiten. Wenngleich diesbezüglich noch weiterer Forschungsbedarf besteht, wie Kira Alexander und Janet W. Schofield (2006b) anmerken, ist dennoch von einem günstigen Effekt der Intervention auszugehen.

Unklar bleibt jedoch, wie sich dies speziell in schulischen Zusammenhängen realisieren lässt. Elliot Aronson, Timothy D. Wilson und Robin M. Akert

(2006) formulieren sechs – allerdings sehr normative – Schlüsselfaktoren, die zu einem Abbau von Vorurteilen durch einen gelingenden Kontakt führen können: Zwischen den Gruppen sollte eine wechselseitige Abhängigkeit, ein gegenseitiges Aufeinander-Angewiesen-Sein herrschen und ein gemeinsames Ziel verfolgt werden. Unterschiede der Mitglieder in Bezug auf Status und Macht sind weitestgehend zu reduzieren und gleichartige Positionen zu schaffen. Der Kontakt muss in einer als angenehm empfundenen Umgebung stattfinden, in der die Angehörigen der Gruppen in ‚Face-to-Face'-Interaktionen interagieren und nicht unter sich bleiben können. Damit negative Annahmen über die Mitglieder der jeweils anderen Gruppen verändert werden können, müssen Personen, die von ‚falschen' Vorstellungen ausgehen, in vielfältigen, zwanglosen Kontakten deren Ungültigkeit lernen. Entscheidend ist hierbei, dass die Angehörigen der stereotypisierten Gruppe als typische Vertreter/innen derselben und nicht als Ausnahme wahrgenommen werden, da sonst das Stereotyp beibehalten wird. Zudem müssen soziale Normen, die auf Gleichheit zwischen heterogenen Gruppen zielen, in der konkreten Situation funktionieren, beispielsweise können Lehrkräfte eine entsprechende Norm von Toleranz und Akzeptanz schaffen und verstärken. Dies sollte zu einer Veränderung des Verhaltens und der Vorstellungen führen (ebd.).

Eine um diesen Zusammenhang erweiterte Strategie, die auf die Verbesserung von Interaktionen im Klassenzimmer rekurriert, ist die Förderung von strukturierten Zusammenhängen in heterogen zusammengesetzten Kleingruppen, die sich auf eine Verminderung von Konkurrenzdenken als einem für Stereotype Threat verantwortlichen oder diesen verstärkenden Faktor bezieht. Erfolgreich umgesetzt wurde dies exemplarisch in den sog. ‚Jigsaw-Klassen', bspw. von Elliot Aronson und Shelley Patnoe (1997). Bei dieser Methode wird der Lernstoff auf die Mitglieder der Arbeitsgruppen verteilt und jedem eine Expert(inn)enstellung für den jeweiligen Bereich zugewiesen. Um das vorgegebene Pensum zu erfüllen, müssen die einzelnen Teile wie bei einem Puzzle zusammengesetzt werden, was aufgrund der gegenseitigen Abhängigkeit nur durch kooperative Teamarbeit zu erreichen ist. Offensichtlich resultieren aus einer weniger ausgeprägten Konkurrenzsituation mehr Empathie und der Abbau von Stereotypen gegenüber Mitgliedern der Kleingruppe, die eine ‚andere' Gruppenzugehörigkeit aufweisen sowie stärkeres Zusammengehörigkeitsgefühl (Aronson, Wilson & Akert, 2006). Zudem scheint diese Maßnahme wie auch andere ähnliche Interventionen, deren Basis kooperative Kleingruppenarbeit ist, geeignet, die Leistungen von Schüler(inne)n, die einer Minoritätengruppe angehören, zu verbessern, wie Kira Alexander und Janet W. Schofield (2006b) mit Blick auf Ergebnisse von Studien zur Überprüfung von deren Wirksamkeit konstatieren. Die Autorinnen geben jedoch zu bedenken, dass sich kein eindeutiger Nachweis für Leistungsverbesserungen durch weniger Stereotype Threat findet, halten die Ansätze aufgrund ihrer positiven Effekte aber dennoch für geeignet.

2.6.6.3 Kontextbezogene Strategien

Der dritte und letzte Bereich von Ansätzen bezieht sich auf die Veränderung von verschiedenen Kontextfaktoren, die das Erleben einer Bedrohung durch Stereotype auslösen oder verstärken können. Zunächst gehen wir auf die Präsentation von Lern- und Testaufgaben ein. Wie bereits ausgeführt, ist eine Bedingung für das Auftreten von Stereotype Threat, dass die Person eine Aufgabe im Zusammenhang mit einem negativen Stereotyp wahrnimmt, was durch Hinweise auf die Diagnostizität des Tests, Vorhersagen von Unterschieden zwischen bestimmten Gruppen oder implizite Aktivierungsquellen erfolgen kann. Das heißt, Lehrkräfte könn(t)en „durch minimale Variationen in der Beschreibung von Aufgaben" (Keller, 2008, S. 94) oder Tests in leistungsbezogenen Situationen so präsentieren, dass eine Verknüpfung mit ungünstigen Vorstellungen ausbleibt – mit einer schlichten Umbenennung und/oder Verschleierung des eigentlichen Gegenstandes (bspw. Im Sinne einer Erfassung sozialer und nicht logischer Fähigkeiten). Eine weitere Möglichkeit besteht in einer Betonung der Autonomie von Leistungsergebnis und Gruppenzugehörigkeit, also der ausdrücklichen Negierung von Differenzen in Bezug auf Geschlecht, kulturellen bzw. ethnischen Hintergrund etc. (Alexander & Schofield, 2006b). Eine zweite Interventionsmöglichkeit bezieht sich auf die Zusammensetzung der Klassen, die (im Widerspruch zu der weiter oben formulierten Forderung) möglichst heterogen sein sollte, um die ständige Präsenz des Minderheitenstatus für Angehörige von Minoritäten in relativ homogenen Kontexten zu reduzieren. Die „eigene Unterscheidbarkeit oder Sichtbarkeit in einer sozialen Situation" habe, so Kira Alexander und Janet W. Schofield (2006b, S. 43), „psychologische Konsequenzen für die betreffenden Individuen [...], die zum Teil negativ sind". Dem entgegengewirkt werden könne auch durch positive Rollenvorbilder im Sinne von Beispielen erfolgreicher Repräsentant(inn)en stereotypisierter Gruppen, die auf die Überwindbarkeit von Hindernissen verweisen, wie durch die verstärkte Einstellung von Lehrpersonen mit Migrationshintergrund[102] und weiblichen Lehrkräften in mathematisch-naturwissenschaftlichen Fächern oder auch eine entsprechende Gestaltung von

---

102 Mit Rekurs auf den aktuellen Beitrag von Josef Strasser und Corinna Steber (2010) ist die Forderung nach mehr Lehrkräften mit Migrationshintergrund (die im dritten Kapitel ausführlicher diskutiert wird) über die ‚Signalfunktion' hinaus plausibel, da u.a. anzunehmen ist, dass diese gegenüber Einwandererkindern weniger negative Einstellungen entwickeln und ihre Einschätzungen ggf. auf vertiefte Kenntnisse stützen können, doch fehlt es an empirischer Evidenz.

Unterrichtsmaterialien. Nicht zuletzt ist ein Schulklima, das sich über die Wertschätzung von Diversität und die Betonung der Potenziale von Heterogenität auszeichnet, der fruchtbare Boden, auf dem Maßnahmen zur Abschwächung und Aufhebung von Stereotype Threat besonders gut gedeihen (ebd.).

Wir möchten uns in diesem Zusammenhang in der gebotenen Kürze den widersprüchlichen Implikationen in Bezug auf die Zusammensetzung von Schulklassen zuwenden, die hinsichtlich des Verhältnisses von Kindern und Jugendlichen unterschiedlicher Herkunft und Geschlechtszugehörigkeit einerseits möglichst homogen, andererseits jedoch außerordentlich heterogen sein sollte. Die Frage, in welche Richtung diese konfligierenden Anforderungen aufzulösen sind, muss gegenwärtig offen bleiben. Janet W. Schofield und Ralph Bangs (2006) verweisen darauf, dass die Salienz der Zugehörigkeit zu einer Gruppe offensichtlich umso wahrscheinlicher ist, je kleiner der Anteil von Personen mit einem ähnlichen oder identischen Hintergrund ist. Insofern sei eine möglichst ausgewogene Verteilung anzustreben, was u.E. allerdings kaum zu realisieren ist. Daneben scheint für Stereotype Threat vorrangig bei jüngeren Kindern und Mädchen weniger die Gruppenzugehörigkeit der Mitschüler/innen als die der Lehrkraft (als der in der Regel wichtigsten Bewertungsinstanz von Leistungen) entscheidend zu sein – ist die Lehrerin oder der Lehrer Repräsentant/in einer Gruppe, von der die Schüler/innen glauben, dass diese sie selbst stereotyp wahrnehmen, kommt es gegebenenfalls zu einem „substanziellen Stereotype Threat" (ebd., S. 114), was wiederum für bzw. nicht zwingend gegen homogene Klassen spricht. Unseres Erachtens verweisen beide Strategien für jeweils bestimmte Gruppen und in bestimmten Situationen auf Vorteile.

Abschließend ist Folgendes festzuhalten: In Bezug auf die in der Schule stattfindenden sozialen und psychologischen Prozesse zeigen unsere Ausführungen, wie (vermeintlich oder tatsächlich verbreitete) Stereotype über die Mitglieder sozialer Gruppen die Leistungsfähigkeit der betroffenen Schülerinnen und Schüler sowohl kurz- als auch langfristig beinträchtigen. Die empfundene Bedrohung oder Angst, eigene Leistungen könnten auf Grundlage der negativen Zuschreibungen beurteilt und als entsprechend unzureichend bewertet werden („Stereotype Threat'), kann zu einer unmittelbaren Verminderung des eigentlichen Leistungspotenzials (z.B. in Prüfungssituationen) und ungünstigen Konsequenzen im weiteren Bildungsverlauf führen, wie einer verringerten Bildungsmotivation, der Entwicklung kontraproduktiver Verhaltensweisen, der Deidentifikation mit relevanten Bereichen etc. Dass die vielfach zu beobachtenden Nachteile weniger privilegierter Heranwachsender, aus eher bildungsfernen Elternhäusern und/oder Familien mit Migrationshintergrund von diesen Effekten (mit-) determiniert werden, ist naheliegend. Strategien zum Abbau von ST setzen an den Kindern und Jugendlichen selbst (Stärkung des Selbstbewusstseins, Selbstwertes bzw. nicht-stereotypisierter Identitätsaspekte) und einer Veränderung der Unterrichtspraxis an – durch verbesserte Methoden, die bereits in der Lehrer[innen]bildung oder im Rahmen von Fortbildungsmaßnahmen vermittelt werden respektive auf den Erwerb von Kenntnissen über die negativen Folgen des Phänomens zielen.

Mit Blick auf die – nicht vertieft betrachteten – schulstrukturellen Bedingungen lässt sich in Anlehnung an Hans Merkens (2007) zudem die Forderung nach einer Ausdehnung des Zeitbudgets im Unterricht formulieren, das heißt, Lernzeiten am Bedarf der Lernenden orientiert anzubieten, beispielsweise durch die Einrichtung von Ganztagsschulen im Primar-/Sekundarbereich, und eine damit verbundene Individualisierung des Unterrichts voranzutreiben. Positiv auswirken sollte sich Maurice Crul (2007) zufolge in schulischen Bildungsverläufen ebenfalls eine gesteigerte Durchlässigkeit innerhalb des gegliederten Schulsystems, in Form der Erleichterung des Wechsels von Haupt- auf Realschulen bzw. Realschulen auf Gymnasien, verbunden mit zusätzlichen ‚Lernjahren'. Voraussetzung ist, dass derartige Strategien begleitet und evaluiert werden, um eine Umsetzung der angestrebten Veränderungen zu gewährleisten (Schofield 2006b).

Der internationale Vergleich zeigt (bspw. Stanat, 2008), dass es insbesondere in Deutschland nicht gelingt, die Heranwachsenden entsprechend ihrer tatsächlichen Leistungsfähigkeit zu fördern. Im Gegensatz zu Nachbarländern wie Belgien und den Niederlanden (Cruel & Vermeulen, 2003) wird in Deutschland bis dato keine Elite von Personen mit Migrationshintergrund herangebildet, die dann beispielsweise Vorbildfunktion für andere Migrant(inn)en einnehmen kann. Da in allen sozialen, wirtschaftlichen und politischen Bereichen die Partizipation gut ausgebildeter Vertreter/innen unterschiedlicher kultureller Herkunft dringend benötigt wird, stellt sich die Frage, wie lange es sich Deutschland noch leisten will, auf die Potenziale der Einwanderinnen und Einwanderer zu verzichten.

3 Antworten auf Heterogenität. Geschlechtergerechte interkulturelle Pädagogik

Nachdem wir in den vorangegangenen Kapiteln ausführlich und unter Berücksichtigung theoretischer sowie empirischer Grundlagen auf die Sozialisationskontexte Familie und Schule eingegangen sind, widmen wir uns im vierten Kapitel Konzepten und Ansätzen geschlechtergerechter interkultureller Pädagogik. Zunächst wird einleitend skizziert, warum Geschlecht, Kultur und Ethnizität als interdependente Kategorien angesehen und konsequent in ihrer Verschränkung miteinander und mit anderen Kategorien analysiert werden müssen. Es schließt sich eine umfassende Darstellung der Entwicklung, Inhalte und Kritik von interkultureller Pädagogik an. Auf Basis dieser legen wir die Grundlagen für eine geschlechtergerechte interkulturelle Pädagogik dar.

3.1 Die Kategorien Geschlecht, Kultur und Ethnizität und deren Verschränkung

3.1.1 Geschlecht und Ethnizität als Analyse- und Forschungsdimensionen

Geschlecht bzw. Ethnizität sind die grundlegenden Kategorien für interkulturelle respektive Geschlechterforschung. Beide Forschungsstränge können in ihrer Entstehung „als Ausdruck der gesellschaftlichen Entwicklung eines Heterogenitätsbewusstseins" (Fleßner, 2005, S. 167) charakterisiert werden. Folgende Gemeinsamkeiten zeigen sich beim Blick auf die Kategorien Geschlecht und Ethnizität:

1. Ethnizität und Geschlecht bzw. Annahmen darüber, was diese Kategorien ausmachen, verändern sich ständig, sie sind historisch nicht konstant (Bednarz-Braun, 2004) und können als Konstruktionen angesehen werden (Lenz, 1996).
2. Geschlecht und Ethnizität gelten als zentrale gesellschaftliche Ordnungsprinzipien (Bednarz-Braun, 2004).

3. Geschlechtliche bzw. auf Ethnizität bezogene Differenzen werden als etwas sozial Hervorgebrachtes gedacht und resultieren in vielfältigen Formen sozialer Ungleichheit (Fenstermaker & West, 2001). Zum Teil ähneln sich die Konstruktionsprozesse von Sexismus und Rassismus in ihrer Mechanik (Paseka, 2001). Andererseits gibt es auch Unterschiede in der Kulturalisierung und Legitimierung von Ungleichheit qua Geschlecht und Ethnizität: Bei Geschlecht steht die Betonung biologischer Differenz und deren Hierarchisierung im Mittelpunkt, die mit Intimität und Zuwendung im Nahraum, auf der Paarebene, verbunden wird. In Bezug auf Ethnizität wird Ungleichheit über Mechanismen der Ethnisierung und Kulturalisierung, die mit einer niedrigeren Bewertung der zugeschriebenen Merkmale einhergeht, legitimiert (Lenz, 2006).

4. Menschen werden als Akteure und Akteurinnen ihrer Entwicklung angesehen (Fleßner, 2005). Sie setzen sich autonom mit Geschlecht und Ethnizität als kollektiven Determinierungen auseinander (Lenz, 1996).

Eine Gemeinsamkeit der Forschungsstränge besteht im Verlauf der Entwicklung weg von der Defizitperspektive (Ungleichheit, Marginalisierung sowie Ausschluss und Objektstatus benachteiligter Gruppen werden in den Blick genommen) hin zur Perspektive der Wahrnehmung und Anerkennung der Differenz (Fleßner, 2005).

In den letzten Jahrzehnten haben sich im Zusammenhang mit gesellschaftlichen Modernisierungen die Lebenslagen von Männern und Frauen pluralisiert und somit ist davon auszugehen, dass sich Geschlechter sozial heterogen ausgestalten (Westphal, 2005a) – das gilt für geschlechtsbezogene Zuschreibungen, Charaktere und Lebensmöglichkeiten etc. Pluralisierungs- und Individualisierungstendenzen sind ebenfalls bei Migrant(inn)en zu beobachten (Weber, 2006). Erkenntnisse der Frauen- und Geschlechterforschung zeigen seit mehr als zwei Jahrzehnten, dass Konstruktionen von Geschlecht und das interaktive Herstellen des Geschlechterverhältnisses im Zusammenhang mit ethnischen, altersabhängigen, milieu- bzw. klassenbezogenen Zugehörigkeiten und Konstruktionen betrachtet werden müssen, da sie in Abhängigkeit von in unterschiedlichen Lebensräumen gemachten Erfahrungen variieren können (bspw. Gümen, 1998; Herwartz-Emden, 1995b). Gender kann und muss als interdependente Kategorie angesehen werden (Dietze, Hornscheidt, Palm & Walgenbach, 2007), bleibt jedoch als zentrale Kategorie bedeutsam und strukturiert wesentliche Bereiche wie Generations- und Erziehungsverhältnisse, Schule, Arbeit, Familie und Partnerschaft (Westphal, 2005a). Gleiches gilt für die Kategorie Ethnizität (Lenz, 1996).

Im Folgenden unterscheiden wir verschiedene Herangehensweisen, Begrifflich-keiten und theoretische Ansätze, die sich dem Verhältnis von Geschlecht und Ethnizität zu anderen Kategorien widmen. Dabei lehnen wir uns an die Ausfüh-rungen von Katharina Walgenbach (2007) an, die sich auf die Ansätze „doing difference" (West & Fenstermaker, 1995a), „Achsen der Ungleichheit" (bspw. Klinger & Knapp, 2007) und „Intersektionalität" (bspw. Crenshaw, 1995) be-zieht. Ergänzend dazu wird das „Konzept der hegemonialen Männlichkeit" von Raewyn Connell (1999) mit einbezogen, welches das Verhältnis von Geschlecht und anderen sozialen Kategorien wie Sexualität, Klasse und Ethnizität berück-sichtigt.

3.1.2 Doing Difference

Der Ansatz des „doing difference" wurde von Candance West und Sarah Fenstermaker (1995a) vorgelegt. In ihm wird analog zum Verständnis des doing gender in Bezug auf eine interaktive Konstruktion von Differenzen von einem doing difference gesprochen. Die Autorinnen berücksichtigen neben Geschlecht nun auch die Kategorien Klasse und Ethnizität. In wissenschaftlichen Publikati-onen kursieren neben den diesbezüglichen Begriffen doing ethnicity und doing class die Wendungen doing adolescence, doing adult etc. Im doing difference Ansatz wird davon ausgegangen, dass die je spezifischen Unterscheidungs-merkmale oder Differenzierungen (Jugendliche sind anders als Erwachsene, Angehörige einer Klasse anders als die einer anderen) durch Interaktionen her-vorgebracht werden und Relevanz erlangen (vgl. dazu Diehm, Kuhn & Machold, 2007); somit stehen die Herstellungsprozesse von sozialen Kategorien im Mittel-punkt der Aufmerksamkeit (Walgenbach, 2007). Im Anschluss an Fenstermaker und West (2001) sollten die interaktiven Konstruktionen von Ethnizität, Ge-schlecht und Klasse bzw. Schicht als simultane Prozesse begriffen werden. Erst wenn dies geschieht, entsteht die Möglichkeit zu erkennen, dass je nach Interak-tionskontext die Relevanz dieser Kategorien und Ordnungsmuster variieren kann (ebd.). Die voneinander abhängenden Zuschreibungs- und Einübungsprozesse sowie die verschiedenen Konstruktionen treten in den Vorder- respektive den Hintergrund, sind aber immer (noch) existent und ‚verschwinden' nicht einfach. Unterschiedliche Konstruktionsprozesse beziehen sich also auf differente Ebenen und können nicht auf eine Stufe nebeneinander gestellt werden. Das heißt, dass beispielsweise ein doing adult nicht zugleich als undoing gender verstanden werden kann und dieses quasi ‚ersetzt' (Rendtorff, 2005).[103]

Häufig wird in Bezug auf den doing difference Ansatz kritisiert, dass die Fokussierung im doing gender bzw. doing difference auf eine interaktive Herstellung von Geschlecht oder Differenz zu kurz greife, Herrschafts- und Machtverhältnisse zu wenig berücksichtige und strukturelle Faktoren sozialer Ungleichheit ausblende (Bednarz-Braun, 2004; Walgenbach, 2007). Diese Kritik steht im Zusammenhang mit der eher mikrosoziologischen Ausrichtung des Konzepts. Candance West und Sarah Fenstermaker (1995b) betonen in ihrer Reaktion auf die Kritik, dass sie Ungleichheit und Unterdrückung als soziale Konstruktionen und somit als Ergebnis von interaktiven Herstellungsprozessen begreifen[104], dabei aber die Bedeutung und den Einfluss historischer Prozesse, von Leid, sozialen Kämpfen und Widerstand nicht verleugnen (Fenstermaker & West, 2001). Gleichsam gehen die Autorinnen davon aus, dass das interaktive Herstellen von Geschlecht, Ethnizität und anderen Kategorien immer in institutionelle Praktiken eingebunden und an normativen Erwartungen ausgerichtet ist (Walgenbach, 2007). Sie betonen die Notwendigkeit der Unterscheidung zwischen dem Herstellen von Ungleichheit und dessen Ergebnis, der faktisch bestehenden Ungleichheit, und dass die Betonung des Herstellungscharakters die Bedeutung der Konsequenzen nicht mindern soll. Katharina Walgenbach (ebd.) kritisiert am doing difference Ansatz, dass West und Fenstermaker die interaktive Herstellung von Differenzen als Ursache für Diskriminierungen und Ungleichheiten ansehen. Sie plädiert stattdessen dafür, von einer gegenseitigen Beeinflussung auszugehen und bezeichnet es als Verdienst des Ansatzes, dass es den Autorinnen gelingt, „den Zusammenhang von Interaktionen, sozialen Praktiken, Institutionen und Kategorien herauszuarbeiten" (ebd., S. 51).

Anknüpfungspunkte für die Erweiterung des doing difference um soziale Strukturen und die Produktion von Subjektpositionen bieten soziologisch-strukturalitische Ansätze (ebd.). In Anlehnung an Pierre Bourdieu (vgl. dazu Weber, 2003) strukturiert beispielsweise die Zugehörigkeit zu einer Klasse die Position von Akteur(inn)en und formt deren Habitus. Hierbei weisen Männer und Frauen klassenspezifische Gemeinsamkeiten auf. Die Vorstellungen und Konstruktionen von Männlichkeit und Weiblichkeit unterscheiden sich und je nach Klassenlage differenzieren sich „Geschlechtshabitus und die geschlechtli-

---

103 Wesentlich ist beim und durch den zunehmenden Gebrauch der Wendung ‚doing' die Bedeutungvon Geschlecht nicht zu nivellieren (Rendtorff, 2005) und auch die Ausgangsfrage der feministischen Theorie, was das Geschlechterverhältnis für Individuen und Gesellschaft so dauerhaft wirkmächtig macht, nicht aus dem Blick zu verlieren (Rendtorff, 2006).

104 Beim doing gender wird die immanente Hierarchie zwischen Frauen (Unterordnung) und Männern (Dominanz) vollzogen und bestätigt (Hagemann-White, 1993).

che Arbeitsteilung" (ebd., S. 48). Die aufgezeigten Mechanismen sind auf die Verschränkung mit den Kategorien Ethnizität und Schicht übertragbar, es ist allerdings detaillierter zu untersuchen, wie genau sich vielfältige Zugehörigkeits- und Identitätsstrukturen entwickeln (Gemende, Munsch & Weber-Unger Rotino, 2007).

In Anlehnung an Helga Kelle (2008) bestehen Anknüpfungspunkte zwischen dem eher mikrosoziologischen doing difference und dem makrosoziologisch orientierten Intersektionalitätsansatz, auf den im Folgenden eingegangen wird. Das Verhältnis der Ansätze muss allerdings noch eingehender diskutiert werden (ebd.).

3.1.3 Achsen der Ungleichheit und Intersektionalität

Die Funktion von Gendering- und Ethnisierungsprozessen ist vor allem darin zu sehen, dass bestehende Herrschaftsansprüche – beispielsweise von Männern über Frauen und von Einheimischen gegenüber Zugewanderten – aufrechterhalten werden (Weber, 2003). Diese Perspektive wird bereits in der Reaktion von Candance West und Sarah Fenstermaker (1995b) auf die Kritik am doing difference Ansatzes eingenommen. Auch in makrosoziologisch und gesellschaftstheoretisch orientierten Herangehensweisen werden Geschlecht, ‚Rasse'/Ethnizität und Klasse als fundamentale Kategorien sozialer Ungleichheit angesehen (Weber, 2003), beispielsweise bezeichnen Cornelia Klinger und Gudrun-Axeli Knapp (2007) diese Kategorien als deren zentrale Achsen, die sich in ihrer Verzahnung verstärken (Gemende, Munsch & Weber-Unger Rotino, 2007). Die Konzentration auf die Triade Klasse/‚Rasse'/Geschlecht begründen Klinger und Knapp durch ihre Bezogenheit auf Arbeit – insbesondere im Hinblick auf die „jeweils spezifische Verbindung mit der Strukturierung von Arbeit und der Legitimierung von Ausbeutung dieser Arbeit" (Ross, 2008, S. 33) – und die Kennzeichnung durch bestimmte Fremdheitseffekte[105] (Walgenbach, 2007). In den Achsen der Differenz zeigen sich zwei verschiedene Mechanismen sozialer Diskriminierung (Becker-Schmidt, 2007): Einerseits handelt es sich um die Zuschreibung von sozialen Merkmalen an bestimmte Gruppen, die mit einer Ungleichwertigkeit einher geht (Anlagen und Defizite, Fähigkeiten und Unfähigkeiten etc.). Andererseits werden bestimmte soziale Gruppen durch Statuszuwei-

---

105 Laut Katharina Walgenbach (2007) wird der Ansatz von Cornelia Klinger und Gudrun-Axeli Knapp seinem eigenen Anspruch nach der Fokussierung der Grundmuster gesellschaftlich-politisch relevanter Ungleichheit nicht gerecht, da die Autorinnen die Kategorie Behinderung ausblenden, die ebenfalls durch Arbeit und Fremdheit zu fassen ist.

sungen auf unterschiedlichen Ebenen der gesellschaftlichen Rangordnung platziert. Deutlich wird in diesem Ansatz der Bezug auf geometrische Modelle (Achsen). Diese zeigen sich auch im sog. *Intersektionalitätsansatz*, der sich im deutschsprachigen Raum zunehmender Beliebtheit erfreut (bspw. Leiprecht & Lutz, 2005; Weber, 2008; Winker & Degele, 2009). Der Begriff ,intersection' bedeutet Schnittpunkt, Schnittmenge, Kreuzung und geht auf die amerikanische Juristin Kimberlé Crenshaw zurück (Klinger & Knapp, 2007). Crenshaw selbst bezieht sich in ihren Arbeiten hauptsächlich auf die Kategorien „Rasse" und Geschlecht und zeigt, wie die Diskriminierung afroamerikanischer Frauen im Schnittpunkt der beiden Kategorien wirksam wird (vgl. hierzu und zum Folgenden Walgenbach, 2007, S. 48ff.). Dabei rekurriert sie auf ihre Arbeit als Rechtsanwältin, speziell auf Fälle der Diskriminierung von afroamerikanischen Frauen bei der (Nicht-)Einstellung in bestimmten Unternehmen: Nicht wirksam wurde in diesen Fällen der Vorwurf der Diskriminierung aufgrund des Geschlechts, da weiße Frauen eingestellt wurden; ebenso wenig griff die Annahme der Diskriminierung aufgrund der Hautfarbe, da farbige Männer eine Arbeitsstelle bekamen. Es zeigte sich, dass die Situation afroamerikanischer Frauen in den Antidiskriminierungsgesetzen nicht berücksichtigt wurde. Bei der Analyse dieser Situation bediente Crenshaw sich des Bildes der Straßenkreuzung: Eine ,verletzte' farbige Frau liegt auf dieser Kreuzung. Es kommen ein Krankenwagen für Frauen und einer für Farbige vorbei, woraufhin Unsicherheit darüber entsteht, welcher der Krankenwagen zuständig ist. Da dieses Problem nicht geklärt wird, fahren beide weiter. Der farbigen Frau wird nicht geholfen.

Gegenwärtig steht Intersektionalität für „das Programm einer integralen Analyse von Achsen strukturierter Ungleichheit und kultureller Differenz" (Klinger & Knapp, 2007, S. 7), d.h. dass Forschende – und auch im pädagogischen Feld Tätige – Kreuzungen und Verschränkungen der Differenzlinien in den Blick nehmen müssen (Leiprecht & Lutz, 2005). Neben den Kategorien Klasse, Geschlecht und ,Rasse', die Klinger und Knapp als die bedeutendsten Differenz- und Ungleichheitsdimensionen kennzeichnen, werden in der Erziehungswissenschaft weitere Differenzlinien, beispielsweise Sexualität, Herkunft, Besitz, Körper und vor allem Alter[106] berücksichtigt, wobei jede eine dominante oder ,normalisierte' und eine untergeordnete oder ,abweichende' Position enthält (Leiprecht & Lutz, 2009). Die hierarchische Organisation bedingt, dass Subjekte, je nachdem auf welcher Seite der Differenzlinie sie sich befinden, über mehr oder weniger Handlungsmöglichkeiten und gesellschaftliche Privilegien verfügen (Riegel, 2005). Die soziale Positionierung prägt demzufolge einerseits die

---

106 Die Debatte darüber, welche Kategorien in einen intersektionalen Ansatz einfließen sollen, ist nicht abgeschlossen (Winker & Degele, 2009).

Handlungsmöglichkeiten und -behinderungen der jeweiligen Personen (hier wird vom ‚objektiven' Möglichkeitsraum gesprochen); andererseits entwickeln die Individuen von dort aus ihre subjektiven Denk- und Handlungsperspektiven (diese betreffen den sog. ‚subjektiven' Möglichkeitsraum) (ebd.). Es wird davon ausgegangen, dass „alle Menschen sozusagen am Schnittpunkt (*intersection*) dieser Kategorien positioniert [sind] und dort ihre Loyalitäten und Präferenzen entwickeln. Die Kategorien sind also nicht nur soziale Platzanweiser, sondern sie generieren auch Identität" (Leiprecht & Lutz, 2005, S. 220f., Hervorhebung im Original).

Der Intersektionalitätsansatz erlebt gegenwärtig in Deutschland, aber auch weltweit, eine erstaunliche Konjunktur (siehe zu dieser Einschätzung ebenfalls Bührmann, 2009; Winker & Degele, 2009), die mit dem Postulat seines Neuigkeitswertes einher geht. Allerdings findet die Berücksichtigung unterschiedlicher Ungleichheitsdimensionen, der Überkreuzung und Verwobenheit, auch in der deutschen Frauen- und Geschlechterforschung schon seit längerer Zeit Berücksichtigung. Unterschiede zwischen Frauen sind „von Anfang an interne Kritik und Korrekturperspektive auf der Agenda" (Knapp, 2008, S. 34).[107] Ein Beispiel für die Berücksichtigung der Verschränkungen unterschiedlicher Ungleichheitskategorien stellt das Forschungsprojekt FAFRA[108] dar, das von 1991 bis 1997 unter Leitung von Leonie Herwartz-Emden an der Universität Osnabrück durchgeführt wurde. Diese Studie war eine der ersten sozialwissenschaftlich-empirischen Forschungen, in der die Kategorie Ethnizität mit der Kategorie Geschlecht (und Klasse) in einer kulturvergleichenden Perspektive systematisch theoretisch verbunden und empirisch analysiert wurde (vgl. Herwartz-Emden, 1995b & 2000).[109] Die Ergebnisse waren zu diesem Zeitpunkt bahnbrechend und innovativ, sie wurden in der Migrationsforschung sowie in der Gender-Forschung vielfach rezipiert; bis dato mangelt es im deutschsprachigen an empirischen Arbeiten, die weiterführend wären. Die Themen waren: Mutterschaft und weibliches Selbstkonzept, Familienorientierung, die Vereinbarkeit von Familie

---

107 Katharina Walgenbach (2007) gibt zu bedenken, dass die Entstehung der Debatte über Interdependenzen/Intersektionalität nicht ausschließlich im angloamerikanischen Kontext der 1970er und 1980er Jahre zu verorten ist, sondern eine Vielfalt an Genealogien besteht. Als ein Beispiel für ihre Argumentation führt sie Postulate von Clara Zetkin (Vertreterin der proletarischen Frauenbewegung in Deutschland) an, die an der bürgerlichen Frauenbewegung bereits in den 1920er Jahren kritisierte, dass diese den Zusammenhang von Klasse und Geschlecht leugnen würde.

108 Familienorientierung, Frauenbild, Bildungs- und Berufsmotivation von eingewanderten und westdeutschen Frauen und Familien in interkulturell-vergleichender Perspektive.

109 Die Forschung wurde in drei Teilprojekten (1991-1997) von der Deutschen Forschungsgemeinschaft gefördert und war im DFG-Forschungsschwerpunktprogramm FABER („Folgen der Arbeitsmigration für Bildung und Erziehung") angesiedelt. Sie stellt eines der Projekte dar, die über den gesamten Zeitraum des Programmes kontinuierlich gefördert wurden.

und Beruf, Geschlechtsrollentypisierungen sowie Männlichkeit und Vaterschaftskonzepte. Untersucht wurden Migrantinnen (und Migranten) verschiedener Herkunft im Vergleich zu damals ,west'-deutschen Frauen (und Männern). Die Ergebnisse lieferten ein komplexes Bild der Einstellungen, aber auch der Lebenslagen von Einwanderinnen und belegten eine ,nicht-westliche Modernität'. Die Universalien und Begrifflichkeiten der bis dato im deutschsprachigen Raum dominanten Frauenforschung wurden in ihren Konzepten in Frage gestellt – die Emanzipation schien eine westliche zu sein – ,Tradition', traditionelle Frauenbilder und traditionelle biographische Entwürfe – bis hin zur Unterdrückung der Frau – wurden an alle nicht-westlichen Frauen delegiert. Dies hatte groteske Missverständnisse zur Folge, wie das Klischeebild von der Migrantin, die zu Hause sitzt, abhängig vom Mann, Hausfrau und Mutter ist etc. Die skizzierten Ergebnisse des FAFRA-Projektes zeigen, dass der Blick auf Überschneidungen zwischen unterschiedlichen Ungleichheitsdimensionen nicht so neu ist, wie häufig angeführt wird (siehe zu einschlägigen Veröffentlichungen auch Gümen, 1996 & 1998; Lenz, 1992 & 1996). Neu ist allerdings das stärkere Gewicht, das die Thematik in der Geschlechterforschung bekommen hat und die Erweiterung der berücksichtigten Ungleichheitskategorien um beispielsweise Alter und Religion (Knapp, 2008).

Zusammenfassend ist mit Knapp davon auszugehen, dass man/frau in der Geschlechterforschung nicht um eine Auseinandersetzung mit der intersektionellen Perspektive herum kommt (2008, S. 48). Die Verdienste von Achsenmodell und Intersektionalitätsansatz sind, dass verschiedene Ungleichheitsdimensionen nicht mehr wie in Modellen der Doppel-, Dreifach- oder Mehrfachbenachteiligung einfach addiert werden und sich damit gegenseitig ausschließen (Walgenbach, 2007), sondern der wechselseitige Einfluss berücksichtigt wird. Aber gerade die Nähe zu geometrischen Metaphern, die Bilder der Achsen und des Schnittpunktes, beinhalten Kritikpotenziale. In den Knotenpunkten/Kreuzungen entsteht zwar diesen Bildern folgend etwas Neues, aber die Achsen und Unterdrückungsdimensionen an sich scheinen noch immer mit Vorstellungen von einem genuinen Kern und der Trennung der Kategorien außerhalb der Kreuzungen einherzugehen (ebd.). Es stellt sich die Frage: Existieren Machtverhältnisse außerhalb der Kreuzung unbeeinflusst voneinander (Dietze u.a., 2007)? Auch die geschilderten Ansätze bergen die Gefahr der Reifizierung und Essentialisierung. Außerdem bleibt unklar, was sich denn genau in den Schnittpunkten kreuzt (Kelle, 2008) und wie diese Schnittpunkte aussehen. Birgit Rommelspacher (2006) verweist in Anlehnung an Davina Cooper (2004) darauf, dass Achsen nur die Zuordnung auf einer Dimension zulassen und dass Achsen gleichsam polar angeordnet sind. Das ist problematisch, da beispielsweise die Frage entsteht, wo auf der Achse ,Ethnizität' Juden, Afrodeutsche oder Aussiedlerinnen zugeordnet werden sollten – ähnliches gilt für die anderen Achsen. Offen bleibt ebenfalls die Erklärung des Zusammenhanges von sozialen Kategorien (Walgenbach, 2007). Wie kann man/frau sich Wechselwirkungen zwischen unterschiedlichen Überschneidungen vorstellen und ist die Vorstellung von Überschneidungen nur ein Artefakt, das durch die analytische Trennung der Kategorien entsteht (Rommelspacher, 2006)?

Trotz der aufgeführten Kritikpunkte besticht der Intersektionalitätsansatz durch seine Offenheit[110] und dadurch, dass er in einer ersten Annäherung relativ leicht zugänglich ist. Es erscheint logisch und unerlässlich, dass unterschiedliche Ungleichheitsdimensionen untersucht und deren Wechselwirkungen berücksichtigt werden müssen und dass sich Ungleichheitsstrukturen nicht anhand singulärer Kategorien erklären lassen. Problematisch wird der Ansatz vor allem beim Blick auf die *methodologischen Implikationen* einer empirischen Intersektionalitätsanalyse (vgl. Kelle, 2008). Wie sollte es möglich sein, alle potentiell relevanten Kategorien in die Analyse einzubeziehen? Ist es nicht auch legitim, sich auf bestimmte Kategorien zu beschränken und das Wissen über andere Kategorien und deren Relevanz im Sinne einer theoretischen Sensibilität (Glaser, 1978) in Untersuchungen einfließen zu lassen? Regina Becker-Schmidt sieht aufgrund der unterschiedlichen Entwicklungskontexte von Achsen der Ungleichheiten/Intersektionen ebenfalls die Schwierigkeit, „bei der Analyse ihrer Verflechtungen alle Kombinationen auf einmal in den Blick nehmen zu wollen. Die Gefahr, in ein unentwirrbares Geflecht von Bezügen zu geraten, ist nicht zu übersehen" (2007, S. 57). Deswegen schlägt sie vor, die einzelnen Kategorien/ Achsen zunächst gesondert zu untersuchen (möglichst sogar von unterschiedlichen Forschungsgruppen) und erst im Anschluss und aufbauend auf den separaten Analysen Intersektionen in den Blick zu nehmen. Das grundlegende Problem der (zu) großen Komplexität, die entsteht, wenn in empirischen Untersuchungen multiple Dimensionen des sozialen Lebens und der Analysekategorien berücksichtigt werden, wird ebenfalls von Leslie McCall (2005) aufgegriffen. Die Autorin unterscheidet zwischen drei empirisch-intersektionellen Zugangsweisen, die der Komplexität begegnen sollen: anti-, intra- und interkategorial. Der anti-kategoriale Ansatz bezieht sich auf dekonstruktivistische Theorien; die gesellschaftliche Realität wird als zu komplex angesehen, als dass sie sich mittels feststehender Kategorien beschreiben lassen könnte. Der intra-kategoriale Zugang meint die Berücksichtigung von Unterscheidungen und Ungleichheiten innerhalb von Kategorien zu einem bestimmten historischen Zeitpunkt, in einer je spezifischen Konfiguration. Inter-kategoriale Zugangsweisen fragen nach den Wechselwirkungen von Kategorien; hierzu dienen Kategorien als (provisorische)

---

110 Gabriele Winker und Nina Degele (2009) bezeichnen die Offenheit in Anlehnung an Kathy Davis mit den Worten unklar und vage und vermuten darin den Erfolg des Konzeptes.

Ausgangspunkte der Analyse, wobei berücksichtigt wird, dass diese Ausgangspunkte eben nicht statisch und unveränderbar sind (vgl. ebd., S. 1773ff.; Klinger
& Knapp, 2007, S. 36ff.).

3.1.4 Hegemoniale Männlichkeit und legitime Weiblichkeit

Viel zitiert wird im Zusammenhang mit der Analyse von Geschlechterverhältnissen das von Raewyn Connell (ehemals Robert W. Connell) vorgeschlagene Konzept der hegemonialen Männlichkeit. Dem Konzept liegt ebenfalls der Anspruch,
Geschlecht in Relation zu anderen Kategorien zu fassen, zu Grunde. Eine Ergänzung stellen die Ausführungen von Martina Weber (2003 & 2007b) zur legitimen
Weiblichkeit[111] dar, die es ermöglichen, aufzuzeigen, dass askriptive, aber auch
gelebte Weiblichkeits- und Männlichkeitskonstruktion von Jugendlichen und
Erwachsenen mit Migrationshintergrund mehr sind als das Ergebnis von ,kultu-
rellen' Unterschieden. Besonders beliebt ist das Connell'sche Konzept in der
interkulturellen Jungenforschung (bspw. Haeger, 2008; Spindler, 2007; Weber,
2007b).

Raewyn Connell (1999) beschreibt in ihrem Konzept ein doppeltes Domi-
nanzverhältnis: Zum einen wird das Herrschaftsverhältnis von Männern über
Frauen und zum anderen ein Verhältnis von Unter- und Überordnung zwischen
Männern selbst untersucht.[112] Sie geht davon aus, dass bestimmte Formen von
Männlichkeiten (und Weiblichkeiten) zu bestimmten Zeiten und an bestimmten
Orten entstehen und permanenten Veränderungen unterworfen sind, dass Ge-
schlechtskonstruktionen also historisch sind. Die Autorin unterscheidet vier
Formen von Männlichkeit: hegemoniale, komplizenhafte, untergeordnete und
marginalisierte. Die Differenzierung zwischen den verschiedenen Männlich-
keiten hat ihre Grundlage in unterschiedlichen Lebensstilen, Beziehungsformen,
sexuellen Orientierungen sowie in verschiedenen sozial-strukturell bedeutsamen
Zugehörigkeiten wie Klasse, Ethnie und Generation.

---

111 Die Erweiterung des Konzepts um den differenzierten Blick auf Weiblichkeitskonstruktionen ist
    unerlässlich, da mit Willi Walter kritisiert werden muss, dass Connells Konzept zwar Macht-
    konstellationen zwischen Männern genauer fassen kann, jedoch die Beteiligung von Frauen an
    der Produktion und Reproduktion der Geschlechterverhältnisse nicht detailliert dargestellt wird
    (Walter, 2000) bzw. unterschiedliche Formen von Weiblichkeit nur im Ansatz beschrieben wer-
    den.
112 Auch Pierre Bourdieu konzipiert Männlichkeit in einer doppelten Relation, wobei er bei der
    Konstruktion von Männlichkeit die Dominanz von Männern über andere Männer stärker ge-
    wichtet als Connell. Für ihn bestimmt die „libido dominandi" den Wunsch des Mannes, „die
    anderen Männer [...], und sekundär, als Instrument des symbolischen Kampfes, die Frauen [zu
    dominieren]" (Bourdieu, 1997, S. 215).

Hegemoniale Männlichkeit ist eine Form von Männlichkeit, die in einer gegebenen Struktur des Geschlechterverhältnisses die bestimmende Position einnimmt. Connell sieht in modernen westlichen Gesellschaften die hegemoniale Männlichkeit hauptsächlich in der Führungsebene von Wirtschaft, Militär und Politik verwirklicht, da dort über hohes ökonomisches und soziales Kapital verfügt wird, das zur Durchsetzung der hegemonialen Männlichkeit vonnöten ist (Meuser, 1998).[113] Die ‚anderen‘, alternativen Männlichkeitsmuster lassen sich hinsichtlich ihrer Nähe zum kulturellen Ideal der hegemonialen Männlichkeit betrachten (Meuser, 2000); sie sind generell auf niedrigeren Hierarchieebenen angesiedelt. *Komplizenhafte* Männlichkeit wird von Männern gelebt, die das hegemoniale Männlichkeitsmuster nicht oder nur teilweise realisieren können. Diese Männer profitieren von der „patriarchalen Dividende“ (Connell, 1999, S. 100), die durch die Unterdrückung der Frauen als allgemeiner Vorteil der Männer entsteht. In modernen Gesellschaften ist die wichtigste *Unterordnung* zwischen Männergruppen die der homosexuellen unter die heterosexuellen Männer. ‚Schwulsein‘ wird leicht mit Weiblichkeit gleichgesetzt (ebd.). Neben der schwulen Männlichkeit existieren weitere untergeordnete Männlichkeiten (bspw. Hausmann), die nicht so auffällig sind. Diese untergeordneten Männlichkeiten sind ebenfalls mit weiblichen Attributen assoziiert, ihnen werden Eigenschaften zugeschrieben, die nicht ins hegemoniale Männlichkeitsmuster passen. Anders als hegemoniale, komplizenhafte und untergeordnete Männlichkeiten handelt es sich bei *marginalisierten Männlichkeiten* nicht um eine interne Relation in der Geschlechterordnung. Stattdessen wird die Verschränkung von Geschlecht, Ethnizität und Klasse berücksichtigt. Marginalisierte Männlichkeiten sind von Macht und Status ausgeschlossen, sozial unterprivilegiert und randständig, was vor allem für Mitglieder unterer sozialer Klassen und Schichten, somit also häufig für Männer mit Migrationshintergrund gilt.

Für Martina Weber (2003) ist hegemoniale Männlichkeit die legitime Form männlicher gender-Praktiken. In Anlehnung an diese Setzung gebraucht sie den Begriff der *‚legitimen‘ Weiblichkeit.* Dieser Begriff wurde bereits 1997 von Carol Hagemann-White verwendet. Sie spricht von einer betonten legitimen Weiblichkeit (es wird nicht der Terminus ‚hegemoniale‘ Weiblichkeit gebraucht, da Frauen innerhalb ihrer jeweiligen Klasse bzw. Schicht eine unterlegene Position einnehmen). Diese Weiblichkeitsform bezieht Weber (2003) auf Frauen aus der herrschenden Klasse, deren kulturelles Weiblichkeitsideal qualifizierte Bildungsabschlüsse wie berufliche Tätigkeit, ökonomische Erfolge und damit einhergehend Unabhängigkeit von Männern, erotische Attraktivität und Zugehörigkeit zur ethnisch dominanten Gruppe beinhaltet (ebd.). Diese Ideale können von

---

113 In späteren Arbeiten führt Raewyn Connell eine spezifische Form hegemonialer Männlichkeit ein: die transnational business masculinity (Connell, 2003, zit. n. Weber, 2004).

vielen Frauen nicht erreicht werden, weswegen Weber (ebd.) von *komplizenhafter* Weiblichkeit spricht. Dass zum legitimen Weiblichkeitsideal die Zugehörigkeit zur ethnisch dominanten Gruppe gehört, verweist darauf, dass Frauen mit Migrationshintergrund wie männlichen Migranten Positionen in einer *marginalisierten Gruppe* zugeschrieben werden. Da sie im Zuge der Migration häufig in prekären wirtschaftlichen Umständen leben und ihre Bildungs- und Berufsabschlüsse im Zuge der Abwertung des kulturellen Kapitals der Herkunftsgesellschaft als nahezu bedeutungslos angesehen werden[114], befinden sie sich in denkbar großer Distanz zum kulturellen Ideal von Weiblichkeit der Mehrheitsgesellschaft.

3.1.5 Verschränkungen von Kategorien am Beispiel der stereotypen Annahmen zu Geschlechterverhältnissen in Zuwanderungsgruppen

Die Anwendung einer Analyseeinstellung, die auf der Verschränkung unterschiedlicher Kategorien und Differenzlinien beruht, erscheint beispielsweise bei der Untersuchung von vorzufindenden stereotypen Bildern über Migrant(inn)en bzw. Schüler(inn)en türkischer Herkunft oder aus anderen Herkunftsgruppen als sinnvoll, da in solchen Bildern die Interdependenz der sozialen Kategorien Ethnie und Geschlecht deutlich wird. In Texten und Filmen zum Migrationsphänomen offenbart sich, wie das Geschlechterverhältnis immer wieder zur Beschreibung der Beziehungen zwischen Mehrheitsgesellschaft und Migrationsgemeinschaft herangezogen wurde (Huth-Hildebrandt, 2002; Weber, 2007a). Leonie Herwartz-Emden (1997) verweist darauf, dass sich anhand von Zitaten aus der Mädchen- und Frauensozialarbeit zeigen lässt, wie groß die Bedeutung traditioneller Geschlechterstereotype und Geschlechterbilder über Migrant(inn)en in diesem Kontext ist. Derartige Leitbilder bestimmen auch heute noch den bundesdeutschen medialen Diskurs (vgl. bspw. die kritischen Reflexionen von Elisabeth Beck-Gernsheim [2007] und Gerd Stecklina [2007]) und sind zum Teil auch in wissenschaftlichen Veröffentlichungen wiederzufinden (bspw. Pfeiffer & Wetzels, o.J.).

Es zeigt sich, dass Verunsicherungen in Folge der zunehmenden gesellschaftlichen Pluralisierung von Handlungsoptionen und im Umgang mit Menschen mit Migrationshintergrund an vermeintlich fremden Geschlechterverhältnissen festgemacht werden – vor allem in den Konstrukten der ‚fremden Frau'

---

114 Manuela Westphal (2007) spricht von der beruflichen Dequalifizierung von Migrantinnen in Deutschland.

und des ‚fremden Mannes'[115] (Gümen, 2000; Gemende, Munsch & Weber-Unger Rotino, 2007). Am deutlichsten werden diese stereotypen Bilder beim Blick auf Menschen mit türkischem Migrationshintergrund (häufig sind hierbei auch Menschen aus dem Nahen und Mittleren Osten gemeint), die ‚großzügig' alle als Muslime angesehen werden und in Bezug auf (Spät-)Aussiedler/innen (die unabhängig von ihrer tatsächlichen Herkunft oft unter dem Begriff ‚Russen' subsumiert werden).

Zusammengenommen gilt für die Männer aus verschiedenen Migrantengruppen (konkret Männer türkischer Herkunft, aus dem Nahen und Mittleren Osten und [Spät]Aussiedler), dass „– bei allen angenommenen Differenzen zwischen den drei Gruppen – neben stereotypen Annahmen zur jeweiligen Ethnizität eine Männlichkeit zugeschrieben wird, welche sich durch gewalttätiges Handeln, Kriminalität, Frauenabwertung, ein übersteigertes Körperbewusstsein, protziges Auftreten und Cliquen-/Bandenbildung äußert" (Stecklina, 2007, S. 77). In Folge einer angeblich autoritären Erziehung und innerfamiliärer Gewalt gelten männliche Jugendliche mit Migrationshintergrund als potentiell kriminelle Gewalttäter (siehe ausführlicher 1.7.2). Der unterstellte autoritäre Erziehungsstil wird ebenfalls für das Schulversagen der Jungen verantwortlich gemacht, da dieser eine autonome Entwicklung behindere[116] (Leiprecht & Lutz, 2003). Der Blick vor allem auf ‚türkische' Frauen (und mit Einschränkungen auch Frauen mit Aussiedlungshintergrund) zeigt, dass diese als Opfer häuslicher Gewalt, als nicht emanzipier und abhängig vom Ehemann wahrgenommen werden. Sie sind potentiell hilfsbedürftig. Aufgrund neuerer Entwicklungen (Bekanntwerden der Beteiligung von palästinensischen Frauen an Selbstmordattentaten) werden sie nicht mehr nur als Opfer, sondern auch als potentielle Gewalttäterinnen stigmatisiert (Castro Varela, 2007). Andere Bilder über Migrant(inn)en, in denen Ethnizität und Geschlecht verknüpft werden, sind der südamerikanische Macho, die polnische Putzfrau, die/der übersexualisierte Farbige und die ausländische (häufig aus Ost-Europa stammende) Prostituierte (Gemende, Munsch & Weber-Unger Rotino, 2007).

---

115 Konstruktionen von Fremdheiten lassen sich „als Bemühungen einer an der Aufrechterhaltung einer sozialen Ordnung interessierten Gruppe interpretieren, bezogen ist dies auf Phänomene, die diese Ordnung irritieren, Anerkennung zu verweigern und bis auf weiteres die Entscheidung offenzuhalten, ob diese künftig in die jeweilige Ordnung integriert und als Bestandteil dieser Ordnung anerkannt, oder aber als Bedrohung der Ordnung behandelt werden sollen" (Scherr, 1998, S. 54).

116 Dies steht im Gegensatz „zum empirisch gesicherten Standardwissen innerhalb der Migrationsforschung, dass in Migrantenfamilien eine sehr hohe Bildungsmotivation sowohl für Söhne als auch für Töchter besteht" (Westphal, 2007, S. 89).

Vor allem das Migrant(inn)en unterstellte Festhalten an archaischen Geschlech-terverhältnissen[117] steht im Widerspruch zu emanzipierten Vorstellungen über die westeuropäische Geschlechterordnung, woraus sich die Annahme eines un-überbrückbaren kulturellen Gegensatzes[118] ergibt (Stecklina, 2007). Differenz-konstruktionen, die auf die Verwobenheit von Geschlecht und Ethnizität rekur-rieren, werten das Geschlechterverhältnis sowie die darin eingelassenen Frauen-und Männerbilder der Mehrheitsgesellschaft auf[119] und verdecken dabei gleich-zeitig die inhärenten Ungleichheitsstrukturen (vgl. ausführlicher dazu Weber, 2003). Dominante gesellschaftliche Diskurse gehen von der Gleichwertigkeit und Gleichberechtigung von (autochthonen) Männern und Frauen aus. Dass auch einheimische Frauen in ihren beruflichen Ambitionen häufig an eine ‚gläserne Decke' stoßen, was sich in den äußerst geringen Frauenanteilen in Führungsposi-tionen zeigt, gerät demzufolge aus dem Blick.

Was kann an dieser Stelle eine geschlechtergerechte interkulturelle Pädago-gik leisten, wie kann eine solche aussehen? Bevor wir im Punkt 3.3. die Potenzi-ale eines solchen Zuganges entfalten, gehen wir im Folgenden Unterkapitel de-tailliert auf Grundlagen der interkulturellen Pädagogik ein.

3.2 Interkulturelle Pädagogik

Zur Einführung in die interkulturelle Pädagogik liegen mittlerweile mehrere Lehrbücher vor (Auernheimer, 2007; Krüger-Potratz, 2005; Gogolin & Krüger-Potratz, 2006; Nieke, 2008; Nohl, 2006). Insbesondere Georg Auernheimer kommt das Verdienst zu, die leitenden Ideen einer interkulturellen Pädagogik erarbeitet, in die bundesdeutsche Diskussion eingeführt und maßgeblich zur

---

117 Die Untersuchungen von Leonie Herwartz-Emden (bspw. 1995b) belegen für unterschiedliche Gruppen von Migrant(inn)en Selbstkonzept-Konstruktionen, die auf eine ‚nicht-westliche Mo-dernität' verweisen.

118 Allgemeiner lassen sich die belegten stereotypen Leitbilder mit Blick auf Kulturdifferenz- und Modernitätsdifferenzhypothese fassen. Die Kulturdifferenzhypothese meint, dass Kulturen im Herkunfts- und Einwanderungsland „als einander grundlegend fremde Bedeutungs- und Deu-tungssysteme beschrieben" (Weber, 2003, S. 37) werden und den Migrant(inn)en die Verant-wortung für die Bewältigung der Diskrepanz zugeschrieben wird. In der Modernitätsdifferenz-hypothese werden Unterschiede postuliert, in denen die Herkunftsgesellschaft als traditionell und die Einwanderungsgesellschaft als modern wahrgenommen wird. Von den immigrierten Menschen wird erwartet, dass sie einen „wanderungsbedingten Modernisierungsschub" (ebd.) bewältigen (vgl. dazu ausführlicher Herwartz-Emden, 1997; siehe ebenfalls 1.3).

119 In Ethnisierungsprozessen bzw. ethnisierenden Zuschreibungen wird beispielsweise ein hierar-chisches Verhältnis zwischen einheimischen und migrantischen Frauen (re)konstruiert, wodurch die Positionen der autochthonen Frauen symbolisch aufgewertet werden (Weber, 2003). Indem sie im Vergleich mit Migrantinnen als stark, unabhängig, tatkräftig und kompetent erscheinen, erhalten sie einen quasi ‚männlichen Status' (ebd.).

Entwicklung eines eigenständigen Fachgebietes beigetragen zu haben. Seine „Einführung in die interkulturelle Erziehung" (1990) ist inzwischen als „Einführung in die Interkulturelle Pädagogik" in der fünften Auflage erschienen (2007). Wir greifen im Folgenden wesentliche Punkte der Entwicklung der interkulturellen Pädagogik in Deutschland auf, ohne dabei allzu sehr ins Detail zu gehen (siehe für umfassende Überblicke die oben zitierten Bände).

Konsens besteht in der Diskussion über die interkulturelle Pädagogik (auch genannt interkulturelle Bildung und Erziehung; bspw. Krüger-Potratz, 2005; Nieke, 2008) darüber, dass es sich mittlerweile um eine erziehungswissenschaftliche Fachrichtung handelt, die sich speziell mit Folgen und Fragen der gegenwärtigen sozialen, ethnischen, nationalen und sprachlichen Heterogenität für individuelle Lebenschancen und Bildungsmöglichkeiten beschäftigt (Gogolin & Krüger-Potratz, 2006). Auf Deutschland bezogen wird diese Heterogenität als Ergebnis von drei wesentlichen Entwicklungen angesehen:

1. Pluralität der Gesellschaft aufgrund von (Arbeits-)Migration und Familiennachzug,
2. Vereinigung Europas und
3. Herausbildung einer Weltgesellschaft, die durch kulturelle Vielfalt gekennzeichnet ist und die die Notwendigkeit der Kooperation und des interkulturellen Dialogs auf der einen sowie die Tendenz zu kulturellen Grenzziehungen auf der anderen Seite mit sich bringt (Auernheimer, 2007; siehe auch Krüger-Potratz, 2005).

Dass mittlerweile von einer Fachrichtung gesprochen wird, soll jedoch nicht dazu führen, die erziehungswissenschaftliche Auseinandersetzung über den Umgang mit gesellschaftlicher Heterogenität ausschließlich an die interkulturelle Pädagogik zu verweisen und aus der Allgemeinen Pädagogik auszuklammern. Ganz im Gegenteil wird der Allgemeingültigkeitsanspruch der Allgemeinen Pädagogik durch die interkulturelle Pädagogik kritisiert – insbesondere die oftmals ethnozentrische, national- und kulturspezifische Weltsicht (Krüger-Potratz, 2005). Interkulturelle Pädagogik ist als eine Querschnittsaufgabe anzusehen, die alle Bereiche der Erziehungswissenschaft und die pädagogische Praxis betrifft (Krüger-Potratz, 2005). Mit Blick auf die subjektive Seite stellt interkulturelle Kompetenz (siehe Punkt 3.2.3) eine Schlüsselqualifikation dar, die alle in pädagogischen Arbeitsfeldern Tätigen sowie alle Adressat(inn)en interkultureller Maßnahmen besitzen und im Verlauf ihrer Ausbildung bzw. Tätigkeit erwerben sollten (ebd.).

3.2.1   Eckpunkte des pädagogischen und politischen Diskurses in der Bundes-republik seit 1960[120]

Heterogenität[121] im Hinblick auf Sprache, Ethnie, Nationalität und Kultur stellt grundsätzlich einen Normalfall der Geschichte dar und ist kein ausschließlich ‚modernes' Phänomen (Krüger-Potratz, 2005). Georg Auernheimer (2007) gibt jedoch zu bedenken, dass die Heterogenität und Multikulturalität vormoderner Gesellschaften einen anderen Charakter hatte als die moderner Gesellschaften. Die Globalisierung der Weltgesellschaft und die für Deutschland maßgeblichen Migrationsströme in jüngerer Vergangenheit und in der Gegenwart brachten direkte Nachbarschaft zu ‚fremden' Kulturen, Lebensweisen und Sprachen mit sich. Für die vormoderne wie auch die moderne Gesellschaft findet sich jedoch eine gemeinsame Tradition darin, dass zuwandernde Fremde in der (Einwande-rungs-)Gesellschaft nicht nur als Bereicherung, sondern faktisch als Eindringlin-ge angesehen werden, die ausgegrenzt und bekämpft werden müssen (Westphal, 2007 & 2009; vgl. zur Konstruktion von Fremdheit Scherr, 1998).

3.2.1.1   ‚Kurze Geschichte der interkulturellen Pädagogik'

Die Idee einer interkulturellen Pädagogik (Erziehung und Bildung) entstand in Folge von Migrationsbewegungen nach dem Zweiten Weltkrieg (Auernheimer, 2007). Allerdings muss konstatiert werden, dass weder Politik noch Pädagogik zunächst nennenswerte Reaktionen auf dieses Phänomen zeigten. Für (West-) Deutschland war in Folge wirtschaftlicher Prosperität und des damit einherge-henden Arbeitskräftemangels die gezielte Anwerbung von Arbeitskräften beider-lei Geschlechts aus europäischen und nordafrikanischen Ländern in den 1950er und 1960er Jahren kennzeichnend (siehe ausführlicher dazu Oltmer, 2010). Dies brachte insbesondere für das Bildungssystem eine unüberschaubare kulturelle, ethnische, nationale und sprachliche Heterogenität mit sich. Der Beginn der ‚kurzen Geschichte der interkulturellen Pädagogik'[122] wird in der zweiten Hälfte der 1960er (Krüger-Potratz, 2005) und in den 1970er Jahren (Auernheimer, 2007) verortet. Sie beginnt mit der Diskussion über die Integration der Arbeits-migrant(inn)en (‚Gastarbeiter/innen') und die Beschulung ihrer Kinder (Krüger-

---

120 Wir konzentrieren uns in diesem Punkt auf die Entwicklung in der ‚alten' Bundesrepublik. Für
     die Entwicklung in der DDR siehe Ingrid Gogolin und Marianne Krüger-Potratz (2006).
121 Mit dem Begriff Heterogenität wird im interkulturellen Verständnis auf die Unterschiedlichkeit
     von Lebenslagen verwiesen (Gogolin & Krüger-Potratz, 2006).
122 Die Trennung zwischen kurzer und langer Geschichte der interkulturellen Pädagogik wird von
     Ingrid Gogolin und Marianne Krüger-Potratz (2006) vorgeschlagen. Zur (‚langen') Geschichte
     der Fachrichtung interkulturelle Pädagogik in der Erziehungswissenschaft siehe ebd.

Potratz, 2005). Schule spielt für die Geschichte der interkulturellen Pädagogik eine wesentliche Rolle, da sie als „einzige Pflicht-Bildungsinstitution [...] stets im Mittelpunkt der Auseinandersetzung über den gesellschaftlich-politischen Umgang mit sprachlich-kultureller Heterogenität [gestanden hat]" (ebd., S. 23).

Als Ergebnis der Diskussion über die Integration der Kinder der Arbeitsmigrant(inn)en und die Frage der kulturellen Vielfalt in verschiedenen pädagogischen Berufsfeldern (vor allem in den Schulen) entwickelte sich die so genannte ‚Ausländerpädagogik'. Diese pädagogische Orientierung entstand zunächst vor dem Hintergrund der Erfahrungen und Diskurse einiger weniger Erziehungswissenschaftler/innen, die in modernisierungstheoretischen Ansätzen gründete und in Bezug auf Migration und Integration assimilatorisch ausgerichtet war. Als Zielgruppenpädagogik richtete sie sich ausschließlich an Migranten und Migrantinnen. Diese wurden grundlegend als ‚fremd' betrachtet, man unterstellte ihnen eine Befangenheit in der Herkunftskultur, die in ihrer Sozialisationsfunktion als defizitär bewertet wurde (bspw. Schrader, Nikles & Griese, 1976). Der zugrunde liegende Kulturbegriff war essentialistisch und statisch (Gaitanides, 2003). Die ‚Ausländerpädagogik' zielte zum einen auf (schulische) Integration und zum anderen auf den Erhalt der kulturellen Identität und die Rückkehrfähigkeit (Auernheimer, 2007) der Kinder und Jugendlichen nach kurzfristigen Aufenthalten im deutschen Bildungssystem.

An dieser Stelle ist festzuhalten, dass die ‚Ausländerpädagogik' keineswegs im Mainstream der Pädagogik verankert war – insofern spielte diese Fragestellung in ihren Anfängen eine untergeordnete Rolle und war in der Erziehungswissenschaft letztlich marginalisiert. Auch eine – historisierende – Beschreibung einer einheitlichen Konzeptionalisierung von ‚der' Ausländerpädagogik mit der Konstruktion eines Übergangs zur interkulturellen Pädagogik ist so *nicht* zutreffend (siehe die trivialisierende Darstellung in Weber, 2008). Vor allem stellte die ‚Ausländerpädagogik', wie auch die interkulturelle Pädagogik, lange Zeit eine Variante von Pädagogik dar, die sozialpädagogisch beeinflusst war und in den Praxisfeldern der Sozialen Arbeit und später der Migrationsarbeit Verbreitung fand. Bemerkenswert ist in erster Linie, dass diese Richtung der Pädagogik weitgehend forschungsfern argumentierte und ohne Bezugnahme auf internationale Erfahrungen und Diskurse in klassischen Einwanderungsgesellschaften, wie zum Beispiel Großbritannien und den USA, in denen zum damaligen Zeitpunkt sehr viele Veröffentlichungen zum Thema Multikulturalismus und ‚Diversity and Education' vorlagen. Das Hauptproblem war aber, dass im deutschsprachigen Raum keine substantiellen empirischen Forschungsarbeiten existierten, die in die Fragen der ‚Ausländerpädagogik' einfließen konnten. Die wenigen Untersuchungen, die durchgeführt wurden, waren aus Praxiszusammenhängen entstanden und eher alltagswissenschaftlich. Elisabeth Beck-Gernsheim (2007, S. 14) beschreibt dies so: „Wie naiv, wie inhaltlich schlicht, wie methodisch unzulänglich erschienen und erscheinen mir immer noch im Vergleich [zu den USA und Großbritannien] viele der deutschen Studien zum «Gastarbeiter» bzw. «Ausländer»thema".

Kritik an der ‚Ausländerpädagogik' ergab sich insbesondere aus ersten empirischen Untersuchungen über Kinder an Schulen mit hohem Ausländeranteil, die beispielsweise in (West-)Berlin zu diesem Zeitpunkt, Ende der 1970er Jahre, durchgeführt wurden. (Hier betrug der Anteil der ausländischen Schülern und Schülerinnen an Schulen z.T. bis zu 80%.) Genannt seien die von Hans Merkens am Institut für Empirische Erziehungswissenschaft der Freien Universität Berlin entwickelten und von der DFG geförderten Forschungsprojekte (‚Schule im sozialen Umfeld' [SISU] und ‚Erforschen des Unterrichtens in Klassen mit einem hohen Prozentsatz von Migrantenkindern' [EUM]), aber auch die von Jürgen Zimmer, ebenfalls Freie Universität Berlin, entwickelten Überlegungen zur interkulturellen Erziehung, die in seine Modellprojekte eingebettet waren. Die Kritik dieser engagierten Vorhaben richtete sich darauf, dass systematische Vergleichsbezüge zu einheimischen, autochthonen Gruppen nicht gegeben waren und einzig Defizite der allochthonen Population und nicht ihre Potenziale, wie beispielsweise ihre Multilingualität, in den Blick genommen wurden (Herwartz-Emden, 1986). Auch ignorierte man Defizite der Majoritätsangehörigen und vor allem strukturelle Mängel der (pädagogischen) Institutionen weitgehend (Auernheimer, 2004). Als nicht intendierte Nebenwirkung zeigte sich, dass implementierte ausländerpädagogische Maßnahmen beispielsweise im Bildungssystem eher zur Desintegration und Segregation statt zur Integration führten, was im Vergleich mit einheimisch deutschen Kindern am geringeren Schulerfolg der Kinder mit Migrationshintergrund deutlich wurde (Diehm & Radtke, 1999). Frank-Olaf Radtke (1988) beschreibt als typisch für diese Phase der erziehungswissenschaftlichen Auseinandersetzung mit den sog. Gastarbeiter(inne)n, dass es zu einer Pädagogisierung sozialer Probleme kam und in Folge auch zur Entstehung von entsprechenden Praxisfeldern und eines Berufsstandes von Pädagog(inn)en, die sich mit ‚den' Ausländerkindern und -jugendlichen beschäftigten.

Die ‚klassische' interkulturelle Pädagogik entstand in den 1980er Jahren infolge kritischer Auseinandersetzung mit den Grundsätzen der ‚Ausländerpädagogik' und als Reaktion auf die in dieser Zeit beginnende verstärkte Marginalisierung der Migrant(inn)en – inklusive der zunehmenden Arbeitslosigkeit (Auernheimer, 2004). Der Terminus ‚klassisch'[123] dient der Abgrenzung vom allgemeinen Begriff interkulturelle Pädagogik, der gegenwärtig für eine Vielfalt

---

123 Unseres Wissens wurde der Terminus ‚klassisch' in diesem Zusammenhang von Arnd-Michael Nohl (2006) eingeführt.

unterschiedlicher Konzepte und Ansätze steht. Durch die kritische Bezugnahme auf die Defizitperspektive ausländerpädagogischer Texte rückte die Wahrnehmung und Anerkennung von Differenzen bei gleichzeitiger Annahme der Gleichwertigkeit unterschiedlicher Kulturen in den Mittelpunkt des pädagogischen Interesses (Krüger-Potratz, 2005). Grundlegend ist ein nicht-essentialistisches, dynamisches Kulturverständnis, das mit der Einsicht einher geht, dass Kulturen in historisch und gesellschaftlich bedingte Kontexte eingebettet sind (Diehm & Radtke, 1999). In der ‚klassischen‘ interkulturellen Pädagogik fand das Gesellschaftsmodell der multikulturellen Gesellschaft seine pädagogische Entsprechung. Sie war nicht mehr an eine spezifische Zielgruppe gerichtet und auch nicht an Migration gebunden (Krüger-Potratz, 2005), stattdessen richtete sie sich an die gesamte Bevölkerung. Allerdings ist auch diese Variante von Pädagogik, ähnlich wie die sog. ‚Ausländerpädagogik‘, nicht frei von hohen normativen Setzungen: Dem Anspruch nach sollten als different begriffene Kulturen von allen anerkannt werden und die Gesellschaftsmitglieder lernen, mit (ethnischer) Pluralität adäquat umzugehen (Nieke, 2008). Damit war die Abkehr von Assimilationsanforderungen an zugewanderte Mitbürger/innen verbunden, diese sollten ihre Lebensweisen ungehindert praktizieren können und von Mitgliedern der Mehrheitsgesellschaft akzeptiert werden (ebd.).[124]

Des Weiteren wird einhellig an der ‚klassischen‘ interkulturellen Pädagogik die zu starke Betonung der Differenzen kritisiert (Diehm & Radtke, 1999; Mecheril, 2004; Nieke, 2008; Nohl, 2006). Eine vereinseitigende und überbetonende Konzentration auf Differenz führt zur Kulturalisierung, Ethnisierung und kann sogar eine ungewollte Verstärkung von Diskriminierungen zur Folge haben (Nieke, 2008). Wenn soziale Wirklichkeit primär auf die Kulturdimension reduziert wird, ist das auch unter dem neuen positiven Vorzeichen problematisch (Diehm & Radtke, 1999). Dass Kultur nun als dynamisch gedacht wird, kann so leicht aus dem Blick geraten, stattdessen entsteht durch die Fokussierung auf Kultur die Gefahr, die ‚mitgebrachten‘ Kulturen als statisch und unveränderbar zu denken. Gleichzeitig ist zu befürchten, dass gruppenübergreifende Gemeinsamkeiten, beispielsweise in Lebenslagen, nicht wahrgenommen werden (Nieke, 2008). Schließlich wurde an der ‚klassischen‘ interkulturellen Pädagogik wie schon an der ‚Ausländerpädagogik‘ kritisiert, dass sie zur Pädagogisierung sozialer Probleme beiträgt (Diehm & Radtke, 1999) und dass durch die Hinwendung zu kulturellen Verschiedenheiten, sozialstrukturelle Ursachen für Marginalisierung und Diskriminierung aus dem Blick geraten (Nieke, 2008).

In den 1990er Jahren geriet in der interkulturellen Pädagogik die Verschränkung verschiedener Differenzdiskurse unter der Perspektive der Pluralität,

---

124 Siehe zu den interkulturellen Ausdifferenzierungen Begegnungs- und Konfliktpädagogik Manfred Hohmann (1989), kritisch Arnd-Michael Nohl (2006).

Gleichheit und Verschiedenheit stärker in den Blick (Krüger-Potratz, 2005). Dabei fand und findet die Differenzlinie Geschlecht zunehmend Beachtung (siehe ausführlicher dazu 3.2.1). So wurde beispielsweise von Annedore Prengel die ,Pädagogik der Vielfalt' (1993) vorgestellt, die sich explizit der Verknüpfung einer interkulturellen, feministischen und integrativen Pädagogik widmet. Zu verweisen ist an dieser Stelle ebenfalls auf die Diversity Pädagogik oder Managing Diversity (Hormel & Scherr, 2004). Weitere Ausdifferenzierungen fokussieren auf unterschiedliche kollektive Zugehörigkeiten (Nohl, 2006) sowie die Betonung einer umfassenden kulturellen Pluralität in der zugewanderten und einheimischen Bevölkerung (Migrationspädagogik; Mecheril, 2004). Franz Hamburger (1999 & 2009) schlägt eine ,Reflexive interkulturelle Pädagogik' vor, die sich der kritischen Auseinandersetzung mit Implikationen und ungewollten Nebeneffekten der interkulturellen Pädagogik widmet. Infolge verstärkter rechtsextremistischer Tendenzen kam es außerdem zur Rezeption der angloamerikanischen Rassismusforschung und zur Konzeption einer Antirassistischen Pädagogik (bspw. Leiprecht, 2003).

Mit der Ausdifferenzierung unterschiedlicher Zweige der interkulturellen Pädagogik ging ein Perspektivenwechsel einher, der zu einer verstärkten Auseinandersetzung mit Institutionen und deren Integrationspotenzial führte (Auernheimer, 2004). Die von Frank-Olaf Radtke im Rahmen des Schwerpunktprogrammes FABER (Folgen der Arbeitsmigration für Bildung und Erziehung; Anfang der 1990er Jahren etabliert durch die DFG) entwickelte Studie zu Effekten des Entscheidungsverhaltens von Bildungsinstitutionen setzt sich empirisch erstmals mit dem Phänomen der institutionellen Diskriminierung[125] auseinander (Gomolla & Radtke, 2002). Der Forschungsperspektive entspricht auf der konzeptionellen Ebene die Antidiskriminierungspädagogik, die systematisch Diskriminierungen von (Bildungs-)Organisationen in den Blick nimmt (Diehm & Radtke, 1999; Nohl, 2006).

Die von Radtke geleitete Studie ist nur ein Beispiel dafür, dass in den 1990er Jahren nicht zuletzt aufgrund der innovativen Ausrichtung des Forschungsschwerpunktprogrammes FABER und der in ihm verankerten empirischen und interdisziplinären Forschungen, eine gravierende Veränderung und Professionalisierung in den Diskursen sowie in den interkulturellen Forschungsfragestellungen sowie ihrer Methodologie stattfanden (siehe auch das Projekt FAFRA; Herwartz-Emden, 1995b & 2000 und Punkt 3.1.3.). Eine längerfristig wirksame Zäsur infolge des FABER-Schwerpunktprogrammes ergab sich durch den in ihm formulierten Anspruch, die Aufmerksamkeit der Forschung gezielt auf pädagogische Institutionen und Sozialisationskontexte zu richten und nicht

---

125 Siehe zur institutionellen Diskriminierung im Hinblick auf die Benachteiligung von Kindern und Jugendlichen mit Migrationshintergrund in der Schule den Punkt 2.5.

mehr ausschließlich auf Migrant(inn)en in ihrer Besonderheit (Auernheimer, 2007; siehe ausführlicher zum Schwerpunktprogramm Gogolin & Nauck, 2000). In der Folge vertiefte sich die wissenschaftliche Diskussion und es fand eine gewisse Integration der pädagogischen Überlegungen mit Erkenntnissen der Migrationsforschung sowie der empirischen Bildungsforschung statt, u.a. finden sich in den letzten Jahren häufiger Veröffentlichungen zur Bildungsbenachteiligung von Schüler(inne)n mit Migrationshintergrund in erziehungswissenschaftlichen Fachzeitschriften (Auernheimer, 2004). Weitere positive Entwicklungen sind darin zu sehen, dass erste Studiengänge eingerichtet wurden (die zunächst ausländerpädagogisch, später interkulturell ausgerichtet waren) sowie Institute und Forschungszentren zur Thematik der Migration und Interkulturalität gegründet wurden, wie beispielsweise das IMIS an der Universität Osnabrück (siehe Übersicht 1).

Übersicht 1: Auswahl interkultureller Forschungseinrichtungen

(1) IMAZ „Institut für Migrationsforschung, Interkulturelle Pädagogik und Zweitsprachendidaktik" der Universität Essen, gegr. 1981;

(2) „Arbeitsstelle Interkulturelle Pädagogik" der Universität Münster, gegr. 1986;

(3) IMIS „Institut für Migrationsforschung und Interkulturelle Studien" der Universität Osnabrück, gegr. 1991;

(4) efms „europäisches forum für migrationsstudien" der Universität Bamberg, gegr. 1993;

(5) IKU „Institut für Interkulturelle Bildung" der Universität Koblenz/Landau, gegr. 1994;

(6) FiSt „Forschungsstelle für interkulturelle Studien" der Universität Köln, gegr. 1995.

(in Anlehnung an Auernheimer, 2007, S. 50)

Abschließend soll an dieser Stelle betont werden, dass ‚Ausländerpädagogik', ‚klassische' interkulturelle Pädagogik sowie deren Weiterentwicklungen nicht als historisch voneinander abgrenzbare Phasen angesehen werden können (Krüger-Potratz, 2005), auch wenn sie z.T. aufeinander basierend oder in kritischer Auseinandersetzung mit den vorliegenden Konzepten entstanden sind. Im Rückblick zeigt sich, dass eine Überlagerung der Orientierungen und gedanklichen

Ansätze in ‚ausländerpädagogischen' (Modell-)Projekten aufzufinden war, die bereits interkulturelle Elemente aufwiesen; interkulturelle Modellprojekte beinhalteten wiederum nicht selten ausländerpädagogische Komponenten (Diehm, 1997). Auch entwickelten sich Theorie und Praxis nicht parallel, die pädagogische Arbeit unter Bedingungen kultureller Heterogenität fand bereits statt, bevor theoretische Ansätze entwickelt worden waren oder methodisch-praktische Hilfen vorlagen (Filtzinger, 1999).[126] Insofern stand und steht die wissenschaftliche Beschäftigung mit Interkulturalität in der Pädagogik in einem engen Zusammenhang mit der Geschichte der Disziplin und ihrer Ausrichtung an einer Praxis, die Professionalität und Handlungskompetenz verlangt und gleichzeitig ausbildet, die aber im theoretischen Denken und in den wissenschaftlichen Forschungen so (noch) nicht vorzufinden sind und umgekehrt.

Gegenwärtig werden alle Ausdifferenzierungen der interkulturellen Pädagogik als Grundlage für Konzepte und Praxen genutzt. Programme, Forschungen und Praxisinitiativen sind auch in der Gegenwart keineswegs frei von der Naivität der anfänglichen ‚Ausländerpädagogik', die nach den Defiziten und Anpassungspotenzialen der Minderheiten suchte: So finden sich Elemente dieser Pädagogik zum Beispiel in den Integrationskursen[127] wieder (Nohl, 2006).

3.2.1.2 Politische Entwicklungen

Ergänzend zum Überblick auf die Entwicklung der interkulturellen Pädagogik werden nun ausgewählte Aspekte der politischen Reaktion auf Migration in den Blick genommen. Wie bereits erwähnt, reagierte die Politik zunächst nicht auf den infolge der Arbeitsmigration stetig wachsenden Anteil der Personen mit Migrationshintergrund in der Bevölkerung . Lange Zeit wurde die Illusion einer umfassenden Rückkehr in die Herkunftsländer aufrechterhalten und die Tatsache vehement zurückgewiesen, dass es sich bei Deutschland um ein Einwanderungsland handelt. Dementsprechend wiesen Politiker/innen die Notwendigkeit einer konsequenten Integrationspolitik bis in die späten 1990er Jahre zurück (Mannitz, 2004).

Ein wichtiger Meilenstein im Bereich Migration und Integration war der 2001 entstandene Zuwanderungsbericht der „Unabhängigen Kommission Zu-

---

126 Die Ausführungen von Isabell Diehm und Otto Filtzinger beziehen sich auf den Elementarbereich, sind aber auf alle pädagogischen Kontexte zu übertragen.

127 Ziel der Integrationskurse ist es, Zugewanderte mit den Lebensverhältnissen in Deutschland so weit vertraut zu machen, dass sie in allen Angelegenheiten des alltäglichen Lebens selbständig handeln können (Die Bundesregierung, 2007). Zu näheren Informationen über Integrationskurse siehe BAMF (2009).

wanderung". Die zentrale Empfehlung der Kommission bezog sich darauf, dass Deutschland eine dauerhafte und befristete Zuwanderung für den Arbeitsmarkt benötigt. Die Kommission empfahl der Politik, in regelmäßigen Abständen mit Hilfe eines Zuwanderungsrates darüber zu entscheiden, wie diese Zuwanderung genau geregelt sein soll. Damit Zuwanderung gelingen kann, sollte parallel an der Integration der bereits länger in Deutschland lebenden und der neu zugewanderten Menschen gearbeitet werden (Unabhängige Kommission „Zuwanderung", 2001). Der Bericht bildete die Grundlage des Zuwanderungsgesetzes[128], welches am 1.1.2005 in Kraft trat. Mit dem Zuwanderungsgesetz wurde die rechtliche Grundlage dafür geschaffen, Zuwanderung entsprechend der wirtschaftlichen, gesellschaftlichen und politischen Interessen Deutschlands zu steuern und zu begrenzen (BMI, 2009). Außerdem wurden den Kommunen die finanziellen Mittel zur Betreuung von Asylbewerber(inne)n gekürzt und gleichzeitig Rückkehrprogramme gefördert. Das Zuwanderungsgesetz beinhaltet das Aufenthaltsgesetz[129] und stellt eine Neuordnung des Ausländerrechts dar. Erstmals wurden staatliche Integrationsangebote für Zuwanderer einheitlich gesetzlich geregelt. Kernstück der Förderung der Integration bilden seitdem die Integrationskurse (Die Bundesregierung, 2007), für die das Bundesamt für Migration und Flüchtlinge in Nürnberg (BAMF) verantwortlich ist. Es wird von Zugewanderten erwartet, dass sie durch die Teilnahme an den kostenpflichtigen Kursen, zu denen sie zwangsverpflichtet werden können, ihr aktives Bemühen um Integration beweisen (Nieke, 2008). Im Juli 2006 wurde auf dem 1. Integrationsgipfel im Bundeskanzleramt[130] der Beschluss zur Erarbeitung des Nationalen Integrationsplans (NIP) gefasst. Leitlinien des NIP sind (Die Bundesregierung, 2007): Direkt und vertrauensvoll mit den Menschen aus Zuwandererfamilien zusammenarbeiten und die gemeinsame Zukunft gestalten sowie von jeder und jedem Selbstverpflichtungen in seinem und ihrem Verantwortungsbereich einfordern, denn alle können etwas zum Gelingen von Integration in Deutschland beitragen. Ende 2008 wurde der 1. Fortschrittsbericht zum Nationalen Integrationsplan vorgelegt (Die Bundesregierung, 2008), in dem die Bundesregierung eine Zwischenbilanz zum NIP zieht. Der Bericht verdeutlicht, dass Integrationskurse die größte integrationspolitische Einzelmaßnahme des Bundes sind. Flächendeckende Evaluationen zeigen, dass das Integrationskurssystem verbessert werden muss, um so den Kurserfolg zu steigern.

---

128 Gesetz zur Steuerung und Begrenzung der Zuwanderung und zur Regelung des Aufenthalts und der Integration von Unionsbürgern und Ausländern.

129 Gesetz über den Aufenthalt, die Erwerbstätigkeit und die Integration von Ausländern im Bundesgebiet.

130 Im Juli 2007 und im November 2008 fanden weitere nationale Integrationsgipfel im Kanzleramt statt. Kleinere Gipfel wurden auf Bundeslandebene durchgeführt.

Integrationsvorhaben wurden erst sehr spät für die Politik relevant, was unterstreicht, dass der Prozess der Anerkennung einer Einwanderungssituation in Deutschland, die mit hoher Heterogenität in allen gesellschaftlichen Bereichen einhergeht, zutiefst widersprüchlich, kontrovers und konflikthaft verlief und verläuft (Krüger-Potratz, 2005). In Anlehnung an Klaus J. Bade, der bereits seit Anfang der 1980er Jahre unablässig auf die Notwendigkeit einer konsequenten Integrationspolitik verwiesen hat, sind Integrationsgipfel und NIP als wichtige und nötige Initiativen zu kennzeichnen (Bade, 2007). Der NIP besteht, so Bade, in seinem inhaltlichen Schwerpunkt aus der verdienstvollen, aber nicht aufeinander bezogenen Addition zum Teil sehr unterschiedlich angelegter Ergebnispapiere der Arbeitsgruppen des Integrationsgipfels. Bades Kritik bezieht sich auf eine mangelnde systematische Konzeptualisierung und unnötige Wiederholungen bei Erklärungen des Bundes, der Länder sowie der kommunalen Spitzenverbände. Kritik am NIP richtet sich des Weiteren auf die inhärente ausländerpädagogische Tendenz (bspw. Interkultureller Rat in Deutschland und PRO Asyl, 2006): Es wird kritisiert, dass Integration im NIP zum Großteil auf mangelhafte Deutschkenntnisse von Migrant(inn)en und Flüchtlingen reduziert wird und darauf, dass diese Defizite, die für eine Integration hinderlich sind, behoben werden müssen. Dafür sollen von Seiten der Mehrheitsgesellschaft fördernde und fordernde Maßnahmen entwickelt und angeboten werden. Es steht außer Frage, dass erhöhte Anstrengungen zur systematischen Förderung in der Bildungssprache Deutsch für Kinder und Jugendliche und ihre Familien unerlässlich sind, aber in dieser Einseitigkeit wird Integration zur Bringschuld der Migrant(inn)en und die Integration wieder zur ‚Einbahnstraße'.[131]

3.2.2 Übergreifende normative Prämissen und Ziele der interkulturellen Pädagogik

Interkulturelle Pädagogik – und darüber besteht in aktuellen wissenschaftlichen Veröffentlichungen Konsens – ist ausgerichtet auf alle gesellschaftlichen Konstellationen und Institutionen, in denen allochthone und autochthone Mitglieder der Gesellschaft in Interaktion miteinander treten (Gogolin & Krüger-Potratz, 2006). Sie fokussiert auf

> „die gesellschaftlichen und individuellen Folgen von unterschiedlichen Lebenslagen, soweit sie Institutionen oder Prozesse der Sozialisation, der Erziehung und Bildung beeinflussen. Dabei konzentriert sie sich nicht auf eine be-

---

131 In Anlehnung an den von Klaus J. Bade geprägten Leitsatz: „Integration ist keine Einbahnstraße!" (Bade, 2007c, S. 50).

stimmte Zielgruppe als ‚Verursacher' oder ‚Opfer' von Heterogenität [...]. Vielmehr werden unterschiedliche Facetten von Verschiedenheit in ihren Entstehungszusammenhängen und in den Wirkungen betrachtet, die sie auf Erziehung und Bildung haben" (ebd., 2006, S. 13).

Gegenwärtig existieren, wie bereits erwähnt, verschiedene Auffassungen und Ansätze interkultureller Pädagogik (vgl. zu einer Einführung Gogolin & Krüger-Potratz, 2006; Nohl, 2006). Eine Gemeinsamkeit der Ansätze ist, dass sie sich auf eine „reflexive Auffassung von ‚Kultur' und ihre Funktionen im pädagogischen Kontext und in anderen gesellschaftlichen Zusammenhängen" (Gogolin & Krüger-Potratz, 2006, S. 134) stützen. Keinesfalls sollen essentielle Differenzannahmen befördert werden, stattdessen werden Differenzen als soziale, auch historisch gewordene Konstruktion angesehen und gesellschaftliche Verhältnisse reflektiert sowie insbesondere Mechanismen der Benachteiligung oder Bevorzugung aufgrund ethnisch-kultureller Merkmale berücksichtigt (Gogolin, Neumann & Roth, 2003). Mit den Konzepten interkultureller Pädagogik eng verbunden sind Theorien und Forschungen zum Zweitspracherwerb und Ansätze zur Förderung von Zwei- und Mehrsprachigkeit, denn es ist eine pädagogische Aufgabe, angemessen und verantwortlich mit den Sprachen der Migrantinnen und Migranten umzugehen (Nieke, 2008). Allerdings stellt diese Förderung ein eigenes Kapitel bzw. eine eigene Forschungsrichtung (im Schnittpunkt zwischen Pädagogik, Psychologie und Linguistik; Khan-Svik, 2008) dar, auf das im Folgenden nicht eingegangen werden kann (vgl. dazu bspw. Lengyel, Reich, Roth & Döll, 2009; Neumann, 2008; Reich, Roth & Neumann, 2007; Röhner, 2005). In Anlehnung an Georg Auernheimer (2007, S. 20f.) können vier allgemeine Leitmotive der interkulturellen Pädagogik formuliert werden:

- das Eintreten für Gleichheit aller, ungeachtet der Herkunft,
- die Haltung des Respekts für Andersheit,
- die Befähigung zum interkulturellen Verstehen,
- die Befähigung zum interkulturellen Dialog.

Diese Leitmotive finden sich in ähnlicher Form in den meisten grundlagenorientierten Veröffentlichungen zur interkulturellen Pädagogik (Auernheimer, 2007; Krüger-Potratz, 2005; Gogolin & Krüger-Potratz, 2006). Das Prinzip der Gleichheit formulieren Gogolin und Krüger-Potratz (2006) etwa als leitende Prämisse: Lebens- und Bildungschancen sollen so weit wie möglich von den Zufällen der Herkunft unabhängig gemacht und diskriminierende Strukturen müssen aufgedeckt und bearbeitet werden, beispielsweise mit Hilfe Antirassistischer Pädagogik (Auernheimer, 2004). Das Prinzip der Anerkennung und des Respekts von Andersheit bezieht Auernheimer (2007) auf die (Be-)Achtung aller von Individuen für identitätsrelevant gehaltenen Werte und Normen, wobei kulturelle und nicht-kulturelle Besonderheiten berücksichtigt werden müssen. Diese beiden Leitmotive bzw. Prinzipien sind Auernheimer zufolge unerlässlich für die Befähigung zu interkulturellem Verstehen und interkulturellem Dialog. Der Aspekt des Verstehens bezieht sich darauf, dass „zunächst einmal Sinn und Bedeutung erschlossen" (ebd., S. 21) und hierdurch Erkenntnisse zur interkulturellen Kommunikation sowie Fremdheitskonstruktionen berücksichtigt werden. Die Befähigung zum interkulturellen Dialog meint die Auseinandersetzung mit strittigen Geltungsansprüchen, wobei Fragen „nach der Universalität und kulturellen Kontextualität von Menschenbildern, Werten und Normen" (ebd., S. 22) eine Rolle spielen. Beide Punkte sind im Prozess der Kommunikation aufeinander bezogen (ebd.).

Unter Berücksichtigung der Leitmotive lassen sich als Ziele für interkulturelle Pädagogik die „Veränderung von Deutungsmustern, Einstellungen und Haltungen" (Krüger-Potratz, 2005, S. 31) sowie von Wissensbeständen und Fähigkeiten formulieren. Haltungen und Einstellungen beziehen sich vor allem auf Verinnerlichung der Prinzipien der Gleichheit und der Anerkennung. Wissen und Fähigkeiten betreffen u.a. Kennnisse über strukturelle Benachteiligungen, die Sensibilisierung für potentielle Differenzen und nicht zuletzt die Fähigkeit zum Perspektivenwechsel (Auernheimer, 2007) und somit zum selbstreflexiven Umgang mit der eigenen gesellschaftlichen Position. Angesprochen sind die Grundlagen für interkulturelle Kompetenz, denn Leitmotive „liefern Kriterien für die Wahl von Teilzielen, Inhalten und methodischen Zugängen und implizieren Prinzipien für das Handeln der Pädagog(inn)en" (ebd., S. 22).

Die der Ideologie eines gesellschaftlich zu praktizierenden Multikulturalismus nahestehenden Leitlinien und Forderungen der interkulturellen Pädagogik (so auch Nieke, 2008) drücken eine hohe Wertschätzung aus. Sie erscheinen aus heutiger Sicht jedoch angesichts der Realität eines ‚Projektes' wie Migration und Integration und seinen Konsequenzen für alle Beteiligten ähnlich fern von wissenschaftlichen Grundlagen der Migrationsforschung wie die ‚Ausländerpädagogik'. Bereits Anfang der 1990er Jahre wurde als Kritik an der interkulturellen Pädagogik oder interkulturellen Erziehung geäußert, dass ihre Orientierungen in Bezug auf die zu lösenden Probleme im Umgang mit Einwanderern nicht über die sog. ‚Ausländerpädagogik' hinausreichte (Herwartz-Emden, 1991) bzw. sie rein praxisgeleitet und atheoretisch blieb (Steiner-Khamsi, 1992). Strukturelle Fragen, die mit Einwanderung einhergehen, auch die Konzepte von Assimilation oder Akkulturation, werden nicht überzeugend für die Pädagogik entfaltet und gesellschaftspolitische Realitäten, wie mögliche Integrationskonzepte in Einwanderungsgesellschaften, zu denen auch die Bundesrepublik gehört, werden vernachlässigt. Es ergibt sich somit die grundsätzliche Frage, wie Leitbilder einer Pädagogik ‚übersetzt' werden können, die in ihrer Allgemeinheit hoch normativ aufgeladen, für die tatsächliche Arbeit aber kaum brauchbar sind und auch empirisch nicht überprüft werden können. Was lässt sich aus Zielsetzungen und Leitlinien für das Handeln ableiten? Welche Erkenntnisse der empirischen und historischen Migrationsforschung sollen hier integriert werden? Wie kann mit Verschiedenheit erfolgreich pädagogisch gearbeitet werden?

Interkulturell kompetent zu handeln verlangt pädagogische Handlungskompetenz, insofern finden sich Parallelen zu den Entwicklungen der Kompetenzmodelle, wie sie für das professionelle Lehrerhandeln in verschiedenen Phasen der Lehrerbildung in Deutschland entwickelt wurden und immer wieder neu diskutiert werden (bspw. Baumert & Kunter, 2006; Bromme, 1992 & 2008; Shulman, 1986; zusammenfassend Strasser & Gruber, 2010[132]). Zur Kompetenz und Professionalität von Lehrpersonen stellen Josef Strasser und Hans Gruber (2010, in Anlehnung an Franz E. Weinert, 2001) deutlich heraus, dass kognitive Kompetenzen im engeren Sinne (‚Professionswissen') von Kompetenzen in einem weiteren Sinne (‚Professionelle Handlungskompetenz') unterschieden werden müssen. Bei kognitiven Kompetenzen handelt es sich in der Regel um Fähigkeitskomplexe, die aus Kompetenzfacetten zusammengesetzt sind (Fachwissen, fachdidaktisches Wissen, allgemeines pädagogisches Wissen, spezifisches Organisations- und Interaktionswissen, Beratungswissen für die Kommunikation mit Laien). Professionelle Handlungskompetenzen beziehen sich auf das vielschichtige Zusammenspiel von kognitiven Kompetenzen, metakognitiven Fähigkeiten, motivationalen Orientierungen sowie Überzeugungen und Wertorientierungen (ebd.). Es ist allerdings theoretisch und empirisch nicht ganz geklärt, welche Rolle das Professionswissen in der Ausbildung tatsächlicher Handlungskompetenz spielt. Im Folgenden werden wir im Bezug auf interkulturelle Kompetenzen auf das gleiche grundsätzliche Problem stoßen: Wie kann das umfängliche interkulturelle Wissen in eine für je spezifische Situationen und Kontexte angemessene interkulturelle Handlungskompetenz überführt werden? Wie ist es an deren Genese beteiligt?

Zur Lösung dieses grundlegenden Dilemmas können auch neuere Publikationen aus der interkulturellen Pädagogik wenig beitragen. So ist es beispielsweise nicht weiterführend, statt von ‚interkultureller Kompetenz' nun von ‚Kompetenzlosigkeitskompetenz' (Mecheril, 2008) zu sprechen und unter diesem spöttischen Label auf Anforderungen und Problematiken eines Konzepts von interkultureller Kompetenz zu verweisen, die bereits bekannt sind (auf diese werden wir im folgenden Punkt detaillierter eingehen): etwa auf die Kulturalisierungstendenz, die Fähigkeit zur Reflexion oder die Annahme, alleiniges Wissen über

---

132 Siehe auch den Beitrag von Josef Strasser und Corinna Steber, in dem die Autor(inn)en die Frage der Kompetenzen u.a. für Lehrkräfte mit Migrationshintergrund reflektieren.

Herkunftskulturen würde zum erfolgreichen Agieren in pluralisierten Gesellschaften ausreichen. Auch ist es keinesfalls eine neue Erkenntnis, dass das Wissen darüber, eben vieles (über das Gegenüber, seine spezifische Lebensrealität usf.) *nicht* zu wissen, einen elementaren Bestandteil von Kompetenz ausmacht. Die Methodologie interkulturell-vergleichender Forschung in der Perspektiven-Differenzierung der empirisch-methodischen Strategien verlangt genau dieses, nämlich das eigene Wissen als Nicht-Wissen zu erkennen und zu deklarieren, und sich beispielsweise auf diesem Wege ‚voranzuarbeiten' zu einem abgesicherten etic- oder emic-Wissen (vgl. hierzu Herwartz-Emden, 1997). Ähnlich thematisiert wird Expertenwissen bei Josef Strasser, Hans Gruber und Martin Gartmeier (2009) und es ergeben sich empirische Belege für ein Expertenwissen, das darauf beruht, den Anteil des *Nicht-Wissens als ‚negatives' Wissen* zu erhöhen, d.h. je mehr eine Person als Experte/Expertin bezeichnet werden kann, desto höher wird der Anteil des ‚negativen' Wissens (ebd.). Auf dem Hintergrund empirischer Forschung wirkt das Beschreiben der Notwendigkeit einer ‚Kompetenzlosigkeitskompetenz' als Attitüde, es fügt der anstehenden Entwicklung eines theoretisch basierten und empirisch untermauerten Konzept interkultureller Kompetenz keine fundierte Erweiterung hinzu.

3.2.3 Interkulturelle Kompetenz

Die Thematik interkulturelle Kompetenz[133] wurde in den 1960er Jahren in den USA aufgegriffen und mit ca. 15 bis 20 Jahren ‚Verspätung' auch in (West-)Deutschland verhandelt (Auernheimer, 2008; Leiprecht, 2002). Im deutschsprachigen Raum bezog sich die Diskussion zunächst auf die Rezeption nordamerikanischer Konzepte. Die pädagogische Debatte wurde vor allem durch das 1994 von Wolfgang Hinz-Rommel vorgelegte Buch „Interkulturelle Kompetenz. Ein neues Anforderungsprofil für die soziale Arbeit" angestoßen (Auernheimer, 2008). Die wissenschaftliche Auseinandersetzung mit dem Thema erfolgt in verschiedenen Disziplinen wie Psychologie, Erziehungswissenschaft, Sozialarbeit, Wirtschaftswissenschaft, Sprachwissenschaft, Fremdsprachendidaktik und mit zwei unterschiedlichen Ausrichtungen: Zum einen geht es um erfolgreiches Agieren und Kommunizieren bei Auslandsaufenthalten (z.B. Expatriate-

---

133 Der Begriff ‚interkulturelle Kompetenz' wird in der Fachöffentlichkeit kritisch diskutiert. Teilweise werden andere Termini vorgeschlagen, etwa: kompetenter professioneller Umgang mit sozialen Überschneidungssituationen (Gültekin, 2005) oder professionelle Handlungskompetenz (Gaitanides, 2003). Wir bleiben bei der Verwendung des ursprünglichen Begriffs, weil er in wissenschaftlichen und fachlichen Diskursen nach wie vor verbreitet ist, berücksichtigen dabei jedoch, dass interkulturelle Kompetenz als dynamisch und prozesshaft gedacht werden muss (bspw. Bender-Szymanski, 2008; Lanfranchi, 2008).

Einsätze) oder erfolgreiche wirtschaftliche Zusammenarbeit über Ländergrenzen hinweg. Zum anderen wird interkulturelle Kompetenz im Rahmen von *inner*gesellschaftlicher sozialer und kultureller Heterogenität betrachtet (Auernheimer, 2008). Auch gibt es Ausdifferenzierungen für den schulischen Bereich (bspw. Bender-Szymanski, 2008; Lanfranchi, 2008; Ringeisen, Buchwald & Schwarzer, 2008) und die Soziale Arbeit (Gaitanides, 2003; Gültekin, 2003c; Hinz-Rommel, 1994). In den folgenden Ausführungen steht die Frage, was interkulturelle Kompetenz im Bildungssystem für pädagogisch Professionelle bedeutet, im Mittelpunkt.

Interkulturelle Kompetenz gilt spätestens seit dem 1996 erlassenen Beschluss der Kultusministerkonferenz zur ‚Interkulturellen Bildung und Erziehung' als eine zentrale Dimension allgemeiner Bildung und ist nunmehr ein ‚normaler' Bestandteil der meisten Curricula, Lern- und Erziehungspläne im Primarbereich (Diehm, Kuhn & Machold, 2007) sowie dementsprechend in den Sekundarstufen. Es besteht demnach ein Anspruch auf den Erwerb, das Lehren und Lernen interkultureller Kompetenz in schulischen aber auch in allen anderen pädagogischen Handlungsfeldern. Dabei steht dieses Bedürfnis basalen Problemen gegenüber, die häufig nicht bewusst sind oder nicht thematisiert werden. Teilnehmer/innen interkultureller Aus- und Weiterbildungen hegen häufig die Erwartung, dass ihnen grundlegende Handlungsalternativen oder präzise Orientierungshilfen zur Verfügung gestellt werden, damit sie die von ihnen erfahrenen Konflikte schnell und kompetent lösen können. Allzu oft werden diese Konfliktsituationen als kulturelle Konflikte gedeutet, wobei andere relevante Faktoren (soziale, politische, ökonomische und individuelle) vernachlässigt werden (Leiprecht, 2002). Erwartet wird von einer Weiterbildung in interkultureller Bildung oder einem Training interkultureller Kompetenz, dass etwas über ‚andere' Kulturen und kulturelle Hintergründe gelernt wird (Kalpaka, 2005), wodurch pädagogische Handlungssicherheit erlangt werden soll (Gültekin, 2005). Wie bei allem ‚Handlungswissen' muss abstraktes interkulturelles Wissen in lebensweltliche Situationen transferiert werden – eine Herausforderung, die aus der Lehrer(innen)bildung und der Diskussion um Kompetenzen von Lehrkräften (bspw. Bromme, 2008) seit langem bekannt ist (siehe auch die Ausführungen im vorangegangenen Punkt). Interkulturelle Pädagogik kann „keine fertigen Rezepte anbieten oder gar standardisierte Gebrauchsanweisungen für andere Kulturen geben. Das macht den Gebrauchswert interkultureller Qualifikationen so schwer fassbar" (Gaitanides, 2003, S. 47).

3.2.3.1 Kritikpunkte an Konzepten und Trainingsprogrammen

Die Beantwortung der Frage, was interkulturelle Kompetenz ausmacht, fällt schwer, weil es eine Vielzahl an einschlägigen Veröffentlichungen gibt (Auernheimer, 2008). Wie Manuela Westphal (2009) schreibt, wird der Begriff geradezu inflationär gebraucht. Gleichzeitig kann kein Konzept oder eine Definition angeboten werden, die für eine Mehrzahl an Autor(inn)en Gültigkeit besitzt (Gültekin, 2005). Vor diesem Hintergrund nähern wir uns dem Begriff an, indem wir zunächst die zentralen Kritikpunkte an Ansätzen und Trainings zur interkulturellen Kompetenz präsentieren:

- Die wohl am häufigsten angeführte Kritik betrifft die oft zu konstatierende Tendenz zur Kulturalisierung und Ethnisierung durch ein flaches, eindimensionales Kulturverständnis in den Programmen oder Maßnahmen. Indem Wissen über andere Kulturen und vermeintlich feststehende kulturelle Standards vermittelt wird, soll ‚Fremdes' entschlüsselt werden. Zugleich besteht aber damit die Gefahr, Wirklichkeit reduziert und vereinfacht wahrzunehmen; ebenso werden kulturelle Differenzen reproduziert und festgeschrieben (bspw. Auernheimer, 2008; Castro Varela, 2008; Diehm & Radtke, 1999; Gültekin, 2005; Westphal, 2009).
- Bei der Vermittlung interkultureller Kompetenzen besteht des Weiteren die Tendenz, „Handlungsvermögen als professionelle Technologie zu betrachten" (Mecheril, 2008, S. 16). Teilnehmererwartungen sind darauf gerichtet, durch die Vermittlung von Wissen über Kulturen in interkulturellen Trainings das Handwerkzeug für die Bewältigung von Kommunikations- und Interaktionsproblemen zu erwerben. Dabei kommt es zum Teil zu einer ausschließlichen Betonung der kognitiven Komponenten der interkulturellen Kompetenz, was mit pädagogischer Professionalität nicht zu vereinbaren ist (so Auernheimer, 2008).
- Häufig wird an den Maßnahmen die Fokussierung auf individuelles Handeln sowie die Ausblendung der Relevanz gesellschaftlicher und institutioneller Rahmenbedingungen und der damit einhergehenden Machtbeziehungen und Hierarchien für die Implementierung in pädagogische Kontexte kritisiert (Auernheimer, 2008; Sprung, 2003; Westphal, 2007).
- Auch sind Angebote zur Vermittlung interkultureller Kompetenzen nach wie vor vor allem auf Mitglieder der Mehrheitsgesellschaft ausgerichtet; Mitglieder ethnischer Minderheiten sieht man nicht als Adressat(inn)en solcher Weiterbildungen oder Kurse an (Krüger-Potratz, 2005; Westphal, 2007). Das kann damit zusammenhängen, dass ihnen interkulturelle Kompetenz qua Herkunft unterstellt wird oder Minderheitenangehörige zum Teil

nicht als professionell handelnde Subjekte angesehen werden (Mecheril, 2008).

■ Beanstandet wird an einer Vielzahl einschlägiger Veröffentlichungen und insbesondere an interkulturellen Trainings schließlich, dass diese primär auf die Bearbeitung von konflikthaften Situationen ausgerichtet sind und das Gelingen interkultureller Kontakte, das im Alltag häufig zu beobachten ist, nicht berücksichtigen (Castro Varela, 2008; Mecheril, 2008; Westphal, 2007). In dieser Fokussierung spiegelt sich ein Dilemma wider, das in verschiedenen Zugängen zum Thema Einwanderung seinen Niederschlag findet. Einerseits standen beispielsweise in der Tradition der Entwicklung von Akkulturationstheorien gesellschaftliche Integrationsprobleme im Vordergrund (aufgrund der sozialen Problematik der größten Gruppen von Einwanderern, so Zick, 2010), andererseits ist festzustellen, dass interkulturelle Erziehung und Bildung oder interkulturelle Kompetenz in pädagogischen Arbeitsbereichen, wie der Sozialen Arbeit, nicht unabhängig von der sozialen Brisanz ist, die diese Felder kennzeichnet und strukturiert (siehe die Ausführungen zur Entstehung der ‚Ausländerpädagogik', Punkt 3.2.1.1).

3.2.3.2 Komponenten und Dimensionen interkultureller Kompetenz

Vor dem Hintergrund der aufgeführten Kritikpunkte lassen sich aus vorliegenden Publikationen wichtige Komponenten interkultureller Kompetenz ableiten. Dabei ist zu berücksichtigen, dass kein feststehendes, erlernbares Arsenal an Erkenntnissen, Methoden und Fertigkeiten vorliegt, das angeeignet werden kann und das in einem Automatismus zu interkultureller Kompetenz führt. Wie Dorothea Bender-Szymanski (2008, S. 205) formuliert: „Es kann keine Entwicklung vom defizitären Novizen zum kompetenten Experten geben". Interkulturelle Kompetenz entwickelt sich „in der Auseinandersetzung mit immer neuen spezifischen Herausforderungen [...], die auch Regressionen bzw. U-kurvenförmige Verläufe mit sich bringen kann" (ebd.). Dies impliziert, dass interkulturelles Lernen eine lebenslange Aufgabe ist. Paul Mecheril (2008) spricht von einer auszubildenden habituellen Disposition, die in zeitintensiven, reflexiven Prozessen hergestellt wird. Zu berücksichtigen ist des Weiteren, dass interkulturelle Kompetenz in Bezug auf je spezifische Situationen, Möglichkeitsräume und Kontexte immer wieder neu angeeignet und auf das jeweilige Professionalisierungsfeld abgestimmt werden muss (Lanfranchi, 2008; Kalpaka, 2005), da sie „stark vom jeweiligen Kontext, den konkreten Handlungsbedingungen innerhalb eines spezifischen Settings und der jeweiligen Domäne, dem inhaltlichen Handlungsfeld, abhängt" (Strasser, 2010, S. I). Somit ist auch zu fragen, „was interkulturelle

Kompetenz in anderen kulturellen Kontexten bedeutet" (Bender-Szymanski, 2008, S. 205). In der Literatur werden folgende Komponenten beschrieben, die zu interkultureller Kompetenz gehören (in Anlehnung an Leiprecht, 2002):

- allgemeine soziale,
- wissensbezogene interkulturelle,
- interkulturell ausgerichtete soziale,
- handlungsbezogene interkulturelle,
- wertbezogene interkulturelle,
- institutionenbezogene.

Die Reihung der Komponenten entspricht keiner internen Rangfolge, ihre Differenzierung ist primär analytischer Natur und es bestehen Verschränkungen beispielsweise in Bezug auf den Erwerb von Handlungskompetenz und kognitiver Wissensaneignung (Leiprecht, 2002). Mit Ausnahme der letztgenannten Komponente beziehen sich alle Bereiche auf die interkulturelle Kompetenz von Individuen, was die Tatsache widerspiegelt, dass ohne Engagement des Fachpersonals kaum Fortschritte erzielt werden können (Gültekin, 2005).

(1) Die allgemeinen sozialen Komponenten umfassen basale kommunikative und kooperationsbezogene Fähigkeiten, soziale und selbstreflexive Kompetenzen. Häufig genannt werden Empathie, Ambiguitätstoleranz, Flexibilität, Multiperspektivität, Konflikt- und Teamfähigkeit (Auernheimer, 2008; Gültekin, 2005; Leiprecht, 2002).

(2) Wissensbezogene interkulturelle Komponenten sind die wohl umstrittensten. Das ist allerdings vor allem der Fall, wenn interkulturelles Wissen ausschließlich als landeskundliches und kulturelles Wissen gedacht wird. Gegen landeskundliches Wissen ist jedoch nichts einzuwenden,

> „solange es den eigenen Wissenshorizont erweitert, solange es nicht zu einem Herrschaftswissen gegen die Betroffenen wird und solange es nicht mit der Illusion einhergeht, Verhalten von Menschen wäre durch dieses Wissen, ohne Kenntnis ihrer aktuellen Lebensbedingungen und abstrahiert von diesem voraussagbar" (Kalpaka, 2005, S. 401).

Das Zitat von Annita Kalpaka deutet auf Wissensinhalte hin, die von ungleich höherer Bedeutung sind als Kenntnisse über Gebräuche und Sprache: Wissen über strukturelle und historische Aspekte der Herkunfts- sowie der Migrationsgesellschaft (Westphal, 2007), Wissen über globale Abhängigkeiten, Zuwanderungs- und Asylrecht, Lebenslagen von Personen mit und ohne Migrationshintergrund, Erfahrungen mit Diskriminierungen, Rassismus, Vorurteilen und Stereotypen sowie deren Auswirkungen auf Individuen und Gruppen (Auernheimer, 2008), aber auch darüber, dass Wissen immer standortgebunden ist (Nestvogel, 2004). Wird der Fokus, wie es die Zielsetzung der vorliegenden Veröffentlichung ist, auf Kinder und Jugendliche gerichtet, ist immer zu fragen, was es für deren Identitätskonstruktionen heißt, „zwischen Identität und Andersheit, Zugehörigkeit und Nicht-Zugehörigkeit [...], Herkunfts- und Aufnahmekultur" aufzuwachsen (Westphal, 2009, S. 91f.). Es geht darum zu verstehen, was Akkulturation und Assimilation für kindliche oder jugendliche Individuen bedeuten (siehe dazu 1.3 und 1.7), welche Fähigkeiten notwendig sind, wenn man bilingual oder multilingual aufwächst, wie sich eine bi-kulturelle Identität herausbildet und wie letztlich Jugendliche eine Orientierung herstellen, die es erlaubt, eine eigene biographische Perspektive und individuelle ‚Kohärenz' in dem zur Verfügung stehenden Möglichkeits- und Erfahrungsraum zu finden.

Zusammengefasst handelt es sich bei dieser Komponente interkultureller Kompetenz darum, Wissen zu akkumulieren, das auf der Seite der Professionellen eine Annäherung an die Lebenswelten der Klientinnen und Klienten, Mitbürgerinnen und Mitbürger erlaubt (Lanfranchi, 2008; Mecheril, 2008) und das zur grundlegenden Erkenntnis führt, dass allochthone wie autochthone Gruppen gleichermaßen durch Heterogenität und Individualität geprägt sind (Gültekin, 2005).

Eine entscheidende Rolle im Prozess der interkulturellen Wissensaneignung spielt die Rezeption wissenschaftlicher Theorien und empirischer Erkenntnisse. Wird, wie Manuela Westphal (2007) vorschlägt, der Konstruktcharakter von Wirklichkeit in den Blick genommen, dann rückt die Frage, ob es kulturelle Differenzen gibt, in den Hintergrund und es kann erschlossen werden, welchen Sinn es in der jeweiligen Situation und in einem spezifischen Kontext macht, Kultur(-differenzen) zu aktualisieren (ebd.; Kalpaka, 2005). In dieser Perspektive sollte berücksichtigt werden, dass Individuen sich von Kultur(en) distanzieren, sie gerade nicht thematisieren. (Empirisch zeigt sich dies beispielsweise an den Interaktionen der Jugendlichen – u.a. im Diskurs über ‚Kartoffeldeutsche' – einer Realschulklasse in der ethnographischen Studie von Cordula Weißköppel [2001]. Im Klassenverband verliert die kulturelle Zugehörigkeit an Bedeutung.) Dies heißt nicht, dass verleugnet wird, wie wichtig kulturelle Differenzierungen und Positionierungen für Sinnkonstitutionen, Identitätsbildung und Lebensstile von Einzelnen und Gruppen zumeist sind (Kalpaka, 2005; Westphal, 2007). Allerdings muss in Rechnung gestellt werden, „dass die Identitätskonstrukte sich nicht mehr auf einen kulturellen Kontext beschränken, sondern meist auf mehrere kulturelle Praxen und symbolische Formen Bezug nehmen" (Auernheimer, 2008, S. 60).

Einhellig wird von den bislang zitierten Autorinnen und Autoren betont, dass interkulturelle Beziehungen und Begegnungen fast durchgängig von *Machtasymmetrien* geprägt werden, die auf Status- und Rechtsungleichheit sowie auf ein Wohlstandsgefälle und soziale Benachteiligungen verweisen,[134] die durch die ungleiche Verteilung von Ressourcen und Handlungsmöglichkeiten bedingt sind bzw. diese wiederum bedingen (Auernheimer, 2008; Castro Varela, 2008). Professionelle Akteurinnen und Akteure müssen wissen, dass Dominanzstrukturen nicht nur für die Erfahrungswelten der Klient(inn)en und Kolleg(inn)en mit Migrationserfahrungen typisch sind, sondern auch auf der Ebene der professionellen Beziehungen auftreten sowie in Interaktionen neu hergestellt und ausgehandelt werden (Mecheril, 2008; Nestvogel, 2004). Das heißt, interkulturelle Überschneidungssituationen sind zumeist mit Hierarchisierungen und Machtgefällen verknüpft, wobei die Rolle der Machtkomponente im Voraus oft nicht bestimmbar ist (Kalpaka, 2005). Machtasymmetrien bestehen jedoch nicht nur zwischen Mehrheits- und Minderheitsangehörigen, auch zwischen unterschiedlichen Minderheitengruppen finden Machtaushandlungen statt (Nestvogel, 2004).

(3) Wenn die wissensbezogenen Komponenten interkultureller Kompetenz thematisiert werden, muss gleichzeitig darauf hingewiesen werden, dass die Erkenntnis, nicht alles über (kulturell und ethnisch) Andere zu wissen, ebenso wie die anderen dargestellten Wissensaspekte, wichtige Grundlagen für die (Selbst-)Reflexivität – als interkulturell ausgerichteter sozialer Kompetenz – darstellen. *Selbstreflexivität* stellt die basale und wichtigste Komponente interkultureller Kompetenz dar (siehe auch Gaitanides, 2003), sie sollte in allen interkulturellen Trainings im Mittelpunkt stehen. Selbstreflexivität meint im Hinblick auf interkulturelle Settings, dass Professionelle die eigene (machtvolle) Position innerhalb von asymmetrischen Beziehungen erkennen und berücksichtigen. Auch müssen sie sich Klarheit darüber verschaffen, dass sie selbst kulturgebunden agieren (Auernheimer, 2008; Castro Varela, 2008) und der ,Eigengruppe' möglicherweise andere materielle, soziale und kulturelle Ressourcen zur Verfügung stehen als der Gruppe der Klient(inn)en (Gültekin, 2005). Ebenso sollten Handlungs- und Deutungsmuster der eigenen (kulturellen) Gruppe (Leiprecht, 2002) sowie vermeintliche Gewissheiten kritisch hinterfragt werden.

Zur pädagogischen Professionalität in sozialen Überschneidungssituationen gehört des Weiteren der Umgang mit der Ambivalenz hinsichtlich des Verstehens und Nicht-Verstehens des Gegenübers (Westphal, 2007). Für ein adäquates Handeln gilt es die Grenzen des eigenen professionellen Handelns, inklusive

---

134 U.a. verfügen Migrant(inn)en in Deutschland weder über gleiche Ausgangsbedingungen und Chancen im Bildungssystem oder auf dem Arbeitsmarkt, noch werden sie von der allgemeinen Gesundheitsvorsorge gleichermaßen wie autochthone Bürger/innen erreicht (Castro Varela, 2008).

nicht-intendierter Effekte zu reflektieren (Hamburger, 2009). Eine selbstreflexive Haltung beinhaltet darüber hinaus das Nachdenken über affektive und emotionale Reaktionen, wie Angst, Befürchtungen, aber auch Faszination und Neugier, weil diese in der pädagogischen Praxis zu unvorhersehbaren Problemkonstellationen führen können (Auernheimer, 2008; Westphal, 2007). Neugier kann beispielsweise dazu beitragen, dass Migrantinnen und Migranten als Träger/innen von Informationen instrumentalisiert und dabei auf der Position der/des Anderen fixiert werden (Castro Varela, 2008). Zu berücksichtigen sind in Anlehnung an Stefan Gaitanides die Abwehrreaktionen, auf die Reflexionsprozesse stoßen können, weil „wir unser berufliches Selbstbild als vorurteilslose soziale Dienstleister revidieren müssen und weil wir uns auf unsicheres Gelände begeben" (2003, S. 47). Widerstände gegenüber Reflexivität hängen auch damit zusammen, dass vereindeutigende und kulturalistische Kategorisierungen für Professionelle in gegebenen Institutionen häufig funktional sind (Kalpaka, 2005). Hilfreich ist in diesem Zusammenhang möglicherweise die Einsicht, dass das eigene Handeln auch durch Bedingungen der Institution/Organisation eingeschränkt sein kann (Westphal, 2007; siehe auch den fünften Punkt dieser Darstellung).

Neben Selbstreflexivität führt Rudolf Leiprecht (2002) Multiperspektivität bezüglich verschiedener kultureller Positionierungen sowie Empathie gegenüber erfahrener Diskriminierung und Ausgrenzung als wichtige sozial ausgerichtete interkulturelle Kompetenzen an. Georg Auernheimer (2008) betont die bereits angesprochene Bedeutung von Sensibilität für die Asymmetrien in interkulturellen Begegnungen/Beziehungen, wobei jedoch paternalistische Tendenzen vermieden werden müssen.

(4) Als handlungsbezogene interkulturelle Komponente bezeichnet Leiprecht (2002) übergreifend Handlungsfähigkeit bei machtasymmetrischen Konstellationen und in kulturellen Überschneidungssituationen. Dies beinhaltet grundlegend das Aushalten des für diese Situationen typischen Spannungsverhältnisses zwischen der Anerkennung sozialer und individueller Zugehörigkeiten (Mecheril, 2008) und die gelingende Balance zwischen der Fokussierung auf die kulturelle Dimension und deren Ausblendung (Auernheimer, 2008).

Handlungsfähigkeit ergibt sich, wenn der Sinn und die Bedeutungen dafür erschlossen werden können, wann, für wen und wofür Kulturalisierungen funktional bzw. dysfunktional sind. Dies bedeutet, zu verstehen und zu reflektieren, dass Handlungen und kulturelle Praxen in soziale Kontexte eingebunden sind (Kalpaka, 2005; Strasser, 2010; Westphal, 2007). Beide Aspekte eröffnen die Möglichkeit, Kulturalisierungs- und Ethnisierungstendenzen in interkulturellen Begegnungen aufzudecken (Leiprecht, 2002), was nach Georg Auernheimer

(1999) ein Ziel interkultureller Bildung ist. Wirksam wird an diesem Punkt das Wissen über den Konstruktcharakter von Wirklichkeit (siehe oben).

Eine wichtige Grundlage für Handlungsfähigkeit in interkulturellen Settings bildet das Ermöglichen von gleichberechtigter Kommunikation unter grundsätzlich asymmetrischen Ausgangsbedingungen (Auernheimer, 2008; Gültekin, 2005). In diesem Punkt ist die Orientierung an der Durchführung (qualitativer) Interviews oder an grundlegenden Regeln der Gesprächsführung (C. R. Rogers) weiterführend: Kommunikation auf Augenhöhe wird nur dann möglich, wenn es im Gespräch gelingt, dass Klient(inn)en eigene Relevanzstrukturen entfalten, ihr Selbstverständnis und ihre Erfahrungsweisen artikulieren sowie ein Aspekt von Selbstaktualisierung ermöglicht wird. Wichtig ist dabei – wiederum wie im Interview –, dass die Professionellen anerkennen, dass sie vieles über ihr Gegenüber nicht wissen, sie also nicht von einem Expertentum hinsichtlich anderer Herkünfte, Lebenswelten und Kulturen ausgehen können (Gültekin, 2005). Ein anerkennender Umgang kann des Weiteren durch die Betonung von Gemeinsamkeiten und das aktive Nicht-Thematisieren von Differenzen gekennzeichnet sein (Auernheimer, 2008; Westphal, 2009). Beim gleichberechtigten Umgang miteinander können und sollen Herkunft, Kompetenzen, Ressourcen[135] (bspw. Multilingualität[136]) sowie Eigeninitiativen der Individuen konsequent aufgegriffen werden (Gültekin, 2005; Westphal, 2007). Manuela Westphal (2009) kennzeichnet die Fähigkeiten, die Migrantinnen und Migranten lebensgeschichtlich ausbilden, dezidiert als interkulturelle Kompetenzen, u.a. verweist sie auf Doppel- und Mehrsprachigkeit, Mehrperspektivität und transkulturelle Orientierungen, „die als erfolgreiche Strategien für den Umgang mit den Herausforderungen der Globalisierung interpretiert werden können" (ebd., S. 93). Diese interkulturellen Kompetenzen sind in der Arbeitswelt von widersprüchlichem Wert, da sie (aus-)genutzt werden, ohne sie entsprechend zu honorieren (ebd.).

Schließlich stellt die Entwicklung von Handlungsmöglichkeiten im Hinblick auf strukturelle Veränderungen und die Umsetzung von Anti-Diskriminierungsstrategien eine wichtige Aufgabe für Pädagoginnen und Pädagogen dar (Westphal, 2007).

(5) Häufig vernachlässigt wird in der Diskussion über die Vermittlung interkultureller Kompetenzen die institutionelle und gesellschaftliche Ebene. Interkulturelle Kompetenz von pädagogischen Fachkräften nimmt nach wie vor

---

135 Siehe zur ressourcenorientierten Beratung in interkulturellen Kontexten bspw. Petra Buchwald (2008).

136 Während die Migrantensprachen in der ‚Ausländerpädagogik' als Lernhindernis angesehen wurden, werden heute unter Rückgriff auf den aktuellen Forschungsstand die Potenziale von einer mehrsprachigen Sozialisation hervorgehoben (siehe den Überblick in Gogolin & Krüger-Potratz, 2006).

zu oft eine Lückenbüßerfunktion ein, weil sie Versäumnisse ausgleichen soll, die gesamtgesellschaftlich und strukturell-institutionell basiert sind, aber dort nicht bearbeitet wurden (Stichwort: Pädagogisierung gesellschaftlicher Probleme). Angesprochen ist hier die Ebene der politisch-gesellschaftlichen Verantwortung: Anerkennung und Gleichstellung müssen zu einem primären politischen und gesellschaftlichen Ziel gemacht werden (Gültekin, 2005). Aufgrund dieses Defizits wäre es wünschenswert, vermehrt die Ansatzpunkte international-vergleichender Forschung und deren Untersuchungsergebnisse einzubringen: Wie oben aufgezeigt, besteht insbesondere für den Punkt der immer wieder drohenden Pädagogisierung sozialer Probleme die Notwendigkeit, das jeweilige Verhältnis von Mehrheiten und Minderheiten, so beispielsweise die Akzeptanz von Immigrant(inn)enkulturen in den Diskursen und rechtlichen Verankerungen der Gesellschaft, zu beleuchten. Es existiert ein direkter Zusammenhang zwischen der Bewahrung der Herkunftskultur durch Migrant(inn)en und der Adaptation an das Aufnahmeland, die durch strukturelle und ideologische Vorgaben der aufnehmenden Gesellschaft definiert wird. Wie beispielsweise ein europäischer Vergleich zwischen Frankreich, den Niederlanden und Deutschland in der Frage der Integrationspolitik bzw. der Aufrechterhaltung von ethnischen Grenzen in Bezug auf aus der Türkei zugewanderte Gruppen zeigt (Ersanilli & Koopmanns, 2009), hängen die Gestaltung der Migrationssituation wie auch die Sprachpraxis und letztlich die Identifikation mit dem Aufnahmeland davon ab, wie im Aufnahmeland selbst das Verhältnis zu den Zugewanderten bestimmt wird. So ist die Bewahrung der Kultur des Herkunftslandes am deutlichsten in den Niederlanden ausgeprägt, wo lange Jahre eine Politik des Multikulturalismus verfolgt wurde. Die Übernahme der Kultur des Aufnahmelandes hingegen ist am häufigsten in Frankreich zu beobachten, was mit der, zumindest im öffentlichen Bereich, stark gestützten Assimilationsanforderung zusammen hängt (siehe ausführlicher hierzu 1.4).

Eine zweite Ebene betrifft Institutionen und pädagogische Orte und deren Beschaffenheit, also die interkulturelle Öffnung und Organisationsentwicklung (Gaitanides, 2003; Westphal, 2007). Diese beinhalten u.a., dass Supervision und fachlich angeleitete Intervision angeboten werden (Gültekin, 2005), dass innerhalb der Institutionen Reflexivität möglich, sinnvoll sowie attraktiv ist (Mecheril, 2008) und dass interkulturell zusammengesetzte Teams bestehen und die Teambildung[137] methodisch begleitet wird (Gaitanides, 2003). Die Berücksichtigung interkultureller Aspekte in der gesamten Institution und damit auch von Führungskräften ist notwendig, weil es ansonsten trotz interkultureller Kompetenz der Mitarbeiter/innen zu Frustration und kontraproduktiven Entwicklungen

---

137 Siehe ausführlicher zur interkulturellen Teamentwicklung Stefan Gaitanides (2008).

kommen kann (Gültekin, 2005). Berücksichtigt werden müssen auf beiden Ebenen Prozesse institutioneller Diskriminierung, die das Ziel haben, das Funktionieren und Bestehen von Institutionen zu sichern (Westphal, 2007) und die in komplexer Wechselwirkung mit individueller Diskriminierung stehen (Bender-Szymanski, 2008).

(6) Wertbezogene interkulturelle Komponenten sind: Achtung vor Menschenrechten und demokratischen Grundrechten, der Schutz von Minderheitenrechten, soziale Gerechtigkeit sowie Anerkennung (Leiprecht, 2002).

Abschließend ist darauf zu verweisen, dass die Vielzahl der aufgeführten Kompetenzen nicht zum Eindruck führen soll, alle Punkte müssten oder könnten erlernt werden (Leiprecht, 2002), auch können zwischen einzelnen Komponenten Spannungsverhältnisse entstehen (ebd.). In der folgenden Übersicht 2 sind die zentralen Aspekte interkultureller Kompetenz zusammenfassend dargestellt. Wie Georg Auernheimer formuliert, gilt es grundlegend: „[i]mmer offen dafür sein, dass der oder die Andere anders anders sein könnte, als man dachte" (Auernheimer, 2008, S. 60).

Übersicht 2:   Kurzformel interkultureller Kompetenz
(1) Interkulturelle Kompetenz ist eine Disposition, die im Prozess lebenslangen Lernens immer wieder neu angeeignet wird und in konkreten Situationen bezogen auf das je spezifische Feld als Handlungskompetenz neu zu entwickeln ist.
(2) Die Schlüsselkomponente der interkulturellen Kompetenz ist (Selbst-)Reflexivität!
(3) In (selbst)reflexiven Prozessen müssen gesellschaftlich und strukturell bedingte Machtasymmetrien, Kulturgebundenheit und Kulturrelativität, kulturelle und individuelle Zugehörigkeiten sowie individuelle und gruppenbezogene Ressourcen berücksichtigt werden.#
(4) Die pädagogisches Handeln begrenzenden institutionellen Mechanismen (beispielsweise institutionelle Diskriminierung) sind ebenfalls zu reflektieren.

3.2.4 Problemfelder und Kritik interkultureller Pädagogik

Eine konstruktiv kritische Sicht auf den aktuellen Stand dessen, was zu interkultureller Kompetenz gesagt werden kann, muss neben den bereits dargestellten auf drei weitere zentrale Problemfelder verweisen, die wir abschließend kurz erwähnen wollen. Zum einen handelt es sich um ein erhebliches Empiriedefizit auf allen Ebenen, so in der Durchdringung und Dimensionalisierung, Entwicklung und Umsetzung der vorliegenden Konzepte. Darüber fehlen empirische Ergebnisse zur Wirksamkeit von interkulturellen Maßnahmen, die nur eine Evaluation liefern könnte. Zum anderen ist ein grundlegendes ‚handlungspraktisches' Problem bei der Umsetzung interkultureller Projekte und der Implementierung von Maßnahmen und Angeboten interkultureller Bildung bzw. interkultureller Kompetenz zu konstatieren. Drittens wird die Verwendung des Kulturbegriffs kritisiert.

Dazu, dass es keine empirische Untermauerung der gesamten Programmatik der interkulturellen Erziehung und Bildung gibt (Diehm, Kuhn & Machold, 2007), stellen Isabell Diehm und Mitarbeiterinnen folgende Fragen (insbesondere für den Primarbereich[138]):

> „Auf welche empirischen Grundlagen stützen sich die Annahmen und Implikationen des Programms [einer interkulturellen Pädagogik]? Weitgehend ungeklärt ist bis heute, wie Kinder unter Bedingungen migrationsbedingter Pluralität überhaupt lernen bzw. wie sie mit dieser Pluralität umgehen. Werden sie bereits im frühen Kindesalter in die sozial machtvollen Unterscheidungen nach Ethnizität eingeübt und wenn ja, wie vollzieht sich das?" (ebd., S. 183). Weiter führen Isabell Diehm und Mitarbeiterinnen aus: „Erst wenn diese Fragen halbwegs geklärt sind [...], sind programmatische Aussagen, die ja in konzeptionelle Konsequenzen münden und pädagogisches Handeln anleiten sollen, entweder zu bestätigen oder zu revidieren und gegebenenfalls dahin gehend zu verändern, dass sie mit den Ergebnissen einer erziehungswissenschaftlichen Bildungsforschung auch zur Deckung gebracht werden" (ebd.).

Diese nicht nur für den Elementarbereich gültigen, sondern grundsätzlichen Überlegungen betonen die Notwendigkeit, die Implementierung interkultureller Ansätze in allen Arbeitsfeldern stärker zu untersuchen und wissenschaftlich zu begleiten (Auernheimer, 2004). Exemplarisch führt Dorothea Bender-Szymanski

---

138 Isabel Diehm, Melanie Kuhn und Claudia Machold (2007) konstatieren, dass der interkulturellen Erziehung und Bildung gerade im Elementar- und Primarbereich eine große Wirksamkeit attestiert wird, „denn pädagogisches Konzeptualisieren beruht auf der zumeist unexplizierten, aber stabil verankerten und kaum je hinterfragten Annahme, dass Lernen dann am effektivsten sei, wenn es in den frühen Jahren stattfindet" (S. 177).

(2008) für den Bereich der Schule und die interkulturelle Kompetenz von Lehrkräften aus, dass auch hier keine empirisch überprüften Modelle vorliegen, die
zeigen, durch welche Bedingungen diese Schlüsselqualifikation gefördert werden kann.[139] Aktuell entwickelte Fragebögen zur Erfassung interkultureller
Kompetenz von Lehrkräften im Allgemeinen (Maas, Over & Mienert, 2008)
sowie speziell auf den Unterricht bezogen (Lichtblau, Over & Mienert, 2008)
liegen zwar vor, allerdings ist deren Eignung fraglich, weil sie neben gelungenen
auch tendenziell kulturalisierende (und nicht geschlechtergerecht formulierte)
Fragen enthalten und solche, deren soziale Erwünschtheit offensichtlich ist: „In
unserer Schule werden Feste verschiedener Kulturen gefeiert." (Maas, Over &
Mienert, 2008, S. 89), „Schüler mit Migrationshintergrund sollten ihre fremdkul-
turellen Gewohnheiten in der Schule nicht zeigen." (ebd., S. 90), „Im Rahmen
von kooperativer Gruppenarbeit tauschen Schüler Informationen über ihre unterschiedliche soziale Herkunft aus." (Lichtblau, Over & Mienert, 2008, S. 106).

Es stellt sich die Frage, ob es sich bei interkultureller Kompetenz überhaupt
um ein umfassend messbares Konstrukt handelt – Ulf Over u.a. (2008) gehen
davon aus, dass mit einzelnen Messverfahren nur bestimmte (Teil-)Konstrukte
operationalisiert und gemessen werden können. Vor diesem Hintergrund wird
deutlich, dass eine quantitativ ausgerichtete Messung und Evaluation interkultureller Kompetenz noch in den Anfängen steckt. Wenn interkulturelle Kompetenz
als habituelle Disposition aufgefasst wird (Mecheril 2008), wäre eine
Operationalisierung erst zu leisten, wobei hier qualitative Methoden hilfreiche
Ansatzpunkte bieten.

Wie bereits erwähnt, sei an dieser Stelle erneut darauf hingewiesen, dass die
Frage nach interkultureller Kompetenz, wie generell die Frage nach interkultureller Pädagogik, fruchtbare Impulse aus der Methodologie interkultureller Forschung erfahren könnte. Als Beispiel dient die Debatte um emic-etic-Perspek-
tiven in Bezug auf die interkulturelle Validität von Konzepten und das dort entwickelte methodologische Prinzip des ‚De-Centering' (zur Forschungsorientie-
rung der interkulturellen Erziehung Herwartz-Emden, 1995a). Inhaltliche Impulse durch die empirische interkulturelle Forschung liegen beispielsweise darin,

---

139 Der Feststellung eines Empiriedefizites widersprechen die Aussagen von Alexander Thomas,
     der sich allerdings primär auf interkulturelle Kompetenz im Rahmen von internationaler wirt-
     schaftlicher Zusammenarbeit bezieht. Er konstatiert „eine zunehmende Anzahl wissenschaftli-
     cher Arbeiten zur Analyse der Bedingungen, Erscheinungsformen und Wirkungen interkulturel-
     ler Kompetenz ebenso wie zur Entwicklung, Qualifizierung und Evaluation von Verfahren zum
     Aufbau interkultureller Kompetenz" (Thomas, 2005, S. 253). Allerdings werden in der diesbe-
     züglichen Forschung Kulturen stark im Sinne von National-Kulturen gedacht und primär Wis-
     senszuwächse überprüft. D.h. dass diese Forschungsperspektive demzufolge nicht auf den viel
     weiter gefassten Ansatz interkultureller Kompetenz, der im vorliegenden Kapitel dargestellt
     wurde, übertragen werden kann (siehe zu einem kritischen Überblick Over u.a., 2008).

dass die kommunikativen Prozesse in interkulturellen Begegnungen in sog. Vergleichsorientierungen gegründet sind, die nicht einseitig und universell, sondern situationsspezifisch und multidimensional gelagert sind und nur im gesellschafts-theoretischen Bezug zur Position der Beteiligten (Mitglied der Dominanzgesellschaft versus Mitglied einer Minderheit/einer Zuwanderungsgruppe) zu interpretieren sind (ebd., S. 342f.). Ähnlich hilfreich wäre es, auf die Forschungsstrategien der Ethnologie zu schauen, hier beispielsweise auf die Vorgehensweise der Ethnopsychoanalyse, die sehr viel dazu beitragen kann, bei den (forschenden) Individuen blinde Flecken in ihrer Wahrnehmung und im Handeln zu erhellen, wie zum Beispiel in Bezug auf den alles durchdringenden Paternalismus der westlichen Gesellschaften gegenüber allen anderen, ‚weniger' oder anders entwickelten Gesellschaftsordnungen der Welt (siehe hierzu Nadig, 1989a & b; Herwartz-Emden, 1995a; zur Methodologie Herwartz-Emden, 1997). Leider hat die erziehungswissenschaftliche Debatte in diesem Punkt disziplinäre Beschränkungen aufzuweisen. Es wäre in Zukunft wünschenswert, nach Transfermöglichkeiten und den möglichen Synergieeffekten Ausschau zu halten.

Nun zu den handlungspraktischen Problemen: In allen Vorhaben in konkreten pädagogischen Handlungsfeldern, in die die Debatte um die Anerkennung kultureller Differenz hineinwirkt, kommt es zu immer neuen Widersprüchen (Diehm & Radtke, 1999), was sich unter anderem in einer beträchtlichen Diskrepanz zwischen interkulturellen Zielen und Leitmotiven und der Alltagspraxis in allen pädagogischen Tätigkeitsfeldern widerspiegelt, die durch verschiedene Untersuchungen belegt wurde (Auernheimer, 2004). Vor allem für die Schule werden Implementierungsprobleme beschrieben: Lehrerinnen und Lehrer erleben den kulturrelativistischen Ansatz häufig als praxisfern; wenn sie Differenzen anerkennen sollen, wird dies als eine zusätzliche Anforderung in einer bereits an sich schwer zu bewältigenden Lage angesehen (Diehm & Radtke, 1999). Stattdessen bevorzugen sie homogene Gruppen, um sich vor den widersprüchlichen Anforderungen heterogener Klassen zu schützen (Kalpaka, 1998).

Bezüglich der praktischen Umsetzung von Konzepten ist noch einmal auf die Problematik der Übertragung von relevantem Wissen in interkulturelle Handlungskompetenz zu verweisen, für die es letztlich keine befriedigende Antwort gibt. Wie schwierig es ist, ein entsprechendes Curriculum zu entwickeln, zeigte sich beispielsweise in einer vom bfz (Berufliche Fortbildungszentren der Bayerischen Wirtschaft gGmbH) mit wissenschaftlicher Begleitung[140] konzipierten und

---

140 Die wissenschaftlichen Begleitung ist durch folgende Kooperationspartner/innen erfolgt: Prof. Dr. Leonie Herwartz-Emden (Universität Augsburg), Prof. Dr. Tilo Klöck (FH München), Prof. Dr. Anja Weiß (Universität Duisburg-Essen). Zu Informationen über die Weiterbildung siehe http://www.bfz.de/wwwpubroot/Standorte/bfz_Augsburg/Migranten/a_angebote_migranten.rsys (Zugriff am 19.03.2010).

durchgeführten berufsbegleitenden Weiterbildung für Fachkräfte im Sozial- und Gesundheitswesen sowie in der Evaluation dieser (Janni-Schmid, 2010).
Ein abschließend anzuführender, oft genannter Kritikpunkt betrifft die Bezeichnung ‚interkulturelle Pädagogik'. Dass hier der Kulturbegriff verwendet wird, führt den Kritiker(inne)n folgend zur Betonung einer Kategorie und der mit ihr assoziierten Grenzmarkierungen und Polarisierungen, was von interkulturell orientierten Pädagog(inn)en aber gerade überwunden werden wollte (Gültekin, 2005; Lanfranchi, 2008). Soziale Wirklichkeit steht wieder in Gefahr, vereinseitigend mit der Überbetonung kultureller Aspekte wiedergegeben zu werden – mit der Folge einer ethnisch-kulturellen Missdeutung sozial und politisch verursachter Konflikte (Diehm & Radtke, 1999; Gaitanides, 2003). Kultur erscheint somit bei Berücksichtigung des Terminus ‚interkulturell' als zentrale Differenzdimension (Mecheril, 2004). Ein kulturrelativistischer Ansatz muss nun aber, und das geschieht zum Teil bereits, den Blick auf die komplexe soziale Heterogenität richten und dabei berücksichtigen, dass es vielfältige vertikale und horizontale Differenzierungen gibt, dass Problemlagen und Ressourcen multidimensional betrachtet werden müssen (Gültekin, 2005; Westphal, 2007). Georg Auernheimer schreibt dazu:

> „Dass die von Fachkolleg(inn)en betonte Vielfalt der Differenzen für alle weiteren Studien leitend sein sollte, steht für mich außer Frage. Verknüpfungen mit anderen Diskursen über Differenz, speziell mit dem feministischen Diskurs, haben sich hier als produktiv erwiesen" (2004, S. 25).

Auf die Verknüpfung von interkultureller und geschlechtergerechter Pädagogik sowie die Berücksichtigung verschiedener Differenzlinien gehen wir im folgenden Punkt ein.

3.3 Geschlechtergerechte interkulturelle Pädagogik

Zu Beginn der Ausführungen zu geschlechtergerechter interkultureller Pädagogik (GIP) sei noch einmal betont, dass in Bezug auf alle Akteure und Akteurinnen in diesem Feld von deren Heterogenität ausgegangen werden muss: Es gibt nicht die Mädchen, die Jungen, die Migrantinnen, die Migranten, die Pädagoginnen, die Pädagogen, die Arbeitersöhne oder die Akademikertöchter. Stattdessen sind vielfältige Interdependenzen und Intersektionen zwischen den Kategorien Geschlecht, Ethnizität und Schicht sowie weiteren ‚Achsen der Ungleichheit' (Klinger & Knapp, 2005) zu beachten. Darauf verweist ebenfalls das folgende Zitat von Georg Auernheimer: „Zu berücksichtigen ist immer, dass kulturelle Differenzen im Sinne ethnischer Unterschiede oft konstruiert sind, nur eine unter mehreren Arten von Differenzen darstellen und dass sich verschiedene Differenzlinien überschneiden. Zu denken ist vor allem an die Geschlechterdifferenz" (2008a, S. 60). Diese Ausgangslage macht geschlechtergerechte interkulturelle Pädagogik zu einer voraussetzungsvollen und hoch komplexen ‚Unternehmung', eine genuin auf Geschlecht respektive Ethnizität/Kultur bezogene Pädagogik ist nicht (mehr) sinnvoll.

Im Folgenden wird in einem kurzen Exkurs skizziert, was unter geschlechtergerechter Pädagogik zu verstehen ist. In einem zweiten Schritt schließen sich Überlegungen und weitere Ausführungen zu geschlechtergerechter interkultureller Pädagogik an.

3.3.1 Exkurs: Geschlechtergerechte Pädagogik

Auf geschlechtergerechte Pädagogik gehen wir in einem Exkurs ein, weil eine detaillierte Darstellung den Rahmen des vorliegenden Bandes sprengen würde, zu vielschichtig und breit sind die Entwicklungen und Ansätze (erste und zweite Frauenbewegung, Androzentrismus- und Koedukationskritik, Mädchen- und Jungenarbeit, Gender Mainstreaming etc.). Im Folgenden werden wir deswegen nur einen schlaglichtartigen Überblick geben, wobei wir uns auf Kinder und Jugendliche konzentrieren.

In der Erziehungswissenschaft wird der Begriff ‚Geschlechtergerechtigkeit' noch kaum diskutiert (Budde, Faulstich-Wieland & Scholand, 2007). Häufig finden sich dagegen die Benennungen geschlechterbewusste und geschlechtersensible Pädagogik, die zunächst die Notwendigkeit ausdrücken, „sich der Tatsache bewusst zu sein, dass Kinder und Jugendliche Jungen und Mädchen und pädagogische Fachkräfte Frauen und Männer sind. *Welche* Bedeutung diese Tatsache hat und welche persönlichen, pädagogischen und politischen Ziele damit verbunden werden, ist damit noch nicht festgelegt" (Rohrmann, 2007, S. 146, Hervorhebung im Original). Ausgangspunkt für eine geschlechtergerechte Pädagogik ist, dass Geschlechterdifferenzen weiterhin zu strukturellen Benachteiligungen führen (Westphal, 2005a) – auch wenn im Zuge gesellschaftlicher Modernisierungsprozesse in die Erziehungsprozesse vermehrt auf Geschlechterdemokratie abzielende Orientierungen involviert sind und geschlechtsbezogene Konstruktionen damit teilweise offener, aber auch komplexer und widersprüchlicher geworden sind. Bei der geschlechtergerechten Pädagogik handelt es sich per definitionem um theoretische sowie praktische pädagogische Bemühungen und Konzepte, in deren Fokus die soziale Kategorie Geschlecht steht und die auf eine Demokratisierung von Geschlechterverhältnissen abzielen (Fleßner & Flaake, 2004).

Als zentrale Aspekte der geschlechterbewussten Pädagogik werden die beiden folgenden Aufgaben formuliert (Fleßner, 2005): Grundlegend ist zum einen die Wahrnehmung der Bedeutung der Kategorie Geschlecht in den individuellen Entwicklungsprozessen von Kindern und Jugendlichen sowie den sie umgebenden Sozialbeziehungen und Gesellschaftsstrukturen und eine kritische Reflexion derselben, um darauf aufbauend den pädagogischen Kontext zu gestalten. Zum anderen sind die Erweiterung des Blickwinkels auf hemmende Effekte, bedingt durch „geschlechterhierarchische, männlich dominierte Strukturen in der herrschenden Zwei-Geschlechter-Kultur", das Aufzeigen von „Perspektiven einer geschlechterdemokratischen Kultur" (ebd., S. 163) und die Einrichtung entsprechender Lernumgebungen von entscheidender Bedeutung.

In Bezug auf konkrete geschlechtergerechte Arbeit besteht eine wesentliche Unterscheidung zwischen geschlechtergetrennten und koedukativen Angeboten, also der Arbeit mit Mädchen oder Jungen bzw. in geschlechterheterogenen Gruppen (Fleßner & Flaake, 2004). Laut Heike Fleßner und Karin Flaake (2004) ergeben sich in Bezug auf die geschlechterbewusste Arbeit mit Jungen und Mädchen einige allgemeine Probleme: Die inzwischen durchgängig erfolgende Betonung der Stärken von Mädchen hat den Nachteil, dass bestimmte Gefährdungen, Bedürfnisse und ambivalente Erfahrungen von Mädchen aus dem Blick geraten oder ausgeblendet werden. In Bezug auf die Jungenarbeit ist die Konzentration auf die Entwicklung neuer Männlichkeitsbilder und die Betonung der Unterstützung der emotionalen Entwicklung von Jungen oftmals mit einer Defizitperspektive verbunden, die Jungen zurückweist oder der sie sich ihr nur schwer anschließen können. Ein wesentlicher Kritikpunkt ergibt sich des Weiteren aus der Frage, ob es tatsächlich sinnvoll ist, auf Jungen und Mädchen als zwei voneinander getrennte Gruppen zu blicken, da derartige Herangehensweisen Differenzannahmen immer wieder neu hervor bringen (Fleßner & Flaake 2004; Weber, 2006).

Häufig wird im Hinblick auf geschlechtersegregierte Ansätze (insbesondere im Hinblick auf Jungen- und Mädchenarbeit) über das Geschlecht der Pädagog(inn)en diskutiert (Rohrmann, 2007). Als Selbstverständlichkeit gilt es, dass Mädchenarbeit von Frauen und Jungenarbeit von Männern organisiert und durchgeführt wird. Allerdings basiert dieser Anspruch nicht auf wissenschaftlichen Erkenntnissen, da empirische Studien fehlen, die untersuchen, ob Frauen tatsächlich besser geeignet sind, Mädchen zu begleiten, und Männer den Ansprüchen von Jungen eher gerecht werden können als Frauen (ebd.). Tim Rohrmann geht allerdings davon aus, dass nicht das Geschlecht der Pädagog(inn)en den zentralen Faktor darstellt, sondern dass diese sich einen kritischen Blick auf geschlechtsbezogene Zusammenhänge zu eigen gemacht haben und „sich ihrer eigenen Bedeutung als gleich- bzw. gegengeschlechtliche Bezugspersonen bewusst sind" (ebd., S. 147). Das heißt, dass Männer erfolgreich geschlechtsbezogen mit Mädchen(gruppen) und Frauen mit Jungen(gruppen) arbeiten können (ebd.). Nichtsdestotrotz betrifft Kritik in Bezug auf die Geschlechtszugehörigkeit von Pädagog(inn)en häufig den Überhang weiblichen Personals, welcher vor allem bzgl. des Primarbereichs für die bestehenden, auch schulbezogenen Probleme bestimmter Jungengruppen verantwortlich gemacht wird (Flaake, 2006).

Bezieht sich die geschlechtergerechte Pädagogik auf gemischtgeschlechtliche Gruppen, wird angestrebt, dass in diesen, ausgehend von eigenen Erfahrungen, geschlechtsbezogene Fragen und Probleme aufgegriffen und bearbeitet werden. Dies kann sich auf aktuelle Situationen in Schule und Klasse beziehen ebenso wie auf geschlechtsbezogene gesellschaftliche Bilder und Erwartungen (vgl. Fleßner & Flaake, 2004). Insbesondere das gegengeschlechtliche Handeln der Kinder und Jugendlichen rückt in den Mittelpunkt des Interesses der pädagogischen Arbeit mit geschlechtsheterogenen Gruppen (Jantz & Brandes, 2006).

Zusammenfassend lässt sich konstatieren, dass in der Literatur zur geschlechtergerechten bzw. geschlechterbewussten Kinder- und Jugendarbeit ein deutlicher Überhang an geschlechtshomogenen Zugängen und Projekten zu finden ist. Interesse an geschlechterbewusster koedukativer Arbeit bestand und besteht vor allem in schulischen Settings, da in diesen die Geschlechtertrennung oft nicht zu realisieren ist (Puchert & Höyng, 2004). In diesem Zusammenhang ist die sog. ‚reflexive Koedukation' (Faulstich-Wieland, 1991) von Bedeutung, welche sich vor allem auf geschlechtergerechte Pädagogik in der Schule bezieht und eine bewusste Bearbeitung, Wahrnehmung und Thematisierung von Geschlechterdifferenzen meint; sie zielt auf eine Verringerung der Einengungen und Benachteiligungen von Jungen und Mädchen in methodischer, kommunikativer und curricularer Hinsicht (Westphal, 2005a). Reflexive Koedukation ist zum Teil kritisch zu betrachten, denn eine zu häufige Thematisierung von Geschlecht kann problematisch werden, da sich Schüler/innen dadurch ‚missioniert' und ‚in die Ecke gestellt' fühlen. Auch wenn sie sich auf Reflexionsprozesse von Lehrkräften richtet, können ähnliche Abwehrmechanismen wirksam werden (Faulstich-Wieland & Horstkemper, 1995). Deswegen schlägt Helga Kelle (1999) vor, Lehrerinnen und Lehrer nicht nur zur Reflexion eigener Praxis aufzufordern, sondern in einer neutraleren Perspektive zur Reflexion des koedukativen Alltags. In diesem Sinne hieße reflexive Koedukation, dass Pädagoginnen und Pädagogen über in allgemeine Praktiken eingelassene Thematisierungen reflektieren, die bisher ‚kein Thema' waren, (ebd.). Wichtig ist für die geschlechtergerechte Pädagogik, dass Stereotype über ‚die Jungen' und ‚die Mädchen' im alltäglichen pädagogischen Handeln nicht reproduziert werden, sondern dass auch die Heterogenität innerhalb der Gruppen sowie Gemeinsamkeiten über Geschlechtergrenzen hinweg erkannt und berücksichtigt werden.

3.3.2 Parallelen, Integrationspotenziale und Leerstellen zwischen geschlechtergerechter und interkultureller Pädagogik

Wie die vorangegangenen Ausführungen zeigen, existieren Parallelen zwischen interkultureller und geschlechtergerechter Pädagogik. Beide Spezialpädagogiken sind angetreten, um bestimmte soziale Benachteiligungsstrukturen aufzudecken und Wege zur Realisierung von Chancengleichheit unabhängig von bestimmten ethnischen, sozioökonomischen und geschlechtlichen Zugehörigkeiten aufzudecken (siehe ebenfalls Krüger-Potratz & Lutz, 2004; Gültekin, 2003b). Auch hat es in beiden eine Entwicklung weg von der sog. ‚Defizitperspektive' gegeben (Gültekin, 2003b). Die Etablierung geschlechtergerechter interkultureller Pädagogik unter Berücksichtigung multipler Zugehörigkeiten jedes Individuums zu unterschiedlichsten Gruppen und der darauf basierenden Verschränkung (Intersektionalität) verschiedener Benachteiligungen und Bevorzugungen erscheint gerade vor dem Hintergrund sinnvoll, dass sich in Zuschreibungs- und Ausgrenzungsprozessen von Menschen mit Migrationshintergrund die Kategorien Geschlecht und Ethnizität wechselseitig verstärken (Gemende, Munsch & Weber-Unger Rotino, 2007). Nachdem die Kategorie Geschlecht seit nunmehr zwei Jahrzehnten in der interkulturellen Pädagogik eine Rolle spielt[141] (Krüger-Potratz & Lutz, 2004) und dies ebenso für die Kategorie Ethnizität in der geschlechtergerechten Pädagogik gilt (bzw. für interkulturelle respektive Geschlechterforschung), stellt sich die Frage, warum eine konsequente Integration von geschlechtergerechter und interkultureller Pädagogik nicht längst stattgefunden hat (zum Versuch einer Zusammenführung unter weiterer Berücksichtigung der Integrativen Pädagogik in der ‚Pädagogik der Vielfalt' siehe Prengel [1993] und die Ausführungen unter 3.3.3).

Diese fehlende Verknüpfung äußert sich beispielsweise in Schwierigkeiten bei der gegenwärtigen geschlechtergerechten interkulturellen Arbeit. Dies hängt wiederum damit zusammen, dass kaum empirische Ergebnisse darüber vorliegen, wie auf Ethnizität zurückgehende Ungleichheiten sich mit anderen Hierarchien (des Berufs- und Bildungssystems) in Bezug auf Geschlecht und soziale Herkunft überlagern (Westphal, 2005a), wie die differenzierenden Kategorien Geschlecht, Ethnie, Schicht aufeinander bezogen werden (Fleßner & Flaake, 2004) und welche Auswirkungen dies für die verschiedenen Kontexte von Individuen und die Phasen einer Biographie haben kann. Diesbezüglich besteht dringender Forschungsbedarf. Weiterhin ist ungeklärt, wie Ergebnisse der Frauen- und Geschlechterforschung, der interkulturellen und Ungleichheitsforschung aufeinander bezogen werden können und vor allem wie empirisches und theore-

---

141 Wenngleich sie auch häufig gänzlich ignoriert wird (bspw. in den Schriften von Mecheril, 2004 & 2008; Mechril & Hoffarth, 2009).

tisches Wissen über die heterogenen Konstruktionsprozesse von Geschlecht und Ethnizität in Bildung und Erziehung in ein geschlechtergerechtes interkulturelles pädagogisches Handeln transferiert werden kann (in Anlehnung an ebd.). Insbesondere fehlen im pädagogischen Feld Forschungsarbeiten, die sich am Sozialkonstruktivismus orientieren, also Geschlecht und Ethnizität als soziale Konstruktionen betrachten (Bruhns, 2004) – diesbezüglich besonders vielversprechende ethnographische Arbeiten liegen unterdessen für die Schulforschung vor (Breidenstein & Kelle, 1998; Faulstich-Wieland, Weber & Willems, 2004; Schurt, 2009), jedoch kaum für die Kinder- und Jugendhilfe. Insgesamt ist ein übergreifendes Forschungsdesiderat zu konstatieren (siehe auch Voigt-Kehlenbeck, 2008).

Als Ergebnis der aufgezeigten Desiderata finden sich kaum Konzepte, die verschiedene Ebenen von Diskriminierung und Ungleichheit miteinander verknüpfen (Castro Varela & Jagusch, 2006), auch ist noch weitgehend offen, wie pädagogisch mit unterschiedlichen Verschiedenheiten umgegangen werden soll (Westphal, 2007). Ein Ausgangspunkt für die Entwicklung von diesbezüglichen Konzepten ist, dass interkulturelle und geschlechtergerechte Pädagogik die Aufgabe haben, spezifische Notlagen zu erkennen und Differenzen durchaus wahrzunehmen, was jedoch die Gefahr beinhaltet, Unterschiede zu dramatisieren (Strahler, 2007).

Diese aus Theorie und Forschung abgeleitete Erkenntnis findet oftmals noch keine Entsprechung in der konkreten pädagogischen Arbeit in der Schule und im außerschulischen Bildungsangebot. Stattdessen sind Alltagsannahmen und angewandte Strategien häufig von Differenzannahmen geprägt. Insbesondere Migrant(inn)en werden als anders wahrgenommen.[142] Die Differenzannahme ist keinesfalls positiv zu bewerten, auch dann nicht, wenn durch sie strukturelle Benachteiligungen ‚der Anderen' in den Blick genommen werden. Die Bearbeitung bestehender Benachteiligungen erfolgt vor allem mit den ‚betroffenen' Gruppen, also mit den Mädchen, den Jungen und den Migrant(inn)en. ‚Nebeneffekt' dieses Vorgehens ist das Fortschreiben, (Re-)Konstruieren und Dramatisieren der Differenzen – eigentlich heterogene Gruppen werden als homogene wahrgenommen.

Die Problematik eines theoretischen Zugangs und auch eines professionellen, praxisnahen, auf Kompetenz basierenden Handelns, die sensibel sind für die gemeinsame Wirksamkeit der Kategorien Geschlecht und kulturelle Herkunft, ist unter anderem in der bis heute wirksamen Dominanz des modernisierungstheoretischen Hintergrundes des bundesdeutschen Feminismus gegründet. Der historische Rückblick (wie ihn Susanne Schröter vornimmt [2009, S. 79ff.]) zeigt, dass

---

142 Siehe zu einem aktuellen Überblick über gegenwärtige Differenzannahmen Rudolf Leiprecht und Helma Lutz (2010).

die Weiblichkeitsideologie, wie sie im Mainstream-Feminismus der 1960er und 1970er Jahre vertreten wurde, durch Homogenität gekennzeichnet war, und zwar in der Weise, dass von einer grundsätzlichen Gleichheit aller Frauen und einer fundamentalen Ungleichheit zwischen Männern und Frauen ausgegangen wurde. Männlichkeit bzw. Männer dienten als Abgrenzungsfolie für Weiblichkeit (ebd., S. 83f.). Widerspruch gegen diese Position kam bereits Anfang der 1970er Jahre von schwarzen Feministinnen aus den USA, die u.a. kritisierten, dass die Lebensbedingungen schwarzer Frauen von weißen Feministinnen ausgeblendet und ihre Stärke und Gestaltungsmöglichkeiten innerhalb ihrer Gemeinschaften nicht wahrgenommen wurden (ebd., S. 84; auch Winker & Degele, 2009). Die neokoloniale Attitüde, nämlich weiße Mittelstandsideologien auf nicht-westliche Frauen zu projizieren, wurde in Folge auch in Europa durch die ‚Women of Color'-Bewegung kritisiert (Schröter, 2009). Auf Weiterbildungsveranstaltungen der Sozialen Arbeit und Kongressen feministischer Wissenschaftlerinnen war es bis Mitte der 1990er Jahre in der Bundesrepublik sehr schwierig (so die Erfahrungen mit dem bereits erwähnten Forschungsprojekt FAFRA), von Migrantinnen zu berichten, wenn nicht im gängigen ‚Opfer'-Diskurs argumentiert wurde (traditionell bis rückständig, vom Mann abhängig, nicht-emanzipiert; vgl. Herwartz-Emden, 1991), sondern darüber, dass hier durchaus eigenständige Lebensentwürfe und Selbstkonzepte vorfindlich sind, die nicht kongruent mit der westlichen Idee der Emanzipation der Frau, sondern eher dem Begriff einer ‚nicht-westlichen' Modernität zu erfassen sind (Herwartz-Emden, 1995b). Im Laufe des Auskundschaftens traditioneller Strukturen in den ‚ausländischen', vorzugsweise türkischen Familien, auch durch ‚feministische Projekte' waren die strenge Trennung der Geschlechter, die Abhängigkeit der Frau und die Machtstrukturen in diesen Familien zu einem Deutungsmuster geworden, das in der oft blumigen Beschreibung der Opferrolle der Migrantin gipfelte – eine Sichtweise, die die Überlegenheit der Lebenslage der westlichen Frau und Feministin unterstrich.

Der Weg zur Anerkennung von Differenzen war mit der theoretischen Bewegung hin zum Konstruktivismus verbunden (so Carol Hagemann-White, 1984 & 1988). Mit dem Begriff des ‚doing gender', auch als Forschungsfokus, ergab sich in der Folge eine Infragestellung bestimmter, mit Geschlecht verbundener sozialer und kultureller Konnotationen, und damit die Hinwendung vom homogenen zum differenzierten Geschlechtermodell (Schröter, 2009, S. 83) sowie zur Wahrnehmung der Pluralität von Geschlechtsidentitäten.

3.3.3 Ergänzende Anforderungen an geschlechtsbezogene interkulturelle Kompetenzen

Wie bereits des Öfteren angesprochen, werden gegenwärtig Geschlecht, Ethnizität, Schicht/Klasse als Kategorien begriffen, die nicht naturgegeben, sondern Produkte gesellschaftlicher und individueller Konstruktionsprozesse sind. Diese theoretische Setzung birgt die Annahme, dass sie und insbesondere mit ihr einhergehende soziale Ungleichheiten potenziell beeinflussbar sind. Da die Kategorien nicht mehr isoliert betrachtet werden, sondern in ihren Verschränkungen, ist es unerlässlich, sie in pädagogischen Konzepten und Ansätzen gleichermaßen zu berücksichtigen, wenn auch je nach Problemfeld oder Fokussierung der pädagogischen Arbeit mit unterschiedlicher Gewichtung. Was lässt sich aus dieser Forderung für geschlechtergerechte interkulturelle Kompetenzen ableiten?

Da es an einschlägigen Veröffentlichungen, theoretischen wie konzeptionellen Grundlagen und auch empirischer Fundierung zu dieser Thematik mangelt, geschieht die Annäherung an geschlechtergerechte interkulturelle Pädagogik im Folgenden in einer, im Gegensatz zu den Ausführungen über interkulturelle Pädagogik und interkulturelle Kompetenz (siehe Punkt 3.2), auf die Praxis gerichteten und aus Praxisberichten/-projekten emergierten Darstellung. Ergänzend (zu den Ausführungen über interkulturelle Kompetenz) wird die Kategorie Geschlecht in den Blick genommen und die Aufmerksamkeit noch einmal stärker auf die Verknüpfung und gemeinsame Wirksamkeit der Kategorien gerichtet.

Die *erste* Voraussetzung für eine zukünftige geschlechtergerechte interkulturelle Arbeit ist, dass die pädagogische Arbeit stereotype Bilder nicht reproduzieren und die Kategorien Ethnizität und Geschlecht keinesfalls verfestigen darf (Castro Varela & Jagusch, 2006). Stattdessen müssen in Bezug auf Gerechtigkeit die unterschiedlichen Kategorien und die mit der Zugehörigkeit zu ihnen einhergehenden Diskriminierungen immer in Verbindung miteinander gedacht werden. Ebenso muss ein monokultureller und androzentrischer Blick überwunden werden (ebd.). Hierbei sollten die spezifischen Erfahrungen, die mit Rassismus, Sexismus und Diskriminierung auch in pädagogischen Einrichtungen gemacht werden, berücksichtigt und reflexiv bearbeitet werden (Fleßner, 2005).

Um der ersten Anforderung gerecht werden zu können, sind *zweitens* (Selbst-)Reflexion und Reflexionsfähigkeit pädagogischer Fachkräfte als Grundlage für geschlechtergerechte interkulturelle Arbeit anzusehen. Speziell autochthone Pädagog(inn)en sollten sich selbst als Teil der Mehrheitsgesellschaft erkennen, wobei sie in hohem Maße selbstreflexiv sein müssen – erst dann kann es gelingen, die in der Dominanzkultur enthaltenen normativen Botschaften und potentiellen Abwertungspraxen zu verdeutlichen und Veränderungen zu initiieren (Fleßner, 2005).[143] Der kritische Blick auf sich selbst ist jedoch nicht nur bei pädagogischen Fachkräften aus der Dominanzgesellschaft vonnöten. Es kann nicht davon ausgegangen werden, dass pädagogisches Personal mit Migrationshintergrund qua Herkunft nicht auf Differenzkonstruktionen und Stereotype zurückgreift. *Alle* Pädagog(inn)en müssen sich aktiv mit Geschlechterverhältnissen und der eigenen Geschlechtlichkeit (Jantz & Rauw, 2001), aber auch mit den anderen für sie relevanten Zugehörigkeiten (Ethnie, Milieu, Schicht, sexuelle Orientierung etc.) auseinandersetzen. Letztlich geht es darum, ein kritisches Bewusstsein zur eigenen Position in der Gesellschaft, inklusive eigener Privilegien und Diskriminierungen, zu entwickeln – dieses bildet dann die Basis einer geschlechtsbezogenen interkulturellen Handlungskompetenz (ebd.).

Drittens ist für die zukünftige geschlechtergerechte interkulturelle Arbeit die Ausbildung und der Einsatz von (Sozial-)Pädagog(inn)en und Lehrkräften mit verschiedenem ethnischem, nationalem, sozioökonomischem Hintergrund bedeutsam. Diese übernehmen zum einen Vorbildfunktion für Jugendliche mit Migrationshintergrund (Oktyakmaz, 2007). Zum anderen kann die kollegiale Gleichstellung von Pädagog(inn)en mit und ohne Migrationshintergrund Jugendlichen, die Erfahrungen mit struktureller und sozialer Diskriminierung gemacht haben, helfen, Mut zu fassen und neue Handlungsmöglichkeiten zu entwickeln (Koray, 2004). Ohne Vorbilder einer Gleichstellungspolitik besitzt die interkulturelle Arbeit keine Überzeugungskraft (Otyakmaz, 2001), denn die Anwesenheit von Pädagog(inn)en mit Diskriminierungserfahrungen ist „eine wichtige Voraussetzung für die gleichberechtigte Nutzung dieser Institution durch alle" (Gültekin, 2005, S. 380), sie kann sich förderlich auf Interaktionen und die Kommunikationsfähigkeit und vor allem auf die Selbstreflexivität der Fachkräfte auswirken (ebd.).

Eine Realisierbarkeit dieser Forderung ist jedoch vor dem Hintergrund der Benachteiligungen von Migrant(inn)en und Schüler(inne)n aus unteren sozialen Schichten im Bildungssystem äußerst problematisch (siehe 2.), denn das pädagogische Personal in den verschiedenen Einrichtungen und Projekten der Sozialen Arbeit oder der Migrationsarbeit verfügt zumeist nicht über eine Ausbildung, die auf diese Anforderungen hin qualifiziert. Zu berücksichtigen sind außerdem bestehende Barrieren in Bezug auf die Einstellung von pädagogischem Personal mit Migrationshintergrund. Bezüglich der Differenzlinie Geschlecht wird häufig

---

143 Maria do Mar Castro Varela (2004) spricht in diesem Zusammenhang von der Strategie des Verlernens, bei der es darum geht, das zu hinterfragen, was als normal gilt, und zu eruieren, über welche Privilegien man/frau selbst verfügt, da diese „charakteristischerweise von denen, die sie innehaben, nicht als solche wahrgenommen oder vergessen [werden]" (S. 10). Der zweite Schritt des Verlernens betrifft die Entwicklung neuer Praxen, die dazu führen soll, dass die alten, automatisierten Praxen verlernt werden (ebd.).

gefordert, das Berufsfeld für Männer attraktiver zu gestalten, denn immer noch ist ein deutlicher Überhang an weiblichem Fachpersonal in der (sozial-)pädagogischen Arbeit zu konstatieren (kritisch dazu Breitenbach, 2010). Die weniger im Feld zu findenden Männer arbeiten vorrangig speziell in der Jungenpädagogik oder besetzen Führungspositionen, in denen sie nur marginal mit Kindern und Jugendlichen in Berührung kommen (Glücks & Ottemeier-Glücks, 2001).

Viertens müssen Pädagog(inn)en ihrer Klientel kritisch, aber nichtsdestotrotz unterstützend zur Seite stehen, wobei die individuelle Konzeption der Lebensentwürfe und die Bewältigungsversuche der Heranwachsenden und Erwachsenen ernst genommen werden sollten (Fleßner, 2005). Die Sichtweisen von Jungen, Mädchen, Migranten und Migrantinnen müssen wahrgenommen werden (Rohrmann, 2007), sie müssen als Subjekte Anerkennung finden (Leiprecht 2006) und ihnen sollten individuelle Entwicklungsmöglichkeiten unabhängig von Geschlechts-, Ethnizitäts- und Schichtzugehörigkeit aufgezeigt werden (Westphal, 2005a).

Als ‚Lernziel‘ für pädagogisch Tätige und die Adressat(inn)en bzw. Lernenden ist die Entwicklung interkultureller und geschlechtsbezogener Kompetenz(en) anzustreben, wobei in weiteren Überlegungen und Forschungen geklärt werden muss, was im je spezifischen Kontext genau darunter zu verstehen ist.

3.3.4 Strategien und Ansätze geschlechtergerechter interkultureller Pädagogik

Neben diesen allgemeinen (Mindest)Anforderungen sollen im Folgenden einige bestehende und für eine geschlechtergerechte interkulturelle Pädagogik fruchtbar zu machende Strategien und Ansätze skizziert werden. Diese sind z.T. nicht trennscharf voneinander abzugrenzen. Es existieren viele Überlappungen, außerdem sind sie auf unterschiedlichen Ebenen angesiedelt, so dass Bezüge zwischen ihnen erst noch hergestellt werden müssen (was sich auch in der folgenden Darstellung widerspiegelt). Die Entwicklung eines stimmigen, übergreifenden Konzeptes zur geschlechtergerechten interkulturellen Pädagogik steht noch aus.

3.3.4.1 Subjektzentrierte Strategien

Intersektionalitätsanalysen als Bestandteil einer diversitätsbewussten (Sozial-) Pädagogik

Intersektionalität als Ansatz, der Theorie, empirische Untersuchungen und pädagogische Handlungspraxis betrifft, nimmt verschiedene Differenzlinien und deren Verknüpfung in den Blick (siehe Punkt 3.1.). Wichtig ist, dass dabei die unterschiedlichen Achsen der Differenz/Ungleichheit nicht einfach addiert werden, sondern das ‚Produkt' (die Identität und die Präferenzen von Individuen) mehr als die Summe seiner Teile ist, weil Interaktionen und Interdependenzen in den Blick genommen werden (Hardmeier & Vinz, 2007). Es handelt sich beim Intersektionalitätsansatz allerdings gegenwärtig eher um eine Perspektive oder Haltung als eine Methode (Busche & Cremers, 2009). Gerade die Entwicklung von Instrumenten und Methoden für Theorie, Forschung und Praxis, die Komplexität adäquat berücksichtigen und es ermöglichen, mit ihr umgehen zu können, ist noch zu leisten (Leiprecht & Lutz, 2010).

Der Ansatz der intersectionality ist essentiell für die pädagogische Praxis, da die theoretischen Grundlagen zur Einsicht führen, dass es keine homogenen (Klient[inn]en-)Gruppen gibt, dass Verschiedenheit als individuelles und als strukturierendes Merkmal wahrzunehmen ist und vor diesem Hintergrund angemessene Handlungsformen zu entwickeln sind (Hardmeier & Vinz, 2007; Leiprecht & Lutz, 2005). Im Sinne der professionellen Anforderungen an Pädagoginnen und Pädagogen können diese den Intersektionalitätsansatz, seine theoretischen Grundlagen und empirischen Ergebnisse nutzenbringend beim interpretativen Verstehen eines Einzelfalles einsetzen und dabei die Komplexität von Lebenspraxen sowie gesellschaftlicher Kontexte fassbar machen (Leiprecht & Lutz, 2005; Hof, 2008). Rudolf Leiprecht und Helma Lutz (2005, S. 225) bezeichnen die Berücksichtigung von Theorien und Erkenntnissen sowie deren Genese und Geltung als „untersuchende Haltung". „Dabei muss geklärt werden, welche verschiedenen ‚Achsen' im konkreten Fall in welcher Weise von Bedeutung sind und wie beispielsweise die spezifischen Konstellationen von Subjekt und Struktur, von Benachteiligung und Bevorzugung, von Unterdrückung und Ressource oder von Fremdbestimmung und Selbstbestimmung aussehen" (Leiprecht & Lutz, 2009, S. 187f.).

,Ruhenlassen' geschlechtlicher und ethnischer Unterscheidungen

Das ,Ruhenlassen' geschlechtlicher und ethnischer Unterscheidungen wird vor allem für den schulischen Kontext vorgeschlagen – es ist jedoch ebenfalls auf außerschulische Kinder- und Jugendarbeit zu übertragen (bspw. Weber, 2006; siehe auch Auernheimer, 2008; Westphal, 2009). Beim ,Ruhenlassen' geschlechtlicher und ethnischer Unterscheidungen sollen soziale Klassifizierungen übersehen werden, was letztlich eine konstruktivistische Leistung darstellt, da Unterscheidungen nicht zum Verschwinden gebracht werden können. „Machtverhältnisse machen nicht vor der Schule halt; die sozialen Kategorien Geschlecht und Ethnizität sind Bestandteil der sozialen Ordnung und damit der ungleichen Verteilung sozialer Ressourcen. Diesen Zusammenhang auszublenden, hätte ebenfalls eine Verfestigung von (Bildungs-)Benachteiligung zur Folge" (Weber, 2006, S. 205). Stattdessen verweist Martina Weber in Anlehnung an Sedef Gümen (1998), die diese Grundidee theoretisch entwickelt hat, darauf, eben keine grundsätzlichen ethnischen und geschlechtlichen ,Besonderlichungen' vorzunehmen. Eine ,reflexive Pädagogik' soll in dramatisierender Weise für soziale Besonderungen aufgrund geschlechtlicher und ethnischer Zuschreibungen sensibel bleiben und andererseits in entdramatisierender Weise vorgehen (Weber, 2006). Jürgen Budde (2006) schlägt vor, wenn auch lediglich mit Fokus auf eine geschlechtersensible Pädagogik, eine Entdramatisierung von Geschlecht und Ethnizität durch einen Dreischritt zu realisieren: Zunächst wird die Bedeutung von Geschlecht/Ethnizität im jeweiligen Kontext analysiert, wodurch eine Dramatisierung erfolgt. Anschließend muss ausdifferenziert werden, dass es eine große Bandbreite an Diversitäten statt der Gruppen der Mädchen und der Jungen gibt. In der konkreten Situation soll dann schließlich mit der Forderung der Selbstreflexion der Pädagog(inn)en und der Forderung nach Berücksichtigung des Wissens über strukturelle Ungleichheit auf entdramatisierende Aspekte gesetzt werden.

Konzept der Verletzlichkeit und Widerstandspotenziale bzw. ressourcenorientierte Ansätze

Voraussetzung für die Minimierung der Bedeutung der Kategorien Geschlecht und Ethnizität sowie die Feststellung bzw. Herstellung von Gleichheit im Sinne von Gleichberechtigung ist die Wahrnehmung der Kategorien als Ressourcen[144]

---

144 Wichtig ist im Zusammenhang mit der Betrachtung unterschiedlicher Zugehörigkeiten als Ressourcen, dass diese nicht im Sinne der positiven Betonung des Andersseins und damit der Differenz verstanden werden.

(Gemende, Munsch & Weber-Unger Rotino, 2007). Heike Fleßner (2005) beschreibt in Anlehnung an Berrin Özlem Otyakmaz (1999) die Bedeutung eines ressourcenorientierten Ansatzes in der geschlechtergerechten interkulturellen Pädagogik. Gemeint ist die Berücksichtigung lebensweltenspezifischer Ressourcen[145] von Migrant(inn)en und die Würdigung ihrer Alltagsbewältigungsmuster und Kompetenzen sowie unterstützender Netzwerke (vgl. auch Westphal, 2007). In eine ähnliche Richtung weist das von Maria do Mar Castro Varela und Birgit Jagusch (2006) vorgeschlagene Konzept der Verletzlichkeit. Die Autorinnen gehen im Anschluss an die Intersektionalitätsanalysen davon aus, dass Menschen verschiedenen Diskriminierungserfahrungen ausgesetzt sind und Diskriminierungen an sich nicht isoliert betrachtet werden können. Allerdings weisen Personen aufgrund ihrer Erfahrungen, die an bestimmte soziale Positionen gebunden sind, nicht nur spezifische Verletzlichkeiten auf, sie verfügen ebenfalls über Widerstandspotenziale, die die zugewiesene soziale Position irritieren können (ebd.). Beispielsweise kann eine Studentin, die aus der Türkei nach Deutschland eingewandert ist, aufgrund des Migrationshintergrundes und ihrer Geschlechtszugehörigkeit ‚verletzlich sein'. Durch ihren langen Bildungsweg hin zu einer universitären Ausbildung verfügt sie jedoch auch über Widerstandspotenziale. Berücksichtigen in pädagogischen Bereichen Tätige nun die Verletzlichkeiten und Ressourcen, wie beispielsweise Widerstandspotenziale, wird eine Differenzierung eingesetzt und die Homogenisierung der Klient(inn)en qua sozialer und kultureller Herkunft oder Geschlecht verhindert. Der Rückschluss auf insbesondere geschlechtsbezogene interkulturelle Kinder- und Jugendarbeit lautet, diese „sollte sich als Ressourcenentdeckungs- und Experimentierraum definieren. Die Jugendlichen, gleich welcher Herkunft, gleich welchen Geschlechts und welcher Klassen- und Religionszugehörigkeit, sollten hier die Möglichkeit erhalten ihre Potenziale und Talente nicht nur zu entdecken, sondern auch zu entwickeln" (ebd., S. 52).

Interkulturelle Mädchen- und Jungenarbeit

Mädchen- und Jungenarbeit stehen bislang eher unverbunden nebeneinander (Bruhns, 2004). Für beide Ansätze wurden und werden im Anschluss an die Entwicklung und Etablierung im Rahmen geschlechterbewusster Kinder- und Jugendarbeit vor allem ethnizitäts- sowie milieuspezifische Differenzierungen innerhalb der Geschlechtergruppen berücksichtigt – weitgehend unterbelichtet

---

145 In Bezug auf ressourcenorientierte Ansätze ist zu kritisieren, dass diese teilweise Macht- und Ungleichheitsverhältnisse verschleiern; soziale Probleme werden wegdefiniert, indem nur an Ressourcen angesetzt wird (Puchert & Höyng, 2004).

sind dagegen die Bedürfnisse von Jugendlichen mit nicht-heterosexuellen Orientierungen, also bi-, homo- und transsexuelle Jugendliche (ebd.). Kennzeichnend sollte für Mädchen- und Jungenarbeit gegenwärtig die Offenheit gegenüber Entwicklungen von Mädchen und Jungen sowie der Verzicht auf vorgegebene Leitbilder über Weiblichkeit und Männlichkeit sein (Kunert-Zier, 2008). Beide Ansätze sind auf die Herstellung sozialer (Geschlechter-)Gerechtigkeit ausgerichtet und sollen zur Erweiterung der Handlungsmöglichkeiten von Kindern und Jugendlichen beitragen (in Anlehnung an Heite, 2008).

Die *Arbeit mit Mädchen* in geschlechtshomogenen Gruppen hat ihren Ursprung in der bereits ab den 1960er Jahren kritisierten Benachteiligung von Mädchen in zentralen Gesellschaftsbereichen (Fleßner & Flaake, 2004); seit Mitte der 1970er Jahre fand sie vor allem in Jugendzentren sowie in der Jugendbildungsarbeit statt (Kunert-Zier, 2008). Mädchenarbeit fokussiert auf ein Bereitstellen von Gelegenheiten und Räumen. Die Stärken der Mädchen sollen im Mittelpunkt stehen, ihre Artikulationsfähigkeit sowie ihr Selbstbewusstsein gestärkt und Räume geschaffen werden, um die Auseinandersetzung mit Abwertungserfahrungen, die im Zusammenhang mit dem Geschlecht stehen, gelingend zu bewältigen (Fleßner & Flaake, 2004).

Aufgrund der Entwicklung von Konzepten für die Arbeit mit jugendlichen Migrantinnen, fanden Forderungen nach Differenzierungen innerhalb der Geschlechtergruppe Eingang in die Mädchenarbeit (Bruhns, 2004). Es existieren allerdings relativ wenig einschlägige Veröffentlichungen, die sich dezidiert in einem theoretisierenden Zugang und nicht auf einer rein projekt- oder praxisbezogenen Ebene mit der interkulturellen Mädchenarbeit beschäftigen. Dies hängt möglicherweise damit zusammen, dass Mädchen und junge Frauen mit Migrationshintergrund als Nutzerinnen in der Mädchenarbeit unterrepräsentiert sind, was häufig mit stereotypen Vorstellungen über die Familien begründet wurde (Otyakmaz, 2007). Allerdings zeigt eine Untersuchung von Ursula Boos-Nünning und Yasemin Karakaşoğlu (2005, S. 442), dass dies zumeist nicht zutrifft: Denn 85% der befragten Mädchen mit Migrationshintergrund stimmten der Aussage „Das [den Besuch von Einrichtungen für Jugendliche] erlauben meine Eltern nicht" weniger (15%) oder gar nicht (70%) zu.

Vor allem Berrin Özlem Otyakmaz (1999, 2001 & 2007) setzt sich mit interkultureller Mädchenarbeit auseinander und schlägt vier Prinzipien für diese vor (Otyakmaz, 2007, S. 4), die elementare Bestandteile interkultureller Kompetenzen widerspiegeln:

- Lebensweltorientierung, Berücksichtigung der Gefühle und Zukunftsentwürfe der Mädchen und jungen Frauen,
- an Stärken und Ressourcen ansetzen (unter besonderer Berücksichtigung der familiären und freundschaftlichen Netzwerke),
- parteiliches Einsetzen für die Belange von Mädchen und jungen Frauen und gegen Diskriminierung,
- Pädagogin als Identifikationsfigur bzw. Ansprechpartnerin.

Neu und bislang häufig unreflektiert ist der Verweis von Berrin Özlem Otyakmaz (2007) darauf, dass autochthone Mädchen nicht nur indirekt von der Diskriminierung allochthoner Mädchen profitieren (bspw. bei der Ausbildungsplatzvergabe), sondern auch selbst in Interaktionen z.t. diskriminierende Praktiken benutzen. Es wird vorgeschlagen dieses sensible Thema parallel in autochthonen, allochthonen und gemischten Gruppen zu bearbeiten.

Jungenarbeit ist historisch ‚jüngeren Datums' als Mädchenarbeit, sie entstand mehr als zehn Jahre später (Kunert-Zier, 2008). Momentan erlebt sie einen rasanten Aufschwung (was sich in einer Vielzahl an Publikationen niederschlägt; siehe z.b. den von Detlef Pech herausgegebenen Sammelband [2009]) und wird in Jugendhilfeplanungen sowie offiziellen Leitlinien der Jugendarbeit als besonders wichtig gekennzeichnet (Puchert & Höyng, 2004). Ihren Ursprung hatte Jungenarbeit vor allem in der „Heimvolkshochschule Alte Molkerei Frille" (Peloso, 2005). (Sozial-)Pädagogische Arbeit mit Jungen fand ihre Anknüpfungspunkte zum einen in der Einsicht,

> „dass Geschlechterverhältnisse sich nur dann verändern, wenn beide Geschlechter an diesen Veränderungen beteiligt sind, zum anderen aber auch aus den [...] Befunden, dass Jugendgewalt in Gesellschaft und Schule vornehmlich Gewalt von Jungen an Jungen ist. Erst in jüngster Zeit beginnt das öffentliche Nachdenken darüber, warum Jungen in Schulen überdurchschnittlich häufig scheitern" (Fleßner & Flaake, 2004, S. 383).

Jungenarbeit beinhaltet erstens gezielte Angebote zum Gewaltabbau (jedoch nur selten für die von Gewalt betroffenen Jungen; Jantz, 2005), zweitens fokussiert sie auf die reflexive Auseinandersetzung mit der männlichen Rolle, wobei einengende Fremd- und Selbstzuschreibungen aktiv überwunden werden sollen – gemeint ist hier vor allem das Überwinden der Abwertung von Weiblichkeit, Schwäche und Homosexualität (Fleßner & Flaake, 2004) –, d.h. unter Umständen auch, dass Jungen z.T. entgegen ihren eigenen Interessen Grenzen gesetzt werden (Puchert & Höyng, 2004). Zentral ist für Jungenarbeit die Auseinandersetzung mit Männlichkeitskonstruktionen – insbesondere mit der ‚hegemonialen Männlichkeit' (Peloso, 2005). Claudio Peloso (ebd.) verweist darauf, dass Ansätze zur Jungenarbeit zumeist aus der Praxis heraus entstanden sind und dass in den meisten sowohl soziale Ungleichheit reflektiert als auch von einer Vielfalt an Männlichkeiten ausgegangen wird.

Viele Autoren betonen in diesem Zusammenhang den interkulturellen Charakter aller Jungengruppen, da in jeder Gruppe unterschiedliche Lebenswelten zu finden sind (bspw. in Bezug auf Musik, Kleidung, Sprache, Herkunft; Jantz, 2008; Peloso, 2005; Busche & Cremers, 2009). Explizite Veröffentlichungen zur interkulturellen Jungenarbeit finden sich relativ selten, zu nennen sind vor allem Publikationen von Olaf Jantz (bspw. 2003 & 2008). In der interkulturellen Jungenarbeit steht, wie in der allgemeinen Jungenarbeit, vor allem die Gewaltprävention im Vordergrund – dies hängt mit der durch Stereotype geprägten Wahrnehmung besonders hoher Gewaltpotenziale unter Jungen mit Migrationshintergrund zusammen.[146] Diese begünstigt wiederum die finanzielle Förderung gewaltpräventiver Projekte. Richtig ist, dass Jungengruppen häufig durch hierarchische Strukturen und Machtkämpfe gekennzeichnet sind, denn „Abgrenzung, Dominanz, Abwertung und Macht erbringen noch immer einen *Zugewinn an Männlichkeit* und damit sozialer Achtung (auch bei uns Erwachsenen)" (Jantz, 2003, S. 129, Hervorhebung im Original). An dieser Stelle erweist sich die Erklärungskraft des Ansatzes der hegemonialen Männlichkeit von Raewyn Connell (1999; siehe Punkt 3.1.4.), denn eine vereinheitlichende Fokussierung auf die Täterperspektive ist als zu kurz greifend abzulehnen. Häufig finden sich in Gruppen Opfer und Täter, zum Teil sind auch Einzelne zugleich oder in unterschiedlichen Kontexten Opfer und Täter (Jantz, 2003). Beim Blick auf differierende Lebenslagen von Jungen wird außerdem deutlich, dass diese bedingt durch strukturelle und individuelle Ungleichheiten, die unter anderem mit der kulturellen und sozialen Herkunft zusammen hängen, über differierende Partizipationsmöglichkeiten verfügen (Busche & Cremers, 2009) und Opfer von Ausgrenzung und Diskriminierung werden (Jantz, 2003). Somit müssen in der interkulturellen Jungenarbeit Täter- und Opferseite berücksichtigt werden. Die Täterseite sollte begrenzt werden und die Opferseite muss Unterstützung erhalten (ebd.).

Aus dieser Forderung ergeben sich für die interkulturelle Jungenarbeit folgende Ziele (in Anlehnung an Peloso, 2005, S. 81f.; auch Jantz, 2003 & 2008):

- Zunächst ist es wichtig, sich auf die unterschiedlichen Lebenswelten und Erfahrungen der Jungen einzustellen und sowohl die Ressourcen als auch die ‚Behinderungen' dieser in den Blick zu nehmen.
- Aufgabe der Jungenarbeiter ist es, Optionen für die Kontaktaufnahmen und Herstellung von Beziehungen zwischen Jungen zu schaffen (in denen auch

---

146 Zur kritischen Auseinandersetzung mit der Gewaltbereitschaft von Jungen mit Migrationshintergrund siehe bspw. Gerd Stecklina (2007).

Austausch über Bilder, Gefühle und Wünsche möglich wird). „Insbesondere im Gruppensetting von Jungen unterschiedlicher Zugehörigkeiten ergeben sich ausgezeichnete Chancen, die durch männliche Ideologien beschränkenden Lebensentwürfe zu entlarven, zu modifizieren, weiterzuentwickeln oder gar abzulegen" (Jantz, 2008, S. 22).

▪ Innerhalb und zwischen Gruppen müssen Machtkämpfe bewusst gemacht werden. Jungen sollen nach Möglichkeit erkennen, unter welchen Bedingungen sie sich von anderen abgrenzen und Einzelne oder Gruppen ausgrenzen.

▪ Thematisch werden in der interkulturellen Jungenarbeit Verschiedenheiten (Musik, Kleidung, Sport, Sprache), insbesondere in Verbindung mit Sexismus und Rassismus, betont, aber es treten auch Gemeinsamkeiten auf.

▪ Durch das Erleben von Solidarität entsteht ein Gemeinschaftsgefühl, das stark motivierend wirkt und sich positiv auf das Selbstwertgefühl auswirkt.

Die besondere Bedeutung und Verantwortung des pädagogischen Personals wird für die interkulturelle Mädchenarbeit genauso betont wie für die interkulturelle Jungenarbeit. Die vorangegangenen Ausführungen verdeutlichen, dass die Mädchen- und Jungenarbeiter/innen über die im vorliegenden Band dargestellten geschlechtsbezogenen interkulturellen Kompetenzen (siehe 3.2.3. und 3.3.3) verfügen müssen.

3.3.4.2   Konzepte/Ansätze

Pädagogik der Vielfalt bzw. Diversity-Pädagogik

Gebündelte, zumindest konzeptionelle Berücksichtigung der aufgezeigten Vielfältigkeit von Zugehörigkeiten und damit einhergehenden Benachteiligungen findet sich in Ansätzen der Pädagogik der Vielfalt bzw. Diversity-Pädagogik – international: diversity education (Rosenstreich, 2004). Diversity wird dabei übersetzt als Verschiedenheit, soziale und kulturelle Vielfalt oder Heterogenität (Perko & Czollek, 2007). Es handelt sich um Ansätze, die gewährleisten, dass die Komplexität von Geschlechter- und interkulturellen Problematiken einbezogen werden und somit die Möglichkeit eröffnet wird, umfassende Kenntnisse und Veränderungen in Bezug auf gesellschaftliche Ungleichheit zu generieren (Czollek & Weinbach, 2004).

Die von Annedore Prengel (1993) entwickelte Pädagogik der Vielfalt[147] bezog sich zunächst neben der geschlechtsbezogenen und interkulturellen Dimension auf die der Gesundheit und Behinderung. Grundlegend war in diesem Ansatz der Blick auf Verschiedenheit und (Chancen-)Gleichheit bei besonderer Betonung einer egalitären Differenz. Allerdings ist – und dies ist ein Kritikpunkt, der auch für die Weiterentwicklung des Ansatzes unter Berücksichtigung anderer Kategorien und Differenzlinien gilt – die Analogisierung der Linien zu hinterfragen. Auch müssen Unterschiede in den Differenzen beachtet werden (Krüger-Potratz & Lutz, 2004). Neben der bereits angesprochenen Basisannahme der egalitären Differenz verweist Prengel (2007) auf folgende Komponenten der Pädagogik der Vielfalt: Freiheit (bzw. der Freiraum zur Gestaltung eines selbst gewählten Lebens), Menschenrechte, Eingehen auf das grundlegende menschliche Bedürfnis der Anerkennung und Vermeidung von Missachtung sowie Beschämung. Deutlich stellt sie des Weiteren heraus, dass Diversität unterschiedliche Dimensionen umfassen kann, die sich zum Teil auch vermischen und verändern, dass es zu synchronen, diachronen Überschneidungen kommt und die „untersuchten Phänomene anders sind, als die Begriffe, die sie bezeichnen sollen, suggerieren" (Prengel, 2007, S. 58). Eine wichtige Rolle spielt im Ansatz das Tertium Comparationis: Wenn von Gleichheit und Verschiedenheit von Menschen gesprochen wird, ist immer zu klären, in welcher Hinsicht dies geschieht (ebd.).

Diversity-Pädagogik weist Probleme und Widersprüche auf: Zum einen ist das Denken von Verschiedenheit aufgrund der Limitierung des geistigen Fassungsvermögens nicht unbegrenzt möglich, zum zweiten schränkt jedes pädagogische Handeln die Freiheit von Individuen und die Anerkennung ihrer Verschiedenheit ein (für Kinder beispielsweise durch tageszeitliche Rhythmen, das angebotene Spielmaterial, Möglichkeiten der Pädagog(inn)en) und zum dritten können Hierarchien nicht vollständig abgebaut werden, sie sind zu kritisieren, aber auch in mancher Hinsicht anzuerkennen (Prengel, 2007).

Trotzdem sind Diversity-Ansätze positiv zu bewerten, da Kinder und Jugendliche von ihnen nicht von Vornherein auf eine Identität festgelegt werden. Es wird anerkannt, dass Geschlecht, Klasse, sozialer Status, Ethnizität, Alter, Sprache, Religion, Gesundheit, Behinderung und Rationalität wichtige Bezugspunkte für soziale und individuelle Identitätskonstruktionen sind und dass sie zum Anlass für Konflikte und Diskriminierungen genommen werden (Hormel & Scherr, 2004). Auch berücksichtigt die Diversity-Perspektive Uneindeutigkeiten in individuellen und sozialen Identitäten – somit u.a. ihren prozessualen und situationsabhängigen Charakter – (ebd.) und ist sensibel für die Auswirkungen bestehender Unterschiede in konkreten Situationen (Schad, 2007). Für Ute Schad

---

147 Das Einführungsbuch ist mittlerweile in der 3. Auflage erschienen (Prengel, 2006).

ist dabei ein zentrales Element von Pädagogik der kulturellen Vielfalt auch und gerade geschlechtsbezogene Aspekte zu berücksichtigen. Aufgrund eigener Erfahrungen in der Jugendarbeit berichtet die Autorin davon, dass geschlechtsbezogene Unterschiede bedeutsamer waren und markanter hervortraten als Differenzen beispielsweise in Bezug auf ethnische Zugehörigkeiten (ebd.).

Diversity Management

In einer ersten Annäherung umfasst Diversity Management (DM) „Strategien, Programme und Maßnahmen für einen konstruktiven und produktiven Umgang mit Vielfalt" (Krell, Riedmüller, Sieben & Vinz, 2007, S. 9). DM (auch Managing Diversity) wurde als Ansatz, der sich auf Organisationen/Institutionen bezieht, in der Praxis entwickelt (Perko & Czollek, 2007). Während der vergangenen Jahre erfolgte die Fixierung von Diversity Management (DM) in EU-Richtlinien. In diesem Zusammenhang ist DM zu einer gesetzlich verankerten Anforderung geworden, was sich u.a. im Inkrafttreten des ‚Allgemeinen Gleichbehandlungsgesetzes AGG' im Jahr 2006 widerspiegelt (Hardmeier & Vinz, 2007; Hoff, 2008). Arbeitgeber/innen sind nunmehr per Gesetz verpflichtet, Maßnahmen gegen Diskriminierungen (aufgrund von Gender, Ethnie, Alter, Religion, Behinderung und sexueller Orientierung) zu implementieren, weswegen davon auszugehen ist, dass sich die Nachfrage nach Diversity-Trainings in Zukunft steigern wird (Hardmeier & Vinz, 2007). Allerdings steht der zunehmenden Bedeutung von DM im deutschsprachigen Raum ein weitgehendes Theorie-, Empirie- und Methodendefizit gegenüber (Hoff, 2008; Hardmeier & Vinz, 2007), aus dem sich ergibt, dass in vorliegenden Veröffentlichungen unterschiedliche Einschätzungen dazu getroffen werden, welche Ziele Diversity Management verfolgt, auf welche gesellschaftlichen Bereiche es ausgerichtet ist und ob es dazu beiträgt, Differenzen zu zementieren oder nicht.

Beim Diversity Management werden zwei Aspekte angesprochen: Zum einen beinhaltet es die *Business-Perspektive*, welche die hohe Bedeutung von betriebswirtschaftlichen Anforderungen sowie die privatwirtschaftliche Fokussierung auf eine Steigerung von Produktivität, Effizienz und Gewinn durch einen gelungenen Umgang mit Vielfalt in Unternehmen meint. Auf dieser Ebene sollen Mitarbeiterinnen und Mitarbeiter in ihrer Verschiedenheit anerkannt werden, um so die vorhandenen Ressourcen diskriminierungsfrei und dadurch optimal zu nutzen (Bruchhagen & Koall, 2009). Strategien des Managing Diversity implizieren dementsprechend Personalpolitik. Im Zentrum stehen der produktive Umgang mit Diversität sowie Ziele der Organisationen (Perko & Czollek, 2007; Krell u.a., 2007; Hardmeier & Vinz, 2007). Zum anderen wird unter Rekurs auf den US-amerikanischen Entstehungskontext von DM, in dem Diversität eine hohe gesellschaftliche und gesellschaftspolitische Bedeutung zukommt (Krell u.a., 2007), die *Equity-Perspektive* angesprochen. In dieser geht es um umfassende Unrechtsbekämpfung, Antidiskriminierung, Anerkennung und Umverteilung (Hardmeier & Vinz, 2007).

Aufgrund der bestehenden theoretischen und konzeptionellen Leerstellen im DM ergeben sich viele Fragen (in Anlehnung an Krell & Sieben, 2007): Welche Merkmale oder Merkmalsausprägungen sind überhaupt relevant respektive sollen und können berücksichtigt werden? Wie wird Diversity bzw. Vielfalt verstanden? Soll eine Konzentration auf Unterschiede erfolgen, die an den bestimmten Merkmalen festgemacht werden, oder ist es eher angebracht, Gemeinsamkeiten und Unterschiede zu betonen? Worauf zielt das Management – auf ökonomisches Kalkül und/oder die Durchsetzung von Equity, also den Abbau von Diskriminierungen? Gerade durch feministische Theoretikerinnen wird bezüglich der letzten Frage kritisiert, dass der Business-Perspektive zumeist gegenüber der Equity-Perspektive der Vorrang zukommt (Hardmeier & Vinz, 2007). Auch wird die Befürchtung geäußert, durch den Fokus auf Diversity könnte die Gender-Perspektive marginalisiert oder verdrängt werden (Krell u.a., 2007), wobei insbesondere die Fragen sozialer Ungleichheit unter Berücksichtigung der zentralen Ungleichheitsdimensionen (Geschlecht, Klasse, Ethnie) aus dem Fokus geraten und dafür Identität und Anerkennungspolitiken überbetont werden (Heite, 2008).

Nichtsdestotrotz ist davon auszugehen, dass Diversity Management als Querschnittsaufgabe zunehmend in Handlungspraxen und Leitbildern von Institutionen und Organisationen Eingang finden wird (Hoff, 2007; Heite, 2008). „Diversity wird, so unsere These, als positiv konnotierter und Marketing-geeigneter Containerbegriff in Zukunft an Relevanz gewinnen" (Hardmeier & Vinz, 2007, S. 31).

Gender Cultural Mainstreaming

Prinzipiell ist zu konstatieren, dass herkömmliche Gender Mainstreaming-Konzepte zu kurz fassen: Formen sozialer Ungleichheit kommen selten allein vor, im Gender Mainstreaming wird jedoch nur eine Diskriminierungsform in Bezug auf die Kategorie Geschlecht fokussiert und Annahmen vom Mann-Frau-Dualismus werden nicht in Frage gestellt (Castro Varela & Jagusch, 2006). Differenzen innerhalb einer Geschlechtskategorie bleiben unberücksichtigt, während Unterschiede zwischen Geschlechtern angenommen werden. Häufig blendet man des Weiteren Männer und Frauen in prekären Lebenslagen aus (Westphal, 2005a). Bei der Umsetzung von Gender Mainstreaming-Ansätzen ist problematisch, dass diese meist an Frauen delegiert wird, was einer Verkürzung auf ein Geschlecht gleichkommt (ebd.). Logische Folge der Kritikpunkte ist die Erweiterung des Gender Mainstreaming um die Berücksichtigung von Hierarchien, Benachteiligungen und Stereotypisierungen in Bezug auf ethnische Zugehörigkeit: Potenziale birgt Gender Mainstreaming nämlich vor allem, wenn auch in diesem Ansatz andere Differenzierungskategorien berücksichtigt werden, denn nur so kann die Vielfältigkeit von Geschlecht in den Blick genommen werden (ebd.). In diesem Sinne ist für ein *Gender Cultural Mainstreaming*

> „die Förderung der interkulturellen Gender-Kompetenz der Fachkräfte unabdingbar. Hierzu zählen insbesondere folgende Aspekte: Eine interkulturell bzw. heterogen ausgewogene Zusammensetzung der Teams, ein kontinuierlicher Austausch des Fachpersonals hinsichtlich der Umsetzung und Weiterentwicklung der Arbeitsfelder nach Kriterien der Geschlechtergerechtigkeit und Antidiskriminierung, sowie eine Veränderung der Organisationsstrukturen und -kulturen. Mit Gender Mainstreaming sind Methoden und Instrumente verfügbar, die einen elementaren Beitrag zu einer differenzierten Analyse dieses Bereiches und ausgewogenen Maßnahmen leisten (können), jedoch auch einer Weiterentwicklung und kritischen Überprüfung bedürfen." (Westphal, 2010a, S. 213).

Fazit

Mit der Darstellung der Sozialisationskontexte Familie und Schule haben wir uns das Ziel gesetzt, über die Frage nach der ‚Wirksamkeit' des Migrationshintergrundes als einem der dominierenden Heterogenitätsfaktoren hinaus die aktuellen Lebenszusammenhänge von Einwanderern und ihren Nachkommen in Deutschland in den Blick zu nehmen und breit aufzufächern. Die dabei herausgearbeiteten Daten, theoretischen Zugänge und empirischen Erkenntnisse können als inhaltliche Impulse pädagogischen Projekten den Anstoß geben, Konzepte geschlechtergerechter interkultureller Pädagogik kontextbezogen und nicht abstrakt (weiter) zu entwickeln, die zudem je spezifisch in Organisationsentwicklungsprozesse und die Weiterbildung von Führungskräften in den einzelnen Feldern eingebettet sind.

In Bezug auf konkrete Ansätze und Projekte einer geschlechtergerechten interkulturellen Pädagogik und ihre entsprechende Umsetzung müssen erhebliche Leerstellen konstatiert werden. Vielfältige Entwürfe stehen nebeneinander, während übergreifende integrierte Konzepte fehlen. Um die Zielsetzungen fokussieren und die Auswirkungen der implementierten Ansätze und Konzepte evaluieren zu können, bedürfen neue Projekte vermehrt einer wissenschaftlichen Fundierung. Insbesondere in der Jugendarbeit stehen (in Anlehnung an Puchert & Höyng, 2004) wissenschaftliche Begleituntersuchungen über die Arbeit in geschlechts-/ethnizitätshomogenen oder -heterogenen Gruppen aus. Allerdings fehlen in allen Kontexten Evaluationen zu Projekten, die sich der innovativen und verschränkten Betrachtung von Geschlecht und Ethnizität mit anderen Kategorien widmen.

Grundsätzlich stellt sich die Frage, wie es gegenwärtig um geschlechtergerechte interkulturelle Pädagogik bestellt ist. Da Gender Mainstreaming vor allem in öffentlichen Institutionen mittlerweile umfassend etabliert wurde und aufgrund des Antidiskriminierungsgesetzes (AGG) weitere Ungleichheitsdimensionen per Gesetz bekämpft werden (sollen), ist ein gesteigerter und mit einem Bedeutungsgewinn verbundener Bedarf an Konzepten geschlechtergerechter interkultureller Pädagogik in naher Zukunft sehr gut vorstellbar. Andererseits ist vor dem Hintergrund der Wirksamkeit gesamtgesellschaftlicher Diskurse zur

Geschlechtergleichheit[148] (Hagemann-White, 2006) davon auszugehen, dass eher Managing Diversity-Ansätze, die die Geschlechterdimension potentiell in den Hintergrund treten lassen oder die Geschlechterfrage marginalisieren (Wetterer, 2002; Andresen & Koreuber, 2009), an Relevanz zunehmen – zumal es heute zum Teil als ‚altmodisch' feministisch gilt, bestehende Geschlechterhierarchien zu thematisieren (Bilden, 2006; ebenfalls Haug, 2008).

Der ‚Bildungsmarkt' Interkulturalität expandierte im vergangenen Jahrzehnt; es entwickelte sich ein großes und wachsendes Segment an Angeboten für wirtschaftsnahe Weiterbildungen im Business-Bereich (Sprung, 2003) sowie in den Bereichen Soziale Arbeit, Pädagogik und in jüngster Zeit verstärkt im Gesundheitswesen und im Pflegebereich (siehe bspw. Falge & Zimmermann, 2009; Friebe & Zalucki, 2003; Pfitzner, 2006). Zweifelsohne hat sich die Vermittlung von interkultureller Kompetenz zu einem sehr lukrativen Geschäft entwickelt (Sprung, 2003). Die Angebotsvielfalt ist durchaus begrüßenswert, denn es kann davon ausgegangen werden, dass eine geschlechtergerechte interkulturelle Pädagogik zum Aufweichen stereotyper Bilder von Geschlechtern und ethnischen Gruppen beiträgt. Gegebenenfalls führt dies zu einem Verlust der Verbindlichkeit traditioneller, auf Geschlecht, Ethnizität und Schicht bezogener Zuweisungen in Aufgabenverteilungen, die mit ungleich verteilten Entwicklungschancen und sozialen Bewertungen einhergehen – allerdings nur, wenn Angebote nicht allein auf die Vermittlung kulturellen Wissens ausgerichtet sind. Gerade vor dem Hintergrund der ‚boomenden' interkulturellen Weiterbildungen stellt sich die Frage (ebd.), worin die gesellschaftliche Wirkung dieser interkulturellen (und auch geschlechtergerechten) Maßnahmen und Programmen besteht. Auch dazu sollte vermehrt Forschung initiiert werden.

Die Teilhabe an Bildung und Berufsausbildung von Kindern und Jugendlichen aus Einwandererfamilien und aus unteren sozialen Schichten haben sich im letzten Jahrzehnt wenig verändert. Für sie die gleichen Chancen wie für sozial besser gestellte Heranwachsende oder solche ohne Migrationshintergrund zu gewährleisten, ist eines der drängenden und zentralen gesellschaftlichen Probleme der Gegenwart. Der ausbleibende Schulerfolg wurde seit den großen internationalen Vergleichsstudien und vor allem seit den PISA-Debatten in Deutschland diskutiert. Unthematisiert bleibt aber in Bezug auf die Situation in den Familien nach wie vor die Frage, wie von diesem primären Kontext ausgehend Kinder und

---

148 Gleichheitsannahmen prägen das Selbstverständnis junger Frauen und Männer in allen sozialen Schichten (Geissler & Oechsle, 2000). Diesem dominanten Deutungsmuster entsprechend werden individuelle biographische Entscheidungen als Ursachen für Ungleichheiten angesehen, was zu einer selektiven Wahrnehmung und Unterschätzung von an latente Normen und institutionelle Strukturen gebundenen geschlechtsspezifischen Benachteiligungen insbesondere bei Mädchen und jungen Frauen führt (ebd.).

Jugendliche in ihren Ansprüchen auf eine gerechte Teilhabe an Bildung Unterstützung erhalten können. Das schlechte Abschneiden junger Migrant(inn)en im schulischen Bereich hat zwar im öffentlichen Bewusstsein eine nicht zu übersehende Präsenz, aber der Thematik ‚Einwandererfamilien als Sozialisationskontext' kommt in der Forschung nicht der eigentlich erforderliche Stellenwert zu. Vielmehr ist sie ein Gegenstand, der zum einen eher Eingang findet in die Publikationen der gesellschaftlichen Hilfssysteme (wie der Sozialen Arbeit, der Migrationsarbeit, Elternarbeit und Gesundheitsbildung) oder zum anderen auf Ebene der Politik verhandelt wird. Vor allem in der Sozial- und Familienpolitik ist die Thematik präsent, meist im Zusammenhang mit der Problematik von Armut und sozialer Ungleichheit. Ganz aktuell wird die unabdingbare Notwendigkeit umfassender Unterstützungsleistungen für von Armut betroffene Heranwachsende und diejenigen, die diesem Risiko besonders ausgesetzt sind – also auch und gerade Kinder und Jugendliche aus Einwandererfamilien –, von Ursula von der Leyen, Bundesministerin für Arbeit und Soziales, betont und mit sozialen und ökonomischen Argumenten begründet (2010). Darüber hinaus ist das Thema eine sozialgeographische Fragestellung der Entwicklung moderner Städte mit hohen Anteilen der Migrant(inn)en an der Stadtbevölkerung.

Mit ‚Armut, Migration, sozialer Ungleichheit und Ausgrenzung' tut sich überdies ein europäisches Problem auf. In allen Mitgliedsstaaten Europas sollte die Chancengleichheit für Kinder und Jugendliche mit Migrationshintergrund besser gewährleistet werden. Auf europäischer Ebene entstehen zunehmend Maßnahmen, die sich dieser Herausforderung stellen (vgl. Steidle, 2008). Einige Länder Europas sind vom Emigrationsland – (durch die Arbeitsmigration) im Rahmen des Zusammenwachsens der Europäischen Gemeinschaft – zum Immigrationsland geworden, was die Problematik verschärft. Nichtsdestotrotz gelingt Integration in einigen Ländern besser als in anderen. Zu vergleichen ist insofern, so auch der Anspruch an neue Forschungen, zwischen Ländern, aber auch zwischen Gruppen und Geschlechtern, sozialen Schichten, Altersphasen etc. Eine Zielsetzung zukünftiger Forschung muss darin liegen, die deutsche Situation im Vergleich mit den Besonderheiten der europäischen Länder und ihrer kulturellen Vielfalt sowie ihrer Integrationskraft zu beschreiben und damit auch Impulse für geeignete Maßnahmen in den einzelnen Gesellschaften zu geben.

Ausgehend von Forschungsergebnissen und in Verbindung mit einer wissenschaftlichen Begleitforschung sind vermehrt Förderprojekte zu entwickeln und etablieren, möglicherweise in Anlehnung an Sprachförderprogramme, die Familien einbeziehen (bspw. das Rucksackprojekt; für einen Überblick: Friedrich & Siegert, 2009). Die Projekte sollten den Fokus breiter auf die Förderbedürfnisse von Kindern und Jugendlichen richten, so u.a. auf die Resilienzförderung. Ein Ansatzpunkt könnte die Entwicklung von positiven Selbstwirksamkeitsüberzeugungen, Selbstreflexion und die Unterstützung förderlicher Peer-Beziehungen sein, wie aus der therapeutischen Arbeit mit Kindern und Jugendlichen, die unter Risikobedingungen aufwachsen, bekannt ist (Rahm & Kirsch, 2000). Migration stellt allerdings nicht schlicht einen Risikofaktor im Lebensverlauf dar – wie im vorliegenden Band detailliert erörtert, verfügen Kinder und Jugendliche über vielfältige Ressourcen und entwickeln in ihren Identitätsbildungsprozessen und Bildungsanstrengungen eine einzigartige Kraft. Ihre Multilingualität, die von ihnen entwickelten Akkulturationsstrategien und ihre alltägliche Praxis, Zugehörigkeit und Anerkennung zu finden, ihre kulturelle Herkunft und ihre Fähigkeit, Ressourcen wie Mehrfachzugehörigkeit in ihre Selbstkonzepte zu integrieren, sollten vermehrt Anerkennung und Unterstützung im pädagogischen Alltag finden. In ihrer Lebenssituation praktizieren Kinder und Jugendliche aus Einwandererfamilien vielfältig die interkulturelle Kompetenz, an der es der pädagogischen Professionalität oft mangelt. Dennoch: die sozialstrukturelle Lebenslage eines großen Teils dieser Gruppe ist durch soziale Ungleichheit und Benachteiligung gekennzeichnet. Es handelt sich um *die* Determinante im Lebensverlauf von Kindern, die bereits in der frühen Kindheit zu beobachtbaren tiefgreifenden Beeinträchtigungen führt, nicht alleine in der gesundheitlichen Situation, sondern im gesamten Entwicklungsverlauf, in der Betreuung und Versorgung sowie in der ,Bildungsausgangslage' (Dragano, Lampert & Siegrist, 2009).

Ein wichtiges Scharnier zwischen Familien und Schulen (oder allgemein Bildungseinrichtungen) stellt Elternarbeit dar. Den Ausgangspunkt für eine Intensivierung der (interkulturellen) Elternarbeit bilden die aus migrationswissenschaftlichen Studien (siehe 1.5) und praktischen Erfahrungen (bspw. Keltek, 2007) vorliegenden Erkenntnisse über die Kohäsion in Einwandererfamilien und die große Bereitschaft von Eltern mit Migrationshintergrund, sich finanziell und zeitlich ausgedehnt für die schulischen Belange ihrer Kinder zu engagieren (Westphal, 2010b). Aber auch wenn der Wille zur Unterstützung bei Eltern vorhanden ist, fehlen häufig notwendige Kenntnisse über das deutsche Schul- und Bildungssystem sowie ,deutsche' Karrieren, was eine adäquate Hilfe oft unmöglich macht (Herwartz-Emden, Schurt, Waburg & Ruhland, 2008; Behrensen & Westphal, 2010). An dieser Stelle kann interkulturelle Elternarbeit ansetzen. Zentral sind neben allgemeinen interkulturellen Kompetenzen die Anerkennung der Erziehungsleistungen der Eltern, ihrer Migrations- und Integrationsleistungen sowie ihrer abstrakten und moralischen Unterstützung, aber auch die Förderung der demokratischen Partizipation von Eltern und Schüler(inne)n mit und ohne Migrationshintergrund aus allen sozialen Schichten, ungeachtet ihres Geschlechts (Westphal, 2009).

Mit Blick auf das Personal im Bildungssystem ist für den Umgang mit Heterogenität ein Mangel an wissenschaftlich fundierten Konzepten für die Lehrer(innen)bildung zu konstatieren (Herwartz-Emden, Dresel, Hartinger, Rost-Roth & Schneider, 2008). Es fehlt eine fachdidaktisch-pädagogische Diagnostik, die insbesondere für kulturelle und soziale Merkmale der Schüler/innen sensibel ist. Inhalte, die sich auf den Umgang mit Heterogenität beziehen, sind gegenwärtig zu sehr auf einzelne Fächer oder Zusatzqualifikationen beschränkt und in zu geringem Maße für alle künftigen Lehrpersonen verpflichtend (dies gilt beispielsweise für die Lehramtsprüfungsordnungen in Bayern; siehe ausführlicher dazu ebd.). So wird u.a. der Umgang mit unterschiedlichen (fach-)sprachlichen Voraussetzungen primär an speziell ausgebildete Lehrkräfte delegiert und weniger als Aufgabe aller Fachdidaktiken wahrgenommen (Döbrich, Klemm, Knauss & Lange, 2003). Die aktuelle Umstellung auf modularisierte Studiengänge mit Bachelor- und Masterabschlüssen bietet für den universitären Teil der Lehrer(innen)bildung eine Chance, einschlägige Module zur Förderung des Umgangs mit Heterogenität in Schule und Unterricht zu konzipieren (Herwartz-Emden, Dresel, Hartinger, Rost-Roth & Schneider, 2008). Auch müssen vermehrt entsprechende Fortbildungen für Lehrkräfte angeboten werden.[149] Eine nachhaltige Verbesserung der Lehrer(innen)bildung und eine Professionalisierung bezüglich des Umgangs mit Heterogenität bedürfen vor dem Hintergrund der aktuellen Veränderungen im Schulsystem einer konsequenten Erforschung der Bedingungen ihres Ge- bzw. Misslingens sowie ihrer Wirkungen. Forschungslücken bestehen hinsichtlich der diagnostischen und beratungsorientierten Kompetenzen von Lehrkräften ebenso wie mit Fokus auf die unterrichtsstrukturellen Neuerungen im Schulsystem (gemischte Eingangsklassen, Ganztagesschulbetrieb) und deren Wirkungen auf das heterogenitätsbezogene Handeln der Lehrkräfte (ebd.). An dieser Stelle setzt das durch die Hans-Böckler-Stiftung geförderte Promotionskolleg „Heterogenität und Bildungserfolg" des Zentralinstituts für didaktische Forschung und Lehre in Kooperation mit dem Kompetenzzentrum Kultur- und Bildungswissenschaft der Universität Augsburg an.[150]

---

149 An der Universität Augsburg wurde am Zentralinstitut für didaktische Forschung und Lehre der Zusammenhang von Heterogenität und Bildungserfolg dezidiert in den Mittelpunkt mehrerer Lehrer(innen)fortbildungsreihen gestellt. Neben wissenschaftlichen Hintergrundinformationen und Best-Practice-Beispielen fanden bzw. finden in diesem Zusammenhang auch Workshops zur Weiterentwicklung der interkulturellen Kompetenz von Lehrkräften statt. Informationen zum aktuellen und früheren Programm sind zu finden unter http://www.uni-augsburg.de/de/institute/ZdFL/Lehrerfortbildung/.

150 Zu näheren Informationen zum Promotionskolleg siehe http://www.uni-augsburg.de/forschung/pkhb/; http://www.uni-augsburg.de/de/institute/ZdFL/promotionskolleg/, zum Kompetenzzentrum: http://www.uni-augsburg.de/exzellenz/kompetenz/kkb/index.html.

Abschließend muss allerdings auch vor übersteigerten Ansprüchen an die Wirksamkeit von geschlechtergerechten interkulturellen Konzepten sowie zu hohen Erwartungen an Praktiken des undoing gender, undoing ethnicity und undoing class gewarnt werden (Kelle, 1999). Dies ist vor allem bei Berücksichtigung des im vorliegenden Band mehrfach angesprochenen Problems der Pädagogisierung sozialer und gesellschaftlicher Problemlagen der Fall. Ignoriert man strukturell und systematisch bedingte Ungleichheiten, Armutslagen sowie Diskriminierungen, können pädagogische Interventionen letztlich nur eine eingeschränkte Wirkung erzielen und es wird sowohl kurz- als auch langfristig zu Frustrationen bei Pädagog(inn)en und Nutzer(inne)n pädagogischer Angebote kommen. Anders formuliert, ist von einem Drahtseilakt auszugehen: Die Verwendung des Kompetenzbegriffs und das Sprechen über den Erwerb geschlechtergerechter interkultureller Kompetenzen bergen die Gefahr in sich, eine Umkehrung zu bewirken, nämlich eine gesellschaftliche Problematik auf die Ebene der Individuen zu verschieben. Den in pädagogischen Bereichen Tätigen sowie den Nutzer(inne)n wird ein individuell nicht wirklich lösbares Problem zur Lösung angetragen – suggeriert durch die Formulierung der Zielsetzungen interkultureller Lernprozesse (Sprung, 2003) und hoher Versprechen bezüglicher ihrer Wirksamkeit. Es bedarf einer gesellschaftsbezogenen Lösung gesellschaftlich bedingter Probleme, damit geschlechtergerechte interkulturelle Konzepte und Strategien erfolgversprechend angewandt werden können.

Literaturverzeichnis

Akman, Saro; Gülpinar, Meltem; Huesmann, Monika; Krell, Gertraude (2005): Auswahl von Fach- und Führungsnachwuchskräften. Migrationshintergrund und Geschlecht bei Bewerbungen. Personalmanagement 38 (10), S. 72-76.

Akpinar, Ünal; Essinger, Helmut (1983): Sozialisationsprobleme von Migrantenkindern. In: Ernst-Günther Skiba; Christoph Wulf; Konrad Wünsche (Hrsg.): Erziehung im Jugendalter – Sekundarstufe I. Stuttgart: Klett-Cotta, S. 150-159.

Alexander, Kira; Schofield, Janet W. (2006a): Erwartungseffekte: Wie Lehrerverhalten schulische Leistungen beeinflusst. In: Janet W. Schofield: Migrationshintergrund, Minderheitenzugehörigkeit und Bildungserfolg. Forschungsergebnisse der pädagogischen Entwicklungs- und Sozialpsychologie. AKI-Forschungsbilanz 5. Berlin: Arbeitsstelle Interkulturelle Konflikte und gesellschaftliche Integration (AKI) am Wissenschaftszentrum Berlin für Sozialforschung (WZB), S. 47-69.

Alexander, Kira; Schofield, Janet W. (2006b): Stereotype threat: Wie Reaktionen von SchülerInnen auf wahrgenommene negative Stereotype ihre Leistungen beeinträchtigen. In: Janet W. Schofield: Migrationshintergrund, Minderheitenzugehörigkeit und Bildungserfolg. Forschungsergebnisse der pädagogischen Entwicklungs- und Sozialpsychologie. AKI-Forschungsbilanz 5. Berlin: Arbeitsstelle Interkulturelle Konflikte und gesellschaftliche Integration (AKI) am Wissenschaftszentrum Berlin für Sozialforschung (WZB), S. 15-45.

Allemann-Ghionda, Cristina (2006): Klasse, Gender oder Ethnie? Zum Bildungserfolg von Schüler/innen mit Migrationshintergrund. Von der Defizitperspektive zur Ressourcenorientierung. Zeitschrift für Pädagogik 52 (3), S. 350-362.

Allemann-Ghionda, Cristina; Auernheimer, Georg; Grabbe, Helga; Krämer, Angelika (2006): Beobachtung und Beurteilung in soziokulturell und sprachlich heterogenen Klassen: die Kompetenzen der Lehrpersonen. In: Cristina Allemann-Ghionda; Ewald Terhart (Hrsg.): Kompetenzen und Kompetenzentwicklung von Lehrerinnen und Lehrern: Ausbildung und Beruf. Weinheim: Beltz, S. 250-266.

Alt, Christian (2006a): Grundlagen und Design der Kinderpanel-Zusatzuntersuchung. In: Christian Alt (Hrsg.): Kinderleben – Integration durch Sprache? Bedingungen des Aufwachsens von türkischen, russlanddeutschen und deutschen Kindern. Wiesbaden: VS Verlag, S. 7-21.

Alt, Christian (Hrsg.) (2006b): Kinderleben – Integration durch Sprache? Bedingungen des Aufwachsens von türkischen, russlanddeutschen und deutschen Kindern. Wiesbaden: VS Verlag.

Alt, Christian (Hrsg.) (2005a): Kinderleben – Aufwachsen zwischen Familie, Freunden und Institutionen. Aufwachsen in Familien. Wiesbaden: VS Verlag.

Alt, Christian (Hrsg.) (2005b): Kinderleben – Aufwachsen zwischen Familie, Freunden und Institutionen. Aufwachsen zwischen Freunden und Institutionen. Wiesbaden: VS Verlag.

Alt, Christian; Holzmüller, Helmut (2006): Der familiäre Hintergrund türkischer und russlanddeutscher Kinder. In: Christian Alt (Hrsg.): Kinderleben – Integration durch Sprache? Bedingungen des Aufwachsens von türkischen, russlanddeutschen und deutschen Kindern. Wiesbaden: VS Verlag, S. 7-21.

Alt, Christian; Quellenberg, Holger (2005): Daten, Design und Konstrukte. Grundlagen des Kinderpanels. In: Christian Alt (Hrsg.): Kinderleben – Aufwachsen zwischen Familie, Freunden und Institutionen. Wiesbaden: VS Verlag, S. 277-303.

Althoff, Martina (2007): „Bad woman" oder „one oft the guys": Junge Frauen und Gewalt. In: Christine Künzel; Gaby Temme (Hrsg.): Täterinnen und/oder Opfer? Frauen in Gewaltstrukturen. Berlin: LIT Verlag, S. 232-247.

Ambady, Nalini; Shih, Margret; Kim, Amy; Pittinsky, Todd L. (2001): Stereotype susceptibility in children: effects of identity activation on quantitative performance. Psychological science 12 (5), pp. 385-390.

Ambady, Nalini; Paik, Sue K.; Steele, Jennifer; Owen-Smith, Ashli; Mitchell, Jason P. (2004): Deflecting negative self-relevant stereotype activation: the effects of individuation. Journal of Experimental Social Psychology 40 (3), pp. 401-408.

Andresen, Sünne; Koreber, Mechthild (2009): Gender und Diversity: Albtraum oder Traumpaar? Eine Einführung. In: Sünne Andresen; Mechthild Koreuber; Dorothea Lüdtke (Hrsg.): Gender und Diversity: Alptraum oder Traumpaar? Wiesbaden: VS Verlag, S. 19-33.

Apitzsch, Ursula (2009): Die Macht der Verantwortung. In: Martina Löw (Hrsg.): Geschlecht und Macht. Analysen zum Spannungsfeld von Arbeit, Bildung und Familie, Wiesbaden: VS Verlag, S. 80-96.

Apitzsch, Ursula (2005): Migration und Adoleszenz. Kind Jugend Gesellschaft. Zeitschrift für Jugendschutz, S. 12-18.

Aronson, Elliot; Patnoe, Shelley (1997): The Jigsaw Classroom: Building Cooperation in the Classroom. 2nd edition. New York: Longman.

Aronson, Joshua; Steele, Claude, M. (2005): Stereotypes and the fragility of academic competence, motivation, and self concept. In: Andrew J. Elliott; Carol S. Dweck (Eds.): Handbook of competence and motivation. New York: The Guilford Press, pp. 436-456.

Aronson, Elliot; Wilson, Timothy D.; Akert, Robin M. (2006): Sozialpsychologie. 4., aktualisierte Auflage. München: Pearson Studium.

Atabay, İlhami (2001): Ist dies mein Land? – Identitätsentwicklung türkischer Migrantenkinder und -jugendlicher in der Bundesrepublik. Herbholzheim: Centaurus.

Auernheimer, Georg (2008): Interkulturelle Kommunikation, mehrdimensional betrachtet, mit Konsequenzen für das Verständnis von interkultureller Kompetenz. In: Georg Auernheimer (Hrsg.): Interkulturelle Kompetenz und pädagogische Professionalität. 2., aktualisierte und erweiterte Auflage. Wiesbaden: VS Verlag, S. 35-65.

Auernheimer, Georg (2007): Einführung in die Interkulturelle Pädagogik. 5. Auflage. Darmstadt: WBG.

Auernheimer, Georg (2004): Drei Jahrzehnte Interkulturelle Pädagogik – eine Bilanz. In: Yasemin Karakaşoğlu; Julian Lüddecke (Hrsg.): Migrationsforschung und Interkulturelle Pädagogik. Münster: Waxmann, S. 17-28.

Auernheimer, Georg (1999): Interkulturelle Bildung als politische Bildung. Politisches Lernen (3/4), S. 57-71.

Autorengruppe Bildungsberichterstattung (Hrsg.) (2008): Bildung in Deutschland 2008. Ein indikatorengestützter Bericht mit einer Analyse zu Übergängen im Anschluss an den Sekundarbereich I. Bielefeld: Bertelsmann Verlag.

Baacke, Dieter (2004): Die 6- bis 12jährigen. Einführung in die Probleme des Kindesalters. Weinheim: Juventa.

Bachmair, Ben (2007): Migrantenkinder, ihr Leserisiko und ihre Medienumgebung. Aus Politik und Zeitgeschichte (28), S. 32-38.

Badawia, Tarek (2002): Der dritte Stuhl. Frankfurt a.m.: IKO.

Bade, Klaus J. (2007a): Abschiedsvorlesung: Leviten lesen – Migration und Integration in Deutschland. IMIS-Beiträge (Heft 31/2007). Osnabrück: Ohne Verlag, S. 43-64.

Bade, Klaus (2007b): Nationaler Integrationsplan und Aktionsplan Integration NRW: Aus Erfahrung klug geworden? Zeitschrift für Ausländerrecht und Ausländerpolitik (ZAR) 27 (9), S. 307-315. Zugriff am 07.05.2010 unter http://www.zar-online.info/zar/hefte/Aufsatz_zar_07_09.pdf.

Bade, Klaus J. (2007c): Versäumte Integrationschancen und nachholende Integrationspolitik. In: Klaus J. Bade; Hans-Georg Hiesserich (Hrsg.): Nachholende Integrationspolitik und Gestaltunssperspektive der Integrationspraxis. Göttingen: V&R unipress GmbH, S. 21-96.

Bade, Klaus J.; Oltmer, Jochen (2007): Deutschland. In: Klaus J. Bade; Leo Lucassen; Jochen Oltmer (Hrsg.): Enzyklopädie Migration in Europa vom 17. Jahrhundert bis zur Gegenwart. Paderborn: Ferdinand Schöningh, S. 141-170.

BAMF (= Bundesamt für Migration und Flüchtlinge) (2010): Migrationsbericht des Bundesamtes für Migration und Flüchtlinge im Auftrag der Bundesregierung. Migrationsbericht 2008. Nürnberg: BAMF.

BAMF (2009): Integrationskurse. Zugriff am 21.12.2009 unter http://www.integration-in-deutschland.de/cln_117/nn_283594/SubSites/Integration/DE/03__Akteure/Integrationskurse/Organisation/Teilnehmer/teilnehmer-node.html?__nnn=true.

BAMF (2007): Abschlussbericht. Zuwanderung und Integration von (Spät-)Aussiedlern – Ermittlung und Bewertung der Auswirkungen des Wohnortzuweisungsgesetzes. Nürnberg: BAMF. Zugriff am 05.05.2010 unter http://www.bamf.de/nn_442016/SharedDocs/Anlagen/DE/Migration/Publikationen/Forschung/Forschungsberichte/fb3-wohnortzuweisungsgesetz,templateId=raw,property=publicationFile.pdf/fb3-wohnortzuweisungsgesetz.pdf.

Baros, Wassilios (2008): Wirklichkeitskonstruktionen und Familienbeziehungen von Migrantinnen und Migranten: Theoretische Ansätze und methodische Perspektiven. In: Lisa Rosen; Schahrzad Farrokhzad (Hrsg.): Macht – Kultur – Bildung. Festschrift für Georg Auernheimer. Münster: Waxmann, S. 311-328.

Baumert, Jürgen; Kunter, Mareike (2006): Stichwort: Professionelle Kompetenz von Lehrkräften. Zeitschrift für Erziehungswissenschaft 9 (4), S. 469-520.

Baumert, Jürgen; Schümer, Gundel (2002): Familiäre Lebensverhältnisse, Bildungsbeteiligung und Kompetenzerwerb im nationalen Vergleich. In: Jürgen Baumert; Cordula Artelt; Eckhard Klieme; Michael Neubrand; Manfred Prenzel; Ulrich Schiefele; Wolfgang Schneider; Klaus-Jürgen Tillmann; Manfred Weiß (Hrsg.): PISA 2000:

Die Länder der Bundesrepublik Deutschland im Vergleich. Opladen: Leske + Budrich, S. 11-38.

Baumert, Jürgen; Bos, Wilfried; Lehmann, Rainer (Hrsg.) (2000): TIMSS/III. Dritte Internationale Mathematik- und Naturwissenschaftsstudie. Mathematische und naturwissenschaftliche Bildung am Ende der Schullaufbahn. Band 1. Mathematische und naturwissenschaftliche Grundbildung am Ende der Pflichtschulzeit. Opladen: Leske + Budrich.

Baumert, Jürgen; Watermann, Rainer; Schümer, Gundel (2003): Disparitäten der Bildungsbeteiligung und des Kompetenzerwerbs: Ein institutionelles und individuelles Mediationsmodell. Zeitschrift für Erziehungswissenschaft 6 (1), S. 46-72.

Baykara-Krumme, Helen (2007): Gar nicht so anders: Eine vergleichende Analyse der Generationenbeziehungen bei Migranten und Einheimischen in der zweiten Lebenshälfte. WZB Discussion Paper. Zugriff am 25.03.2010 unter http://www.wzb.eu/alt/aki/files/iv07604_generationenbeziehungen_baykara_krumme.pdf.

Beauftragte der Bundesregierung für Migration, Flüchtlinge und Integration (Hrsg.) (2005): Bericht der Beauftragten der Bundesregierung für Migration, Flüchtlinge und Integration über die Lage der Ausländerinnen und Ausländer in Deutschland. Berlin.

Beck-Gernsheim, Elisabeth (2009): Ferngemeinschaften. Familien in einer sich globalisierenden Welt. In: Günter Burkart (Hrsg.): Zukunft der Familie. Prognosen und Szenarien. Sonderheft 6 der Zeitschrift für Familienforschung. Opladen: Barbara Budrich, S. 93-109.

Beck-Gernsheim, Elisabeth (2007): Wir und die Anderen. Frankfurt a.M.: Suhrkamp.

Beck-Gernsheim, Elisabeth (2006): Türkische Bräute und die Migrationsdebatte in Deutschland. Aus Politik und Zeitgeschichte (1-2), S. 32-37.

Becker, Rolf; Lauterbach, Werner (2004): Vom Nutzen vorschulischer Kinderbetreuung für Bildungschancen. In: Rolf Becker; Werner Lauterbach (Hrsg.): Bildung als Privileg? Erklärungen und Befunde zu den Ursachen der Bildungsungleichheit. Wiesbaden: VS Verlag, S. 127-159.

Becker-Schmidt, Regina (2007): „Class", „gender", „ethnicity", „race": Logiken der Differenzierung, Verschränkung von Ungleichheitslagen und gesellschaftliche Strukturierung. In: Cornelia Klinger; Gudrun-Axeli Knapp; Birgit Sauer (Hrsg.): Achsen der Ungleichheit. Frankfurt a.M.: Campus, S. 56-83.

Bednarz-Braun, Iris (2004): Entwicklung von Theorieansätzen im Schnittpunkt von Ethnie, Migration und Geschlecht. In: Iris Bednarz-Braun; Ulrike Heß-Meining: Migration, Ethnie und Geschlecht. Wiesbaden: VS Verlag, S. 19-94.

Behrensen, Birgit; Westphal, Manuela (2010): Trotz Benachteiligung erfolgreich im Beruf: Migrantinnen und ihre schulischen Wege. In: Leonie Herwartz-Emden; Verena Schurt; Wiebke Waburg (Hrsg.): Mädchen in der Schule. Empirische Studien zu Heterogenität in monoedukativen und koedukativen Kontexten. Opladen: Barbara Budrich. (in Vorbereitung).

Beicht, Ursula; Granato, Mona (2009): Vielfalt als Chance – Junge Menschen mit Migrationshintergrund im Ausbildungssystem. Theorie und Praxis der sozialen Arbeit 60 (3), S. 190-197.

Beisenherz, Gerhard (2006): Sprache und Integration. In: Christian Alt (Hrsg.): Kinderleben – Integration durch Sprache? Bedingungen des Aufwachsens von türkischen, russlanddeutschen und deutschen Kindern. Wiesbaden: VS Verlag, S. 39-70.

Bellenberg, Gabriele (2005). Wege durch die Schule – Zum Zusammenhang zwischen institutionalisierten Bildungswegen und individuellen Bildungsbiographien. bildungsforschung 2 (2), o.S. Zugriff am 18.12.2009 unter http://www.bildungsforschung.org/index.php/bildungsforschung/article/viewFile/15/13.

Bellin, Nicole (2008): Klassenkomposition, Migrationshintergrund und Leistung: Mehrebenenanalysen zum Sprach- und Leseverständnis von Grundschülern. Wiesbaden: VS Verlag.

Bender-Szymanski, Dorothea (2008): Interkulturelle Kompetenz bei Lehrerinnen und Lehrern aus der Sicht der empirischen Bildungsforschung. In: Georg Auernheimer (Hrsg.): Interkulturelle Kompetenz und pädagogische Professionalität. 2., aktualisierte und erweiterte Auflage. Wiesbaden: VS Verlag, S. 201-228.

Bender-Szymanski, Dorothea (2007): Zunehmende sprachlich-kulturelle Heterogenität in unseren Schulen und mögliche Antworten des Bildungssystems. In: Deutsche UNESCO-Kommission (Hrsg.): Migration als Herausforderung. Praxisbeispiele aus den UNESCO-Projektschulen. Bonn: Bonner Universitäts-Buchdruckerei, S. 161-194.

Berg-Lupper, Ulrike (2006): Kinder mit Migrationshintergrund. Bildung von Anfang an? In: Walter Bien; Thomas Rauschenbach; Birgit Riedel (Hrsg.) (2006): Wer betreut Deutschlands Kinder? Weinheim: Beltz, S. 83-104.

Bergann; Susanne; Stanat, Petra (2010): Mädchen mit Migrationshintergrund im deutschen Bildungssystem. In: Michael Matzner; Iris Wyrobnik (Hrsg.): Handbuch Mädchen-Pädagogik. Weinheim: Beltz, S. 159-172.

Berry, John W. (1980). Social and cultural change. In: Harry C. Triandis; Richard W. Brislin (Eds.): Handbook of cross-cultural psychology: Social psychology. Boston: Allyn and Bacon, pp. 211-279.

Bilden, Helga (2006): Sozialisation in der Dynamik von Geschlechter- und anderen Machtverhältnissen. In: Helga Bilden; Bettina Dausien (Hrsg.):Sozialisation und Geschlecht. Theoretische und methodologische Aspekte. Opladen: Barbara Budrich, S. 45-70.

BMFSFJ (=Bundesministerium für Familien, Senioren, Frauen und Jugend) (2006): Familie zwischen Flexibilität und Verlässlichkeit. Perspektiven für eine lebenslaufbezogene Familienpolitik. Siebter Familienbericht. Berlin: BMFSFJ.

BMI (=Bundesministerium des Inneren) (2009): Zuwanderung hat Geschichte. Zuwanderung hat Zukunft. Zuwanderung ist jetzt. Zugriff am 22.12.2009 unter http://www.zuwanderung.de/cln_153/nn_1068550/DE/Home/home__node.html?__n nn=true.

Bock-Famulla, Kathrin; Große-Wöhrmann, Kerstin (2009): Länderreport Frühkindliche Bildungssysteme 2009. Transparenz schaffen – Governance stärken. Gütersloh: Verlag Bertelsmann Stiftung.

Boos-Nünning, Ursula; Granato, Mona (2008): Integration junger Menschen mit Migrationshintergrund: Ausbildungschancen und Ausbildungsorientierung. Forschungsergebnisse und offene Fragen. Vorstand des Instituts für Migrationsforschung und Interkulturelle Studien: IMIS-Beiträge Heft 34. Osnabrück: O. V., S. 57-89.

Boos-Nünning, Ursula; Hohmann, Manfred (Hrsg.) (1977): Ausländische Kinder. Schule und Gesellschaft im Herkunftsland. Düsseldorf: Schwann.

Boos-Nünning, Ursula; Karakaşoğlu, Yasemin (2005): Viele Welten leben. Münster: Waxmann.

Boos-Nünning, Ursula; Karakaşoğlu, Yasemin (2004): Viele Welten leben. Lebenslagen von Mädchen und jungen Frauen mit griechischem, italienischem, jugoslawischem, türkischem und Aussiedlungshintergrund. BMFSFJ: Berlin.

Bos, Wilfried; Bonsen, Martin; Baumert, Jürgen; Prenzel, Manfred; Selter, Christoph; Walther, Gerd (Hrsg.) (2008): TIMSS 2007. Mathematische und naturwissenschaftliche Kompetenzen von Grundschulkindern in Deutschland im internationalen Vergleich. Münster: Waxmann.

Bos, Wilfried; Lankes, Eva-Maria; Prenzel, Manfred; Schwippert, Knut; Valtin, Renate; Walther, Gerd (2003): Erste Ergebnisse aus IGLU. Schülerleistungen am Ende der vierten Jahrgangsstufe im internationalen Vergleich. Münster: Waxmann.

Bos, Wilfried; Voss, Andreas; Lankes, Eva-Maria; Schwippert, Knut; Thiel, Oliver; Valtin, Renate (2004): Schullaufbahnempfehlungen von Lehrkräften für Kinder am Ende der vierten Jahrgangsstufe. In: Wilfried Bos; Eva-Maria Lankes; Manfred Prenzel; Knut Schwippert; Renate Valtin; Gerd Walther (Hrsg.): IGLU. Einige Länder der Bundesrepublik Deutschland im nationalen und internationalen Vergleich. Münster: Waxmann, S. 191-228.

Bos, Wilfried; Hornberg, Sabine; Arnold, Karl-Heinz; Faust, Gabriele; Fried, Lilian; Lankes, Eva-Maria; Schwippert, Knut; Valtin, Renate (Hrsg.) (2007a): IGLU 2006. Lesekompetenzen von Grundschulkindern in Deutschland im internationalen Vergleich. Zusammenfassung. Handout zur Pressekonferenz in Berlin. Zugriff am 02.02.2010 unter http://www.iglu.ifs-dortmund.de/assets/files/iglu/IGLU2006_ Pressekonferenz.pdf.

Bos, Wilfried; Hornberg, Sabine; Arnold, Karl-Heinz; Faust, Gabriele; Fried, Lilian; Lankes, Eva-Maria; Schwippert, Knut; Valtin, Renate (Hrsg.) (2007b): IGLU 2006. Lesekompetenzen von Grundschulkindern im internationalen Vergleich. Münster: Waxmann.

Böttcher, Annica; Krieger, Sascha; Kolvenbach, Franz-Josef (2010): Kinder mit Migrationshintergrund in Kindertagesbetreuung. Wirtschaft und Statistik (2), S. 158-164.

Bourdieu, Pierre (1997): Männliche Herrschaft. In: Irene Dölling; Beate Krais (Hrsg.): Ein alltägliches Spiel. Frankfurt a.M.: Suhrkamp, S. 153-217.

Bourdieu, Pierre (1983): Ökonomisches Kapital, kulturelles Kapital, soziales Kapital. In: Reinhard Kreckel (Hrsg.): Soziale Ungleichheiten. Göttingen: Schwartz, S. 183-198.

Brake, Anna (2005): Wohlfühlen in der Familie? Wie Mütter und 8- bis 9-jährige Kinder ihr Zusammenleben bewerten. In: Christian Alt (Hrsg.): Kinderleben – Aufwachsen zwischen Familie, Freunden und Institutionen. Aufwachsen in Familien. Wiesbaden: VS Verlag, S. 45-62.

Breidenstein, Georg (2008): Peer-Interaktion und Peer-Kultur. In: Werner Helsper; Jeannette Böhme (Hrsg.): Handbuch der Schulforschung. 2., durchgesehene und erweiterte Auflage. Wiesbaden: VS Verlag, S. 945-964.

Breidenstein, Georg; Kelle, Helga (1998): Geschlechteralltag in der Schulklasse. Ethnographische Studien zur Gleichaltrigenkultur. Weinheim: Juventa.

Breitenbach, Eva (2010): Zur Bedeutung der Geschlechtszugehörigkeit für die Arbeit im Elementarbereich. In: Jörg Hagedorn; Verena Schurt; Corinna Steber; Wiebke Waburg (Hrsg.): Ethnizität, Geschlecht, Familie und Schule. Wiesbaden: VS Verlag, S. 141-157.

Breitenbach, Eva (2000): Mädchenfreundschaften in der Adoleszenz. Eine fallrekonstruktive Untersuchung von Gleichaltrigengruppen. Opladen: Leske + Budrich.

Bromme, Rainer (2008): Kompetenzen, Funktionen und unterrichtliches Handeln von Lehrer/innen. In: Barbara Rendtorff; Svenja Burckhart (Hrsg.): Schule, Jugend und Gesellschaft. Stuttgart: Kohlhammer, S. 244-256.

Bromme, Rainer (1997): Kompetenzen, Funktionen und unterrichtliches Handeln des Lehrers. In: Franz E. Weinert (Hrsg.): Enzyklopädie der Psychologie. Band 3: Psychologie des Unterrichts und der Schule. Göttingen: Hogrefe, S. 177-212.

Bromme, Rainer (1992): Der Lehrer als Experte: Zur Psychologie des professionellen Wissens. Bern: Huber.

Bromme, Rainer; Jucks, Regina; Rambow, Riklef (2000): Experten-Laien-Kommunikation im Wissensmanagement. In: Gabi Reinmann; Heinz Mandl (Hrsg.): Der Mensch im Wissensmanagement: Psychologische Konzepte zum besseren Verständnis und Umgang mit Wissen. Göttingen: Hogrefe.

Bronfenbrenner, Urie (1981): Die Ökologie der menschlichen Entwicklung: Natürliche und geplante Experimente. Stuttgart: Klett-Cotta.

Bruchhagen, Verena; Koall, Iris (2009): Managing Gender & Diversity: Sozialwissenschaftliche Aspekte von Heterogenität als Herausforderung pädagogischen Handelns. In: Renate Hinz; Renate Walthes (Hrsg.): Heterogenität in der Grundschule. Weinheim: Beltz, S. 32-47.

Bruhns, Kirsten (2008): Mädchen und Gewalt. In: Deutsche Vereinigung für Jugendgerichte und Jugendgerichtshilfe (Hrsg.): Fördern Fordern Fallenlassen. Mönchengladbach: Forum Verlag Godesberg, S. 261-282.

Bruhns, Kirsten (2004): Einleitung – Geschlechterforschung als Grundlage von Geschlechtergerechtigkeit in der Kinder- und Jugendhilfe. In: Kirsten Bruhns (Hrsg.): Geschlechterforschung in der Kinder- und Jugendhilfe. Praxisstand und Forschungsperspektiven. Wiesbaden: VS Verlag, S. 13-48.

Buchwald, Petra (2008): Ressourcenorientierte Beratung im interkulturellen Kontext von Schule und Weiterbildung. In: Tobias Ringeisen; Petra Buchwald; Christine Schwarzer (Hrsg.): Interkulturelle Kompetenz in Schule und Weiterbildung. Berlin: LIT, S. 51-62.

Budde, Jürgen (2008): Bildungs(miss)erfolge von Jungen und Berufswahlverhalten bei Jungen/männlichen Jugendlichen. Bonn: BMBF.

Budde, Jürgen (2006): Wie Lehrkräfte Geschlecht (mit)machen – doing gender als schulischer Aushandlungsprozess. In: Sabine Jösting; Malwine Seemann (Hrsg.): Gender und Schule. Geschlechterverhältnisse in Theorie und schulischer Praxis. Oldenburg: Bis-Verlag, S. 45-60.

Budde, Jürgen; Faulstich-Wieland, Hannelore; Scholand, Barbara (2007): Geschlechtergerechtigkeit in der Schule. In: Dietlind Fischer; Volker Elsenbast (Hrsg.): Zur Gerechtigkeit im Bildungssystem. Münster: Waxmann, S. 145-150.

Bührmann, Andrea D. (2009): Intersectionality – ein Forschungsfeld auf dem Weg zum Paradigma? Tendenzen, Herausforderungen und Perspektiven der Forschung über Intersektionalität. Gender – Zeitschrift für Geschlecht, Kultur, Gesellschaft 1 (2), S. 28-44.

Bukow, Wolf-Dietrich; Roberto Llaeyora (1993): Mitbürger aus der Fremde. Soziogenese ethnischer Minoritäten. 3., aktualisierte Auflage. Opladen: Westdeutscher Verlag.

Busche, Mart; Cremers, Michael (2009): Jungenarbeit und Intersektionalität. In: Detlef Pech(Hrsg.): Jungen und Jungenarbeit. Eine Bestandsaufnahme des Forschungs- und Diskussionsstandes. Baltmannsweiler: Schneider Verlag, S. 13-30.

Busse, Susann; Helsper, Werner (2007): Familie und Schule. In: Jutta Ecarius (Hrsg.): Handbuch Familie. Wiesbaden: VS Verlag, S. 321-341.

Castro Varela, Maria do Mar (2008): Macht und Gewalt: (K)ein Thema im Diskurs um interkulturelle Kompetenz. In: Birgit Rommelspacher; Ingrid Kollak (Hrsg.): Interkulturelle Perspektiven für das Sozial- und Gesundheitswesen. Frankfurt a.M.: Mabuse-Verlag, S. 97-113.

Castro Varela, Maria do Mar (2007): Wer bin ich? Und wer sagt das? Migrantinnen und die Zumutungen alltäglicher Zuschreibungen. In: Chantal Munsch; Marion Gemende; Steffi Weber-Unger Rotino (Hrsg.): Eva ist emanzipiert, Mehmet ist ein Macho. Zuschreibung, Ausgrenzung, Lebensbewältigung und Handlungsansätze im Kontext von Migration und Geschlecht. Weinheim: Juventa, S. 62-73.

Castro Varela, Maria do Mar (2004): Übungen für ein Gendertraining mit Jugendlichen in der interkulturellen/antirassistischen Arbeit. In: IDA (Hrsg.): Pädagogische Ansätze für interkulturelle Geschlechtergerechtigkeit. Düsseldorf: o.V., S. 61-63.

Castro Varela, Maria do Mar; Jagusch, Birgit (2006): Geschlechtergerechtigkeit in der interkulturellen Jugendarbeit. In: IDA e. V. (Hrsg.): „Rassismus – eine Jugendsünde?" Aktuelle antirassistische und interkulturelle Perspektiven der Jugendarbeit. Tagungsdokumentation. Düsseldorf: o.V., S. 45-55.

Chlosta, Christoph; Ostermann, Torsten; Schroeder, Christoph (2003): Die Durchschnittsschule und ihre Sprachen. Ergebnisse des Projekts „Sprachenerhebung Essener Grundschulen" (SPREEG). Elise 3 (1), S. 43-139.

Cohen, Geoffrey; Garcia, Julio; Purdie-Vaughns, Valerie; Apfel, Nancy; Brzustoski, Patricia (2009): Recursive processes in self-affirmation: Intervening to close the minority achievement gap. Science (324), pp. 400-403.

Connell, Robert W. (1999): Der gemachte Mann. Konstruktion und Krise von Männlichkeiten. Opladen: Leske + Budrich.

Cooper, Davina (2004): Challenging diversity: Rethinking equality and the value of difference. Cambridge University Press: Cambridge, UK.

Corneließen, Waltraud; Gille, Martina; Knothe, Holger; Meier, Petra; Queisser, Hannelore; Stürzer, Monika (Hrsg.) (2002): Junge Frauen – junge Männer. Daten zur Lebensführung und Chancengleichheit. Opladen: Leske + Budrich.

Cremers, Michael (2007): Neue Wege für Jungs?! Ein geschlechtsbezogener Blick auf die Situation von Jungen im Übergang Schule-Beruf. Berlin: BMFSFJ.

Cremers, Michael; Budde, Jürgen (2009): Geschlechterreflektierende pädagogische Förderstrategien zur Berufs- und Lebensplanung von Jungen. Ergebnisse der wissenschaftlichen Begleitung des Pilotprojekts „Neue Wege für Jungs". Deutsche Jugend 57 (3), S. 107-116.

Crenshaw, Kimberlé (1995): Race, reform, and retrenchment: transformation and legitimation in antidiscrimination law. In: Kimberlé Crenshaw; Kendall Thomas; Garry Peller (Eds.): Critical race theory. New York: The New Press, pp. 103-122.

Crocker, Jennifer; Major, Brenda; Steele, Claude (1998): Social stigma. In: Daniel Gilbert; Susan Fiske; Gardner Lindzey (Eds.): Handbook of social psychology. 4th edition. Boston: McGraw Hill, pp. 504-553.

Crul, Maurice (2007): Pathways to success for the children of immigrants. Zugriff am 12.11.2009 unter http://www.imes.uva.nl/briefs/documents/CrulEducation091907.pdf.

Czollek, Leah Carola; Weinbach, Heike (2004): Social Justice and Diversity Trainings: Machtverhältnisse begreifen und verändern. In: IDA (Hrsg.): Pädagogische Ansätze für interkulturelle Geschlechtergerechtigkeit. Düsseldorf: o.V., S. 42-47.

Cummins, Jim (2002): BICS and CALP. In: Michael Byram (Hrsg.): Routledge encyclopedia of language of language teaching and learning. London: Routledge, S. 76-79

Cummins, Jim (1984): Bilingualism and Special Education: Issues in Assessment and Pedagogy. Austin, TX: Pro-Ed.

Davies, Paul G.; Spencer, Steve J. (2005): The gender-gap artefact. Women's underperformance in quantitative domains through the lens of stereotype threat. In: Ann M. Gallagher; James C. Kaufman (Eds.): Gender differences in mathematics. An integrative psychological approach. Cambridge: University Press, pp. 172-188.

Dees, Werner (2008): Das Freizeitverhalten von Grundschulkindern. Ergebnisse des Nürnberger Kinderpanels. Arbeits- und Diskussionspapiere des Lehrstuhls für Soziologie und Empirische Sozialforschung der Friedrich-Alexander-Universität Erlangen-Nürnberg. Zugriff am 03.03.2010 unter http://www.soziologie.wiso.uni-erlangen.de/publikationen/a-u-d-papiere/a_08-02.pdf.

DESI-Konsortium (2006): Unterricht und Kompetenzerwerb in Deutsch und Englisch. Zentrale Befunde der Studie Deutsch-Englisch-Schülerleistungen-International (DESI). Frankfurt a.M.: DIPF.

Deutsche Shell (Hrsg.) (2000): Jugend 2000. 13. Shell Jugendstudie. Opladen: Fischer Taschenbuch.

Dickhäuser, Oliver; Rolf, Birgit (2005): Kannst Du's besser als ein Junge? Mono- und koedukative Vergleichskontexte als Ursache unterschiedlicher Leistung von Mädchen bei mathematischen Aufgaben. In: Susanne R. Schilling; Jörn R. Sparfeldt; Christiane Pruisken (Hrsg.): Aktuelle Aspekte pädagogisch-psychologischer Forschung. Münster: Waxmann, S. 129-143.

Die Bundesregierung (2008): Nationaler Integrationsplan. Erster Fortschrittsbericht. Zugriff am 13.07.2009 unter http://www.bundesregierung.de/Content/DE/Publikation/IB/Anlagen/nationaler-integrationsplan-fortschrittsbericht,property=publicationFile.pdf.

Die Bundesregierung (2007): Der Nationale Integrationsplan. Neue Wege – Neue Chancen. Zugriff am 21.12.2009 unter http://www.bundesregierung.de/Content/DE/ Publikation/IB/Anlagen/nationaler-integrationsplan,property=publicationFile.pdf.

Die Bundesregierung (2008): Nationaler Integrationsplan. Erster Fortschrittsbericht. Zugriff am 13.07.2009 unter http://www.bundesregierung.de/Content/DE/ Publikation/IB/Anlagen/nationaler-integrationsplan-fortschrittsbericht, property=publicationFile.pdf.

Diefenbach, Heike (2010a): Die Nachteile von Jugendlichen aus Migrantenfamilien gegenüber deutschen Jugendlichen bezüglich ihres schulischen Erfolgs – eine geschlechtsspezifische Betrachtung. In: Rolf Becker; Wolfgang Lauterbach (Hrsg.): Integration durch Bildung. Bildungserwerb von jungen Migranten in Deutschland. Wiesbaden: VS Verlag. (im Druck).

Diefenbach, Heike (2010b): Die schulische Bildung von Mädchen. In: Michael Matzner; Iris Wyrobnik (Hrsg.): Handbuch Mädchen-Pädagogik. Weinheim: Beltz, S. 129-144.

Diefenbach, Heike (2007): Kinder und Jugendliche aus Migrantenfamilien im deutschen Bildungssystem. Erklärungen und empirische Befunde. Wiesbaden: VS Verlag.

Diefenbach, Heike (2006): Die Bedeutung des familialen Hintergrunds wird überschätzt. In: Christian Alt (Hrsg.): Kinderleben – Integration durch Sprache? Bedingungen des Aufwachsens von türkischen, russlanddeutschen und deutschen Kindern. Wiesbaden: VS Verlag, S. 219-258.

Diefenbach, Heike (2002): Bildungsbeteiligung und Berufseinmündung von Kindern und Jugendlichen aus Migrantenfamilien. Eine Fortschreibung der Daten des Sozio-Ökonomischen Panels (SOEP). In: Sachverständigenkommission 11. Kinder- und Jugendbericht (Hrsg.): Migration und die europäische Integration. Herausforderungen für die Kinder- und Jugendhilfe. Band 5. München: Verlag Deutsches Jugendinstitut, S. 11-69.

Diefenbach, Heike; Nauck, Bernhard; Kohlmann Annette (1997): Familiäre Netzwerke, intergenerative Transmission und Assimilationsprozesse bei türkischen Migrantenfamilien. Kölner Zeitschrift für Soziologie und Sozialpsychologie 49 (3), S. 477-499.

Diehm, Isabell (2009): Was den pädagogischen Umgang mit ethnischer Heterogenität so schwierig macht. In: Renate Hinz; Renate Walthes (Hrsg.): Heterogenität in der Grundschule. Den pädagogischen Alltag erfolgreich bewältigen. Weinheim: Beltz, S. 143-149.

Diehm, Isabell (1997): Die Kinder von Migranten im Kindergarten: Ein Rekonstruktionsversuch zu Sichtweisen und Einstellungen von Erzieherinnen. In: Christian Büttner (Hrsg.): Erziehung für Europa. Kindergärten auf dem Weg in die multikulturelle Gesellschaft. Weinheim: Beltz, S. 16-30.

Diehm, Isabell; Radtke, Frank-Olaf (1999): Erziehung und Migration. Eine Einführung. Stuttgart: Kohlhammer.

Diehm, Isabell; Kuhn, Melanie; Machold, Claudia (2007): Der Umgang mit ethnischer Heterogenität im Anfangsunterricht. Prämissen und Implikationen Interkultureller Pädagogik und ihr anhaltendes Empiriedefizit. In: Eva Gläser (Hrsg.): Sachunterricht im Anfangsunterricht. Baltmannsweiler: Schneider Verlag, S. 177-191.

Dietz, Barbara (2002): Die Integration von Zuwanderern in Deutschland: Aspekte der Politik und des Arbeitsmarktes. Forost Arbeitspapier Nr. 2. Zugriff am 06.04.2010 unter http://www.forost.lmu.de/fo_library/forost_Arbeitspapier_02.pdf.

Dietze, Gabriele; Hornscheidt, Antje; Palm, Kerstin; Walgenbach, Katharina (2007): Einleitung. In: Katharina Walgenbach; Gabriele Dietze; Antje Hornscheidt; Kerstin Palm (Hrsg.): Gender als interdependente Kategorie. Opladen: Barbara Budrich, S. 7-22.

Ditton, Hartmut (Hrsg.) (2007): Kompetenzaufbau und Laufbahnen im Schulsystem. Eine Längsschnittuntersuchung an Grundschulen. Münster: Waxmann.

Ditton, Hartmut; Krüsken, Jan (2006): Der Übergang von der Grundschule in die Sekundarstufe I. Zeitschrift für Erziehungswissenschaft 9 (11), S. 348-372.

Ditton, Hartmut; Krüsken, Jan; Schauenberg, Magdalena (2005): Bildungsungleichheit – der Beitrag von Familie und Schule. Zeitschrift für Erziehungswissenschaft 8 (2), S. 285-304.

Döbert, Hans (2009): Vom Sinn und Unsinn des Sitzenbleibens. Recht & Bildung 6 (1), S. 3-7.

Döbrich, Peter; Klemm, Klaus; Knauss, Georg; Lange, Hermann (2003): Ausbildung, Einstellung und Förderung von Lehrerinnen und Lehrern (OECD-Lehrerstudie). Ergänzende Hinweise zu dem Nationalen Hintergrundbericht (CBR) für die Bundesrepublik Deutschland. Zugriff am 08.04.2010 unter http://www.oecd.org/dataoecd/55/61/31076280.pdf.

Dragano, Nico; Lampert, Thomas; Siegrist, Johannes (2009): Wie baut sich soziale Ungleichheit im Lebenslauf auf? In: Sachverständigenkommission des Dreizehnten Kinder und Jugendberichts (Hrsg.): Materialien zum Dreizehnten Kinder- und Jugendbericht. München: Verlag Deutsches Jugendinstitut, S. 13-50.

Dresel, Markus; Stöger, Heidrun; Ziegler, Albert (2006): Klassen- und Schulunterschiede im Ausmaß von Geschlechterdiskrepanzen bei Leistungsbewertungen und Leistungsaspirationen: Ergebnisse einer Mehrebenenanalyse. Psychologie in Erziehung und Unterricht 53 (1), S. 44-61.

Dweck, Carol S. (1986): Motivational processes affecting learning. American Psychologist 41 (10), pp. 1040-1048.

Ehmke, Timo; Hohensee, Fanny; Siegle, Thilo; Prenzel, Manfred (2006): Soziale Herkunft, elterliche Unterstützungsprozesse und Kompetenzentwicklung. In: PISA-Konsortium Deutschland (Hrsg.): PISA 2003. Untersuchung der Kompetenzentwicklung im Verlauf eines Schuljahres. Münster: Waxmann, S. 225-248.

Erikson, Erik H. (1980): Jugend und Krise. Die Psychodynamik im sozialen Wandel. Stuttgart: Klett-Cotta.

Ersanilli, Evelyn; Koopmans, Ruud (2009): Ethnic Retention and Host Culture Adoption among Turkish Immigrants in Germany, France and the Netherlands: A Controlled Comparison", WZB Discussion Paper, SP IV 2009-701. Zugriff am 01.01.2010 unter http://bibliothek.wzb.eu/pdf/2009/iv09-701.pdf.

Esser, Hartmut (2010): Contra: Zweisprachigkeit für die Bildung unwesentlich. Clavis (1), S. 23.

Esser, Hartmut (2008): Spracherwerb und Einreisealter. Die schwierigen Bedingungen der Bilingualität. In: Frank Kalter (Hrsg.): Migration und Integration. Wiesbaden: VS Verlag, S. 202-229.

Esser, Hartmut (2002): Ethnic stratification and integration. In: Hartmut Esser; Teresa Jurado; Ivan Light; Christian Petry; Gabi Pieri (Hrsg.): Towards Emerging Ethnic Classes in Europe? Band 1: Workshop Proceedings, Project Conclusions, Integration and Ethnic Stratification, Ethnic Economy and Social Exclusion. Weinheim: Juventa, S. 49-84.

Falge, Christiane; Zimmermann, Gudrun (Hrsg.) (2009): Interkulturelle Öffnung des Gesundheitssystems. Baden-Baden: Nomos.

Faulstich-Wieland, Hannelore (1991): Koedukation – enttäuschte Hoffnungen? Darmstadt: Wissenschaftliche Buchgesellschaft.

Faulstich-Wieland, Hannelore; Horstkemper, Marianne (1995): „Trennt uns bitte, bitte, nicht!" Koedukation aus Mädchen- und Jungensicht. Opladen: Leske + Budrich.

Faulstich-Wieland, Hannelore; Weber, Martina; Willems, Katharina (2004): Doing Gender im heutigen Schulalltag. Empirische Studien zur sozialen Konstruktion von Geschlecht in schulischen Interaktionen. Weinheim: Juventa.

Fend, Helmut (2006): Neue Theorie der Schule. Einführung in das Verstehen von Bildungssystemen. Wiesbaden: VS Verlag.

Fend, Helmut (2003): Entwicklungspsychologie des Jugendalters. 3., durchgesehene Auflage. Wiesbaden: VS Verlag

Fend, Helmut (1997): Der Umgang mit Schule in der Adoleszenz. Aufbau und Verlust von Lernmotivation, Selbstachtung und Empathie. Entwicklungspsychologie in der Moderne. Band IV. Bern: Verlag Hans Huber.

Fend, Helmut; Berger, Fred; Grob, Urs (Hrsg.) (2009): Lebensverläufe, Lebensbewältigung, Lebensglück. Ergebnisse der LifE-Studie. Wiesbaden: VS Verlag.

Fenstermaker, Sarah; West, Candace (2001): ‚Doing difference' revisited. Probleme, Aussichten und der Dialog in der Geschlechterforschung. In: Bettina Heintz (Hrsg.): Geschlechtersoziologie. Kölner Zeitschrift für Soziologie und Sozialpsychologie. Sonderheft 41. Wiesbaden: Westdeutscher Verlag, S. 236-249.

Fiedler, Klaus; Bless, Jürgen (2003): Soziale Kognition. In: Wolfgang Stoebe; Klaus Jonas; Miles Hewstone (Hrsg.): Sozialpsychologie. Eine Einführung. 4., überarbeitete und erweiterte Auflage. Berlin: Springer, S. 125-163.

Filtzinger, Otto (1999): Im Kindergarten fing es an. Leitgedanken zur interkulturellen Elementarerziehung. In: Landesbeauftragte für Ausländerfragen bei der Staatskanzlei Rheinland-Pfalz (Hrsg.): Interkulturelle Anstöße. 10 Jahre Projekt Interkulturelle Pädagogik im Elementarbereich (IPE). Mainz: Eigenverlag Rheinland-Pfalz, S. 33-39.

Firat, Ibrahim (1990): Nirgends zu Hause!? Türkische Schüler zwischen Integration in der BRD und Remigration in die Türkei. Frankfurt a.M.: IKO.

Flaake, Karin (2006): Geschlechterverhältnisse – Adoleszenz – Schule. Männlichkeits- und Weiblichkeitsinszenierungen als Rahmenbedingungen für pädagogische Praxis. Zeitschrift für Frauenforschung & Geschlechterstudien 24 (1), S. 3-13.

Fleßner, Heike (2005): Geschlecht und Interkulturalität – Überlegungen zur Weiterentwicklung einer interkulturellen geschlechterbewussten Pädagogik. In: Rudolf Leiprecht; Anne Kerber (Hrsg.): Schule in der Einwanderungsgesellschaft. Ein Handbuch. Schwalbach/Ts.: Wochenschau Verlag, S. 162-179.

Fleßner, Heike; Flaake, Karin (2004): Jugend, Geschlecht und pädagogische Prozesse. Deutsche Jugend 52 (9), S. 381-387.

Friebe, Jens; Zalucki, Michaela (Hrsg.) (2003): Interkulturelle Bildung in der Pflege. Bielefeld: W. Bertelsmann Verlag.

Fried, Lilian (2003): Pädagogisches Professionswissen als Form und Medium der Lehrerbildungskommunikation – empirische Suchbewegungen. Zeitschrift für Pädagogik 49 (1), S. 112-126.

Friedrich, Lena; Siegert, Manuel (2009): Förderung des Bildungserfolgs von Migranten: Effekte familienorientierter Projekte. Abschlussbericht zum Projekt Bildungserfolge bei Kindern und Jugendlichen mit Migrationshintergrund durch Zusammenarbeit mit den Eltern. Working Paper 24 der Forschungsgruppe des Bundesamtes. Nürnberg: BAMF.

Fuhrer, Urs; Mayer, Simone (2005): Familiäre Erziehung im Prozess der Akkulturation. In: Urs Fuhrer; Haci-Halil Uslucan (Hrsg.): Akkulturation, Familie und Erziehung: Migration zwischen Eigen- und Fremdkultur. Stuttgart: Kohlhammer, S. 59-85.

Fürstenau, Sara; Gomolla, Mechthild (2009): Einführung. Migration und schulischer Wandel: Unterricht (inklusive Vorwort). In: Sara Fürstenau; Mechthild Gomolla (Hrsg.): Migration und schulischer Wandel: Unterricht. Wiesbaden: VS Verlag, S. 7-19.

Fürstenau, Sara; Gogolin, Ingrid; Yağmur, Kutlay (Hrsg.) (2003): Mehrsprachigkeit in Hamburg. Ergebnisse einer Sprachenerhebung an den Grundschulen in Hamburg. Münster: Waxmann.

Gaitanides, Stefan (2008): Interkulturelle Teamentwicklung – Beobachtungen in der Praxis. In: Georg Auernheimer (Hrsg.): Interkulturelle Kompetenz und pädagogische Professionalität. 2., aktualisierte und erweiterte Auflage. Wiesbaden: VS Verlag, S. 153-171.

Gaitanides, Stefan (2003): Interkulturelle Kompetenz als Anforderungsprofil in der Jugend- und Sozialarbeit. IZA Zeitschrift für Migration und soziale Arbeit (1), S. 44-50.

Geisen, Thomas (2007): Gesellschaft als unsicherer Ort. Jugendliche MigrantInnen und Adoleszenz. In: Thomas Geisen; Christine Riegel (Hrsg.): Jugend, Partizipation und Migration. Wiesbaden: VS Verlag, S. 29-50.

Geissler, Birgit; Oechsle, Mechthild (2000): Die Modernisierung weiblicher Lebenslagen. Aus Politik und Zeitgeschichte (31-32), S. 11-17.

Geißler, Rainer (2008): Der „kriminelle Ausländer" – Vorurteil oder Realität? Zum Stereotyp des „kriminellen Ausländers". Überblick. Zeitschrift des Informations- und Dokumentationszentrums für Antirassismusarbeit in Nordrhein-Westfalen 14 (1), S. 3-9.

Geißler, Rainer (2007): Bildungschancen und soziale Herkunft. Archiv für Wissenschaft und Praxis der sozialen Arbeit 37 (4), S. 34-49.

Geißler, Rainer; Weber-Menges, Sonja (2008): Migrantenkinder im Bildungssystem: doppelt benachteiligt. Aus Politik und Zeitgeschichte 49, S. 14-22.

Gemende, Marion; Munsch, Chantal; Weber-Unger Rotino, Steffi (2007): Migration und Geschlecht – zwischen Zuschreibung, Abgrenzung und Lebensbewältigung. In: Chantal Munsch; Marion Gemende; Steffi Weber-Unger Rotino (Hrsg.): Eva ist emanzipiert, Mehmet ist ein Macho. Weinheim: Juventa, S. 7-48.

Gille, Martina (2006): Kapitel 4: Werte, Geschlechtsrollenorientierung und Lebensentwürfe. In: Martina Gille; Sabine Sardei-Biermann; Wolfgang Gaiser; Johann de Rijke (2006): Jugendliche und junge Erwachsene in Deutschland. Lebensverhältnisse, Werte und gesellschaftliche Beteiligung 12- bis 29-Jähriger. Wiesbaden: VS Verlag, S. 131-211.

Gille, Martina; Sardei-Biermann, Sabine; Gaiser, Wolfgang; Rijke, Johann de (Hrsg.) (2006): Jugendliche und junge Erwachsene in Deutschland. Lebensverhältnisse, Werte und gesellschaftliche Beteiligung 12- bis 29-Jähriger. Wiesbaden: VS Verlag.

Glaser, Barney G. (1978). Theoretical Sensivity. Advances in the Methodology of Grounded Theory. Mill Valley: Sociology Press.

Glücks, Elisabeth; Ottemeier-Glücks, Franz Gerd (2001): Was Frauen Jungen erlauben können. Was Mädchen Jungen anzubieten haben. Chancen und Grenzen der pädagogischen Arbeit mit dem anderen Geschlecht. In: Regina Rauw; Olaf Jantz; Ilka Reinert; Franz Gerd Ottemeier-Glücks (Hrsg.): Perspektiven geschlechtsbezogener Pädagogik. Opladen: Leske + Budrich, S. 67-87.

Gogolin, Ingrid (2005): Erziehungsziel Mehrsprachigkeit. In: Charlotte Röhner (Hrsg.): Erziehungsziel Mehrsprachigkeit. Weinheim und München: Juventa, S. 13-24

Gogolin, Ingrid (1994): Der monolinguale Habitus der multilingualen Schule. Münster: Waxmann.

Gogolin, Ingrid; Krüger-Potratz, Marianne (2006): Einführung in die interkulturelle Pädagogik. Opladen: Barbara Budrich.

Gogolin, Ingrid; Nauck, Bernhard (Hrsg.) (2000): Migration, gesellschaftliche Differenzierung und Bildung. Resultate des Forschungsschwerpunktprogramms FABER. Opladen: Leske + Budrich.

Gogolin, Ingrid; Neumann, Ursula; Roth, Hans-Joachim (2003): Förderung von Kindern und Jugendlichen mit Migrationshintergrund. Gutachten für die Bund-Länder-Kommission Bildungsplanung und Forschungsförderung. Zugriff am 07.05.2010 unter http://www.bmbf.de/pub/studie_foerderung_migration.pdf.

Gomolla, Mechthild (2009): Heterogenität, Unterrichtsqualität und Inklusion. In: Sara Fürstenau; Mechthild Gomolla (Hrsg.): Migration und schulischer Wandel: Unterricht. Wiesbaden: VS Verlag, S. 21-43.

Gomolla, Mechthild; Radtke, Frank-Olaf (2007): Institutionelle Diskriminierung. Die Herstellung ethnischer Differenz in der Schule. 2., durchgesehene und erweiterte Auflage. Wiesbaden: VS Verlag.

Gomolla, Mechthild; Radtke, Frank-Olaf (2002): Institutionelle Diskriminierung. Die Herstellung ethnischer Differenz in der Schule. Opladen: Leske + Budrich.

Greif, Sigfried; Gediga, Günther; Janikowski, Andreas (1999): Erwerbslosigkeit und beruflicher Abstieg von Aussiedlerinnen und Aussiedlern. In: Klaus J. Bade; Jochen Oltmer (Hrsg.): Aussiedler: deutsche Einwanderer aus Osteuropa. Osnabrück: Rasch, S. 81-106.

Gültekin, Nevâl (2005): Interkulturelle Kompetenz: Kompetenter professioneller Umgang mit sozialer und kultureller Vielfalt. In: Rudolf Leiprecht; Anne Kerber (Hrsg.): Schule in der Einwanderungsgesellschaft. Ein Handbuch. Schwalbach/Ts.: Wochenschau Verlag, S. 367-386.

Gültekin, Nevâl (2003a): Bildung, Autonomie, Tradition und Migration. Doppelperspektivität biographischer Prozesse junger Frauen aus der Türkei. Opladen: Leske + Budrich.

Gültekin, Nevâl (2003b): Geschlechtsspezifische und interkulturelle Aspekte der Jugendarbeit – Versäumniss und Handlungsalternativen. IZA zeitschrift für migration und soziale arbeit (1), S. 49-43.

Gültekin, Nevâl (2003c): Interkulturelle Kompetenz als Standard in der Sozialen Arbeit. Neue Praxis (1), S. 89-98.

Gumbinger, Hans-Walter; Bambey, Andrea (2009): Zwischen „traditionellen" und „neuen" Vätern. Zur Vielgestaltigkeit eines Wandlungsprozesses. In: Karin Jurczyk; Andreas Lange (Hrsg.): Vaterwerden und Vatersein heute. Neue Wege – neue Chancen! Gütersloh: Bertelmann, S. 195-216.

Gümen, Sedef (2000): Wechselseitige Stereotype von Frauen. In: Leonie Herwartz-Emden (Hrsg.): Einwandererfamilien. Osnabrück: Rasch, S. 351-371.

Gümen, Sedef (1998): Das soziale des Geschlechts. Frauenforschung und die Kategorie „Ethnizität". Das Argument 40 (1-2), S. 187-202.

Gümen, Sedef (1996): Die soziale Konstruktion kultureller Differenzen in der bundesdeutschen Frauen- und Migrationsforschung. beiträge zur feministischen theorie und praxis 42, S. 77-90.

Gümen, Sedef; Herwartz-Emden, Leonie (1996): Ethnische Stereotypen, Fremdheit und Abgrenzung. Osnabrücker Jahrbuch für Frieden und Wissenschaft (3). Osnabrück: Rasch, S. 181-197.

Gümen, Sedef; Herwartz-Emden, Leonie; Westphal, Manuela (2003): Vereinbarkeit von Beruf und Familie als weibliches Selbstkonzept. In: Leonie Herwartz-Emden (Hrsg.): Einwandererfamilien. 2. Auflage. Osnabrück: Rasch, S. 207-231.

Gümen, Sedef; Herwartz-Emden, Leonie; Westphal, Manuela (1994): Die Vereinbarkeit von Beruf und Familie als weibliches Lebenskonzept: Eingewanderte und deutsche Frauen im Vergleich. Zeitschrift für Pädagogik 40 (1), S. 63-80.

Haeger, Kaja Swanhilt (2008): Repräsentation von Männlichkeiten. Bekir, der „andere" Mann – Eine Einzelfallanalyse. In: Lydia Potts; Jan Kühnemund (Hrsg.): Mann wird man. Bielefeld: Transcript, S. 79-92.

Hagemann-White, Carol (2006): Sozialisation – zur Wiedergewinnung des Sozialen im Gestrüpp individualisierter Geschlechterbeziehungen. In: Helga Bilden; Bettina Dausien (Hrsg.): Sozialisation und Geschlecht. Theoretische und methodologische Aspekte. Opladen: Barbara Budrich, S. 71-88.

Hagemann-White, Carol (1997): Adoleszenz und Identitätszwang in der weiblichen und männlichen Sozialisation. In: Heinz Krebs; Annelinde Eggert-Schmid Noerr; Helene Messer; Hildegard Freudenberger (Hrsg.): Lebensphase Adoleszenz. Mainz: Matthias-Grünewald-Verlag, S. 67-79.

Hagemann-White, Carol (1996): Stimme und Schweigen – Spaltungen und Scheinheiligkeit in der weiblichen Adoleszenz. In: Lars Clausen (Hrsg.): Gesellschaften im Umbruch. Frankfurt a.m.: Campus, S. 837-846.

Hagemann-White, Carol (1988): Wir werden nicht zweigeschlechtlich geboren ... In: Carol Hagemann-White; Maria Rerrich (Hrsg.): FrauenMännerBilder. Bielefeld: AJZ, S. 224-235.

Hagemann-White, Carol (1984): Sozialisation: Weiblich – männlich. Opladen: Leske + Budrich.

Hajji, Rahim (2008a): Transnationale Familienverhältnisse, Verlusterfahrung und Bindungsverhalten. WZB Discussion paper. Zugriff am 25.03.2010 unter http://bibliothek.wzb.eu/pdf/2008/iv08-705.pdf.

Hajji, Rahim (2008b): Transnationale Familien. Zur Entstehung, zum Ausmaß und zu den Konsequenzen der migrationsbedingten Eltern-Kind-Trennung in Familien aus den klassischen Gastarbeiterländern in Deutschland. WZB Discussion paper. Zugriff am 25.03.2010 unter http://bibliothek.wz-berlin.de/pdf/2008/iv08-704.pdf.

Hamburger, Franz (2009): Abschied von der Interkulturellen Pädagogik. Weinheim: Juventa.

Hamburger, Franz (1999): Von der Gastarbeiterbetreuung zur reflexiven Interkulturalität. IZA (3+4), S. 33-38.

Hamburger, Franz; Hummrich, Merle. (2007): Familie und Migration. In: Jutta Ecarius (Hrsg.):Handbuch Familie. Wiesbaden: VS Verlag, S. 113-134.

Hannover, Bettina (2002): Kinder als Mädchen und Jungen. In: LBS-Initiative Junge Familie (Hrsg.): Kindheit 2001 – Das LBS-Kinderbarometer. Opladen: Leske + Budrich, S. 299-325.

Hardmeier, Sibylle; Vinz, Dagmar (2007): Diversity und Intersectionality. Eine kritische Würdigung der Ansätze für die Politikwissenschaft. FEMINA POLITICA (1), S. 23-33.

Haug, Frigga (2008): Attacken auf den abwesenden Feminismus. Ein Lehrstück in Dialektik. Das Argument 50 (1), S. 9-20.

Havighurst, Robert J. (1953): Developmental tasks and education. New York: McKay Publishing.

Heinze, Aiso; Herwartz-Emden, Leonie; Reiss, Kristina (2007): Mathematikkenntnisse und sprachliche Kompetenz bei Kindern mit Migrationshintergrund zu Beginn der Grundschulzeit. Zeitschrift für Pädagogik 53 (4), S. 562-581.

Heite, Catrin (2008): Ungleichheit, Differenz und ‚Diversity' – Zur Konstruktion der professionellen Anderen. In: Karin Böllert; Silke Karsunky (Hrsg.): Genderkompetenz in der Sozialen Arbeit. Wiesbaden: VS Verlag, S. 77-87.

Helfferich, Cornelia (2001): Jugendliches Risikoverhalten aus geschlechtsspezifischer Sicht. In: Jürgen Raithel (Hrsg.): Risikoverhaltensweisen Jugendlicher. Opladen: Leske + Budrich, S. 331-348.

Helfferich, Cornelia (2000): Feministische Theorie und geschlechtsbezogene Arbeit mit jungen Frauen und Männern. Forum Erziehungshilfen 6 (1), S. 13-17.

Helfferich, Cornelia; Klindworth, Heike; Kruse, Jan (2005): Männer Leben. Studie zu Lebensläufen und Familienplanung – Vertiefungsbericht. Köln: BZgA.

Helmke, Andreas (2006): Unterrichtsqualität: Erfassen, Bewerten, Verbessern. 5. Auflage. Seelze: Kallmeyersche Verlagsbuchhandlung.

Helmke, Andreas; Weinert, Franz E. (1997): Bedingungsfaktoren schulischer Leistungen. In: Franz E. Weinert (Hrsg.): Psychologie des Unterrichts und der Schule. Enzyklopädie der Psychologie. Serie Pädagogische Psychologie. Band 3. Göttingen: Hogrefe, S. 71-176.

Herwartz-Emden, Leonie (2007): Einleitung: Mädchen in der (Mädchen)Schule. In: Leonie Herwartz-Emden (Hrsg.): Neues aus alten Schulen – empirische Studien in Mädchenschulen. Opladen: Barbara Budrich, S. 11-24.

Herwartz-Emden, Leonie (2005): Migrant/-innen im deutschen Bildungssystem. In: BMBF: Migrationshintergrund von Kindern und Jugendlichen: Wege zur Weiterentwicklung der amtlichen Statistik. Bonn: BMBF, S. 13-24.

Herwartz-Emden, Leonie (2003a): Adoleszenz, Geschlechtsidentität und kulturelle Differenz. SchulVerwaltung spezial (3), S. 32-35.

Herwartz-Emden, Leonie (2003b): Einwandererkinder im deutschen Bildungswesen. In: Kai S. Cortina; Jürgen Baumert; Achim Leschinsky; Karl Ulrich Mayer; Luitgard Trommer (Hrsg.): Das Bildungswesen in der Bundesrepublik Deutschland. Strukturen und Entwicklungen im Überblick. Reinbek bei Hamburg: Rowohlt, S. 661-709.

Herwartz-Emden, Leonie (2002): Kindheit, Erziehung und Geschlechterbilder in interkultureller Perspektive. In: Eva Breitenbach; Ilse Bürmann; Katharina Liebsch; Cornelia Mansfeld; Christiane Micus-Loos (Hrsg.): Geschlechterforschung als Kritik. Bielefeld: Kleine, S. 119-137.

Herwartz-Emden, Leonie (Hrsg.) (2000): Einwandererfamilien: Geschlechterverhältnisse, Erziehung und Akkulturation. Osnabrück: Rasch.

Herwartz-Emden, Leonie (1997): Die Bedeutung der sozialen Kategorien Geschlecht und Ethnizität für die Erforschung des Themenbereichs Jugend und Einwanderung. Zeitschrift für Pädagogik 43 (6), S. 895-913.

Herwartz-Emden, Leonie (1996): Die Gestaltung von Mutterschaft und Erziehung im Prozess der Einwanderung. Frauen in der Einen Welt – Zeitschrift für interkulturelle Frauenalltagsforschung (1), S. 76-93.

Herwartz-Emden, Leonie (1995a): Methodologische Überlegungen zu einer interkulturellen empirisch-erziehungswissenschaftlichen Forschung. Zeitschrift für Pädagogik 41 (5), S. 745-764.

Herwartz-Emden, Leonie (1995b): Mutterschaft und weibliches Selbstkonzept. Eine interkulturell-vergleichende Untersuchung. Weinheim: Juventa.

Herwartz-Emden, Leonie (1991): Migrantinnen und ihre Familien in der Bundesrepublik Deutschland. Ein Bericht zum Forschungsstand. Ethnizität und Migration 2 (7), S. 5-29.

Herwartz-Emden, Leonie (1986): Türkische Familien und Berliner Schule. Die deutsche Schule im Spiegel von Einstellungen, Erwartungen und Erfahrungen türkischer Eltern – eine empirische Untersuchung. Berlin: Express-Edition.

Herwartz-Emden, Leonie; Braun, Cornelia (2010): Zur Bedeutung der Kategorie Geschlecht im Grundschulalter: Die Leistungsentwicklung von Mädchen und Jungen. In: Leonie Herwartz-Emden; Verena Schurt; Wiebke Waburg (Hrsg.): Mädchen in

258 Literaturverzeichnis

der Schule. Empirische Studien zu Heterogenität in mono- und koedukativen Kontexten. Opladen: Barbara Budrich. (in Vorbereitung).

Herwartz-Emden, Leonie; Mehringer, Volker (2010): Multikulturelle Kindheit. Lebenswelt und Sozialisationsbedingungen von Kindern mit Migrationshintergrund aus der Sicht aktueller Kinderstudien. In: Deutsches Jugendinstitut (Hrsg.): Kinder in Deutschland. Eine Bilanz empirischer Studien. (im Erscheinen).

Herwartz-Emden, Leonie; Riecken, Andrea (2001): Frauen in der Migration. In: Alexa Franke; Anette Kämmerer (Hrsg.): Klinische Psychologie der Frau. Ein Lehrbuch. Göttingen: Hogrefe, S. 577-607.

Herwartz-Emden, Leonie; Ruhland, Mandy (2006): Jugendliche Spätaussiedler in Deutschland. Zeitschrift für Jugendschutz. Kind Jugend Gesellschaft 51 (1), S. 5-10.

Herwartz-Emden, Leonie; Steber, Corinna (2004): Migration, Ethnizität und Geschlecht. In: Ulrike Richter (Hrsg.): Jugendsozialarbeit im Gender Mainstream. München: Verlag Deutsches Jugendinstitut, S. 137-151.

Herwartz-Emden, Leonie; Waburg, Wiebke (2008): Mutterschaft und Mutterbilder: Migrantinnen im Spannungsfeld der Vereinbarkeit von Familie und Beruf. FORUM Sexualaufklärung und Familienplanung (3), S. 11-16.

Herwartz-Emden, Leonie; Westphal, Manuela (2003): Konzepte mütterlicher Erziehung. In: Leonie Herwartz-Emden (Hrsg.): Einwandererfamilien. 2. Auflage. Osnabrück: Universitätsverlag Rasch, S. 99-120.

Herwartz-Emden, Leonie; Westphal, Manuela (2000): Akkulturationsstrategien im Generationen- und Geschlechtervergleich bei eingewanderten Familien. In: Sachverständigenkommission 6. Familienbericht (Hrsg.): Materialien zum 6. Familienbericht. Familien ausländischer Herkunft in Deutschland. Band I. Opladen: Leske + Budrich, S. 229-271.

Herwartz-Emden, Leonie; Westphal, Manuela (1999): Frauen und Männer, Mütter und Väter: Empirische Ergebnisse zu Veränderungen der Geschlechterverhältnisse in Einwandererfamilien. Zeitschrift für Pädagogik 45 (6), S. 885-902.

Herwartz-Emden, Leonie; Westphal, Manuela (1997): Die fremden Deutschen: Einwanderung und Eingliederung von Aussiedlern in Niedersachsen. In: Klaus J. Bade (Hrsg.): Fremde im Land. Osnabrück: Rasch, S. 167-212.

Herwartz-Emden, Leonie; Reiss, Kristina; Mehringer, Volker (2008): Das Projekt SOKKE – ausgewählte Ergebnisse zur Kompetenzentwicklung von Grundschulkindern mit Migrationshintergrund. Erziehung und Unterricht 158 (9/10), S. 789-798.

Herwartz-Emden, Leonie; Schurt, Verena; Waburg, Wiebke; Ruhland, Mandy (2008): Interkulturelle und geschlechtergerechte Pädagogik für Kinder im Alter von 6 bis 16 Jahren. Expertise für die Enquêtekommission des Landtages von Nordrhein-Westfalen: „Chancen für Kinder". Zugriff am 11.02.2009 unter www.landtag.nrw.de/portal/WWW/GB_I/I.1/EK/14_EK2/Gutachten/ExpertiseHerwartz-Emden.pdf.

Herwartz-Emden, Leonie; Braun, Cornelia; Heinze, Aiso; Rudolph-Albert, Franziska; Reiss, Kristina (2008): Geschlechtsspezifische Leistungsentwicklung von Kindern mit und ohne Migrationshintergrund im frühen Grundschulalter. Zeitschrift für Grundschulforschung 1 (2), S. 13-28.

Herwartz-Emden, Leonie; Dresel, Markus; Hartinger, Andreas; Rost-Roth, Martina; Schneider, Werner (2008): Heterogenität und Bildungserfolg. Antrag an die Hans-Böckler-Stiftung auf Einrichtung eines Promotionskollegs. Zugriff am 03.05.2010 unter http://www.uni-augsburg.de/de/institute/ZdFL/Downloads/Promotionskolleg/PromotionskollegProgramm.pdf.

Hinz-Rommel, Wolfgang (1994): Interkulturelle Kompetenz. Ein neues Anforderungsprofil für die soziale Arbeit. Münster: Waxmann.

Hoff, Walburga (2008): Diversity oder der Umgang mit Differenz. Sozialmagazin 33 (10), S. 38-46.

Hohmann, Manfred (1983): Gibt es eine Didaktik für den Unterricht mit ausländischen Kindern? In: Verband Bildung und Erziehung (Hrsg.): Ausländerpädagogik an Universitäten. Köln: VBE, S. 10-18.

Hohmann, Manfred (1989): Interkulturelle Erziehung – eine Chance für Europa. In: Manfred Hohmann; Hans H. Reich (Hrsg.): Ein Europa für Mehrheiten und Minderheiten. Diskussionen um interkulturelle Erziehung. Münster: Waxmann, S. 1-35.

Hormel, Ulrike; Scherr, Albert (2004): Bildung für die Einwanderungsgesellschaft. Wiesbaden: VS Verlag.

Hummrich, Merle (2002): Bildungserfolg und Migration. Biographien junger Frauen in der Einwanderungsgesellschaft. Opladen: Leske + Budrich.

Hurrelmann, Klaus (2006): Einführung in die Sozialisationstheorie. 9. Auflage. Weinheim: Beltz.

Hurrelmann, Klaus; Andresen, Sabine (2007): Zusammenfassung. In: World Vision Deutschland e.V. (Hrsg.): Kinder in Deutschland. 1. World Vision Kinderstudie, Frankfurt a.M.: Fischer Taschenbuch Verlag, S. 17-35.

Huth-Hildebrandt, Christine (2002): Das Bild von der Migrantin. Auf den Spuren eines Konstrukts. Frankfurt a.M.: Brandes & Apsel.

Ihme, Toni A.; Mauch, Martina (2007): Werbung als implizite Aktivierungsquelle von Geschlechterstereotypen und ihr Einfluss auf Mathematikleistungen sowie auf das Computerwissen bei Mädchen und Jungen. Empirische Pädagogik 21 (3), S. 291-305.

Interkultureller Rat in Deutschland und PRO Asyl (2006): Pressemitteilung 13. Juli 2006.Zugriff am 13.07.2009 unter http://www.interkultureller-rat.de/Presse/Presse_2006/PM-130706-Integrationsgipfel.pdf.

Inzlicht, Michael; Ben-Zeev, Talia (2000): A threatening intellectual environment: why females are susceptible to experiencing problem-solving deficits in the presence of males. Psychological Science 11 (5), pp. 365-371.

Ittel, Angela; Kuhl, Poldi; Werner, Nicole (2005): Familienbeziehungen, Geschlechterrollenorientierung und relationale Gewalt im Jugendalter. In: Angela Ittel; Maria von Salisch (Hrsg.): Lügen, Lästern, Leiden lassen. Aggressives Verhalten von Kindern und Jugendlichen. Stuttgart: Kohlhammer, S. 135-151.

Jacobi, Theresa (1989): Jugendliche rußlanddeutsche Aussiedlerinnen am Beispiel des Landkreises Marburg-Biedenkopf (Hessen). In: Hans-Werner Retterath (Hrsg.): Wanderer und Wanderinnen zwischen zwei Welten? Zur kulturellen Integration rußlanddeutscher Aussiedlerinnen und Aussiedler in der Bundesrepublik Deutschland. Freiburg: Johannes-Künzig-Institut, S. 127-141.

Janni-Schmid, Cornelia (2010): Interkultureller Kompetenz in der berufsbegleitenden Weiterbildung von Fachkräften im Sozial- und Gesundheitswesen. Unveröffentlichtes Manuskript, Universität Augsburg, Philosophisch-Sozialwissenschaftliche Fakultät.

Jantz, Olaf (2008): Interkulturelle Jungenarbeit – Praxis, Ziele und professionelle Haltung. FORUM Sexualaufklärung und Familienplanung (1), S. 22-25.

Jantz, Olaf (2005): „Sind die wieder schwierig!" – (Inter-)Kulturelle Jungenarbeit – (K)einneues Paradigma?. In: IDA (Hrsg.): Pädagogische Ansätze für interkulturelle Geschlechtergerechtigkeit. Düsseldorf: o.V., S. 33-39.

Jantz, Olaf (2003): „Sind die wieder schwierig!" – (Inter-)Kulturelle Jungenarbeit – (K)ein neues Paradigma? In: Olaf Jantz; Christoph Grote (Hrsg.): Perspektiven der Jungenarbeit. Opladen: Leske + Budrich, S. 125-146.

Jantz, Olaf; Brandes, Susanne (2006): Geschlechtsbezogene Pädagogik an Grundschulen. Basiswissen und Modelle zur Förderung sozialer Kompetenzen bei Jungen und Mädchen. Wiesbaden: VS Verlag.

Jantz, Olaf; Rauw, Regina (2001): Alles bleibt anders! Standortbestimmung geschlechtsbezogener Pädagogik. In: Regina Rauw; Olaf Jantz; Ilka Reinert; Franz Gerd Ottemeier-Glücks (Hrsg.): Perspektiven geschlechtsbezogener Pädagogik.. Opladen: Leske + Budrich, S. 17-41.

Joos, Magdalena (2006): Strukturelle Betreuungsverhältnisse von deutschen, türkischen und russlanddeutschen Kindern. In: Christian Alt (Hrsg.): Kinderleben – Integration durch Sprache? Bedingungen des Aufwachsens von türkischen, russlanddeutschen und deutschen Kindern. Wiesbaden: VS Verlag, S. 259-289.

Juhasz, Anne; Mey, Eva (2006): Adoleszenz zwischen sozialem Aufstieg und sozialem Ausschluss. In: Vera King; Hans-Christoph Koller (Hrsg.): Adoleszenz – Migration – Bildung. Wiesbaden: VS Verlag, S. 67-84.

Juhasz, Anne; Mey, Eva (2003): Die zweite Generation: Etablierte oder Außenseiter? Biographien von Jugendlichen ausländischer Herkunft. Wiesbaden: Westdeutscher Verlag.

Kahl, Heidrun; Dortschy, Reinhard; Ellsäßer, Gabriele (2007): Verletzungen bei Kindern und Jugendlichen (1-17 Jahre) und Umsetzung von persönlichen Schutzmaßnahmen. Ergebnisse des bundesweiten Kinder- und Jugendgesundheitssurveys (KiGGS). Gesundheitsblatt 50 (5/6), S. 718-727.

Kalpaka, Annita (2005): Pädagogische Professionalität in der Kulturalisierungsfalle – Über den Umgang mit ‚Kultur' in Verhältnissen von Differenz und Dominanz. In: Rudolf Leiprecht; Anne Kerber (Hrsg.): Schule in der Einwanderungsgesellschaft. Ein Handbuch. Schwalbach/Ts.: Wochenschau Verlag, S. 387-405.

Kalpaka, Annita (1998): Kompetentes pädagogisches Handeln in der Einwanderungsgesellschaft. Fragen an Ausbildung und Praxis sozialer Arbeit. Standpunkt Sozial (2), S. 8-16.

Kamtsiuris, Panagiotis; Bergmann, Eckardt; Rattay, Petra; Schlaud, Martin (2007): Inanspruchnahme medizinischer Leistungen. Ergebnisse des Kinder- und Jugendgesundheitssurveys (KiGGS). Gesundheitsblatt 50 (5/6), S. 836-850.

Kelle, Helga (2008): Kommentar zum Beitrag: „Intersectionality" – ein neues Paradigma in der Geschlechterforschung? In: Rita Casale; Barbara Rendtorff (Hrsg.): Was kommt nach der Genderforschung? Bielefeld: Transcript, S. 55-58.

Kelle, Helga (1999): Mädchen und Jungen in Aktion. Ethnographische Ansätze in der schulischen peer culture Forschung. In: Marianne Horstkemper; Margret Kraul (Hrsg.): Koedukation. Erbe und Chancen. Weinheim: Beltz/Deutscher Studien Verlag, S. 157-183.

Keller, Johannes (2008): Stereotype als Bedrohung. In: Lars-Eric Petersen; Bernd Six (Hrsg.): Stereotype, Vorurteile und soziale Diskriminierung. Theorien, Befunde und Interventionen. Weinheim: BeltzPVU, S. 88-96.

Keller, Johannes; Bless, Herbert (2008): When positive and negative expectancies disrupt performance: Regulatory focus as a catalyst. European Journal of Social Psychology 38, pp. 187-212.

Keller, Johannes; Dauenheimer, Dirk (2003): Stereotype threat in the classroom: Dejection mediates the disrupting threat effect on women's math performance. Personality and Social Psychology Bulletin 29 (3), pp. 371-381.

Keltek, Tayfun (2007): Interkulturelle Elternarbeit – ein wichtiger Beitrag zur Chancengleichheit. In: Schulamt für die Stadt Köln (Hrsg.): Equal Themenheft „Interkulturelle Elternarbeit in Köln". Köln: Schulamt, S. 24-25.

Kessels, Ursula (2002): Undoing Gender in der Schule. Eine empirische Studie über Koedukation und Geschlechtsidentität im Physikunterricht. Weinheim: Juventa.

Khan-Svik, Gabriele (2010): Ethnizität und Bildungserfolg – begriffsgeschichtlich und empirisch beleuchtet. In: Jörg Hagedorn; Verena Schurt; Corinna Steber; Wiebke Waburg (Hrsg.): Ethnizität, Geschlecht, Familie und Schule. Wiesbaden: VS Verlag, S. 15-31.

Khan-Svik, Gabriele (2008): Kultur und Ethnizität als Forschungsdimensionen. Von der Kulturanthropologie zur interkulturellen Pädagogik. Frankfurt a.M.: Peter Lang.

King, Vera (2005): Bildungskarrieren und Männlichkeitsentwürfe bei Adoleszenten aus Migrantenfamilien. In: Vera King; Karin Flaake (Hrsg.): Männliche Adoleszenz. Sozialisation und Bildungsprozesse zwischen Kindheit und Erwachsensein. Frankfurt a.M.: Campus, S. 57-76.

King, Vera; Flaake, Karin (2005): Sozialisations- und Bildungsprozesse in der männlichen Adoleszenz: Einleitung. In: Vera King; Karin Flaake (Hrsg.): Männliche Adoleszenz. Frankfurt a.M.: Campus, S. 9-16.

Kirova, Anna; Adams, Leah (2006): Global migration and education: school, children, and families. New York: RoutledgeFalmer.

Klemm, Klaus (2009): Klassenwiederholungen – teuer und unwirksam. Eine Studie zu den Ausgaben für Klassenwiederholungen in Deutschland. Gütersloh: Bertelmann Stiftung.

Klinger, Cornelia; Knapp, Gudrun-Axeli (2007): Achsen der Ungleichheit – Achsen der Differenz. Verhältnisbestimmungen von Klasse, Geschlecht, „Rasse"/Ethnizität. In: Cornelia Klinger; Gudrun-Axeli Knapp; Birgit Sauer (Hrsg.): Achsen der Ungleichheit. Frankfurt a.M.: Campus, S. 19-41.

Klinger, Cornelia; Knapp, Gudrun-Axeli (2005): Achsen der Ungleichheit – Achsen der Differenz. Verhältnisbestimmungen von Klasse, Geschlecht, „Rasse"/Ethnizität.

Transit – europäische Revue. Zugriff am 11.11.2007 unter http://www.iwm.at/index.php?option=com_content&task=view&id=232&Itemid=230.

Knapp, Gudrun-Axeli (2008): „Intersectionality" – ein neues Paradigma in der Geschlechterforschung? In: Rita Casale; Barbara Rendtorff (Hrsg.): Was kommt nach der Genderforschung? Bielefeld: Transcript, S. 33-53.

König, Johannes; Wagner, Christine; Valtin, Renate (2009): AIDA: Adaption in der Adoleszenz. Theoretischer Rahmen, Fragestellungen, Design und erste Ergebnisse der Berliner Längsschnittstudie von Klasse 7 bis 9. Journal for Educational Research Online 1 (1), S. 35-58.

Konsortium Bildungsberichterstattung (Hrsg.) (2006): Bildung in Deutschland. Ein indikatorengestützter Bericht mit einer Analyse zu Bildung und Migration. Bielefeld: Bertelsmann Verlag.

Koray, Sibel (2004): Interkulturelle Kompetenz ALS Schlüsselqualifikation in der Kinder- und Jugendarbeit. In: Bernhard Jehle; Bernd Kammerer; Horst Unbehaun (Hrsg.): Migration – Integration – interkulturelle Arbeit. Nürnberg: emwe-Verlag, S. 81-92.

Kratzmann, Jens; Schneider Thorsten (2008): Soziale Ungleichheiten beim Schulstart. Empirische Untersuchungen zur Bedeutung der sozialen Herkunft und des Kindergartenbesuchs auf den Zeitpunkt der Einschulung. SOEPpapers on Multidisciplinary Panel Data Research. Berlin: DIW.

Krell, Gertraude; Sieben, Barbara (2007): Diversity Management und Personalforschung. In: Gertraude Krell; Barbara Riedmüller; Barbara Sieben; Dagmar Vinz (Hrsg.): Gender Studies. Grundlagen und disziplinäre Ansätze. Frankfurt a.M.: Campus, S. 235-254.

Krell, Gertraude; Riedmüller, Barbara; Sieben, Barbara; Vinz; Dagmar (2007): Einleitung – Diversity Studies als integrierende Forschungsrichtung. In: Gertraude Krell; Barbara Riedmüller; Barbara Sieben; Dagmar Vinz (Hrsg.): Gender Studies. Grundlagen und disziplinäre Ansätze. Frankfurt a.M.: Campus, S. 7-16.

Kristen, Cornelia (2006a): Ethnische Diskriminierung in der Grundschule? Die Vergabe von Noten und Bildungsempfehlungen. Kölner Zeitschrift für Soziologie und Sozialpsychologie 58 (1), S. 79-97.

Kristen, Cornelia (2006b): Ethnische Diskriminierung im deutschen Schulsystem? Theoretische Überlegungen und empirische Ergebnisse. Discussion Paper SP IV 2006-601. Berlin: Wissenschaftszentrum Berlin für Sozialforschung.

Kristen, Cornelia (2002): Hauptschule, Realschule oder Gymnasium? Ethnische Unterschiede am ersten Bildungsübergang. Kölner Zeitschrift für Soziologie und Sozialpsychologie 54 (3), S. 534-552.

Kristen, Cornelia (1999): Bildungsentscheidungen und Bildungsungleichheit – ein Überblick über den Forschungsstand. Arbeitspapiere – Mannheimer Zentrum für Europäische Sozialforschung Nr. 5. Zugriff am 13.04.2010 unter http://www.mzes.uni-mannheim.de/publications/wp/wp-5.pdf.

Kristen, Cornelia; Dollmann, Jörg (2010): Sekundäre Effekte der ethnischen Herkunft: Kinder aus türkischen Familien am ersten Bildungsübergang. In: Birgit Becker; David Reimer (Hrsg.): Vom Kindergarten bis zur Hochschule. Die Generierung von ethischen und sozialen Disparitäten in der Bildungsbiographie. Wiesbaden: VS Verlag, S. 117-144.

Krohne, Julia Ann; Meier, Ulrich (2004): Sitzenbleiben, Geschlecht und Migration. In: Gundel Schümer; Klaus-Jürgen Tillmann; Manfred Weiß (Hrsg.): Die Institution Schule und die Lebenswelt der Schüler. Vertiefende Analysen der PISA-2000-Daten zum Kontext von Schülerleistungen. Wiesbaden: VS Verlag, S. 117-147.

Krohne, Julia Ann; Meier, Ulrich; Tillmann, Klaus-Jürgen (2004): Sitzenbleiben, Geschlecht und Migration? Klassenwiederholungen im Spiegel der PISA-Daten. Zeitschrift für Pädagogik 50 (3), S. 373-391.

Krüger-Potratz, Marianne (2005): Interkulturelle Bildung. Eine Einführung. Münster: Waxmann.

Krüger-Potratz, Marianne; Lutz, Helma (2004): Gender in der Interkulturellen Pädagogik. In: Edith Glaser; Dorle Klinka; Annedore Prengel (Hrsg.): Handbuch Gender und Erziehungswissenschaft. Bad Heilbrunn/Obb.: Klinkhardt, S. 436-448.

Kunert-Zier, Margitta (2008): Den Mädchen und Jungen gerecht werden – Genderkompetenz in der Geschlechterpädagogik. In: Karin Böllert; Silke Karsunky (Hrsg.): Genderkompetenz in der Sozialen Arbeit. Wiesbaden: VS Verlag, S. 47-61.

Landeszentrale für Gesundheitsförderung Rheinland-Pfalz e.V. (2010): Bessere Gesundheitschancen für Kinder und Jugendliche mit Migrationshintergrund. Zugriff am 06.04.2010 unter http://www.lzg-rlp.de/aktuelles/presse/text/artikel/bessere-gesundheitschancen-fuer-kinder-und-jugendliche-mit-migrationshintergrund/.

Lanfranchi, Andrea (2008): Interkulturelle Kompetenz als Element pädagogischer Professionalität. In: Georg Auernheimer (Hrsg.): Interkulturelle Kompetenz und pädagogische Professionalität. 2., aktualisierte und erweiterte Auflage. Wiesbaden: VS Verlag, S. 231-260.

Lanfranchi, Andrea (1995): Immigranten und Schule: Transformationsprozesse in traditionalen Familienwelten als Voraussetzung für schulisches Überleben von Immigrantenkindern. Opladen: Leske + Budrich.

LBS-Initiative Junge Familie (2007): LBS-Kinderbarometer Deutschland 2007. Stimmungen, Meinungen, Trends von Kindern in sieben Bundesländern. Ergebnisse des Erhebungsjahres 2006/07. Berlin: LBS.

Lehmann, Rainer; Peek, Rainer; Gänsfuß, Rüdiger (1997): Aspekte der Lernausgangslage und der Lernentwicklung von Schülerinnen und Schülern, die im Schuljahr 1996/97 eine fünfte Klasse an Hamburger Schulen besuchten. Bericht über die Erhebung im September 1996 (LAU 5). Zugriff am 30.03.2010 unter http://www.hamburger-bildungsserver.de/welcome.phtml?unten=/schulentwicklung/qualitaet/index.htm.

Leiprecht, Rudolf (2006): Pluralismus unausweichlich? Einige Notizen auf dem Weg zu Ecksteinen interkultureller und antirassistischer Jugendarbeit. In: IDA e. V. (Hrsg.): „Rassismus – eine Jugendsünde?" Aktuelle antirassistische und interkulturelle Perspektiven der Jugendarbeit. Tagungsdokumentation. Düsseldorf: o.V., S. 22-32.

Leiprecht, Rudolf (2003) Antirassistische Ansätze in (sozial-)pädagogischen Arbeitsfeldern: Fallstricke, Möglichkeiten und Herausforderungen. In: Wolfgang Stender; Georg Rohde; Thomas Weber (Hrsg.): Interkulturelle und antirassistische Bildungsarbeit. Projekterfahrungen und theoretische Beiträge. Frankfurt a.M.: Brandes & Apsel, S. 21-41.

Leiprecht, Rudolf (2002): Interkulturelle Kompetenz als Schlüsselqualifikation aus Sicht von Arbeitsansätzen in pädagogischen Handlungsfeldern. IZA Zeitschrift für Migration und soziale Arbeit (3/4), S. 87-91.

Leiprecht, Rudolf; Lutz, Helma (2010): Reflexionsgrundlagen für eine diversitätsbewusste Soziale Arbeit: Problematische Denk- und Handlungsfiguren zu Genrationen- und Geschlechterverhältnissen im Kontext von Migration und deren Überwindung. In: Gisela Hauss; Susanne Maurer (Hrsg.): Migration, Flucht und Exil im Spiegel der Sozialen Arbeit. Bern: Haupt Verlag, S. 249-268.

Leiprecht, Rudolf; Lutz, Helma (2009): Rassismus – Sexismus – Intersektionalität. In: Claus Melter; Paul Mecheril (Hrsg.): Rassismuskritik, Band 1: Rassismustheorie und -forschung. Schwalbach/T.: Wochenschau Verlag, S. 179-198.

Leiprecht, Rudolf; Lutz, Helma (2005): Intersektionalität im Klassenzimmer: Ethnizität, Klasse, Geschlecht. In: Rudolf Leiprecht; Anne Kerber (Hrsg.): Schule in der Einwanderungsgesellschaft. Ein Handbuch. Schwalbach/Ts.: Wochenschau Verlag, S. 218-234.

Leiprecht, Rudolf; Lutz, Helma (2003): Generationen- und Geschlechterverhältnisse in interkulturellen Ansätzen. Neue Praxis 33 (2), S. 199-208.

Lengyel, Drorit; Reich, Hans H.; Roth, Hans-Joachim; Döll, Marion (Hrsg.) (2009): Von der Sprachdiagnose zur Sprachförderung. FörMig Edition Band 5. Münster: Waxmann.

Lenz, Ilse (2006): Wie können wir Ethnizität und Geschlecht zusammendenken? Sozialmagazin 31, S. 17-23.

Lenz, Ilse (1996): Grenzziehungen und Öffnungen: Zum Verhältnis von Geschlecht und Ethnizität zu Zeiten der Globalisierung. In: Ilse Lenz; Andrea Germer; Brigitte Hasenjürgen (Hrsg.): Wechselnde Blicke. Opladen: Leske + Budrich, S. 200-228.

Lenz, Ilse (1992): Wie hängen Geschlecht und Ethnizität zusammen? In: Bernhard Schäfers (Hrsg.): Lebensverhältnisse und soziale Konflikte im neuen Europa. Frankfurt a.M.: Campus, S. 337-345.

Leven, Ingo; Schneekloth, Ulrich (2007): Die Schule – frühe Vergabe von Lebenschancen. In: Klaus Hurrelmann; Sabine Andresen (Hrsg.): Kinder in Deutschland 2007. 1. World Vision Kinderstudie. Frankfurt a.M.: Fischer, S. 111-142.

Lichtblau, Michael; Over, Ulf; Mienert, Malte (2008): Interkulturelle Kompetenz im Unterricht – der Fragebogen zur Erfassung der interkulturellen Unterrichtsgestaltung von Lehrkräften (FIUG). In: Tobias Ringeisen; Petra Buchwald; Christine Schwarzer (Hrsg.): Interkulturelle Kompetenz in Schule und Weiterbildung. Berlin: LIT, S. 97-111.

LkBgG (= Landeskommission Berlin gegen Gewalt) (2007): Berliner Forum Gewaltprävention. Gewalt von Jungen, männlichen Jugendlichen und jungen Männern mit Migrationshintergrund in Berlin. Bericht und Empfehlungen einer von der Landeskommission Berlin gegen Gewalt eingesetzten Arbeitsgruppe. 2. Auflage. Berlin: o.V.

Lutz, Helma (2007): Vom Weltmarkt in den Privathaushalt. Die neuen Dienstmädchen im Zeitalter der Globalisierung. 2., überarbeitete Auflage. Opladen: Barbara Budrich.

Maas, Rieke; Over, Ulf; Mienert, Malte (2008): Dimensionen interkultureller Kompetenz von Lehrern: Die Entwicklung eines Fragebogens. In: Tobias Ringeisen; Petra

Buchwald; Christine Schwarzer (Hrsg.): Interkulturelle Kompetenz in Schule und Weiterbildung. Berlin: LIT, S. 81-95.

Maaz, Kai; Baumert, Jürgen (2009): Differenzielle Übergänge in das Sekundarschulsystem: Bildungsentscheidungen vor dem Hintergrund kultureller Disparitäten. In: Wolfgang Melzer; Rudolf Tippelt (Hrsg.): Kulturen der Bildung. Beiträge zum 21. Kongress der Deutschen Gesellschaft für Erziehungswissenschaft. Opladen: Barbara Budrich, S. 361-369.

Maaz, Kai; Watermann, Rainer; Baumert, Jürgen (2007): Familiärer Hintergrund, Kompetenzentwicklung und Selektionsentscheidungen in gegliederten Schulsystemen im internationalen Vergleich. Eine vertiefende Analyse von PISA Daten. Zeitschrift für Pädagogik 53 (4), S. 444-461.

Mannitz, Sabine (2004): Projektionsfläche Kopftuch. Dilemmata der freiheitlichen Demokratie auf einem Quadratmeter Stoff. HSFK-Standpunkte, Beiträge zum demokratischen Frieden Nr. 1.

Marx, David M.; Roman, Jasmin S. (2002): Female role models: Protecting women's math test performance. Personality and Social Psychology Bulletin 28 (9), pp. 1183-1193.

McCall, Leslie (2005): The complexity of intersectionality. Signs. Journal of women in cultures and society 30 (3), pp. 1771-1800.

Mecheril, Paul (2008): „Kompetenzlosigkeitskompetenz". Pädagogisches Handeln unter Einwanderungsbedingungen. In: Georg Auernheimer (Hrsg.): Interkulturelle Kompetenz und pädagogische Professionalität. 2., aktualisierte und erweiterte Auflage. Wiesbaden: VS Verlag, S. 15-34.

Mecheril, Paul (2004): Einführung in die Migrationspädagogik. Weinheim: Beltz Verlag.

Mecheril, Paul; Hoffarth, Britta (2009): Adoleszenz und Migration. Zur Bedeutung von Zugehörigkeitsordnungen. In: Vera King; Hans-Christoph Koller (Hrsg.): Adoleszenz – Bildung – Migration. 2., erweiterte Auflage. Wiesbaden: VS Verlag, S. 239-258.

Meuser, Michael (2005): Frauenkörper – Männerkörper. Somatische Kulturen der Geschlechterdifferenz. In: Markus Schroer (Hrsg.): Soziologie des Körpers. Frankfurt a.M.: Suhrkamp Verlag, S. 271-294.

Meuser, Michael (2000): Perspektiven einer Soziologie der Männlichkeit. In: Doris Janshen (Hrsg.): Blickwechsel. Der neue Dialog zwischen Frauen- und Männerforschung. Frankfurt a.M.: Campus, S. 47-78.

Meuser, Michael (1998): Geschlecht und Männlichkeit. Soziologische Theorie und kulturelle Deutungsmuster. Opladen: Leske + Budrich.

Merkens, Hans (2010): Erfolg und Misserfolg von Kindern mit Migrationshintergrund beim Spracherwerb in der Grundschule. In: Jörg Hagedorn; Verena Schurt; Corinna Steber; Wiebke Waburg (Hrsg.): Ethnizität, Geschlecht, Familie und Schule. Wiesbaden: VS Verlag, S. 33-54.

Merkens, Hans (2008): Wie Saba in die Risikogruppe kommt. Schulische Probleme von Kindern mit Migrationshintergrund. Grundschule 40 (2), S. 39-41.

Merkens, Hans (2007): Schüler mit Migrationshintergrund im deutschen Schulsystem. Das Scheitern an einer Herausforderung. Episteme kai Koinonia, Wissenschaft und Gesellschaft. Band 17. Athen: Sakkoulas Verlag, S. 101-121.

Morokvasics, Mirjana (1987): Jugoslawische Frauen. Die Emigration – und danach. Frankfurt a.M.: Stroemfeld/Roter Stern.

Müller, Andrea; Stanat, Petra (2006): Schulischer Erfolg von Schülerinnen und Schülern mit Migrationshintergrund: Analysen zur Situation von Zuwanderern aus der ehemaligen Sowjetunion und aus der Türkei. In: Jürgen Baumert; Petra Stanat; Rainer Watermann (Hrsg.): Herkunftsbedingte Disparitäten im Bildungswesen. Vertiefende Analysen im Rahmen von PISA 2000. Wiesbaden: VS Verlag, S. 221-255.

Mücke, Stephan (2009): Schulleistungen von Jungen und Mädchen in der Grundschule – eine metaanalytische Bilanz. Empirische Pädagogik 23 (3), S. 290-337.

Nadig, Maya (1989a): Die gespaltene Frau – Mutterschaft und öffentliche Kultur. In: Karola Brede (Hrsg.): Was will das Weib in mir? Freiburg i. Br.: Kore, S. 141-161.

Nadig, Maya (1989b): Frauen in der Kultur – Macht und Ohnmacht. Zehn ethnopsychoanalytische Thesen. In: Brigitte Kossek; Dorothea Langer; Gerti Seiser (Hrsg.): Verkehren der Geschlechter. Reflexionen und Analysen von Ethnologinnen. Wien: Wiener, S. 264-271.

Nauck, Bernhard (2008): Akkulturation: Theoretische Ansätze und Perspektiven in Psychologie und Soziologie. In: Frank Kalter (Hrsg.): Migration und Integration. Wiesbaden: VS Verlag, S. 108-133.

Nauck, Bernhard (2006): Kulturspezifische Sozialisationsstile in Migrantenfamilien? In: Christian Alt (Hrsg.): Kinderleben – Integration durch Sprache? Bedingungen des Aufwachsens von türkischen, russlanddeutschen und deutschen Kindern. Wiesbaden: VS Verlag, S. 155-183.

Nauck, Bernhard (2002): Solidarpotenziale von Migrantenfamilien. Expertise für die Friedrich-Ebert-Stiftung. Zugriff am 25.03.2010 unter http://library.fes.de/fulltext/asfo/01389toc.htm.

Nauck, Bernhard (2000): Eltern-Kind-Beziehungen in Migrantenfamilien. Ein Vergleich zwischen griechischen, italienischen, türkischen und vietnamesischen Familien in Deutschland. In: Sachverständigenkommission 6. Familienbericht (Hrsg.): Familien ausländischer Herkunft in Deutschland: Empirische Beiträge zur Familienentwicklung und Akkulturation. Band 1. Opladen: Leske + Budrich, S. 347-392.

Nauck, Bernhard (1997): Intergenerative Konflikte und gesundheitliches Wohlbefinden in türkischen Familien. In: Bernhard Nauck; Ute Schön-Pflug (Hrsg.): Familien in verschiedenen Kulturen. Stuttgart: Enke, S. 324-354.

Nauck, Bernhard (1994): Erziehungsklima, intergenerative Transmission und Sozialisation von Jugendlichen in türkischen Migrantenfamilien. Zeitschrift für Pädagogik 40, S. 43-62.

Nauck, Bernhard (1985): „Heimliches Matriarchat" in Familien türkischer Arbeitsmigranten? Empirische Ergebnisse zu Veränderungen der Entscheidungsmacht und Aufgabenallokation. Zeitschrift für Soziologie 14 (6), S. 450-465.

Nauck, Bernhard; Steinbach, Anja (2001): Intergeneratives Verhalten und Selbstethnisierung von Zuwanderern. Expertise für die Unabhängige Kommission „Zuwanderung". Chemnitz: o.V.

Nauck, Bernhard; Suckow, Jana (2006): Intergenerational Relationships in Cross-Cultural Comparison: How Social Networks Frame Intergenerational Relations Between

Mothers and Grandmothers in Japan, Korea, China, Indonesia, Israel, Germany, and Turkey. Journal of Family Issues 27, pp. 1159-1185.

Nauck, Bernhard; Clauß, Susanne; Richter, Elisabeth (2008): Zur Lebenssituation von Kindern mit Migrationshintergrund in Deutschland. In: Hans Bertram (Hrsg.): Mittelmaß für Kinder. Der UNICEF-Bericht zur Lage der Kinder in Deutschland. München: C.H. Beck, S. 127-151.

Nauck, Bernhard; Diefenbach, Heike; Petri, Cornelia (1998): Intergenerationale Transmission von kulturellem Kapital unter Migrationsbedingungen: Zum Bildungserfolg von Kindern und Jugendlichen aus Migrantenfamilien in Deutschland. Zeitschrift für Pädagogik 44 (5), S. 701-722.

Nestvogel, Renate (2004): Interkulturelle Kompetenzen in der beruflichen Alltagspraxis und die Aushandlung von Macht. In: Jasmin Karakasoglu; Julian Lüddecke (Hrsg.): Migrationsforschung und Interkulturelle Pädagogik. Münster: Waxmann, S. 349-362.

Neumann, Ursula (2010): Pro: Kulturelle Vielfalt anerkennen. Clavis (1), S. 22.

Neumann, Ursula (2008a): Die Bildungssprache der Schule können (Migranten-) Kinder nur in der Schule lernen. Grundschule (2), S. 36-38.

Neumann, Ursula (2008b): Was bringen Förderprogramme? Die aktuelle Forschung zur Situation von Kindern mit Migrationshintergrund in der Bundesrepublik Deutschland.

Nieke, Wolfgang (2008): Interkulturelle Erziehung und Bildung. 3., aktualisierte Auflage. Wiesbaden: VS Verlag.

Nohl, Arnd-Michael (2006). Konzepte interkultureller Pädagogik. Bad Heilbrunn: Klinkhardt.

Nohl, Arnd-Michael (2001): Migration und Differenzerfahrung. Junge Einheimische und Migranten im rekonstruktiven Milieuvergleich. Opladen: Leske + Budrich.

Nökel, Sigrid (2002): Die Töchter der Gastarbeiter und der Islam. Zur Soziologie alltagsweltlicher Anerkennungspolitiken. Eine Fallstudie. Bielefeld: Transcript.

Nold, Daniela (2010): Sozioökonomischer Status von Schülerinnen und Schülern 2008. Ergebnisse des Mikrozensus. Wirtschaft und Statistik (2), S. 138-149.

O'Brian, Laurie T.; Crandall, Christian, S. (2003): Stereotype threat and arousal: effects on women's math performance. Personality and Social Psychology Bulletin 29 (6), pp. 782-798

Oltmer, Jochen (2010): Migration im 19. und 20. Jahrhundert. München: R. Oldenbourg Verlag.

Otyakmaz, Berrin Özlem (2007). Anforderungen an eine parteiliche Mädchenarbeit in einer pluralen Gesellschaft. Betrifft Mädchen 20 (1), S. 4-12.

Otyakmaz, Berrin Özlem (2001): Aspekte interkultureller Mädchenarbeit. In: Georg Auernheimer (Hrsg.): Migration als Herausforderung für pädagogische Institutionen. Opladen: Leske + Budrich, S. 129-144.

Otyakmaz, Berrin Özlem (1999): „und die denken dann von vornherein, das läuft irgendwie ganz anders ab". Selbst- und Fremdbilder junger Migrantinnen türkischer Herkunft. Beiträge zur feministischen Theorie und Praxis (51), S. 79-92.

Otyakmaz, Berrin Özlem (1995): Auf allen Stühlen. Das Selbstverständnis junger türkischer Migrantinnen in Deutschland. Köln: Neuer ISP Verlag.

Over, Ulf; Mienert, Malte; Grosch, Christiane; Hany, Ernst (2008): Interkulturelle Kompetenz: Begriffsklärung und Methoden der Messung. In: Tobias Ringeisen; Petra Buchwald; Christine Schwarzer (Hrsg.): Interkulturelle Kompetenz in Schule und Weiterbildung. Berlin: LIT, S. 65-79.

Öztürk, Halit (2009): Weiterbildungsbeteiligung von Menschen mit Migrationshintergrund in Deutschland. Aus Politik und Zeitgeschichte (5), S. 24-30.

Paseka, Angelika (2001): Gesellschaft und pädagogische Praxis. Dekonstruktionen am Beispiel von Sexismus und Rassismus. In: Bettina Fritzsche; Jutta Hartmann; Andrea Schmidt; Anja Tervooren (Hrsg.): Dekonstruktive Pädagogik. Erziehungswissenschaftliche Debatten unter poststrukturalistischen Perspektiven. Opladen: Leske + Budrich, S.187-200.

Pech, Detlef (Hrsg.) (2009): Jungen und Jungenarbeit. Eine Bestandsaufnahme des Forschungs- und Diskussionsstandes. Baltmannsweiler: Schneider Verlag Hohengehren.

Peloso, Claudio (2005): Interkulturelle Jungenarbeit. In: Brigitte Hasenjürgen; Christiane Rohleder (Hrsg.): Geschlecht im sozialen Kontext. Opladen: Barbara Budrich, S. 69-87.

Perko, Gudrun; Czollek, Leah Carola (2007): „Diversity" in außerökonomischen Kontexten: Bedingungen und Möglichkeiten der Umsetzung. In: Anne Broden; Paul Mecheril (Hrsg.): Re-Präsentationen. Dynamiken der Migrationsgesellschaft. Düsseldorf: IDA-NRW, S. 161-180.

Petersen, Lars-Eric; Six, Bernd (2008): Vorwort. In: Lars-Eric Petersen; Bernd Six (Hrsg.): Stereotype, Vorurteile und soziale Diskriminierung. Theorien, Befunde und Interventionen. Weinheim: BeltzPVU, S. 17-22.

Petersen, Lars-Eric; Six-Materna, Iris (2006): Stereotype. In: Hans-Werner Bierhoff; Dieter Frey (Hrsg.): Handbuch Sozialpsychologie und Kommunikationspsychologie. Göttingen: Hogrefe, S. 430-436.

Pfeiffer, Christian; Wetzels, Peter (o.J.): Junge Türken als Täter und Opfer von Gewalt. Zugriff am 28.01.2010 unter http://www.kfn.de/versions/kfn/assets/jungetuerken.pdf.

Pfitzner, Heike (2006): Interkulturelle Kompetenz in der psychiatrischen Pflege. In: Mirjam Gaßmann; Werner Marschall; Jörg Utschakowski (Hrsg.): Psychiatrische Gesundheits- und Krankenpflege – Mental Health Care. Berlin: Springer, S. 139-144.

PISA-Konsortium Deutschland (Hrsg.) (2008): PISA 2006 in Deutschland. Die Kompetenzen der Jugendlichen im dritten Ländervergleich. Zusammenfassung. Zugriff am 17.03.2010 unter http://pisa.ipn.uni-kiel.de/Zusfsg_PISA2006_national.pdf.

PISA-Konsortium Deutschland (Hrsg.) (2007): PISA 2006. Die Ergebnisse der dritten internationalen Vergleichsstudie. Zusammenfassung. Zugriff am 17.03.2010 unter http://pisa.ipn.uni-kiel.de/zusammenfassung_PISA2006.pdf.

PISA-Konsortium Deutschland (Hrsg.) (2004): PISA 2003. Der Bildungsstand der Jugendlichen in Deutschland – Ergebnisse des zweiten internationalen Vergleichs. Münster: Waxmann.

Prengel, Annedore (2007): Diversity Education – Grundlagen und Probleme der Pädagogik der Vielfalt. In: Gertraude Krell; Barbara Riedmüller; Barbara Sieben; Dagmar Vinz (Hrsg.): Diversity Studies. Frankfurt a.M.: Campus, S. 49-67.

Prengel, Annedore (2006): Pädagogik der Vielfalt. 3. Auflage. Wiesbaden: VS Verlag.

Prengel, Annedore (1993): Pädagogik der Vielfalt. Wiesbaden: Leske + Budrich.

Puchert, Ralf; Höyng, Stephan (2004): Grenzen der Ressourcenorientierung in der Jungenarbeit. In: Kirsten Bruhns (Hrsg.): Geschlechterforschung in der Kinder- und Jugendhilfe. Praxisstand und Forschungsperspektiven. Wiesbaden: VS Verlag, S. 95-126.

Polat, Ülger (1998): Soziale und kulturelle Identität türkischer Migranten der zweiten Generation in Deutschland. Hamburg: Verlag Dr. Kovac.

Portes, Alejandro (1996): The New Second Generation. Newbury Park: Sage.

Portes, Alejandro; Rumbaut, Rubén G. (2001): Legacies. The story of the immigrant second generation. Berkeley: University of California Press.

Pott, Andreas (2006): Tochter und Studentin. Beobachtungen zum Bildungsaufstieg in der zweiten türkischen Migrantengeneration. In: Vera King; Hans-Christoph Koller (Hrsg.): Adoleszenz, Migration, Bildung. Wiesbaden: VS Verlag, S. 47-65.

Pries, Ludger (2000): Transnationalisierung der Migrationsforschung und Entnationalisierung der Migrationspolitik. Das Entstehen transnationaler Sozialräume durch die Arbeitswanderung am Beispiel Mexiko-USA. In: IMIS-Beiträge (15), S. 55-77.

Quinn, Diane, M.; Spence, Steven, J. (2001): The Interference of stereotype threat with women's generation of mathematical problem-solving strategies. Journal of Social Issues 57 (1), pp. 55-71.

Rahm, Dorothea; Kirsch, Carola (2000): Entwicklung von Kindern heute. Ein Diskussionsbeitrag aus der Perspektive der Integrativen Gruppentherapie mit marginalisierten Kindern. Beratung Aktuell Fachzeitschrift für Theorie und Praxis der Beratung (1), S, 17-40.

Raiser, Ulrich (2007): Erfolgreiche Migranten im deutschen Bildungssystem. Berlin: LIT Verlag.

Ramm, Gesa; Walter, Oliver; Heidemeier, Heike; Prenzel, Manfred (2005): Soziokulturelle Herkunft und Migration im Ländervergleich. In: PISA-Konsortium Deutschland (Hrsg.): PISA 2003. Der zweite Vergleich der Länder in Deutschland. Münster: Waxmann, S. 269-298.

Radtke, Frank-Olaf (1998): „Ausländerpädagogik statt Strukturpolitik". Neue Praxis (4), S. 301-308.

Redfield, Robert; Linton, Ralph; Herskovits, Melville (1936): Memorandum on the study acculturation. American Anthropologist 38, pp. 149-152.

Reich, Hans H.; Roth, Hans-Joachim; Neumann, Ursula (2007): Sprachdiagnostik im Lernprozess: Verfahren zur Analyse von Sprachständen im Kontext von Zweisprachigkeit. FörMig Edition Band 3. Münster: Waxmann.

Rendtorff, Barbara (2006): Erziehung und Geschlecht. Eine Einführung. Stuttgart: Kohlhammer.

Rendtorff, Barbara (2005): Strukturprobleme der Frauen- und Geschlechterforschung in der Erziehungswissenschaft. In: Rita Casale; Barbara Rendtorff; Sabine Andresen; Vera Moser; Annedore Prengel (Hrsg.): Geschlechterforschung in der Kritik. Opladen: Barbara Budrich, S. 19-39.

Renner, Erich (1975): Erziehungs- und Sozialisationsbedingungen türkischer Kinder. Rheinstetten: Schindele.

Riegel, Christine (2007): Zwischen Kämpfen und Leiden. Handlungsfähigkeit im Spannungsfeld ungleicher Geschlechter-, Generationen- und Ethnizitätsverhältnisse. In: Christine Riegel; Thomas Geisen (Hrsg.): Jugend, Zugehörigkeit und Migration. Wiesbaden: VS Verlag, S. 247-271.

Riegel, Christine (2005): Migrante Positionierungen: Dynamische Mehrfachverortungen und die Orientierung am Lokalen. In: Wolf-Dietrich Bukow; Claudia Nikodem; Erika Schultze; Erol Yildiz (Hrsg.): Was heißt hier Parallelgesellschaft? Zum Umgang mit Differenzen. Wiesbaden: VS Verlag, S. 247-256.

Riesner, Silke (1990): Junge türkische Frauen der zweiten Generation in der Bundesrepublik Deutschland. Eine Analyse von Sozialisationsbedingungen und Lebensentwürfen anhand lebensgeschichtlich orientierter Interviews. Frankfurt a.M.: IKO.

Ringeisen, Tobias; Buchwald, Petra; Schwarzer, Christine (Hrsg.) (2008): Interkulturelle Kompetenz in Schule und Weiterbildung. Berlin: LIT.

Röhner, Charlotte (Hrsg.) (2005): Erziehungsziel Mehrsprachigkeit. Weinheim: Juventa.

Rohrmann, Tim (2007): Brauchen Jungen eine geschlechtsbewusste Pädagogik? PÄD Forum: Unterrichten und erziehen 35/26 (3), S. 145-149.

Rommelspacher, Birgit (2006): Interdependenzen – Geschlecht Klasse und Ethnizität. Beitrag zum virtuellen Seminar „Interdependenzen – Geschlecht, Klasse und Ethnizität". Zugriff am 28.01.2010 unter http://www.telse.kiel-ist-meine-jacke.de/up loads/Birgit%20Rommelspacher.pdf.

Rosenstreich, Gabriele Dina (2004): Gender Mainstreaming: Festschreibung von Machtstrukturen? Wer will was für wen? Die Frage der Gerechtigkeit in der Jugendarbeit. Gender Mainstreaming – Chancen und Grenzen. In: IDA (Hrsg.): Pädagogische Ansätze für interkulturelle Geschlechtergerechtigkeit. Düsseldorf: o.V., S. 16-19.

Ross, Bettina (2008): Intersektionale Perspektiven auf internationale Arbeitsteilung. Femina Politica 17 (1), S. 29-40.

Rühl, Stefan (2009): Grunddaten der Zuwandererbevölkerung in Deutschland. Working Paper 27. Nürnberg: BAMF.

Ruhland, Mandy (2009): Lebensgeschichten studierender Aussiedlerinnen. Migration, Adoleszenz und Bildungserfolg im biographischen Erfahrungs- und Lernzusammenhang junger Frauen. Berlin: wvb Wissenschaftlicher Verlag Berlin.

Rustemeyer, Ruth (1999): Geschlechtstypische Erwartungen zukünftiger Lehrkräfte bezüglich des Unterrichtsfaches Mathematik und korrespondierende (Selbst-) Einschätzungen der Schülerinnen und Schüler. Psychologie, Erziehung, Unterricht 46 (3), S. 187-200.

Rustemeyer, Ruth (1982): Wahrnehmung eigener Fähigkeiten bei Jungen und Mädchen. Bern: Lang.

Rustemeyer, Ruth; Jubel, Angelica (1996): Geschlechtsspezifische Unterschiede im Unterrichtsfach Mathematik hinsichtlich der Fähigkeitseinschätzung, Leistungserwartung, Attribution sowie im Lernaufwand und Interesse. Zeitschrift für Pädagogische Psychologie 10 (1), S. 13-25.

Sachverständigenkommission 13. Kinder- und Jugendbericht (2009): Materialien zum Dreizehnten Kinder- und Jugendbericht. München: Verlag Deutsches Jugendinstitut.

Sandring, Sabine (2009): Bildungsmisserfolge durch mangelnde Anerkennung? Ein Problem nicht nur für Jungen. In: Merle Hummrich (Hrsg.): Benachteiligung im Bildungssystem. Beiträge zum 6. Tag der Frauen- und Geschlechterforschung an der Martin-Luther-Universität Halle-Wittenberg. Frankfurt a.m.: Peter Lang, S. 93-116.

Sandmeier, Anita (2005): Selbstwertentwicklung vom Jugendalter bis ins frühe Erwachsenenalter – eine geschlechtsspezifische Analyse. Zeitschrift für Soziologie der Erziehung und Sozialisation 25 (1), S. 52-66.

Sandmeier Rupena, Anita (2009): Psychische Gesundheit im Lebensverlauf – Die geschlechtsspezifische Bedeutung von sozial-emotionalen Beziehungen. In: Helmut Fend; Fred Berger; Urs Grob (Hrsg.): Lebensverläufe, Lebensbewältigung, Lebensglück. Ergebnisse der LifE-Studie. Wiesbaden: VS Verlag, S. 429-448.

Santel, Bernhard (o.J.): Zentrale Resultate der Sonderauswertung aus dem Mikrozensus 2005 für Nordrhein-Westfalen. Zugriff am 24.01.2010 unter http://www.wegweiserkommune.de/themenkonzepte/integration/download/pdf/Mikrozensus_Thesenpapier.pdf.

Sauer, Karin Elinor (2007a): Integrationsprozesse von Kindern in multikulturellen Gesellschaften. In: Thomas Geisen; Christine Riegel (Hrsg.): Jugend, Partizipation und Migration. Wiesbaden: VS Verlag, S. 169-193.

Sauer, Karin Elinor (2007b): Integrationsprozesse von Kindern in multikulturellen Gesellschaften. Wiesbaden: VS Verlag.

Schad, Ute (2007): „Anders anders". Geschlecht und Ethnizität in einer Pädagogik der kulturellen Vielfalt. In: Chantal Munsch; Marion Gemende; Steffi Weber-Unger Rotino (Hrsg.): Eva ist emanzipiert, Mehmet ist ein Macho. Weinheim: Juventa, S. 193-206.

Schenk, Liane (2008): Kinder- und Jugendgesundheitssurvey (KiGGS) 2003 – 2006. Kinder und Jugendliche mit Migrationshintergrund in Deutschland. Bericht im Auftrag des Bundesministeriums für Gesundheit. Berlin: Robert Koch-Institut.

Schenk, Liane; Knopf, Hildtraud (2007): Mundgesundheitsverhalten von Kindern und Jugendlichen in Deutschland. Erste Ergebnisse aus dem Kinder- und Jugendgesundheitssurvey (KiGGS). Gesundheitsblatt 50 (5/6), S. 653-658.

Schenk, Liane; Ellert, Ute; Neuhauser, Hannelore (2007): Kinder und Jugendliche mit Migrationshintergrund in Deutschland. Methodische Aspekte im Kinder- und Jugendgesundheitssurvey (KiGGS). Gesundheitsblatt 50 (5/6), S. 590-599.

Schepker, Renate; Toker, Mehmet; Eberding, Angela (2000): Eine Institution in der psychosozialen Versorgung von turkeistämmigen Migrantenfamilien. In: Ingrid Gogolin; Bernhard Nauck (Hrsg.): Migration, gesellschaftliche Differenzierung und Bildung. Opladen: Leske + Budrich, S. 245-278.

Scherr, Albert (1998): Die Konstruktion von Fremdheit in sozialen Prozessen. Überlegungen zur Kritik und Weiterentwicklung interkultureller Pädagogik. Neue Praxis 28, S. 49-58.

Schmidt-Koddenberg, Angelika (1984): Ausländerinnen im Gespräch Maßnahmen zur Verbesserung der Lebenssituation ausländischer Frauen. Dokumentation und Analyse im Auftrag des Ministers für Arbeit, Gesundheit und Soziales des Landes Nordrhein-Westfalen. Düsseldorf: MAGS.

Schneekloth, Ulrich; Leven, Ingo (2007): Familie als Zentrum: nicht für alle gleich verlässlich. In: World Vision Deutschland e.V. (Hrsg.): Kinder in Deutschland. 1. World Vision Kinderstudie, Frankfurt a.M.: Fischer Taschenbuch Verlag, S. 65-109.

Schofield, Janet W. (2006a): Einleitung. In: Janet W. Schofield (Hrsg.): Migrationshinter-grund, Minderheitenzugehörigkeit und Bildungserfolg. Forschungsergebnisse der pädagogischen Entwicklungs- und Sozialpsychologie. AKI-Forschungsbilanz 5. Berlin: Arbeitsstelle Interkulturelle Konflikte und gesellschaftliche Integration (AKI) am Wissenschaftszentrum Berlin für Sozialforschung (WZB), S. 1-13.

Schofield, Janet W. (2006b): Leistungsgruppierung, Kompositionseffekte und Leistungs-entwicklung. In: Janet W. Schofield (Hrsg.): Migrationshintergrund, Minderheiten-zugehörigkeit und Bildungserfolg. Forschungsergebnisse der pädagogischen Ent-wicklungs- und Sozialpsychologie. AKI-Forschungsbilanz 5. Berlin: Arbeitsstelle Interkulturelle Konflikte und gesellschaftliche Integration (AKI) am Wissenschafts-zentrum Berlin für Sozialforschung (WZB), S. 71-106.

Schofield, Janet W.; Bangs, Ralph (2006): Schlussfolgerungen und weitere Perspektiven. In: Janet W. Schofield (Hrsg.): Migrationshintergrund, Minderheitenzugehörigkeit und Bildungserfolg. Forschungsergebnisse der pädagogischen, Entwicklungs- und Sozialpsychologie. AKI-Forschungsbilanz 5. Berlin: Arbeitsstelle Interkulturelle Konflikte und gesellschaftliche Integration (AKI) am Wissenschaftszentrum Berlin für Sozialforschung (WZB), S. 107-119.

Schrader, Achim; Nikles, Bruno; Griese, Hartmut (1976): Die Zweite Generation. Soziali-sation und Akkulturation ausländischer Kinder. Kronberg: Athenäum Verlag.

Schroeder, Christoph (2007): Integration und Sprache. Aus Politik und Zeitgeschichte (22-23), S. 6-12.

Schröter, Susanne (2009): Gender und Diversität. Kulturwissenschaftliche und historische Annäherungen. In: Sünne Andresen; Mechthild Koreuber; Dorothea Lüdke (Hrsg.): Gender und Diversity: Albtraum oder Traumpaar? Wiesbaden: VS Verlag, S. 79-94.

Schründer-Lenzen, Agi (2009): Entwicklungs- und Lernbedingungen von Kindern mit Migrationshintergrund. In: Hans Merkens; Agi Schründer-Lenzen; Harm Kuper (Hrsg.): Ganztagsorganisation im Grundschulbetrieb. Münster: Waxmann, S. 35-55.

Schründer-Lenzen, Agi (2008): Erklärungskonzepte migrationsbedingter Disparitäten der Bildungsbeteiligung. In: Jörg Ramseger; Matthea Wagener (Hrsg.): Chancenun-gleichheit in der Schule. Ursachen und Wege aus der Krise. Wiesbaden: VS Verlag, S. 107-116.

Schurt, Verena (2009): Mädchenschulen – Dramatisierung oder Entdramatisierung von Geschlecht? Eine verschränkende Darstellung vertiefter quantitativer und qualitati-ver empirischer Analysen zur ‚Wirkungsweise' der Monoedukation. Unveröffent-lichte Dissertation, Universität Augsburg, Philosophisch-Sozialwissenschaftliche Fakultät.

Schurt, Verena; Waburg, Wiebke (2007a): Formal erfolgreich – aber wie wohl fühlen sich Mädchen in ihren Schulen? Zum Befinden von Schülerinnen monoedukativer und koedukativer Gymnasien in Bayern. Zeitschrift für Erziehungswissenschaft 10 (2), S. 250-270.

Schurt, Verena; Waburg, Wiebke (2007b): Geschlechtsspezifik und/oder Fachtypik – Selbstwirksamkeit, Interesse, Stimmung und körperliches (Wohl)Befinden. In: Leo-nie Herwartz-Emden (Hrsg.): Neues aus alten Schulen – empirische Studien in Mäd-chenschulen. Opladen: Barbara Budrich, S. 115-160.

Schwippert, Knut; Bos, Wilfried; Lankes, Eva-Maria (2004): Heterogenität und Chancengleichheit am Ende der vierten Jahrgangsstufe in den Ländern der Bundesrepublik Deutschland und im internationalen Vergleich. In: Wilfried Bos; Eva-Maria Lankes; Manfred Prenzel; Knut Schwippert; Renate Valtin; Gerd Walther (Hrsg.): IGLU. Einige Länder der Bundesrepublik Deutschland im nationalen und internationalen Vergleich. Münster: Waxmann, S. 165-190.

Schwippert, Knut; Hornberg, Sabine; Goy, Martin (2008): Lesekompetenz von Kindern mit Migrationshintergrund im nationalen Vergleich. In: Wilfried Bos; Sabine Hornberg; Karl-Heinz Arnold; Gabriele Faust; Lilian Fried; Eva-Maria Lankes; Knut Schwippert; Renate Valtin (Hrsg.): IGLU-E. Die Länder der Bundesrepublik Deutschland im nationalen und internationalen Vergleich. Münster: Waxmann, S. 111-126.

Seifert, Wolfgang (2007): Integration und Arbeit. Aus Politik und Zeitgeschichte (22-23), S. 12-19.

Shulman, L. S. (1986). Paradigms and research programs in the study of teaching: A contemporary perspective. In: M. C. Wittrock (Ed.): Handbook of research on teaching. New York: Macmillan, pp. 3-36.

Siegert, Manuel (2009): Berufliche und akademische Ausbildung von Migranten in Deutschland. Working Paper 22 der Forschungsgruppe des Bundesamtes aus der Reihe ‚Integrationsreport‘ (Teil 5). Nürnberg: BAMF.

Siegert, Manuel (2008): Schulische Bildung von Migranten in Deutschland. Working Paper 13 der Forschungsgruppe des Bundesamtes aus der Reihe ‚Integrationsreport‘ (Teil 1). Nürnberg: BAMF.

Spencer, Steven J.; Steele, Claude M.; Quinn, Diane M. (1999): Stereotype threat and women's math performance. Journal of Experimental Social Psychology 35 (1), pp. 4-28.

Spindler, Susanne (2007): Eine andere Seite männlicher Gewalt. Männlichkeit und Herkunft als Orientierung und Falle. In: Christine Riegel; Thomas Geisen (Hrsg.): Jugend, Zugehörigkeit und Migration. Wiesbaden: VS Verlag, S. 289-306.

Spohn, Margret (2002): Türkische Männer in Deutschland. Familie und Identität. Migranten der ersten Generation erzählen ihre Geschichte. Bielefeld: Transcript.

Sprung, Annette (2003): Bildungsmarkt Interkulturalität – eine Erfolgsgeschichte. Deutsches Institut für Erwachsenenbildung. Zugriff am 06.04.2010 unter http://www.die-bonn.de/esprid/dokumente/doc-2003/sprung03_01.pdf.

Stanat, Petra (2009): Kultureller Hintergrund und Schulleistungen – ein nicht zu bestimmender Zusammenhang? In: Wolfgang Melzer; Rudolf Tippelt (Hrsg.): Kulturen der Bildung. Beiträge zum 21. Kongress der Deutschen Gesellschaft für Erziehungswissenschaft. Opladen: Barbara Budrich, S. 53-70.

Stanat, Petra (2008): Heranwachsende mit Migrationshintergrund im deutschen Bildungswesen. In: Kai S. Cortina; Jürgen Baumert; Achim Leschinsky; Karl Ulrich Mayer; Luitgard Trommer (Hrsg.): Das Bildungswesen der Bundesrepublik Deutschland. Vollständig überarbeitete Neuausgabe. Reinbek bei Hamburg: Rowohlt Taschenbuch Verlag, S. 685-743.

Stanat, Petra (2006): Schulleistungen von Jugendlichen mit Migrationshintergrund: Die Rolle der Zusammensetzung der Schülerschaft. In: Jürgen Baumert; Petra Stanat;

Rainer Watermann (Hrsg.): Herkunftsbedingte Disparitäten im Bildungswesen. Vertiefende Analysen im Rahmen von PISA 2000. Wiesbaden: VS Verlag, S. 189-219.

Stanat, Petra; Christensen, Gayle (2006): Schulerfolg von Jugendlichen mit Migrationshintergrund im internationalen Vergleich. Eine Analyse von Voraussetzungen und Erträgen schulischen Lernens im Rahmen von PISA 2003. Bonn: BMBF.

Statistisches Bundesamt (2010a): Anteil der Einwohner mit Migrationshintergrund leicht gestiegen. Pressemitteilung Nr.033 vom 26.01.2010. Zugriff am 26.01.2010 unter http://www.destatis.de/jetspeed/portal/cms/Sites/destatis/Internet/DE/Presse/pm/201 0/01/PD10__033__122,templateId=renderPrint.psml.

Statistisches Bundesamt (2010b): Bevölkerung und Erwerbstätigkeit. Bevölkerung mit Migrationshintergrund – Ergebnisse des Mikrozensus 2008. Wiesbaden: Statistisches Bundesamt.

Statistisches Bundesamt (2010c): Bildung und Kultur. Allgemeinbildende Schulen (korrigierte Ausgabe vom 03.03.2010). Wiesbaden: Statistisches Bundesamt.

Statistisches Bundesamt (2009a): Bevölkerung und Erwerbstätigkeit. Ausländische Bevölkerung – Ergebnisse des Ausländerzentralregisters. Wiesbaden: Statistisches Bundesamt.

Statistisches Bundesamt (2009b): Bevölkerung und Erwerbstätigkeit. Bevölkerung mit Migrationshintergrund – Ergebnisse des Mikrozensus 2007 [korrigierte Ausgabe]. Wiesbaden: Statistisches Bundesamt.

Statistisches Bundesamt (2009c): Mikrozensus 2008. Neue Daten zur Kinderlosigkeit in Deutschland. Wiesbaden: Statistisches Bundesamt.

Statistisches Bundesamt (2008): Familienland Deutschland. Wiesbaden: Statistisches Bundesamt. Zugriff am 07.01.2010 unter http://www.destatis.de/jetspeed/portal/ cms/Sites/destatis/Internet/DE/Presse/pk/2008/Familienland/Pressebroschuere__Fa milienland,property=file.pdf.

Statistisches Bundesamt (2007): Qualitätsbericht Bevölkerungsfortschreibung. Wiesbaden: Statistisches Bundesamt.

Stecklina, Gerd (2007): „Kleine Jungs mit zu großen Eiern". Männlichkeitsstereotype übermännliche Migranten. In: Chantal Munsch; Marion Gemende; Steffi Weber-Unger Rotino (Hrsg.): Eva ist emanzipiert, Mehmet ist ein Macho. Weinheim: Juventa, S. 74-90.

Steidle, Hanna (2008): Abschlussbericht des Einzelprojekts 6 des Arbeitsplans 2008 „Chancengleichheit für Familien mit Migrationshintergrund. Integrierte Politikansätze der frühen Förderung von Kindern und Jugendlichen auf EU-Ebene und in den Mitgliedstaaten". Zugriff am 07.04.2010 unter http://www.soziale-dienste-in-europa.de/Anlage/Abschlussbericht_P6_16072008.pdf.

Steele, Claude M. (1997): A threat in the air: How stereotypes shape intellectual identity and performance. American Psychologist 52 (6), pp. 613-629.

Steele, Claude M.; Aronson, Joshua (1995): Stereotype threat and the intellectual test performance of African Americans. Journal of Personality and Social Psychology 69 (5), pp. 797-811.

Steele, Jennifer, R.; Reisz, Leah; Williams, Amanda; Kawakami, Kerry (2007): Women in mathematics: examining the hidden barriers that gender stereotype can impose. In: Ronald J. Burke; Mary C. Mattis (Eds.): Women and Minorities in Science,

Technology, Engineering and Mathematics. Cheltenham (UK), Northampton (MA [USA]): Edward Elgar, pp. 159-183.

Steinbach, Anja (2006): Sozialintegration und Schulerfolg von Kindern aus Migrantenfamilien. In: Christian Alt (Hrsg.): Kinderleben – Integration durch Sprache? Bedingungen des Aufwachsens von türkischen, russlanddeutschen und deutschen Kindern. Wiesbaden: VS Verlag, S. 185-218.

Steinbach, Anja; Nauck, Bernhard (2005): Intergenerationale Transmission in Migrantenfamilien. In: Urs Fuhrer; Haci-Halil Uslucan (Hrsg.): Familie, Akkulturation und Erziehung. Migration zwischen Eigen- und Fremdkultur. Stuttgart: Kohlhammer, S. 111-125.

Steinbach, Anja; Nauck, Bernhard (2004): Intergenerationale Transmission von kulturellem Kapital in Migrantenfamilien. Zur Erklärung von ethnischen Unterschieden im deutschen Bildungssystem. Zeitschrift für Erziehungswissenschaft 7 (1), S. 20-32.

Steiner-Khamsi, Gita (1992): Multikulturelle Bildungspolitiken in der Postmoderne. Opladen: Leske + Budrich.

Strahler, Sandra (2007): Aussiedlerjugendliche: Jungen und Mädchen zwischen Migration und Adoleszenz. In: Offen für Anderes. Handbuch zur Arbeit mit Kindern und Jugendlichen aus Aussiedlerfamilien in der evangelischen Jugendarbeit, S. 30-33. Zugriff am 28.01.2010 unter http://www.ekd.de/offenfuerandere_endfassung.pdf.

Straßburger, Gabi (2003): Heiratsverhalten und Partnerwahl im Einwanderungskontext. Eheschließungen der zweiten Migrantengeneration türkischer Herkunft. Würzburg: Ergon.

Strasser, Josef (2010): Zu der Schwierigkeit, interkulturelle Kompetenz zu modellieren. Unveröffentlichtes Manuskript, Universität Augsburg, Zentralinstitut für didaktische Forschung und Lehre.

Strasser, Josef; Gruber, Hans (2010): Beratung in der Schule – Auf der Suche nach der Expertise von Beratungslehrer(inne)n. Empirische Pädagogik. (in Vorbereitung).

Strasser, Josef; Hirschauer, Maria (2009): Coping with negative stereotypes – how Turkish students in Germany experience and get along with stereotypes about their group. Paper presented at the 15th European Conference on Educational Research (ECER). Vienna, Austria, 28.-30. September.

Strasser, Josef; Steber, Corinna (2010): Lehrerinnen und Lehrer mit Migrationshintergrund – Eine empirische Reflexion einer bildungspolitischen Forderung. In: Jörg Hagedorn; Verena Schurt; Corinna Steber; Wiebke Waburg (Hrsg.): Ethnizität, Geschlecht, Familie und Schule. Wiesbaden: VS Verlag, S. 97-126.

Strasser, Josef; Gruber, Hans; Gartmeier, Martin (2009): Professional learning of counselors and negative knowledge. Paper presented at the 13th Biennial Conference of the European Association for Research on Learning and Instruction (EARLI), Amsterdam, The Netherlands.

Stüwe, Gerd (1991): Lebenslagen und Bewältigungsstrategien junger Ausländer. In: Konstantin Lajios (Hrsg.): Die zweite und dritte Ausländergeneration. Opladen: Leske + Budrich, S. 107-134.

Suárez-Orozco, Carola (2000): Identities under siege: immigration stress and social mirroring among the children of immigrants. In: Antonius C.G.M. Robben; Marcelo M.

Suárez-Orozco (Eds.): Cultures under siege. Collective Violence and Trauma. Cambridge: University Press, pp. 194-226.

Tausendpfund, Markus (2007): Höheres Interesse, schlechtere Leistung: Geschlechtsspezifische Leistungserwartung in der Mathematik und ihr Einfluss auf die Testleistung in der PISA-Studie 2003. Schriftenreihe „Mannheimer sozialwissenschaftliche Abschlussarbeiten" Nr. 005/07. Zugriff am 22.12.2009 unter http://madoc.bib.uni-mannheim.de/madoc/volltexte/2007/1423/.

Teubner, Markus. J. (2005): Brüderchen komm tanz mit mir... Geschwister als Entwicklungsressource für Kinder? In: Christian Alt (Hrsg.): Kinderleben – Aufwachsen zwischen Familie, Freunden und Institutionen. Aufwachsen in Familien. Wiesbaden: VS Verlag, S. 63-98.

Thomas, Alexander (2005): Interkulturelle Kompetenz: Grundlagen, Probleme, Konzepte. In:Lars Allolio-Näcke; Britta Kalscheuer; Arne Manzeschke (Hrsg.): Differenzen anders denken. Frankfurt a.M.: Campus, S. 243-274.

Thyen, Ute (2007): Der Kinder- und Jugendgesundheitssurvey (KiGGS) 2003-2006 – ein Meilenstein für die Kinder- und Jugendmedizin in Deutschland. Gesundheitsblatt 50 (5/6), S. 529-530.

Traub, Angelika (2006): Wann ist ein Freund ein Freund? In: Christian Alt (Hrsg.): Kinderleben – Integration durch Sprache? Wiesbaden: VS Verlag, S. 291-324.

Unabhängige Kommission „Zuwanderung" (2001): Zuwanderung gestalten. Integration fördern. Bericht der Unabhängigen Kommission „Zuwanderung". Zugriff am 22.12.2009 unter http://www.bmi.bund.de/cae/servlet/contentblob/123148/publicationFile/9101/Zuwanderungsbericht_pdf.pdf.jsessionid=7AC652D3C1ED4A9945E7EF0E96B3E9DF.

Valtin, Renate; Wagner, Christine (2004): Geschlechtsrollenorientierungen und ihre Beziehungen zu Maßen der Ich-Stärke bei Jugendlichen aus Ost- und Westberlin. Zeitschrift für Erziehungswissenschaft 7 (1), S. 103-120.

Valtin, Renate; Wagner, Christine; Schwippert, Knut (2005): Schülerinnen und Schüler am Ende der vierten Klasse – schulische Leistungen, lernbezogene Einstellungen und außerschulische Lernbedingungen. In: Wilfried Bos; Eva-Maria Lankes; Manfred Prenzel; Knut Schwippert; Renate Valtin; Gerd Walther (Hrsg.): IGLU. Vertiefende Analysen zu Leseverständnis, Rahmenbedingungen und Zusatzstudien. Münster: Waxmann, S. 187-238.

Valtin, Renate; Bos, Wilfried; Hornberg, Sabine; Schwippert, Knut (2007): Zusammenschau und Schlussfolgerungen. In: Wilfried Bos; Sabine Hornberg; Sabine; Karl-Heinz Arnold; Gabriele Faust; Lilian Fried; Eva-Maria Lankes; Knut Schwippert; Renate Valtin (Hrsg.) (2007): IGLU 2006. Lesekompetenzen von Grundschulkindern im internationalen Vergleich. Münster: Waxmann, S. 229-348.

Voigt-Kehlenbeck, Corinna (2008): Flankieren und Begleiten. Geschlechterreflexive Perspektiven in einer diversitätsbewussten Sozialarbeit. Wiesbaden: VS Verlag.

Von der Leyen, Ursula (2010): Wir müssen den Kindern gezielt helfen. Clavis (1), S. 4-5.

Vorheyer, Claudia (2005): Wer gehört zur Familie? Strukturelle Charakteristika der familialen Netzwerke von Kindern. In: Christian Alt (Hrsg.): Kinderleben – Aufwachsen zwischen Familie, Freunden und Institutionen. Aufwachsen in Familien. Wiesbaden: VS Verlag, S. 23-44.

Wagner, Christine; Valtin, Renate (2007): Egalitäre oder traditionelle Orientierung? Längsschnittliche und kausale Analysen zu Geschlechtsrollenkonzepten im Jugendalter und ihrem Zusammenhang mit schulleistungsbezogenen Persönlichkeitseigenschaften. Unveröffentlichtes Manuskript. Humboldt Universität zu Berlin.

Walgenbach, Katharina (2007): Geschlecht *als* interdependente Kategorie. In: Katharina Walgenbach; Gabriele Dietze; Antje Hornscheidt; Kerstin Palm: Gender als interdependente Kategorie. Opladen: Barbara Budrich, S. 23-64.

Walter, Willi (2000): Gender, Geschlecht und Männerforschung. In: Christina v. Braun; Inge Stephan (Hrsg.): Gender Studien. Eine Einführung. Stuttgart: Verlag J. B. Metzler, S. 97-115.

Warnke, Andreas; Taurines, Regine (2009): Suizid und Suizidprävention im Kindes- und Jugendalter. Kinder- und Jugendschutz in Wissenschaft und Praxis 54 (3), S. 65-69.

Weber, Martina (2008): Intersektionalität sozialer Unterscheidungen im Schulalltag. In: Malwine Seemann (Hrsg.): Ethnische Diversitäten, Gender und Schule. Oldenburg: BIS-Verlag, S. 41-59.

Weber, Martina (2007a): „Das sind Welten". Intrageschlechtliche Differenzierungen im Schulalltag. In: Chantal Munsch; Marion Gemende; Steffi Weber-Unger Rotino (Hrsg.): Eva ist emanzipiert, Mehmet ist ein Macho. Weinheim: Juventa, S. 91-101.

Weber, Martina (2007b): Ethnisierung und Männlichkeitsinszenierungen. Symbolische Kämpfe von Jungen mit türkischem Migrationshintergrund. In: Christine Riegel; Thomas Geisen (Hrsg.): Jugend, Zugehörigkeit und Migration. Wiesbaden: VS Verlag, S. 307-321.

Weber, Martina (2006): Zuweisung geschlechtlicher und ethnischer Identitäten im Schulalltag. In: Vera King; Hans-Christoph Koller (Hrsg.): Adoleszenz – Migration – Bildung. Wiesbaden: VS Verlag, S. 195-206.

Weber, Martina (2004): Soziale Konstruktion von Geschlecht. Entwicklung einer Debatte. In: Hertha Richter-Appelt; Andreas Hill (Hrsg.): Geschlecht zwischen Spiel und Zwang. Gießen: Psychosozial-Verlag, S. 41-52.

Weber, Martina (2003): Heterogenität im Schulalltag. Konstruktion ethnischer und geschlechtlicher Unterschiede. Opladen: Leske + Budrich.

Wehrspaun, Charlotte; Wehrspaun, Michael; Lange, Andreas; Kürner, Angelika (1990): Kindheit im Individualisierungsprozeß. Sozialer Wandel als Herausforderung der sozialökologischen Sozialisationsforschung. Zeitschrift für Sozialisationsforschung und Erziehungssoziologie 10 (2), S. 115-129.

Weinert, Franz E. (2001): A concept of competence. A conceptual clarification. In: Dominique S. Rychen; Laura H. Salganik (Eds.): Defining and selecting key competencies. Seattle: Hogrefe & Huber, pp. 45-65.

Weinmann, Julia (2009): Wie sehen Familien heute aus? Ergebnisse der amtlichen Statistik zu Familienstrukturen und deren Entwicklung. Televizion 22 (1), S. 9-11.

Weißköppel, Cordula (2001): Ausländer und Kartoffeldeutsche. Identitätsperformanz im Alltag einer ethnisch gemischten Realschulklasse. Weinheim: Juventa.

West, Candace; Fenstermaker, Sarah (1995a): Doing difference. Gender & Society 9, pp. 8-37.

West, Candace; Fenstermaker, Sarah (1995b): Reply: (Re)doing difference. Gender & Society 9, pp. 506-513.

Westphal, Manuela (2010a): Gender und Heterogenität in der politischen Bildung mit eingewanderten Frauen und Männern. In: Jörg Hagedorn; Verena Schurt; Corinna Steber; Wiebke Waburg (Hrsg.): Ethnizität, Geschlecht, Familie und Schule. Wiesbaden: VS Verlag, S.189-216.

Westphal, Manuela (2010b): Vaterschaft und Mutterschaft im interkulturellen Vergleich. In: Veronika Fischer; Monika Springer-Geldmacher (Hrsg.): Migration und sozialpädagogische Arbeit mit Familien (Arbeitstitel). Schwalbach/Ts. Wochenschau-Verlag. (im Druck).

Westphal, Manuela (2009): Interkulturelle Kompetenzen als Konzept der Zusammenarbeit mit Eltern. In: Sara Fürstenau; Mechthild Gomolla (Hrsg.): Migration und schulischer Wandel: Elternbeteiligung. Wiesbaden: VS Verlag, S. 89-105.

Westphal, Manuela (2007): Interkulturelle Kompetenzen – ein widersprüchliches Konzept als Schlüsselqualifikation. In: Hans-Rüdiger Müller; Wassilos Stravoravdis (Hrsg.): Bildung im Horizont der Wissensgesellschaft. Wiesbaden: VS Verlag, S. 85-111.

Westphal, Manuela (2006a): Migration und Gender-Aspekte. Migration und Soziale Arbeit 29 (1), S. 4-15.

Westphal, Manuela (2006b): Modernisierung von Männlichkeit und aktive Vaterschaft – kein Thema für Migranten? In: Harald Werneck; Martina Beham; Doris Palz (Hrsg.): Aktive Vaterschaft. Männer zwischen Familie und Beruf. Gießen: Psychosozial-Verlag, S. 164-176.

Westphal, Manuela (2005a): Geschlechtergerechtigkeit als Problem der Bildung und des Bildungssystems. Vierteljahresschrift für wissenschaftliche Pädagogik 81 (1), S. 21-37.

Westphal, Manuela (2005b): Sozialisation und Akkulturation in Migrantenfamilien. In: Werner Thole; Peter Cloos; Friedrich Ortmann; Volkhardt Strutwolf (Hrsg.): Soziale Arbeit im öffentlichen Raum. Soziale Gerechtigkeit in der Gestaltung des Sozialen. Wiesbaden: VS Verlag (CD Beitrag).

Westphal, Manuela (2003): Vaterschaft und Erziehung. In: Leonie Herwartz-Emden (Hrsg.): Einwandererfamilien. 2. Auflage. Osnabrück: Rasch, S. 121-204.

Westphal, Manuela (2000): Familienorientierung im Kontext kultureller und geschlechtlicher Differenzen. Hansjosef Buchkremer; Wolf-Dietrich Bukow; Michaela Emmerich (Hrsg.): Familie im Spannungsfeld globaler Mobilität. Opladen: Leske + Budrich, S. 185-202.

Westphal, Manuela; Behrensen, Birgit (2008): Wege zum beruflichen Erfolg bei Frauen mit Migrationshintergrund der ersten und zweiten Generation und Ursachen für die gelungene Positionierung im Erwerbsleben. Expertise für das Bundesamt für Migration und Flüchtlinge. Zugriff am 26.03.2010 unter www.bamf.de/cln_101/ nn_442016/SharedDocs/Anlagen/DE/Migration/Publikationen/Forschung/Expertise n/erfolgsbiographien,templateId=raw,property=publicationFile.pdf/erfolgsbiographi en.pdf.

Wetterer, Angelika (2002): Strategien rhetorischer Modernisierung. Gender Mainstreaming. Managing Diversity und die Professionalisierung der Gender-Expertinnen. Zeitschrift für Frauenforschung & Geschlechterstudien 20 (3), S. 129-148.

Winker, Gabriele; Degele, Nina (2009): Intersektionalität. Zur Analyse sozialer Ungleichheit. Bielefeld. Transcript.

Wyrobnik, Iris (2010): Mädchen im Kindergarten. Pädagogischer Alltag, Konzepte, Fördermöglichkeiten. In: Michael Matzner; Iris Wyrobnik (Hrsg.): Handbuch Mädchen-
Pädagogik. Weinheim: Beltz, S. 110-128.

Zerle, Claudia; Krok, Isabelle (2008): Null Bock auf Familie? Der schwierige Weg junger
Männer in die Vaterschaft – Kurzfassung. Zugriff am 07.04.2010 unter http://www.
dji.de/bibs/Vaeterstudie/news0811_1_vaeter_kurzfassung.pdf.

Zhou, Min (1997): Segmented assimilation: Issues, controversies, and recent research on
the New Second Generation. International Migration Review 31 (4), pp. 975-1008.

Zick, Andreas (2010): Psychologie der Akkulturation: Neufassung eines Forschungsbe-
reiches. Wiesbaden: VS Verlag.

Zulehner, Paul M.; Volz, Rainer (1998): Männer im Aufbruch. Wie Deutschlands Männer
sich selbst und wie Frauen sie sehen. Ostfildern: Schwabenverlag.

Interkulturelle Pädagogik

Georg Auernheimer (Hrsg.)
Schieflagen im Bildungssystem
Die Benachteiligung der Migrantenkinder
4. Aufl. 2009. 230 S. (Interkulturelle
Studien Bd. 16) Br. EUR 24,95
ISBN 978-3-531-17069-5
Die ‚Schieflagen im Bildungssystem',
Interpretationen der PISA-Studien und bildungspolitische Schlussfolgerungen, werden in dieser überarbeiteten und aktualisierten Textsammlung diskutiert. Vor allem die Bildungssituation von Migrantenkindern wird ergänzend beleuchtet und verschiedene Erklärungsansätze geboten, um bildungspolitische und pädagogische Handlungsalternativen aufzuzeigen.

Georg Auernheimer (Hrsg.)
Interkulturelle Kompetenz und pädagogische Professionalität
2., akt. u. erw. Aufl. 2008. (Interkulturelle
Studien Bd. 13) Br. EUR 24,90
ISBN 978-3-531-15821-1

Ingrid Gogolin / Ursula Neumann (Hrsg.)
**Streitfall Zweisprachigkeit –
The Bilingualism Controversy**
2009. 338 S. Br. EUR 29,90
ISBN 978-3-531-15886-0
Die Frage, ob die Zweisprachigkeit von Migranten eine positive, individuelle wie gesellschaftlich nützliche Kompetenz ist, war und ist umstritten. Der Band dokumentiert den interdisziplinären und internationalen Austausch über neueste Forschungsergebnisse zu dieser Frage – und bietet die Chance zur Versachlichung der Auseinandersetzungen über den ‚Streitfall Zweisprachigkeit'.

Sara Fürstenau / Mechtild Gomolla (Hrsg.)
Migration und schulischer Wandel: Elternbeteiligung
2009. 182 S. Br. EUR 16,90
ISBN 978-3-531-15378-0
‚Elternbeteiligung' thematisiert die Bedeutung der Zusammenarbeit mit Eltern im sprachlich und sozio-kulturell heterogenen Kontext. Es geht u.a. um die strukturellen Rahmenbedingungen des Verhältnisses von Schule und Familien, die Rolle der Eltern für Schulerfolg, unterschiedliche Formen und professionelle Kompetenzen für eine erfolgreiche Kooperation, Bildungsstrategien zugewanderter Eltern und den Wandel von Elternpartizipation im Kontext aktueller Bildungsreformen.

Sara Fürstenau / Mechtild Gomolla (Hrsg.)
Migration und schulischer Wandel: Unterricht
2009. 174 S. Br. EUR 16,90
ISBN 978-3-531-15376-6
Der Band ‚Unterricht' konzentriert sich auf eine aktuelle Einführung zur Unterrichtsentwicklung im Umgang mit Heterogenität und gibt einen Überblick über leistungsfördernde und egalisierende Unterrichtsformen.

Erhältlich im Buchhandel oder beim Verlag.
Änderungen vorbehalten. Stand: Januar 2010.

www.vs-verlag.de

VS VERLAG FÜR SOZIALWISSENSCHAFTEN

Abraham-Lincoln-Straße 46
65189 Wiesbaden
Tel. 0611.7878 - 722
Fax 0611.7878 - 400

MIX
Papier aus verantwortungsvollen Quellen
Paper from responsible sources
FSC® C105338

FSC
www.fsc.org

If you have any concerns about our products,
you can contact us on
ProductSafety@springernature.com

In case Publisher is established outside the EU,
the EU authorized representative is:
**Springer Nature Customer Service Center GmbH
Europaplatz 3, 69115 Heidelberg, Germany**

Printed by Libri Plureos GmbH
in Hamburg, Germany